经典传家

经典回到生活　阅读从心开始

经典传家

『经典传家』丛书遴选了清代《四库全书》的精华，而且每一种书在注释、译文、解读等方面做了大量的、扎实的工作。

——傅璇琮

国学就是中国人的学问。『经典传家』是一套非常适合大众阅读的国学经典丛书。国学的传承和发展迫切需要好的大众读本。

——毛佩琦

《四库全书》浩如烟海，真正的必读经典就这百余部。

——任德山

国学是相互通融的，切忌断章或是割裂。今人只有从《周易》等原始经典入手，才能真正找到进入国学的门径。

——刘君祖

经典传家系列丛书

图解名家批注道德经

老子 著
唐玄宗 等 注疏
崇贤书院 释译

黄山书社

《名家批注道德经》阅读指南

无障碍阅读经典

历代名家注释集合，更加贴近、深入《道德经》，力求从多方面展现老子学说的智慧。

极强的可读性

全书采用现代白话文将古文加以翻译，排除古文阅读的困扰。每章末尾都附有经典事例，使全书内容具有极强的可读性。

题 解

- 位于每篇篇首，形成阅读先机。

注 音

- 生僻字、古今异音字、多音字单独注音。
- 反复标注，方便诵读，强化记忆。

批 注

- 注疏与内容一一对应。
- 罗列大方，直接鲜明。

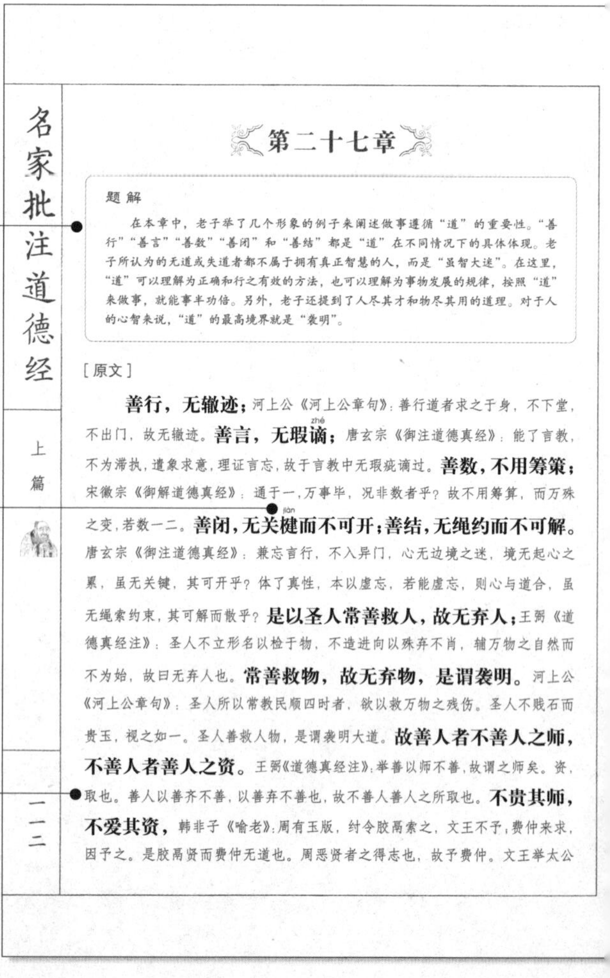

名家批注道德经

上篇

一二

第二十七章

题解

在本章中，老子举了几个形象的例子来阐述做事遵循“道”的重要性。“善行”“善言”“善数”“善闭”和“善结”都是“道”在不同情况下的具体体现。老子所认为的无道或失道者都不属于拥有真正智慧的人，而是“虽智大迷”。在这里，“道”可以理解为正确和行之有效的方法，也可以理解为事物发展的规律，按照“道”来做事，就能事半功倍。另外，老子还提到了人尽其才和物尽其用的道理。对于人的心智来说，“道”的最高境界就是“袭明”。

[原文]

善行，无辙迹；河上公《河上公章句》：善行道者求之于身，不下堂，不出门，故无辙迹。**善言，无瑕谪（zhé）；**唐玄宗《御注道德真经》：能了言教，不为滞执，遣象求意，理证言忘，故于言教中无瑕疵谪过。**善数，不用筹策；**宋徽宗《御解道德真经》：通于一，万事毕，况非数者乎？故不用筹算，而万殊之变，若数一二。**善闭，无关楗（jiàn）而不可开；善结，无绳约而不可解。**唐玄宗《御注道德真经》：兼忘言行，不入异门，心无边境之迷，境无起心之累，虽无关键，其可开乎？体了真性，本以虚忘，若能虚忘，则心与道合，虽无绳索约束，其可解而散乎？**是以圣人常善救人，故无弃人；**王弼《道德真经注》：圣人不立形名以检于物，不造进向以殊弃不肖，辅万物之自然而不为始，故曰无弃人也。**常善救物，故无弃物，是谓袭明。**河上公《河上公章句》：圣人所以常教民顺四时者，欲以救万物之残伤。圣人不贱石而贵玉，视之如一。圣人善救人物，是谓袭明大道。**故善人者不善人之师，不善人者善人之资。**王弼《道德真经注》：举善以师不善，故谓之师矣。资，取也。善人以善齐不善，以善弃不善也，故不善人善人之所取也。**不贵其师，不爱其资，**韩非子《喻老》：周有玉版，纣令胶鬲索之，文王不予；费仲来求，因予之。是胶鬲贤而费仲无道也。周恶贤者之得志也，故予费仲。文王举太公

《名家批注道德经》阅读指南

生僻字反复注音

生僻字、多音字、古今异音字标注读音，反复标注，方便读者诵读，强化记忆。

珍贵古版画营造阅读氛围

全书中配有百幅珍贵古版画，并附上图说，图文并茂，读者可以借此更好地理解文意。

于渭滨者，贵之也；而资费仲玉版者，是爱之也。**虽智大迷，是谓要妙。**

宋徽宗《御解道德真经》：道之要妙，不睹众善，无所用智，七圣皆迷，无所问涂，义协于此。

[译文]

善于行进的不留痕迹，善于言谈的不留破绽，善于计数的不用算筹，善于关闭的不用门闩也使人难以打开，善于捆缚的不用绳索也使人难以挣脱。所以圣人善于用人，就没有被遗弃的人；圣人也善驾驭物，所以没有被遗弃的物。这就是聪明的极致。所以善人可以做不善人的老师，不善人可以做善人的借鉴。如果不尊重他的教导，不珍惜他的借鉴，即使聪明绝顶，也是最大的糊涂。这就是重要的深奥道理。

[读解心得]

在本章中，老子阐述了很多看似平常的道理。

"善行无辙迹，善言无瑕谪，善数不用筹策，善闭无关楗而不可开，善结无绳约而不可解。"其中行、言、数、闭、结都是我们日常生活中常会进行的动作，但是"行而无迹""言而无瑕""数不用筹""闭无关楗""结不用绳"这就不是人人可以做得到了。

老子正是用这种很普遍的事物说明着一个并不普通的道理。他所讲的是"道"，是"袭明"，是"要妙"。

"无迹"是善行者的特征，"无瑕"是善言者的特征，"不用筹"是善算者的特征，"无关楗"是善闭者的特征，"不用绳"是善结者的特征。是否"无迹"，就是善行者与不善行者之间的区别；"无瑕"是善言者与不善言者之间的区别；是否"不用筹"

檀道济唱筹量沙

算筹是中国古代用来记数、进行各种演算的一种工具。又称为筹、策等。它最初是小竹棍一类的自然物，以后逐渐发展成为专门的计算工具。公元430年，檀道济率军北征北魏，军资匮乏，打算撤退。为防止魏军趁势来攻，檀道济以沙做粮，边让人来称量，边高声呼筹计数，魏军将领听后惧怕，不敢追击，檀军借此安全撤退。

名家批注道德经

上篇

一一三

译 文

- 译文力求准确。
- 语言生动、通俗易懂，符合现代人的思维习惯。

插 图

- 百余幅珍贵的古版画，开阔视野。
- 图文相互辉映，赏心悦目。

总 序

国学是什么？简单说，就是中国人之所以成为中国人的学问。因此，国学不仅包括数千年积累流传下来的经典，比如“四书五经”、《老子》《庄子》《孙子》《史记》《汉书》、唐诗、宋词，也包含研究中国人思维方式、生活方式、行为方式乃至娱乐方式的各种学问。广言之，国学研究的对象不仅包括文献，也包括实物；不仅包括物质文化遗产，也包括非物质文化遗产，如我国各民族的建筑、服饰、饮食、音乐、绘画、医药、戏曲等等。

国学是不断丰富、不断发展的学问。上面说的从“四书五经”到唐诗、宋词就是一个不断丰富发展的过程。近代以来，国学的研究范围还在不断地扩大，比如敦煌学、甲骨学，是随着有关文物的出土而兴起的；比如红学，是随着文学理论和学术风气的发展变化而兴起和发展的。随着时间的推移和学术的进步，必将有更多的学问被纳入国学研究的范围。

数千年来，中国人做学问形成了自己独特的理论和方法，比如思想理论、史学理论、文学理论，以及训诂学、考据学、音韵学等等。但这些理论和方法并不是一成不变的。比如，在史学研究领域，由于地下文物的出土，王国维等人提出了以地下文物与传世文献相补充互证的“二重证据法”。近代以来，西风劲吹。国人主动借鉴西方学术研究的理论和方法，研究中国学问。王国维借鉴尼采的哲学理论研究中国的文学戏剧，胡适以杜威的实验主义研究中国的“国故”。国学从来没有拒绝外国学问的融合，佛教传入中国后，经过改造，形成了中国独特的佛学、因明学；自明朝末年西学传入中国后，中国的天文学、数学等就已经融入了西学的因素。马克思主义传入中国后，不少人用马克思主义理论研究中国历史文化，它们自然也成为了国学的一部分。因此，国学又是开放的、随时代而进步的。那么，当今我们研究、振兴国学，不允许也不应该倒退，不允许也不应该僵化。

然而，国学又是与西学明显区分的。国学是西学的对应物，是与西学完全不同的学术体系。在近代，西学挟坚船利炮强势进入中国之后，中国人还视自我，对于中国固有之学问的称呼出现了中学、国故学、国粹、国学这样的名称。面对“帝国主义”的强大，中国人自愧不如，一方面拼命地学习、引进西学，另一方面拼命地贬低、抛弃国学。虽然也有一些人，如张之洞为保护中华文化之根本，提出“中学为体，西学为用”，如胡适，提出“整理国故”，以“再造文明”“建立民族自信心”，但其声音终被时代所淹没。国学一再被严重曲解和轻视，造成了中国历史文化的大断裂。也许，这一历史过程是必然的。但回顾过去，中国在走向独立富强的过程中，国学所付出的代价实在太大、太惨重了。

新中国成立后，饱受屈辱的中国人从此站立了起来，民族自信心大大加强，但没有能够及时认识到国学在新时代的重要性，甚至仅存的一点点国学遗产也进一步成为被抛弃的对象。改革开放三十年之后，走向富强的国人终于幡然醒悟，保护和振兴国学逐渐成为全民的共识。一个强大的自立于世界民族之林的国家，必然要有与之相匹配的伟大的民族文化。中国人，从领导者、学术界到普通百姓，都在重新发现国学的现代价值。同时，在走向全球化的进程中，东西方各国也把目光投向了中国。中国学问，中国的一切都在被重新评价。中国不仅为了自身的建设和发展需要从传统文化中汲取智慧，而且也面临着以优秀的中华文化向全人类贡献智慧的责任和挑战。

那么，这套经典传家丛书的编纂就是可喜的，编纂者的初衷和努力就是可敬的。希望这套丛书能发挥点滴作用，如同涓涓细水与千百万有志者的努力一道汇成大潮，去迎接中华民族的伟大复兴！

是为序。

毛佩琦

二〇一五年五月

前言

老子的《道德经》成书于两千多年前，作为中国哲学的主根，东方文化的代表，虽短短五千言，却似迷宫，玄之又玄。《道德经》中蕴含的闪光智慧已经渗透到中国人的血脉之中，其中的格言警句如“祸莫大于不知足，咎莫大于欲得”“合抱之木，生于毫末；九层之台，起于累土；千里之行，始于足下”等等也都成为脍炙人口的行动格言。

《道德经》是一部用韵文写成的哲理诗，言简意赅而善用譬喻，全书分为上下两篇，老子在开篇便提出“道可道，非常道；名可名，非常名”，所以称为《道经》，讲述了宇宙的根本；下篇起首为“上德不德，是以有德；下德不失德，是以无德”，所以称为《德经》，讲的是处世的方略。

《道德经》大约成书于公元前 492 年，其一经问世，便注家蜂起，不绝如缕。虽然短短五千言，但为通达其玄理而起的注释却达几千种。历代文人墨客，从平民百姓，到帝王将相，都对《道德经》钟爱有加。曾经有四位帝王，即唐玄宗、宋徽宗、明太祖和清世祖亲手批注《道德经》，这在中国文化史上也是独一无二的。现在我们所能看到的名家注作有韩非子的《解老》《喻老》、河上公的《河上公章句》（亦称《道德经章句》）、王弼的《道德真经注》、唐玄宗李隆基的《御注道德真经》、司马光的《道德真经论》、宋徽宗赵佶的《御解道德真经》、明太祖朱元璋的《御注道德真经》、王夫之的《老子衍》等等。这些注作及注家的考证、论述是理解《道德经》内容过程中不可或缺的重要依据。此次出版的《道德经》汇集了各名家对《道德经》的注述，帮助读者最大限度地亲近老子。

《道德经》原文及历代名家批注的语言是简约的古汉语，很难为今天的读者所理解，因此我们推出的《名家批注道德经》是针对今人解读先贤文意的困难，通过题解、注释、译文、图示、图注等多种形式，对原文加以注解的读本。其具体编排特色如下：

首先，全书从《道经》到《德经》共八十一章，每一章的开头都设有题解。主要表达此篇主要内容、思想意旨等，让读者在阅读之前对此章内容有一个提纲挈领的总体把握，胸有成竹地投入到《道德经》的阅读当中，并在阅读中能够收放自如。

其次，把历代名家的注述附在原文中相应的内容之后，帮助读者明了原文文意。我们可以从历代名家对《道德经》的研究和探寻中，感受《道德经》的博大精深和深远影响，并从中博采众长。

再次，我们在每一章末尾都附有与本章内容相对应的经典典故，以通俗易懂的语言叙述生动的故事，阐释精辟的道理，使今人更容易理解两千多年前老子思想的精髓。

最后，本书配有百余幅珍贵的古代版画。这些古版画皆是从中国古代珍贵的刊刻资料中精选出来的，并且恰当地阐释了原文的玄妙哲理。

《道德经》浓缩了人生的华彩，简约如诗的句子中蕴含着老子对人生的感悟和生活的哲理。《名家批注道德经》，可以使读者更好地学习先贤经典，汲取古人的智慧，使国学真正进入现代生活。

崇賢書院

目 录

上 篇

下 篇

上篇

第一章

题解

老子在《道德经》的第一章中，就提出了“道”这一概念。“道”作为老子哲学的专有名词和核心概念，在《道德经》全书中频频出现。本章的第一个“道”，指的是宇宙间万物存在的本源与实质，任何事物的发展，无不依靠“道”这一原动力。老子指出，这种“道”是不能用任何语言完美地表述出来的，故“道可道，非常道”。从今天的辩证唯物主义哲学角度来看，这恰恰反映了语言、思维和客观存在之间的关系。

老子进而认为世界本生于无，“道”从“无”中创造并主宰世界，这与古代西方哲学认为上帝是世界创造者的观点相比，更具有唯物主义的理性光辉，这也正是老子哲学的精妙之处。

[原文]

道韩非子《解老》：道者，万物之所然也，万理之所稽也。**可道，**唐玄宗《御注道德真经》：道者，虚极之妙用。名者，物得之所称。用可于物，故云可道。**非常道。名**司马光《道德真经论》：所谓名者，苛察缴绕。**可名，非常名。**王夫之《老子衍》：常道无道，常名无名。“可”者不“常”，“常”者无“可”。然据“常”，则“常”一“可”也，是故不废“常”，而无所“可”。不废“常”，则人机通；无所“可”，则天和一。**无名**河上公《河上公章句》：无名者谓道，道无形，故不可名也。**天地之始，**司马光《道德真经论》：天地，有形之大者也，其始必因于无，故名天地之始曰无。**有名万物之母。**宋徽宗《御解道德真经》：有天

老子

姓李名耳，字聃，又名老聃，是春秋末期伟大的哲学家和思想家，道家学派创始人。相传他一生下来眉毛和头发就是白的，所以被人们称为老子。他做过周朝的史官，后退隐，著《道德经》。

地然后万物生焉，故有名为万物之母。**故常无，欲以观其妙；**明太祖《御注道德真经》：无欲观其妙，谓道既行，而不求他誉，以己诚察于真理，故云：常无欲，以观其妙。**常有，欲以观其徼（jiào）。**王弼《道德真经注》：徼，归终也。凡有之为利，必以无为用。欲之所本，适道而后济。故常有欲，可以观其终物之徼也。**此两者，**王弼《道德真经注》：两者，始与母也。**同出**王弼《道德真经注》：同出者，同出于玄也。**而异名，**王弼《道德真经注》：异名，所施不可同也。**同谓之玄，**宋徽宗《御解道德真经》：物我同根，是非一气，故同谓之玄。**玄之又玄，众妙之门。**唐玄宗《御注道德真经》：玄，深妙也。意因不生，则同乎玄妙，犹恐执玄为滞，不至兼忘，故寄又玄以遣玄，示明无欲于无欲，能如此者，万法由之而自出，故云众妙之门。

[译文]

“道”这种东西可以表述出来，但表述出来的就不是永恒的“道”。“名”也可以说出来，但说出来的就不是永恒的“名”。我们可以称它为“无”，因为它是天地的本始；也可称它为“有”，因为它是万物产生的根源。因此，从欲望消解的角度，能够揣摩出它的奥妙；从功利性的角度，可以探寻它的踪迹。这二者实际上出于同一源头而名称不同，它们都是很玄秘的，它们玄秘至深，这正是宇宙间一切奥妙的源头。

[读解心得]

老子触及了一个在中国古典哲学中相当重要的概念，即“名”。与“名”相对立的概念是“实”。“名”与“实”之争在中国古典哲学中占据了十分重要的地位。“名”与“实”之争甚至产生出一个哲学流派——名家，也是百家中的一家，名家所讨论的问题，实际上就是西方形式逻辑的内容。相传战国时期有个叫公孙龙的人，他想牵着马过关。但当时国家有规定，不允许将马带出关外，公孙龙牵着马走到关口时，有守关人拦住他说：“不能把马匹带出关外。”公孙龙回答说：“我牵的是白马，并不是马，白马不是马，规定中说马不许出关，并没有说白马不许出关。”公孙龙巧舌如簧的辩解最终使他牵着白马大摇大摆地出关去了。名家的这段“白马非马”论是中国哲学史上一段著名的公案。

老子认为“有”与“无”同出而异名，其实“有”与“无”实际上是一回事，这个观点确实惊世骇俗，但其意蕴深邃超远，也不是西方的“否定之否定”哲学原理能简单涵盖的。老子的“有”与“无”只能说玄之又玄，只可意会，难以言表，的确是“道可道，非常道。名可名，非常名”。

老子的“道”中同时又包含了“无”和“有”。他认为可以通过“无”和“有”两种方法去认识“道”。“常无欲以观其妙”中的“观”是认知的意思，“其”代指“道”，意思是从“道”的本体“无”为切入点认知世界，就可以得到“道”的奥妙精髓。“常有欲以观其徼”从“道”的作用“有”入手认知世界，就可以得到“道”的广大精深。

相对物质匮乏的古代社会，人们却有着非常丰富的精神世界，许多人都能从“无”的角度为切入点去感受世界，认知世界，从而产生了许许多多的哲学家，但实验科学却相对薄弱。古人常以哲学、数学的方法去感悟事物和真理。因为哲学是起源于哲学家的感悟，并以此为依据建立起的一套理论去认知世界，并没有实践作为基石。数学也与哲学相类似。所以老子认为首先用感性的方式去认知世界，就会得到“妙”也就不足为奇。同时对以“常有”的方法去认知世界，老子也表现出极大的宽容和理解，并没有一味地否定。不仅没有否定，而且郑重其事地把它写在了第一章，他说的“常有”，按通俗意思讲即是使用实验科学的方法，如物理、化学、生物、医学等方法，用实践为基础的手段去认知世界，就会得到“徼”。不过可惜的是，后人却太重视以“常无”的方法去认知世界，而忽视以“常有”的方法去认知世界。

［经典事例］

孔子问礼

春秋时期，孔子苦苦研究关于礼的学问，可是始终得不出结果。后来，他听说老子知识渊博，经过多年的苦心钻研，已经悟得“天道”。孔子就作出决定，要拜访老子。

他到达了周朝的都城洛邑（今河南洛阳）。老子见孔子来访，便主动问道：“我听说，你如今已经成了北方有名的贤者，但不知道你现在是否已经悟得了‘天道’？”孔子回答说：“我还没有悟得‘天道’。”老子又问道：“那么，你是用什么方式去探求‘天道’的呢？”孔子回答说：“我一直钻研‘礼、仁义’，我是以制度教化来寻求的。到现在已经整整五年的时间了，可是，我还是没有悟到。”老子又问：“你又是如何继续去寻求的呢？”孔子回答说：“我是从阴阳二气的变化之中寻求的，已经有十二年了，可依然一无所获。”

老子说：“所谓的阴阳之道是眼睛看不到，耳朵听不到，言语表达不了的，

问礼老聃

《礼记·曾子问》曾四次记载孔子问礼于老子。第一次是孔子十七岁时，即鲁昭公七年（公元前535年）在鲁国的巷党。第二次是鲁昭公二十四年（公元前518年）在周都洛邑（今河南洛阳）。第三次是在周敬王二十二年（公元前498年）时在一个叫沛的地方。第四次在鹿邑。

也是一般的智慧所无法把握的。所以说，所谓的得‘道’，其实只能是体悟‘道’，你如果想像认识有形、有声的实物一样去认识‘道’，那是既听不到又看不到的，如果想用言语来表达，也没有适当的言辞能够表达清楚。”

老子看了看孔子，稍微停了一下，又接着说：“你说你已经寻求了十二年而没有得‘道’，那是理所当然的。如果‘道’是可以奉献出来的，那么大家都会把它献给君王；如果‘道’是可以用来进贡的，那么子女就都会把它进贡给自己的父母；如果‘道’可以告诉给别人，那么就没有人不把它告诉自己的兄弟；如果‘道’可以赠予他人，那么就没有人不赠予自己的子孙后代。但是，这些都只是假设，是根本实现不了的。原因就在于‘道’是看不见，听不着，不可言传，不可赠送。寻求‘道’，关键就在于你内心的感悟。如果心中没有这种感悟，那么就不能保留住‘道’；心中悟到了‘道’，还需要和外界环境相印证。可以说，真正的得‘道’之人是清静无为的，他生活俭朴却能满足，他不以施舍者而自居其功，也没什么耗费。自己贞正的人才能使别人贞正。如果自己的内心不能正确地领悟大‘道’，那么心灵就不会通畅。”

孔子听了这些话，深有感悟，于是起身告辞。

临别之时，老子又对孔子说：“富贵之人喜欢用钱财送人，有学问的人喜欢用言辞送人，我算不上是有学问的人，但还是送你几句话吧！”老子停了一下，说道：“孔丘，你所极力要恢复的周礼早就已经失去生命力了。你时运来临的时候就驾着马车去为官，一旦时运不佳就像蓬草一样随风旋转。你应当知道，善于经商的人，总是把货物藏起来，好像什么都没有一样；道德高尚的人外表谦虚得像个愚人。抛弃你的那些傲气和欲望吧，这些东西对你来说没什么好处。”

老子的这番话对孔子触动非常大，他对自己的弟子们说：“鸟，我知道它们善于飞翔；鱼，我知道它们善于游水；兽，我知道它们善于奔跑。对于鸟，我可以用弓箭射它；对于鱼，我可以用渔网捕捉它；对于兽，我可以用陷阱将

它擒获。至于高飞于天上的龙，我不知道它的形状，也不知道它是怎么样乘风飞天的。今天我看见了老子，就像见到了龙一样！”

这个故事流传甚广。从老子与孔子的谈话中，我们就可以感受到“道”的深奥与玄妙，这也正是“玄之又玄”的原因所在。

轮扁斫轮

春秋时期，有一位擅长制造车轮的人叫轮扁。

有一天，齐桓公坐在殿堂之上读书，轮扁则在堂下制造车轮。齐桓公读到精妙之处，禁不住摇头晃脑，口中念念有词，非常得意。轮扁看到桓公如此爱书，心中十分不解。他放下手中的工具，走上堂来问齐桓公:“请问，大王所读的书，上面都写了些什么呀？”齐桓公回答道：“书上写的都是古圣先贤讲述的道理。”轮扁说：“请问大王，您说的那些圣人现在还活着吗？”齐桓公说：“他们早就已经死了。”于是轮扁又说：“那么我斗胆说一句，大王您所读的这些书，只不过是古人留传下来的糟粕罢了。”

齐桓公听了这话很生气。他对轮扁说：“你说圣人留下的书都是糟粕，如果你能说出道理，我就饶了你；如果你讲不出道理来，我就非杀了你不可！”

轮扁不慌不忙地回答说：“我是从自己从事的职业和工作的体会来看这件事的。就拿我砍削车轮这件事来说吧，要是速度慢了，车轮就会被削得很光滑，但是不坚固；速度快了，车轮就会被削得粗糙，也不合规格。我只有不快不慢，才能得心应手地制造出质量上乘的车轮。如此看来，削车轮这件事也有它自己的规律。可是，我只能用心去体会，从而悟到规律，却难以清楚明白地用言辞讲给我的儿子听，因此我的儿子就无法从我这里学到砍削车轮真正的技巧。如今我已经七十岁了，还是要凭自己的感觉去砍削车轮。可见，古代那些圣人心中只可意会、不可言传的思想精华已经伴随着他们死去了。所以我说，大王您今天所读到的书，只是一些古人留下的粗浅的东西罢了。”

这则寓言说明了一个道理:语言是不能尽善尽美地表情达意的。所谓的“道可道，非常道”，也是老子在语言表达不畅的情况下的无奈之言。

第二章

题解

在这一章中，老子进一步地阐释了哲学上的本体论问题。他认为，形而上的“道”是永恒的、绝对的，而我们平时接触到的一切事物都是相对的。他用万物相生的辩证法思想来解释我们所看到的这个世界，并将这一观点推及人类社会的发展上来。人世间的一切价值取向都是人为设定的，其中必然充斥着不同个体之间相异的主观判断，这就是引起人世间纷争的根源。于是老子提出了“处无为之事”“行不言之教”的观点，“作而弗始，生而弗有，为而弗恃，功成而弗居”正是老子关于行“无为”之道的方法论。

［原文］

天下王夫之《老子衍》：天下之变万，而要归于两端。**皆知美之为美，**河上公《河上公章句》：自扬己美，使显彰也。**斯恶已；**宋徽宗《御解道德真经》：道无异相，孰为美恶？**皆知善之为善，斯不善已。**唐玄宗《御注道德真经》：美善无主，俱是妄情，皆由封执有无，分别难易，神奇臭腐，以相倾夺。大圣较量，深知虚妄，故云恶已。**有无相生，难易相成，长短相形，高下相倾，音声相和，前后相随，恒也。**宋徽宗《御解道德真经》：太易未判，万象同体。两仪既生，物物为对。此六对者，群变所交，百虑所生，殊涂所起，世之人所以陷溺而不能自出者也。无动而生有，有复归无，故曰有无之相生。有涉险之难，则知行地之易，故曰难易之相成。长短之相形，若尺寸是也。高下之相倾，若山泽是也。声举而响应，故曰音声之相和。形动而影从，故曰前后之相随。**是以圣人处无为之事，**唐玄宗《御注道德真经》：无为之事，无事也。寄以事名，故云处也。**行不言之教；**明太祖《御注道德真经》：以不言之教，云不欲使民暴称扬耳。**万物作而弗始，生而弗有，为而弗恃(shì)，功成而弗居。**河上公《河上公章句》：功成事就，退避不居其位。**夫唯弗居，是以不去。**宋徽宗《御解道德真经》：有居则有去，古今是也。在已无居，物莫能迁，适来时也，适去顺也，何加损焉？

[译文]

如果天下人都知道美之所以为美，那么丑的观念就产生了；都知道善之所以为善，那么恶的观念也就产生了。所以说有和无相互依存；难和易相反相成；长和短相互比较；高和下相互依靠；音和声相互协调，前与后相互依伴，这是永恒不变的客观实际。因此，圣人排除一切人为的努力而从事“无为”的事业；圣人超越一切言语施行“不言”的教化；他任由世间万物振兴却不加以干涉，生养万物而不占为己有，培育万物却不自恃其能，功成名就也不居功自傲。正因为他不居功自傲，所以他的功绩永恒不灭。

司马光

北宋时期著名政治家、史学家、散文家。宋代是老学发展的一个高峰，“上自帝王将相，下至僧人道士，研习《道德经》蔚然成风，可谓盛矣”。司马光所著的《道德真经论》中有“美善有迹，为众所知，非美之至者也”之句。

[读解心得]

叶朗先生在《中国美学史大纲》里评价老子时说：“美”这个概念当然老早就有了，并不是老子第一次使用这个概念，但是老子给予“美”的这两个规定，都使得它第一次成了一个独立的范畴。在第二章中，老子把“美”与“善”区别开来，同时指出了“美”与“丑”是相互对立的关系，老子并不认为这种区别和对立是永久不变的，在某种情况下，二者可以相互转化。老子在区别“美”与“善”，辨别“美”与“丑”的论述后，又阐述了“有”“无”，“难”“易”，“长”“短”，“高”“下”，“音”“声”，“前”“后”之间的相互关系，进一步提出了事物都是对立统一的辩证法观点。

之后，老子进一步阐释了如何去实践这一观点的方法。在有无相对的关系上，老子始终如一，崇尚的是“无”，倡导“无为而治”，所以在他的人生哲学和处世方法中，处处看见其推崇的“无为”。于是就有了“行不言之教”，身教重于言教。洞悉了事物之间既对立又统一的关系后，以“弗始”“弗有”“弗恃”“弗居”的行动遵循“无为”的处世原则。处世柔和练达，一切顺应自然，不强求

功名，这样才可谓是圣人的处世哲学。

随着现代社会的快速发展，人类可以按照自己的意志去改造自然世界后，对自然恣意的、不计后果的改造，已经违背了先贤老子所倡导的“无为”，虽然意愿和出发点是好的，但过分地改造自然世界和干涉自然规律往往会产生可悲的结局。人类为了保护野生鹿群将狼赶尽杀绝，鹿群没了天敌后大量繁殖，导致植被大量被消耗，又使鹿群因缺少食物来源而大面积死亡。这不正是老子所说的“天下皆知美之为美，斯恶已；皆知善之为善，斯不善已”吗？

善与恶一线之间，“美与恶，相去若何”。只看到“美”与“善”的积极作用和效果，忽略了事物之间的相互转化，就很有可能好心办坏事。清楚地认识到事物的两面性和事物之间既对立又统一的关系，大到治理国家，小到完善自身，都是有百益而无一害的。

[经典事例]

偷食禁果

据《圣经·创世纪》载，上帝在东方建造了伊甸园，并把许多生物放在里面。园中央生长着两棵树:生命树和智慧树。上帝创造了亚当,让他到伊甸园中，并告诉他说，除了生命树和智慧树上的果子以外，其他的果子都可以吃。上帝把所有的动物都派到亚当那里，亚当就给这些动物取名字。然后，上帝就让亚当好好地睡上一觉。就在亚当熟睡的时候，上帝从他身上取下一根肋骨，并用这根肋骨造了夏娃，这样，亚当就有了伴侣而不会孤单了。

亚当和夏娃没有穿衣服，光着身体，自由自在地在伊甸园里生活，与上帝相处得十分和谐。

在伊甸园的所有动物当中，蛇是最邪恶的。有一次，蛇问夏娃，她是否可以吃到任何想吃的果子。夏娃回答道：“那当然，除了智慧树上的果子，我们想吃什么就可以吃什么。但唯独智慧树上的果子，我们吃了就会死掉。”

蛇说：“不会的，如果吃了智慧树上结的果子，你们就会发现善恶是有区别的，这样你们就跟上帝是一样的了。上帝就是因为这个原因才不让你们吃那棵智慧树上的果子的。”

夏娃用充满着渴求的眼神看着智慧树，树上水灵灵的果实诱惑着她，因为她知道，吃了树上的果子她就会变聪明。最后，她再也忍不住了，于是摘下树上的一枚果子吃了。然后，她又摘了一枚递给亚当吃了。之后，他们两个彼此对望，意识到了自己是裸体的，也明白了男女有别，于是产生了羞耻之意。他们连忙摘下一些无花果的叶子遮住了自己的身体。

天渐渐黑了下来，有了一丝凉意，这时上帝来到了园中。亚当和夏娃听到了上帝的声音，连忙藏了起来。上帝由于看不见他们两个，于是就呼喊亚当，问他在什么地方，为什么藏起来。亚当回答说，他听到了上帝的声音，感到很害怕。上帝说："如果你感到害怕，那一定是吃了智慧树上的果子。"

亚当立刻指着夏娃，对上帝说："是这个女人诱骗我吃那棵树上的果子的。"

夏娃连忙解释说："是我让他吃的，可是，诱惑我吃那果子的是那条蛇。"

于是，上帝对那条蛇下了诅咒，并且把亚当和夏娃都驱赶出了伊甸园。上帝对他们说："既然你们现在已经知道了善恶之分，那就必须离开这里了。如果你们还留在伊甸园，那你们还有可能去偷吃生命树上的果子，那样的话你们就会永生不死了。这是我所不能容忍的。"

这样，上帝就把亚当和夏娃赶到了尘世，并咒骂他们，说从今以后，亚当必须累得满头大汗才能够活下去，夏娃则必须经受分娩的痛苦。

这就是西方神话中对于人类起源的一种说法。原本无知无欲的亚当和夏娃，是不知道"善"与"恶"的分别的，只有当他们吃了智慧树上的果子之后，才具有了分辨善恶的智慧。这与老子所说的"天下皆知美之为美，斯恶已；皆知善之为善，斯不善已"的说法有着何其惊人的相似！

第三章

题解

一般来说，物质利益与精神层面上的权力、地位是人们在整个生命过程中所追求的主要人生目标，欲望为人类的发展提供了最为强大的内在动力，但同时也引发了社会上争名逐利的混乱局面。老子从源头上分析了诱惑的弊端，他提出了解决方法，即“不尚贤，使民不争”“虚其心，实其腹，弱其志，强其骨。常使民无知无欲，使夫智者不敢为也”。

这在今天被许多人看作是愚民主张，但是，在诸侯争霸、生灵涂炭的春秋时代，这种做法也不失为治国良策。

[原文]

不尚贤，河上公《河上公章句》：贤谓世俗之贤，辩口明文，离道行权，去质为文也。不尚者，不贵之以禄，不尊之以官也。**使民不争；**唐玄宗《御注道德真经》：尚贤则有迹，徇迹则争兴。使贤不肖各当其分，则不争矣。**不贵**王弼《道德真经注》：贵者，隆之称也。唯能是任，尚也曷为；唯用是施，贵之何为。**难得之货，**河上公《河上公章句》：言人君不御好珍宝，黄金弃于山，珠玉捐于渊也。**使民不为盗；不见可欲，**王夫之《老子衍》：“争”未必起于“贤”，“盗”未必因于“难得之货”，“心”未必“乱”于“见可欲”。**使民心不乱。**明太祖《御注道德真经》：老子云不见可欲，使民心不乱。大概使民不知贤贵，不知货财之难得，天下安。**是以圣人之治，虚其心，实其腹，弱其志，强其骨。**王弼《道德真经注》：心怀智而腹怀食，虚有智而实无知也。骨无知以干，志生事以乱，心虚则志弱也。**常使民无知无欲，**明太祖《御注道德真经》：使民无知无欲，即前文不尚贤不贵难得之物，致民不见而不贪是也。**使夫智者不敢为也。**王弼《道德真经注》：守其真也。智者谓知为也。**为无为，**司马光《道德真经论》：为之使至于无为。**则无不治。**宋徽宗《御解道德真经》：圣人之治，岂弃人绝物，而恝然自立于无事之地哉？为出于无为而已。万物之变在形而下，圣人体道，立乎万物之上，总一其成，理而治之。物有作也，顺之以观其复。物有生也，因之以致其成，岂有不治者哉？故上治则日月星辰得其序，下治则鸟兽草木遂其性。

［译文］

不标榜奇异的才能，就不会使人民为此而争名夺利；不把珍稀昂贵之物看重，就不会使人民去偷盗；不炫耀那些能以引起人们贪欲的东西，就不会扰乱人民的内心。因此，对于圣人来说，他治理天下所遵循的原则就是：净化人民的内心，满足百姓基本的温饱需求，削弱人民的欲求，增强人民的体魄。总要使人民不怀有成见、不心生贪欲，使那些聪明的人不敢任意妄为。遵循“无为”的原则，就可以使天下得到最为全面的治理。

［读解心得］

德才兼备方可谓“人才”，有才而无德之人，容易自恃其才祸国殃民，造成不可挽回的损失。历史上的无德者大多追名逐利，易产奸佞妄为的小人，成为社会发展进程中的障碍，有时候甚至会将社会的发展进程引向歧途。历史上，每当遇上动荡年代，维持社会秩序的仁义、道德、伦理规范，必然会受到冲击而惨遭破坏。同时，也使乱世中产生了活跃的学术思想，豪杰纵横四海，人才辈出，而民生却一片凋敝、凄惨的景象。作为一个心怀天下、学识渊博的智者，老子看到了太多民众的苦难，感叹世间不必有缺少了德行约束的野心家，乱世虽然成就了一小部分有才能的人，但却使众多的百姓在战乱纷争中遭受苦难。那倒不如大家都安贫乐道，换来一片清明世界。

晋朝开国皇帝司马炎登基之初便下诏：“为永葆我大晋的江山，现以无为之法作为统领万国的核心。”他的“无为之法”与老子所倡导的“无为而治”思路相同。同年司马炎又下五条诏书：一曰正身，二曰勤百姓，三曰抚孤寡，四曰敦本息末，五曰去人事。用以安抚百姓，使百姓不执成见、不生贪欲。如此“常使民无知无欲”，那些心怀抱负的“智者”便不敢任意妄为。此“无为”之法，比直接铲除异己造成社会动荡更有效。

老子“常使民无欲无知”的主张并不是要去除人正常的欲望，他的目的是使社会安定，人民安居乐业，这一主张对修身处世也有着重要的指导意义。

[经典事例]

纣王象箸

商纣王刚刚继承王位的时候，并没有荒淫之象。他勇武过人，曾亲自率领部队攻伐边疆部族，屡立战功，巩固了商王朝的统治，臣子们都以为他是个明君。

有一天，纣王在朝堂上与朝臣议事之后，他拿出了一双象牙筷子，请群臣观看。大臣们看了之后，觉得这双筷子做得精致大方，颇为美观，都赞不绝口。但是，其中有一个人看了这双筷子之后，却吓得目瞪口呆。其他人问他是怎么回事，只见他面部颤抖，就是说不出话来。

这个人，原来就是商王朝的重臣——纣王的叔父箕子。群臣退朝以后，有些与他相交甚好的大臣便去找他询问缘由。这时箕子才对前来求见的大臣们说："这双象牙筷子做得确实不错，可我却担心纣王会因为它而变坏。"众人十分不解：堂堂一国之君，怎么会因为一双象牙筷子而变坏呢？

箕子

箕子认为，纣王用象牙筷子吃饭就一定不肯用粗碗具，必将用犀玉杯盘，食山珍海味，进而穿绫着缎，建高阔殿宇楼台，如此下去将一发不可收拾。正如他所料，不过五年，纣王就酒池肉林，设炮烙之刑，大兴土木，为所欲为，最终身陷周武王重兵重围，自焚于鹿台而亡天下。

箕子这时才向大家说出他自己的看法。箕子说："请大家想一想，这样精致的一双筷子，纣王肯定不会用土制的碗罐与它相配，因为那样会显得很难看，也太委屈了这双象牙筷子。它应该配上一些用美玉制成的碗碟，那样才得体。有了象牙筷子、玉碗、玉杯，如果用这些精致华丽的器具盛放豆角之类的粗陋食物，恐怕纣王就不会满足了，他必定要在这样的餐具中盛装上大象、牦牛、豹胎这样的珍贵食物，这样吃起来才会感到有味。而拥有了这些以后，他定然不会愿意穿着粗布衣衫、在茅屋草棚下吃这些美味，这时他就会命人织衣、盖房，享用锦衣广厦了。如果这种情况长期发展下去，人们就会对他的行为表示不满并且进行斥骂，他就会对反对者进行镇压，他的性格也会因此变得残暴。到了那个时候，咱们还能站在朝堂之上吗？"可是众臣听了，都不以为然。箕子见别人都不理解，就没再说什么，只是不断地摇头叹息。

事情果然不出箕子所料，没过几年，纣王就建造了“肉林”，将肉悬挂其中。旁边还设上炮烙，用以处罚囚徒以供他取乐。他还修了一座很大的池子，里面蓄满了美酒，他就与宠妃妲己在此饮酒作乐。群臣时常进谏，他渐渐感到了厌烦。后来他大加刑戮，杀死了忠臣比干，并使得微子出走，箕子装疯，弄得群臣归周。纣王由于暴虐无道，最终在周武王的讨伐之下丢掉了江山，自己也送了性命。

一双象牙筷子，最后竟然断送了江山，这样的教训沉痛而深刻。老子所说的“不见可欲，使民心不乱”，实际上就是对统治者的一种警诫。

玩物丧志

周武王伐纣灭商，建立了周朝以后，周边的小国都前来朝拜，并且携带许多地方特产和珍稀的礼物。其中，有个西戎国国君，送给武王一条獒犬。这条獒犬身高四尺有余，尾大毛丰，能解人意，体格威猛而善于和人搏斗，与当时中原的犬种大不相同，很是珍奇，周武王于是很高兴地收下了。

武王非常喜爱这条犬，每天都和它形影不离。当时担任太保的召公，担心武王玩物丧志，于是就想办法劝谏。

有一天，他面见武王，对他说：“现在，天下都归附于您，别的国家无论远近，都拿自己最好的东西向您进贡，这固然是由于您的圣德。但是，这些玩赏之物是没有贵贱之分的，关键在于人的德行。没有德，物就不值钱；有了德，物才显得珍贵。一个英明贤德的君主，不应该沉湎于声色享乐之中。一个人如果把别人当成玩物加以戏弄，就会失去德行；如果把稀奇之物当成宝贝，每天玩赏，就会丧失原有的志气。犬马这样的畜牲并非本地所产，就不应该豢养它；珍禽异兽对于人的衣食住行来说没什么用途，也不必饲养；别国送来的珍宝没有什么实用价值，也不要过于稀罕它。对于四方进贡的东西，最好是分封赏赐给同姓的诸侯，以表示公平诚信之意。”

武王听了以后，很赞同召公的观点，同时也意识到自己的错误，于是下令将所有进贡之物都分给诸侯和百官，其中就包括那条獒犬。后来，武王励精图治，与文武百官同心协力，打下了周朝八百年的基业。

召公所言，正可以说明“虚其心，实其腹”的道理。珍奇之物，只能使人获得感官上的享受，人们会因为对它的强烈追求而迷失方向。只有抛弃浮华，减少欲念，以维持生存的基本需要为目标，才能从本质上实现天下大治。

第四章

题解

在这一章中，老子再次为我们阐述了“道”，但由于“道”是难以用语言来描述的，因此他列举了“道”的一些表象上的作用，即“挫其锐，解其纷，和其光，同其尘”，并以此作为突破口，来讲解“道”中玄妙的道理。“道”是虚空无形的，但它却无处不在，“道”是一个永恒而又无限的绝对体，是万物产生的本源，即使真的有天帝存在，那也不过是“道”的产物。

[原文]

道冲，河上公《河上公章句》：冲，中也。**而用之或不盈，**唐玄宗《御注道德真经》：有生成之道，曾不盈满。**渊兮，似万物之宗。**宋徽宗《御解道德真经》：《庄子》曰，鲵桓之审为渊，止水之审为渊，流水之审为渊。渊虚而静，不与物杂，道之体也。惟虚也，故群实之所归。惟静也，故群动之所属。是万物之所系，一化之所待也。故曰似万物之宗。**挫其锐，解其纷，和其光，同其尘，**王弼《道德真经注》：锐挫而无损，纷解而不劳，和光而不污，其体同尘而不渝其真。**湛(zhàn)兮，似或存。**唐玄宗《御注道德真经》：和光同尘，而妙不杂，故湛兮似有所存。**吾不知谁之子，**河上公《河上公章句》：老子言，我不知，道所从生。**象帝之先。**宋徽宗《御解道德真经》：象者，物之始见。帝者，神之应物。物生而后有象，帝出而后妙物。象帝者，群物之始，而道实先之。

[译文]

“道”是虚幻并且无形的，但它的作用却是永远不会竭尽的。它是那样的渊深，就好像是世间万物的宗主。它能不露锋芒，化解纷争，调和光芒，接纳尘埃。它又是那么幽隐，好像没有却又仿佛存在。我不知道它产生于何处，似乎在天帝出现之前它就存在了。

[读解心得]

老子说“道”就像是深不见底的深渊，永远注不满却也永远不会空，庄子也说过“道”是广阔深远、用之不竭的，就像可纳百川的大海，又像无穷无尽的神秘难测的虚空。因为大海永不满溢，所以才有千万条河流汇聚于此。而“道”的虚幻也正是他的源泉所在，正是因为他的虚无才使他的作用无穷无尽，深邃可包容世间万物，乃万事万物的根本。

既然“道”是如此深不可测的，那么如何理解“道”，如何传“道”呢？老子便从“道”的作用谈起，让人能更好地理解何谓“道”。

要理解体会老子所说的“道”，文中“冲”字如何理解是关键，“冲”是虚无而没有形状的状态，冲字是“水”加“中”字，所以冲是要居中守中，在万事万物之中取平衡之法。“冲”的象形里有在水中间之意。万股水流入海，又从海中蒸发变为雨重新落入万千河流，如此不断循环着，保持着一个平衡状态，这是“冲”的“中和”之理。“道”的本体是虚空，“道”的功用是中和。“道”的冲和，在于避免过和不及，因为物极必反。老子的“道”是维持平衡状态，调和万物的阴阳。揭示了“道”是虚无，是“中和”后，他又以“挫其锐，解其纷，和其光，同其尘”说出了“道”的作用；体现了东方世界的圆滑、宠辱不惊、去留无意的处事方法。做到不锋芒毕露，不怨天尤人，心胸宽广，做事做人要留有余地，不可执著求全，便是所谓有容乃大。

从老子对“道”的作用的阐述，可以体会到“道”是可意会而不可言传的，它玄而又玄，神秘难测，但又确实左右着世间万物的发展变化。虽然老子也没有确实的地告诉我们什么是“道”，“道”又从何处而来，但通过他的论述，可以体会到“道”的无处不在，永远保持在一个不溢不满的平衡状态，它的空虚是相对于有形世界而言，但它虚而有物，它的奥妙之处只能由人的心灵世界去感悟、去体会。

[经典事例]

汉文帝求道

汉文帝对于老子的《道德经》倍加推崇，他不仅自己熟读，还让王公大臣们都来诵读。尽管他在《道德经》上面下了不少苦功，可是有些地方还是弄不明白，想找人求教，又没有高人能够给予指点。于是他经常到四处寻访，希望找到能为他指点迷津的人。

后来，汉文帝听别人说有个叫河上公的人懂得《道德经》的精髓，于是派人前去拜访河上公，请教自己不懂的地方。

河上公对汉文帝派来的使者说：“道尊德贵，请教这样严肃的问题怎么能

让别人来代问呢？”汉文帝得到使者的报告之后，就亲自来到河上公居住的河边小茅屋，亲自请教。尽管如此，河上公仍然没有对文帝表示谦恭卑下。文帝心有不甘，于是对河上公说：“《诗经》中说过，普天之下哪一块土地不是君王的，四海之内有谁不是我的臣民？老子也说过：‘道大、天大、地大，王亦大。’君王就属于这‘四大’之一。你虽然道行很深，可不还是我的子民吗？你为什么如此自高自大，不把君王放在眼里呢？”河上公听完他的质问，突然间腾空而起，稳稳当当地悬在半空中，离地数丈之高。河上公这时俯身向仰视着他的文帝说：“我上不着天，下不着地，中间又不为人所累，又怎么算是你的臣民呢？”文帝听罢河上公的话，心中明白自己遇到了高人，于是马上向河上公跪拜说：“我实在是个无德无才之人，承蒙祖上的福荫，才继承了帝业，成为君王。我才疏学浅，怕自己难当重任。虽然我忙于国事，可一心求道。然而我愚昧无知，难以明白经书中的真义，希望您能给予我指教。”

河上公见文帝确有一片诚心，于是就将两卷经书传授给他，并对他说：“你回去以后，仔细研读这两卷经书，你所有的疑问就都会得到解答。这两卷注解《道德经》的著作，只传给了三个人，现在你是第四个，千万要记住，绝不可向他人显示。”说完，河上公就消失得无影无踪。

汉文帝知道自己遇见了神人，所以对这两卷经书异常珍惜，从此以后更是手不释卷，加倍努力地精心钻研《道德经》。

从这个故事我们可以领悟，所谓的“道”是纯自然的，它不屈服于任何统治者，是天地万物发展的唯一规律。“吾不知谁之子，象帝之先”这说明了“道”是世界的本源，世间的君主要想巩固自己的统治，就必须遵从“道”的原则行事。

东郭子问道

东郭子有一次向庄子请教道家思想中所谓的“道”究竟存在于何处，庄子极为简单地对他说：“大道无处不在。”可是东郭子似乎对这个答案并不满意，他希望庄子能够具体地指出“道”在何处。于是庄子就对他说：“‘道’就存在于蝼蛄和蚂蚁中间。”东郭子听后不解地问：“‘道’怎么会存在于如此卑微的生物中间呢？”庄子紧接着又说：“‘道’还存在于农田里的稻谷和稗草之间。”东郭子听了这话，更加糊涂了：“这不是更低贱了吗？”庄子又不紧不慢地说：“这怎么能说是低贱呢？其实，‘道’还在大小便中存在。”东郭子这下不高兴了，以为庄子是在有意戏弄他，于是闷闷不乐地坐在一旁，再也不说话了。

庄子看到东郭子心生误会，就耐心地向他解释：“您再三问我‘道’存在于何处，但这并不是‘道’的本质。我们不可能到某个具体的事物中去寻找‘道’，因为大道无所不在，世间的万事万物都蕴含着‘道’，并没有贵贱之别。”

庄子的这一理论说明，世间万事万物在生存的意义上都要遵循生存的规律，彼此之间并没有高下尊卑的分别。而有些人往往要刻意地去分辨事物的高低贵贱并区别待之，这只能暴露出他自己的无知与浅薄。老庄哲学神秘而又简单。神秘的是“道”中的玄机使事物变幻莫测，人们始终难以预料事物将朝什么方向发展，结果又会如何。简单的是，世间万物都有其自身发展的内在规律，人们不必为其费心，一切应当顺其自然。人们不能用外在的规则去试图改变它们的内在规律。

第五章

题解

在本章的开篇老子就写道："天地不仁，以万物为刍狗；圣人不仁，以百姓为刍狗。"对于这句话，历来争议颇多，但联系其他章的内容，我们不难看到，"天地不仁"包含了自然界当中万物平等的思想，而"圣人不仁"则反映了人类社会中人人平等的思想。老子认为，在"大道"的眼中，人的生死荣辱，不过和刍狗一样，没有什么特别之处。同理，在人类社会当中，王侯将相与市井百姓也没什么两样。老子把世间万物都看成是合理的存在，没有等级上的差别，因为万物都是由"道"所创造出来的，"道"本身就代表了一种公平。这其中就包含了老子的平等思想，"天地不仁"可视为老子的世界观，而"圣人不仁"则包含了老子人人平等的法治思想。在此基础上，老子提出了统治者所应该秉承的治世之道，"多言数穷，不如守中"，这也进一步说明了"无为"之道。

[原文]

天地不仁，河上公《河上公章句》：天施地化，不以仁恩，任自然也。**以万物为刍(chú)狗；**唐玄宗《御注道德真经》：刍狗者，结刍为狗也。犬以守御，则有蔽盖之恩。今刍狗徒有狗形，而无警吠之用，故无情于仁爱也。言天地视人，亦如人视刍狗，无贵望尔。**圣人不仁，以百姓为刍狗。**王弼《道德真经注》：圣人与天地合其德，以百姓比刍狗也。**天地之间，**河上公《河上公章句》：天地之间空虚，和气流行，故万物自生。人能除情欲，节滋味，清五藏，则神明居之也。**其犹橐籥(tuó yuè)乎？**王弼《道德真经注》：橐，排橐也。籥，乐籥也。橐籥之中空洞，无情无为。**虚而不屈，动而愈出。**明太祖《御注道德真经》：特以铸冶风匣比之，视之则虚而无物，动则其风源源，敛而视之，似乎无物也，未尝不有也。**多言数(shuò)穷，**王弼《道德真经注》：愈为之则愈失之矣。物树其恶，事错其言，不济不言，不理必穷之数也。**不如守中。**司马光《道德真经论》：能守中诚，不言而信。

风 箱

图中为一人正拉动风箱，鼓风以使得火燃烧不灭。

[译文]

天地是无所谓偏爱的，它对待万物就像对待刍狗一样平等；圣人也是无所谓偏爱的，他对待百姓也像对待刍狗一样，任凭百姓自作自息。天地之间，不正像一个大风箱吗？静止的时候，它只是一个空虚的世界，一旦运动起来，就会运转不息，永远不会枯竭。政令过多反而会行不通，不如保持内心的虚静。

[读解心得]

“天地不仁，以万物为刍狗；圣人不仁，以百姓为刍狗。”老子这位圣者为何突然有此惊世骇俗的言论，世人众说纷纭。有人甚至直言怒斥老子将礼义廉耻视为无物。其实老子著述的最大特点就在于“仁者见仁，智者见智”，莫衷一是。

此章节使人误解的焦点在于对“不仁”“刍狗”的理解和解释。正确理解了这两个词语的含义，方可了解老子此章所要表达的本意。

老子为道家，孔子为儒家，现世我们受儒家思想影响极深，“仁”作为中国儒家学派道德规范的最高原则，和孔子思想体系的理论核心而存在。儒家认为，能行恭、宽、信、敏、惠五者为仁。然而老子讲“道”时所说的“仁”并非是儒家所推崇的仁爱。老子所言“天地不仁”“圣人不仁”中的“仁”是偏爱的意思。即是说天地对于世间的万物，是无所谓仁慈，对于一切都一视同仁无所谓偏爱。天地无所谓好恶，圣人也是如此，无论贫富贵贱，在天地和圣人眼中都是一样，要平等对待。

“刍狗”在《庄子·天运》中就有解释：“夫刍狗之未陈也，盛以箧衍，巾以文绣，尸祝斋戒以将之；及其已陈也，行者践其首脊，苏者取而爨之而已。”“刍狗”即是用稻草扎成狗的形状，用来在祭祀活动中祭祀天地神灵。在祭祀活动中，“刍狗”被认为是有灵魂的，人们在祭祀活动之前还要对“刍狗”进行精心的装扮并且侍奉它们。由此可见老子口中将万物和百姓比成“刍狗”并无侮辱之意，而是表达一种对待事物平和、平等的心态，不因事物的外形而有偏见，一切都要顺其自然。

随后，老子又别出心裁地将天地之间作为一个空间概念，比作了一个处在静止状态的“橐籥”。“橐籥”即是平时说的手拉风箱。风箱不动时，不会产生风的鼓动，也就不会有风吹出来，但是只要对它施加一个力，就会有风源源不断地吹出来。天地之间也像一个大的风箱，推拉之间，自然而然地产生了万物的运动生息，如此循环往复永无止境。

老子在此章末尾将重点重新拉回到治国之法。他认为“多言数穷，不如守中”。在治理国家的时候，频繁发布政令，朝令夕改，不但无法更好地治理国家，反而让人困惑不解，使政令无法有效地施行，长此以往，百姓对统治者愈加不信任，反而加速了一个国家的灭亡。不如“守中”，保持虚静。但又不是教导人不开口说话，而是该开口的时候，方才开口，口中所言句句皆为精华真理，不可不说，亦不可多说，更不要满口胡言乱语。这才是一个人行为处事，乃至治理国家应该奉行的道理。

[经典事例]

强项令

东汉光武帝在位时期，京城洛阳是最难治理的地方。皇亲国戚、权臣显贵都聚居在城内，他们常常纵容自己手下的奴仆横行街市，为非作歹。朝廷为此连换了几任洛阳令,可还是控制不了这个局面。后来,光武帝刘秀百般无奈之中，决定任用六十九岁高龄的董宣做洛阳令。董宣上任后，遇到的第一个棘手的问题，就是湖阳公主府上的家奴行凶杀人的案件。

原来，湖阳公主是光武帝的姐姐。她仰仗着自己和光武帝是姐弟关系，豢养着一帮凶狠残暴的家奴,他们在京城里作威作福,横行无忌,但却没人敢管。

一天，公主手下的一个家奴在街市上杀了人，身为洛阳令的董宣立刻下令逮捕他。可是，这个恶奴躲到湖阳公主的府中不出来，按照当时的法律，地方官不能进入这个禁地去搜捕犯人。董宣因此急得寝食不安。没办法，董宣就派手下人不间断地监视湖阳公主的府第，并且下了命令：只要那个杀人犯一出来，就立即设法将其擒获。

过了一段时间，湖阳公主以为新上任的洛阳令只不过是虚张声势而已，于是就放松了警惕。有一天，湖阳公主带着那个杀人的恶奴外出，在大街上被董宣的手下人发现。于是这个人立即回来报告董宣说，那个杀人犯正陪同公主的车马队伍出行，难以下手。董宣听到报告，马上带人赶过去，拦住了湖阳公主的车马队伍。

赏强项令

董宣，字少平，陈留圉（今河南杞县南）人。东汉初任北海相、江夏太守、洛阳令等职。在职时不畏强暴，惩治豪族。因其执法严格，而被刘秀称为“强项令”，意思是脖子刚强、不肯低头的县令。

湖阳公主坐在马车上，看到这个拦路的老头儿如此无礼，就傲慢地问道：“你究竟是什么人？竟敢拦挡我的车驾？”

董宣走上前去施了一礼，回答道：“在下是洛阳令董宣。恳请公主交出杀人犯！”

湖阳公主一听董宣要她交人，就满不在乎地说：“你长了几个脑袋，竟敢拦住我的车驾抓人？你胆子也太大了吧！”

可是，湖阳公主万万没有料到，站在她面前的这位小小的洛阳令竟然怒气冲天，只见他圆睁二目，猛然从腰间拔出宝剑向地下一划，厉声责问湖阳公主：“你身为皇亲，为什么不守国法？”湖阳公主顿时被这股凛然的气势镇住了，一下子目瞪口呆，不知所措。

这时，董宣义正词严地说道：“王子犯法尚且与庶民同罪，更何况是你手下的一个家奴呢？我既然身为洛阳令，就要为洛阳城里的黎民百姓做主，决不让任何罪犯逍遥法外！”董宣一声令下，他手下的吏卒一拥而上，把那个杀人凶犯从公主的车上拖了下来，就地斩首。

湖阳公主见此情景，气得面色发紫，浑身打战。她觉得，一个小小的洛阳令胆敢在大街上当众处死她的家奴，这对于堂堂一国的公主来说，简直是奇耻大辱。于是她顾不得跟董宣争执，掉转车头，直奔皇宫，要找皇帝论理。

湖阳公主进了皇宫，一见到刘秀，就又哭又闹，非要刘秀杀死董宣替她出气不可。光武帝听了她的这番哭诉，不由得怒形于色。他觉得董宣竟敢如此蔑视公主，这就等于没把他这个皇帝放在眼里。想到此处，他下令道：“快把董宣抓来，我要当着湖阳公主的面将他乱棍打死！”

董宣被抓上殿以后，他向光武帝叩头说：“请让我先说一句话，然后再处决我吧！”光武帝怒气未消，问道：“你死到临头，还有何话说？”

董宣流着热泪说道：“正因为有了陛下的英明决断，才有了今天汉室中兴的大好局面。没想到，陛下今天却任凭皇亲的家奴滥杀无辜，随意残害百姓！有人想为了汉室江山的长治久安而严肃法纪，惩戒豪强，却要落得个被乱棍打死的下场。我真想不明白，陛下口口声声说要以文教和法律来治理天下，现在

有皇亲在天子脚下纵奴杀人，陛下不但不加以管教，反而要将按律执法的臣下处死。这样来看，国家的法律还有什么用？陛下的江山还有什么办法来治理？想让我死很容易，用不着棍棒，我自己寻死就是了。”说罢，他一头撞向旁边的殿柱，撞得满头都是血。

光武帝毕竟不是糊涂的君主。刚才董宣那一番理直气壮的言辞，以及他刚直不阿、严格执法的行为，深深地打动了光武帝。他看到董宣欲碰柱自尽，又惊又悔，连忙命令卫士把他扶住，为他包扎伤口，然后说：“朕念你为国家大业着想，就不治你的罪了。不过，你总得给公主磕个头，赔礼道歉呀！”董宣理直气壮地说道：“我没有做错，也无礼可赔！这个头我绝不能磕！”

光武帝向旁边的两个小太监使了个眼色，示意他们搀扶董宣到公主的面前磕头赔罪。

两个小太监马上照办。可是，年近七旬的董宣双手撑着地，挺着脖子，无论如何也不肯磕头认罪。两个小太监使劲按他的脖子，却怎么也按不动。

湖阳公主虽然自知理亏，但仍然耿耿于怀，于是冷笑着对光武帝说：“文叔（光武帝的字）当初做老百姓的时候，常常把逃亡的罪犯窝藏在家里，从来不把官府放在眼里。现在做了皇帝，怎么反而连一个小小的洛阳令也驾驭不了呢？我真替你脸红！”

光武帝的回答也很巧妙。他笑着对公主说：“正因为我成为一国之君，才更应该严格执法，不能像过去做普通百姓时那样办事了。你说是不是呀？”

湖阳公主听了，理屈词穷，一时说不出话来。

光武帝又转过身对董宣说：“你这个强项令，脖子可真硬，还不快退下去！”

光武帝发自内心地喜欢董宣那种执法如山、宁折不弯的品格。为了表示对他的嘉奖，光武帝专门派人给董宣送去了三十万赏钱。董宣把这些钱全部分给了他手下的那些官吏和衙役。从此以后，“强项令”的威名传遍了全国，洛阳城中的豪强、皇亲，没有一个不畏惧他的。

经过董宣的治理，洛阳的社会秩序逐渐好转。当时洛阳流传着一句民谣：“枹鼓不鸣董少平。”“枹鼓”就是官衙前的警鼓，“少平”是董宣的字。意思是说，董宣做了洛阳令，就没有人敢违法乱纪，也就再没有人到官府门前击鼓鸣冤了。

可见，在“大道”之下，任何人都是平等的，统治阶级只有放弃特权，与民众保持平等，才能使天下安定，否则，其统治地位必将发生动摇。

第六章

题解

在这一章中，老子用极为简洁的语言描述了“道”的特征。他用“谷”来象征“道”的那种看似虚空的状态，又用“神”来比喻“道”三生万物、绵延不绝之貌。老子再次说明了“道”作为万物始源的地位，“玄牝之门，是谓天地根”，无论从时间上还是从空间上看，“道”都是永恒的。“玄”是老子对于“道”的这种状态的描述，这既说明了语言在解释真理方面的局限性，同时也表明了老子自己对于“道”的认识已经点到为止。他没有因为这种无尽的奥秘而感到迷茫，因为这个奥秘本身就是天地万物的根源。

[原文]

谷神王弼《道德真经注》：谷神，谷中央无谷也，无形无影，无逆无违，处卑不动，守静不衰，谷物以之成而不见其形，此至物也。**不死，**司马光《道德真经论》：天地有穷而道无穷，故曰不死。**是谓玄牝(pìn)。**司马光《道德真经论》：玄者，言其微妙。牝者，万物之母。**玄牝之门，**唐玄宗《御注道德真经》：深妙虚牝，能母万物，万物由出，是谓之门。**是谓天地根。**河上公《河上公章句》：根，元也。言鼻口之门，是乃通天地之元气所从往来也。**绵绵若存，**明太祖《御注道德真经》：若有所养，则绵绵不绝。**用之不勤。**王弼《道德真经注》：无物不成用而不劳也，故曰用而不勤也。

[译文]

变幻莫测的“大道”是博大无边、无所不能、永恒不灭的，这就是微妙的母体。宇宙万物以它为母体而诞生，因此称它为天地万物产生的根源。它若隐若现地存在于天地间，具有繁衍生命的无尽作用。

[读解心得]

老子说“谷神不死”，有人一见“神”字就想当然地将其认定为被人格化的神仙，这是我们的固定思维模式在起作用。我们通常认为“神”有自己的思想，并按照这种思想统治世界，简单来说就是我们将人的形象神化后所创造出来的天神形象。而这章的“谷神”中的“神”则指老子所推崇的“道”。“谷”是山谷之意，此处指虚空，也可谓自然之道。同时“谷”也是一种古代母系氏族中对女性生殖崇拜的象征。因为在古代，“溪谷”常用来代指女性或者女性生殖器官，这对于有生殖崇拜的古人来说是十分重要且神圣的。后文的“牝”亦指雌性生殖器官，如儒家经典中有“丘陵为牡，溪谷为牝”的说法。冯友兰先生也说：“《老子》在这里所说的‘牝’，就是女性的生殖器。它所根据的原始宗教，大概以女性生殖器为崇拜的对象。因为它不是一般的女性生殖器，所以称为‘玄牝’”。

由此看来“谷”和“牝”都留有母系氏族对生殖崇拜的影子。但是在老子看来，二者不单单是可以繁衍万物的母体，又将“道”中“无”“虚”的含义融汇其中。所以以“谷神”“玄牝”为名，来解释“道”如繁衍、脱化众生，却又不见其实体的牝，虽然产生万物，万物却难觅其踪影。同时也指“道”如“玄牝之门”，是具有神秘且巨大的繁衍能力和母性的包容力的。

母体的力量是伟大而无穷的，老子看到了这一点并以此来比喻宇宙间生生不息的万物。在国外也有对人类依赖母体的研究。20世纪初的心理学家弗洛伊德说：“子宫是人类的第一个住房，人类十有八九还留恋它，因为那里安全舒适。”不难看出人类本性是对母体的依恋和崇拜，因此才会歌颂、赞扬母体，将其推崇到一个高峰。这种对母体的依赖和渴望是人与生俱来的精神需求，潜藏着人类依赖自然之力，向往与自然合而为一的美好愿望。这与老子对“牝”的认识有着微妙的联系。

老子将“道”比成万物之母源，让人能切身体会到“道”的源源不断、绵绵不绝，它产生了万物又推动万物运行，形象地说明“道”的作用是无穷无尽的。从时间而言，它历久不衰，天长地久；从空间而言，它无处不在，无穷无尽。它孕育着宇宙万物而生生不息。

[经典事例]

开天辟地

传说，在天地还没有分开之前，宇宙混沌一团，就像一个大鸡蛋一样。有个巨人，叫作盘古，就孕育在这个“大鸡蛋”中，他一直酣睡了一万八千年。当他醒来时，发现周围一片黑暗，盘古感到十分憋闷，于是张开巨大的手掌向周围的黑暗劈去，只听一声巨响，“大鸡蛋”被劈碎了，凝固了千万年的混沌终于被搅动了，其中轻而清的东西慢慢地上升并且逐渐散开，变成了蔚蓝的天

空；而那些厚重而又混浊的东西则慢慢地下降，变成了脚下的大地。盘古屹立在这天地之间感到非常舒畅，但是他害怕天地再次合拢起来，变成以前的样子，于是他就用双手撑着天空，双脚踏着大地，不让天地合拢。

天空每天都升高一丈，大地每天都加厚一丈，盘古的身体每天都长高一丈。这样又过了十万八千年，天愈来愈高，地愈来愈厚，盘古的身体也长得有九万里那么长了。

盘古凭借着自己的力量终于把天地开辟出来了，天地再也不会合拢。可这时，盘古也累死了，他倒在了大地上。在盘古临死前，从他嘴里呼出来的气变成了飘忽不定的风；他的声音变成了天空中的雷鸣；他的左眼变成了太阳，而他的右眼变成了月亮；他的头发和胡须变成了夜空中闪烁的星星；他的肢体变成了东、西、南、北四极和雄伟壮观的三山五岳；他的血液变成了奔涌的江河；他的筋脉变成了交错的道路；他的肌肉变成了肥沃的农田；他的牙齿、骨骼变成了埋藏于地下的矿藏；他的皮肤和汗毛变成了大地上的花草树木；他的汗水变成了雨露。

可以说，世间的一切财富都是由盘古的身躯变化而来的。后人对盘古开天辟地的伟大功绩没齿难忘。这则创世神话恰好可以说明原始先民对于宇宙产生的一些认识与幻想，与老子所说的“天地根”有着相似的来源。

女娲造人

盘古开天辟地以后，用自己的身躯创造出了日月星辰和山川草木。那些残留在天地之间的浊气慢慢地变成鸟兽虫鱼，为这原本没有生命的世界增添了很多生机。

这时，有一位叫作女娲的女神，来到了这片莽莽的原野之上。她举目四望，只见山岭起伏，江河奔涌，森林茂密，草木争辉。天上百鸟高飞，地上群兽奔走，水中鱼儿嬉戏，草中昆虫跳跃。这样的世界可以说相当美丽了。但是女娲还是觉得很寂寞。她越看越烦，也就越来越感觉到孤独，可她自己也不知道这是为什么。

她跟山川草木、鸟兽虫鱼诉说自己的心事，可它们根本听不懂。女娲茫然地坐在池塘旁边，她在池塘中看到了自己的影子。这时，她突然想到：她之所以感到孤独，就是因为这个世界缺少像她一样的生物。

想到此处，她马上在池塘边抓了些泥土，和上水，对照着自己在池水中的影子捏了起来。

捏着捏着，她捏成了一个模样与自己差不多的“小东西”。捏好后，她把

女娲

女娲是一个人身蛇尾的女神。她用黄土造了人类，是中华民族伟大的母亲。《风俗通义》中记载了她为人类建立了婚姻制度，使青年男女相互婚配，繁衍后代，使人类一代又一代地发展下去，生生不息，因此被传为婚姻女神。

这个“小东西”往地上一放，居然活动了起来。女娲见此情景，满心欢喜，于是又捏了很多。她就给这些“小东西”取名叫作“人”。

由于“人”是模仿女娲的形象造出来的，因此气质举动当然与别的生物不同，他们居然会像女娲一样讲话。

女娲顿时有了兴致，她想让这个世界变得热闹非凡，让世界到处都有她所创造的人，于是她不停地工作，捏了一个又一个。可是，这个世界毕竟太大了，她干了很久，可是捏出的小人分布在大地上仍然显得太稀少。她想这样下去不是办法，于是就顺手从旁边折下一条藤蔓，一头系在树上，一头握在手中，中间堆满了和好的泥。女娲摇起藤蔓，藤蔓打起泥浆，变成泥点落在地上，结果这些泥点也变成了一个个小人，这样一来速度就快多了。女娲见状，越摇越起劲，大地上就到处都有了人。

女娲造出了许多人来，心中非常高兴，寂寞感一扫而光。她到四处走走，看看自己造出的那些人生活得怎么样。

她来到一个地方，见人烟稀少，觉得十分奇怪，于是俯身仔细察看，只见地上横七竖八地躺着不少小人，一动不动，原来，这是她最早造出来的小人，如今已经头发雪白，寿终正寝了。

女娲见此情形，心中很是着急，她想到自己辛辛苦苦地造人，人却不可避免地会衰老死亡。如此下去，人不是越来越少？这总不是办法。

于是女娲参照世上生物传宗接代的方法，让人类也男女婚配，繁衍后代。由于人是仿照神的模样创造的生物，不能与禽兽等同，所以女娲又为人建立了婚姻制度，后世因此就把女娲奉为“神媒”。

可见，人类自产生之际就开始了对于自身根源的探索，人们普遍认为世界产生于一个母体之中，是这一母体为世间万物及人类社会的产生和发展提供着无穷无尽的动力。盘古开天辟地、女娲抟土造人的神话，就印证了老子对于“绵绵若存，用之不勤”的宇宙之源的认识。

第七章

题解

老子在这一章中，主要阐述了圣人的处世哲学。人本来都是以自我为中心来对待事物的，每个人都把自己的一切存在看作是合理的，但人们也正是因为自我的狭隘性而束缚了身心的自由。而老子却超越了常规，极具创造性地提出了“利他”的观点。他看到了人自身之外世界的广阔，认识到一个人作为群体的领袖，他的统治得以长久维持下去的法宝就在于谦退。老子用朴素辩证法的观点，说明了“利他”往往能转化为“利己”，即“是以圣人后其身而身先，外其身而身存”。老子意在说明：只有将天下的利益置于自身利益之上，才会更有助于实现自身利益。老子在春秋时代提出这种观点，无疑是非常进步的。

［原文］

天长地久。河上公《河上公章句》：说天地长生久寿，以喻教人也。**天地所以能长且久者，以其不自生，**明太祖《御注道德真经》：天地不自生者，人本不知，天地自生不生，但见风雨霜露益于世人，亘古至今不息，未见天有自生者，故设词以训后人。**故能长生。**唐玄宗《御注道德真经》：天地生物，德用甚多，而能长且久者，以其资禀于道，不自矜其生成之功故尔。**是以圣人后其身而身先，**河上公《河上公章句》：先人而后己也。天下敬之，先以为官长。**外其身而身存。**明太祖《御注道德真经》：后其身者，俭素绝奢。身先者，劳心身而用治道也。有志于济人利物。外其身者，以其不丰美其身，使不自安而身存，乃先苦而后乐也。**以其无私，**王弼《道德真经注》：无私者，无为于身也。**故能成其私。**河上公《河上公章句》：人以为私者，欲以厚己也。圣人无私而己自厚，故能成其私也。

［译文］

天长地久。天地能够长久存在的原因是，它们在运行中不去强求自己的生存，才能够长久存在。因此，圣人总是把自己的利益放在后面，结果自己成了首领；把自己置之度外，反而能够使自己的性命得到保护。这不正是由于他不

自私吗？所以这样做反而有助于实现他自己的目标。

［读解心得］

如今，我们经常用“天长地久”来祝赞爱情，希望两人的爱情就像永远存在、不会灭亡的天与地一样的长久不变。其实“天长地久”四个字源出于本章，老子认为，天与地能够如此长久地存在于世间，不曾改变，也不会消亡，这样的结果大概连天和地本身也不曾料到。那么又是什么使得天可长，地可久呢？

“天地所以能长且久者，以其不自生，故能长生。”这是老子给出的答案。他认为天与地之所以能长久地存在于世，恰好是因为它们从不强求让自己永久地存在，天空降雨滋润了万物的生长，大地承载着万物，供养着万物，天与地对万物的繁衍生息如此的重要，但却从未要求世间万物给予回报。它们无私、博大，甚至是无欲无求，这就是它们能够长久地存在的原因。而一些人为了追求利益，不断地索取，甚至不惜去伤害他人，这种刻意而为最终会使报应降临在自己身上。柳宗元在《蝜蝂传》中提到一种善负的小虫，它爬行的时候总要将其路上遇见的东西背负到自己身上，行得越远，背负的东西也就越重，直到走不动为止。有人帮他去掉重负，小虫上路后又开始不断地往身上背负东西。又因为它喜爱攀高，最终坠地而死。这小虫就好像贪得无厌之人，只顾着贪图一时利益，最终导致了灭亡。这和天地的无欲无求形成了鲜明的对比。

不苛求，不强求，以身作则，是老子在此章要告诉我们的一种处世哲学。就像圣人将自己的利益放在一边，就有无数人称颂他的美德，以他为榜样而跟随他。将自己的安危置之度外，反而会因此保全了性命。有人认为这是一种投机取巧、先利他而后利己的表现，最终的目的还是利己。老子固然以“圣人后其身而身先，外其身而身存”来鼓励、说服众人“利他”，但是老子认识到更加广阔的世界，而不仅仅局限于个人的得与失，作为一个统治者或是一个领袖，要想让其统治长久下去，一定要有谦逊的态度。所以老子的“后其身而身先，外其身而身存”并不是以先“利他”达到后“利己”的目的，而是在面对利益和抉择的时候，以群体的利益为考量，不可因蝇头小利而失去了群体的信任。这是作为首领可如天地般长久的不二法门。

［经典事例］

同归于尽

桀是夏朝第十六代国君发之子，他年轻时文武双全，双手可以把铁钩拉直。

但他生活荒淫无度，为政暴虐无道，成为历史上有名的暴君。

夏朝到了发在位时，各方的诸侯早已经不来朝贺了，夏朝王室内政混乱，外患不断，阶级矛盾也越发尖锐。到了桀即位时，延续了四百多年的夏王朝，更是政治腐败，民不聊生。但是，夏桀不但不思进取，反而更加骄奢自恣。

他继承王位后的第三十三年，有一次发兵征伐有施氏部族。有施氏实力很弱，抵挡不住夏朝军队的进攻，于是向夏桀进贡了一个名叫妹喜的美女。桀非常宠爱妹喜，特地为她修建了富丽堂皇的琼室、瑶台和玉床，而这一切的负担最终都落在黎民百姓的身上，使得百姓困苦异常，但是都敢怒而不敢言。桀还重用奸臣，排斥忠良，有一个名叫赵梁的卑鄙小人，专门投桀所好。他教桀如何来享乐，如何残害百姓，因而得到了桀的宠信。

桀日夜与妹喜及众宫女饮酒作乐。据说他的酒池修造得非常大，可以行船，在池中酒醉而溺死的事情时有发生。而这些荒唐无稽之事，常常使得妹喜欢笑不已，桀因此更加荒淫了。

可是，下层民众的生活却十分困苦，他们每年的收成很难维持温饱，遇到天灾更是妻离子散。夏代臣民时常指着太阳咒骂夏桀说："时日曷丧，予及汝偕亡。"意思就是：你什么时候灭亡，我情愿和你同归于尽。与此同时，四方的诸侯也纷纷背叛，一时间，夏王朝面临内外交困的紧张局面。

在桀即位后的第三十七年，东方商部落的首领商汤将一个才智过人的贤士伊尹引见给桀。伊尹用尧、舜施行仁政的故事来劝说桀，希望桀能够体谅天下百姓的疾苦，好好治理天下。桀却一点也听不进去，伊尹只好离去。

到了晚年，桀变得更加荒淫无道，他命人造了一个大池，称为"夜宫"。他带着一大群赤身裸体的男女杂处在池内，竟然连续一个月不上朝。太史令终古前来进谏，桀却感到很不耐烦，他斥责终古多管闲事，对他的话毫不理会。终古知桀已无可救药，于是就投奔了明主商汤。当时桀的手下有个臣子叫关龙逢，他听到天下百姓愤怒的声音，便向桀进谏说："作为天子，只有谦恭并且讲究信义，节俭又能够爱护贤才，天下才能太平安定，国家才能稳固。如今陛下荒淫无度，嗜杀成性，天下百姓都盼着你早些灭亡。您现在已经失去了民心，只有马上改过，才有可能挽回人心。"桀听了又痛骂关龙逢，最后甚至下令将他杀死。

桀自认为他的统治永远不会动摇。他说过："天上有太阳，就像我拥有百姓一样，太阳会灭亡吗？只有太阳灭亡，我才会灭亡。"桀日益失去人心，结果众叛亲离。后来，商汤发兵讨伐夏桀，夏桀想调动大军镇压，但是，他的军队早已不愿听从他的摆布，结果，夏桀战败，被商汤放逐，最终饿死，落得个可悲的下场。

得民心者得天下，这是古已有之的一条真理。夏桀灭亡的原因在于，他执

着于自己的享乐，而忽视了人民的作用。他把自己的享乐置于百姓的痛苦之上，势必激化两个阶级之间的矛盾。夏桀失败可以作为本章的一个反面例证：统治者过于看重自己的利益而忽视他人的利益，其统治必然不会长久。

桑林祷雨

商汤建国后不久，始于夏桀时期的大旱却一直没有停止，整整延续了七年之久。在后五年中，旱情愈发严重，烈日炎炎，河干井枯，草木枯焦，颗粒无收，百姓生活异常困苦。

桑林祷雨

商汤在位时，年久无雨大旱。太史占卜之后说："应当杀一个人来向神祈雨。"商汤说："我所要做的事正是为了救人才求雨。要是一定要用杀人的方式向神求雨，请允许由我自己来充当那个人。"古代，遇久旱不雨时，有"行雨""谢雨"之俗。只有风调雨顺，才会五谷丰登，百姓才能安居乐业。商汤为此不惜用自己的身躯当祭品，为百姓的利益而舍弃自身。

自从旱灾开始，作为一国之主的商汤就在郊外设立祭坛，祈求天神解除旱灾，早日降雨。可是直到第七年，祈祷也不起作用，于是商汤命史官选了一个叫作桑林的地方，在那里设立祭坛，他亲自率领朝中大臣来到桑林举行祭祀求雨，可是仍然没有下雨。

商汤就让史官占卜，史官占卜之后说道："应该以人为祭品，上天才会降雨。"商汤听罢说道："我是为了天下的百姓而求雨，如果一定要用人来祭祀的话，就请用我的身躯来祭天吧！"他向上天祷告说："所有罪孽都在我一人，不能惩罚天下百姓；百姓即使有罪，也都在我一个人。不要因为我一人的过失，而使天神伤害百姓的性命。"他还以六件事自责，向上天反省。

商汤的这种勇于为百姓牺牲的精神感动了天神，于是过了不久，原本湛蓝的天空忽然阴云密布，紧接着雷声大作，下起雨来。

商汤祷雨的做法也感动了其治下的百姓。他的臣民看到这位君主如此爱民，都尽心竭力地支持他，从而使得商王朝的实力不断加强，人民的生活也愈加富足美满。

商汤的成功之处就在于，他甘于为争取人民的利益而舍弃自身，因此才会受到拥戴。这正说明了"以其不自生，故能长生"的道理。

第八章

题解

在老子看来，崇高的德行应该具有水一样的品格。他试图借水的品格来为人的行为树立一个榜样：水自身柔弱至极，善于滋润世间万物却不与万物争高下、论短长；它总是甘于停留在最低处，因此也最接近于“道”。接下来，老子又从几个方面来具体探讨这一问题。

老子强调，一个人应当像水一样，善于选择下位而居，即“居善地”；心胸应该像水一样深沉幽静，即“心善渊”；待人应该像纯净透明的水一样真诚友爱，即“与善仁”；说话要像潮水那样准时有信，即“言善信”；从政要像水那样能够在万物之间周旋调和，即“政善治”；做事要像水一样发挥最大的效能，即“事善能”；行动起来要像水的流势一样把握时机，即“动善时”。

上述这些品行的核心，就是与世无争，对自身的环境能够泰然处之。老子认为最完美的人，应该乐于从事别人所不愿从事的工作，能够坚忍负重，默默劳作，却不与别人争名夺利。尽管老子的这种处世哲学有消极的因素，但其中一些优秀品性，还是能够给我们一些有益的启发。

[原文]

上善若水。河上公《河上公章句》：上善之人，如水之性。**水善利万物而不争，**宋徽宗《御解道德真经》：善利万物，万物蒙其泽，受其施，而常处于柔弱不争之地。纳污受垢，不以自好，累乎其心，故于道为近。几，近也。**处众人之所恶(wù)，**河上公《河上公章句》：众人恶卑湿垢浊，水独静流居之也。**故几于道。**唐玄宗《御注道德真经》：将明至人上善之功，故举水性几道之喻。几，近也。**居善地，心善渊，**唐玄宗《御注道德真经》：上善之人，处身柔弱，亦如水之居地，润益一切，地以卑用，水好下流。用心深静，亦如水之渊停矣。**与**河上公《河上公章句》：与，虚不与盈也。**善仁，**唐玄宗《御注道德真经》：施与合乎至仁，亦如水之滋润品物也。**言善信，**宋徽宗《御解道德真经》：避碍而通诸海，行险而不失其信。**政善治，**明太祖《御注道德真经》：若与善人论信行，则政事无有不治者，故善治。**事善能，**唐玄宗《御注道德真经》：于事善能因任，亦如水性方圆随器，不滞于物矣。**动善时。**河上公《河上公章句》：夏散冬凝，应期而动，不失天时。**夫唯不争，故无尤。**王夫之《老子衍》：逆计其不争而徐收之，无损而物何争？而我何尤？使众人能知其所恶者之为善，亦将群争之矣。然而情之所必不然也，故圣人擅利。

在川观水

对于水，孔子也有一番感慨。孔子在河边看水，子贡问："君子为什么见到水就一定要看呢？"孔子回答说："河水长流不息，好像道的流传一样，所以君子见水必观。"

[译文]

最接近于善的人就好像水一样。水善于滋润万物从而有利于万物的生长，但它却不与万物相争。总是停留在众人都厌恶的地方，因此也最接近于"道"。至善的人，能够像水一样居住低洼之地，心胸善于保持幽静并且深不可测，善于以真诚无私的态度与人交往，说话诚实守信，从政善于治理之法，做事善于发挥长处，行动善于抓住时机。正因为他有与世无争的美德，因此才没有过失。

[读解心得]

本章中，老子以生活中最常见的水来说明何为"善"，水是柔弱的，它无形、无色、无味，最容易被我们忽视却又是我们生活中最常见，也最离不开的自然产物。所以老子独爱水，并以水比成圣贤之人，认为只有拥有如水般品德的人才可谓"善"。

人们常说"柔情似水"，曹雪芹在《红楼梦》中也说道"女人是水做的骨肉"，这都是以水至柔的特性作比。但是水是至柔的，也是至刚的，自古就有水滴石穿的典故，想一想水何其微小柔弱，石头又是何其坚硬，水能穿石，可见水的柔中带刚。水又是至韧的，李白有诗言"抽刀断水水更流"，宝刀可以削铁如泥，却无法阻断涓涓细流，可见水长流不断之韧。水至洁，水晶莹透明，只可被万物所污染而不浸染万物，又可洗刷万物之尘埃，此为水之至洁。水能与万物相容，此为至容。可见老子偏爱水，不是毫无道理的。同时老子认为“水善利万物而不争”，水有功劳万千，却不去争名逐利，泰然安处于低洼，“此乃谦下之德也”。这也是一个胸怀高远的贤能之士所应该具有的高尚品德。

“上善若水”是东方文化，也是中国传统文化中所特有的为人处世的方法与道理，也就是说不张扬、不巧辩，以自己所具有的美好内在去感化众人，而不是时时刻刻表现自己，大肆宣扬自己，才为“善”人，也就更接近于老子的“道”。

[经典事例]

大树将军

冯异是东汉光武帝刘秀手下著名的武将，被列为东汉“二十八宿将”之一。

早在刘秀起兵之初，冯异就投到其麾下。他跟随刘秀征战两年以后，刘秀见冯异是个将才，就分出一部分部队，让他带领。不久，因为他军功卓著，所以刘秀封他为应侯。

在刘秀麾下的众多将军当中，冯异以治军有方而著称。他爱护士卒，深得部下的拥戴，因此，士兵们都愿意在他手下作战。

每次战斗过后，刘秀都要为将军们评功论赏。这时候，各位将军都为争功而大呼小叫，有时甚至拔剑击树，吵得不可开交。唯独冯异从不争功，每次都独自坐在大树之下，任凭光武帝评定。于是，大家就给他取了一个雅号，叫他“大树将军”。冯异的名声由此传开，军中无人不晓。

刘秀称帝之后，各地仍然战乱不绝。刘秀定下了策略，决定以平定天下、安抚百姓为主。他左思右想，最后决定让冯异率兵从洛阳向西进发，以平定关中地区。他任命冯异为征西大将军。冯异只用了几个月时间，就完全平定了战乱，又一次为刘秀立下了汗马功劳。

接着，冯异又连续平定数地，声威大震。这时，有人嫉妒冯异的荣誉，就在刘秀面前

冯异

字公孙，东汉中兴名将，“二十八宿将”之一。他喜好读书，精通《左氏春秋》《孙子兵法》。

挑拨离间说："他现在领兵在外，名声大得很。冯异到处收买人心，排除异己。咸阳地区的百姓都称他为'咸阳王'。陛下可得提防啊！"

刘秀听了，让人如实地传话给冯异。冯异知道此事后，马上向刘秀上书自白，请皇帝不要听信谗言。

光武帝不愧为一代明君，他看到冯异的信后，马上回复说："冯将军，你对国家和朕来说，从礼义上讲是君臣关系，从恩情上讲就如同父子之间的关系，你不必介意奸人的话。"

为了表示诚意，刘秀把冯异的妻儿都送到咸阳，还给他更多的封赏与权力。

就这样，冯异一直到去世，都一直尽忠王事，而且从来不居功自傲。

其实冯异就很具有老子所说的"水"的特性，能够滋润万物而不争名夺利，这也是他能够善终的一个重要原因。

太公诤言

有一次，周武王向姜子牙询问治军之道："怎么才能让将士们奋不顾身地冲锋陷阵，让他们听到进攻的鼓声就兴奋，听到撤退的鸣金就不高兴呢？"姜子牙回答说："身为将帅有'三胜'：第一，冬天不穿皮衣、夏天不摇扇、下雨天不遮挡，与手下士兵同甘共苦，这就叫'礼将'；第二，翻山越岭、行走于泥沼之时，走在士兵的前面，身体力行，身先士卒，这就叫'力将'；第三，安营扎寨之时，全军的帐篷还没有扎好、全军的饭没做熟的时候，能克制住自己的私欲，不先休息吃饭，这就叫'止欲将'。一个统帅如果能做到这三点，就算敌人站在城墙之上发射密如飞蝗一般的箭石，你手下的士兵也会毫无畏惧地攻城。"

武王又问有没有可供子孙后世永远铭记的格言，姜子牙回答说这样的格言在《丹书》上，要求武王必须先进行斋戒沐浴，然后才能宣读。武王经过斋戒、沐浴之后，诵读了《丹书》。姜子牙说："用仁义得到天下，又用仁义来治理天下，这样可以传至万代；用暴力得到天下，但用仁义来治理，可以传至十代；用暴力夺取天下，又用暴力来治理，那么第一代就会出问题。"武王听了这番教诲，就在门窗、洗脸盆、镜子、拐杖，甚至自己的鞋子上都刻满了告诫自己的铭文。

在姜子牙的辅佐之下，周武王始终坚守着以仁义为本的治国之道，使得周朝的基业更加巩固。可以说，武王的所作所为，正合于本章中老子所提出的"居善地""与善仁"等执政思想。

第九章

题解

“水满则溢，月盈将亏”，虽然人们都明白这个道理，但是在实际行动中，往往还是不会放弃对名利的竭力追逐。老子在本章，对这一问题进行了阐述。老子认为，万事万物矛盾的转化都是“度”在起作用。一个事物如果超越了这个“度”，自然就会向它的对立面转化。因此，他要求为人处事应当适可而止，千万不要过度地追求完美，否则必将“自遗其咎”。

[原文]

持而盈之，不如其已；王弼《道德真经注》：持，谓不失德也。既不失其德又盈之，势必倾危。故不如其已者，谓乃更不如无德无功者也。**揣**河上公《河上公章句》：揣，治也。**而锐之，不可长保。**唐玄宗《御注道德真经》：揣度锐利，进取荣名，富贵必骄，坐招殃咎，故不可长保。**金玉满堂，莫之能守；**宋徽宗《御解道德真经》：金玉富贵，非性命之理也，外物之不可恃而有者也。宝金玉者，累于物。累于物者，能勿失乎？故莫之能守。**富贵而骄，自遗其咎。**明太祖《御注道德真经》：高傲矜夸不已，致生他事，有累身名，是自遗其咎。**功遂身退，**明太祖《御注道德真经》：故又以功成名遂身退以戒之。**天之道也。**唐玄宗《御注道德真经》：功成名遂者，当退身以辞盛，亦如天道虚盈有时，则无忧患矣。

[译文]

个人的所得将要满溢时，不如及时停止追求；锤炼金属使其锋芒毕露，锐利的势头难以保持长久。金玉满堂，不会长久守持住。富贵而又骄横的人，自寻灾祸。功成名就之后，自己便归隐离去，这才符合天道。

[读解心得]

老子在这里总结的“功遂身退，天之道也”，不过是想告诉我们一个道理：一个人总是以卖弄自己的才华为能，咄咄逼人，更容易为自己引来祸端。

因此，凡事总是存在着一个过犹不及的道理。这就好似一把原本已经非常锋利的刀，若总是嫌它不够锋锐而来回地打磨它，最终的结果，就是将它的刀锋崩损。做人的道理与此相同，想要磨得刚刚好谈何容易？功成身退又谈何容易呢？人的欲望，就像一个从山顶滚下的雪球，越滚越大，到最后就算想停下来，也根本由不得自己了，只能一直向下滚下去，直到撞到山壁或者跌下悬崖。

正如老子所预言的那样，历史上多少名臣将相，皆是因为功高震主而引来杀身之祸，我们熟知的韩信就是个典型的例子。有关韩信的故事实在是太多了，从“胯下之辱”到“漂母寄食”，“从萧何月下追韩信”到“明修栈道、暗度陈仓”，这一幕幕链接在一起，便是一幅生动的韩信成名史，讲述了韩信如何从一文不名的小子，修炼成了一员有智有谋的勇将。然而，对权力的欲望，也随着韩信名声的响亮而逐步膨胀，几次在紧要关头，他以出兵为由要挟刘邦对其封王，刘邦照顾大局而勉强答应。被封为王，虽满足了韩信心里膨胀的欲望，却引起了刘邦的猜忌，为自己日后埋下了无穷的后患。司马迁在他的《史记》里，对这位淮阴侯充满了崇敬和同情，对于他的死，太史公大发感慨：假使韩信也能学一点黄老，表面谦让，不炫耀功劳，不自逞能干，那么他对于汉家的贡献，就可以同周公、召公、姜太公媲美，何至于落得这样一个下场？

道家思想始终强调的是，先“功遂”再“身退”，可见道家并不是一贯以隐居者的姿态出现的，老子想要遵循的不过是他一遍又一遍强调的“自然”。当然，这个自然不是刻意的自然，如果你身处乱世，厌倦世事纷争而心生归隐之心，此种退隐即自然之道；相反，若是一个人身处富贵繁华人家，在奢华享受的同时又宣扬刻意避世修道，反而是不自然之举，违背了道家的本意。

[经典事例]

急流勇退

公元前496年，吴国和越国之间发生了一场战争，吴王阖闾兵败阵亡，两国因此结下了仇怨。过了两年，阖闾的儿子夫差为了替父报仇，率兵与越国开战，结果越王勾践大败，带领残余部队五千余人逃入会稽山。

勾践手下的谋臣范蠡为勾践出谋划策，劝越王屈身为奴，以此来保全性命，图谋日后复国。勾践在无奈之中采纳了他的建议。于是，范蠡陪同勾践夫妇到了吴国，在夫差手下为奴，夫差因此放松了警惕，没有杀掉勾践。

三年之后，夫差心怀怜悯，就把勾践放回国。这时，范蠡与文仲共同拟定兴越灭吴的九条方略，史称“九术”。为了达到灭吴的目的，范蠡亲自带人跋山涉水，终于在浣纱河找到了才貌兼备的美女西施。他巧施“美人计”，把西施送给吴王，西施在吴国里应外合，使吴王夫差减少了对越国的戒备。与此同时，越王勾践卧薪尝胆，励精图治，使得越国重新振作起来。

吴王夫差却对这一切都没有察觉，他偏信伯嚭的谗言，对老臣伍子胥越发冷淡。伍子胥和孙武曾是吴王阖闾手下的得力助手。二人帮助阖闾战败楚国以后，孙武打算辞官归隐，可吴王阖闾舍不得让他走，就让伍子胥去劝孙武留下。孙武对伍子胥说:“现在吴王自恃国力强大，边境太平，已经有些骄傲自满。自古功成不退，必有后患。我归隐山林，就是为了躲避灾祸。”他还劝伍子胥也解甲归田，以免将来有杀身之祸。可是伍子胥却认为孙武有些多虑，就没有离开吴王。于是孙武只好自己离去。夫差打败越国以后，因为与伍子胥意见不合，再加上小人伯嚭的挑拨，最后赐给伍子胥宝剑，命他自杀。

勾践看到吴王身边的重臣伍子胥已死，就抓住了一个机会，打败了吴国。

勾践得胜归来之后，立即召开了庆功大会。他大赏功臣，可是，却发现群臣之中少了范蠡。原来，范蠡早已携带西施隐居江湖了。

范蠡临走之前，给文仲留下了一封信，信上说：“飞鸟都被打光了，再好的弓箭也该收藏起来；兔子都被打完了，就轮到把猎犬煮来吃了。越王这个人，你可以与他共患难，但是不能与他共安乐，您还是赶快离开吧。”

可是，文仲没有听从范蠡的劝告，依然在越王手下为臣。后来有一天，勾践派使者给他送来一把利剑。文仲一看，这正是当初夫差让伍子胥自杀的那把宝剑。文仲后悔没有听从范蠡的忠告，只好拔剑自杀了。

范蠡离开越国以后，辗转来到了齐国。他隐姓埋名，带领儿子和众门徒在海边垦荒耕作，兼营副业并且经商。没过几年，就积累下数千万的家产。范蠡仗义疏财，施善乡里。久而久之，他的贤明能干得到了齐王的赏识，齐王请他来到国都临淄，拜他为相国。范蠡喟然长叹：“官至于卿相，治家能积千金，这对于一个白手起家的平民百姓来讲，已经达到了极点。可是长久享受名利，恐怕不是吉兆。”于是，他只做了三年相国，就再次急流勇退。他向齐王交还了相印，把家财散给知交和乡里。

范蠡带着家小又迁徙至陶。他在这个居于“天下之中”的极佳的经商宝地，又施展开他的经商智慧，没过几年，他又成了巨富，于是自号陶朱公。后来民间皆尊陶朱公为财神。范蠡因此被后世尊为我国“儒商”的鼻祖。

司马迁曾说：“范蠡三迁皆有荣名。”范蠡成功的原因就在于，他能够不为金钱、地位所累，在“金玉满堂”的极盛时刻急流勇退，从而保全自己。由孙武与伍子胥、范蠡与文仲的结局可以看到，“功遂身退”不仅是“天之道”，更是人的处世之道。

第十章

题解

本章主要讲修身之道。老子用六句问话对悟“道”之法进行了总结。由于“道”是极为玄妙的，难于表述出来，因此，认识这个“道”，也就不像认识某个具体的事物那样容易，首先必须洗涤自己的心灵，使得形神一体；只有像初生的婴儿那样神情纯真凝聚，呼吸柔顺自然，丝毫不掺杂人世间的机巧，不掺杂任何私心杂念，才能真正领悟“道”的真谛，进而培养“德”。老子认为，纯真、自然才是人类最美好的品德，只有恢复到至纯的心理状态才能体会“道”的真意。反过来我们可以想：如果把人世间的种种诱惑、欲望和机巧装填在胸中，那么他还有空闲的精力来领悟“道”吗？被世俗包围的人们无法用常规的准则猜想到，一个心中无欲、至纯至善的婴儿，却能够感受到理想天国中的祥和安宁。

老子进而将对“道”的体悟引到治国安民上来，再次阐释了“无为”的思想，“爱民治国，能无为乎？”并以“生之，畜之。生而不有，为而不恃，长而不宰”来解释“玄德”的奥妙。

[原文]

载营魄（pò）河上公《河上公章句》：营魄，魂魄也。人载魂魄之上得以生，当爱养之。**抱一，**唐玄宗《御注道德真经》：一者，不杂也。**能无离乎？**明太祖《御注道德真经》：以老子之理言之，则神魂为魄之主宰。人能以魂不离于魄，则人健矣。**专气**明太祖《御注道德真经》：若使魂常在身不妄游，是为专气。**致柔，**王弼《道德真经注》：致，至柔之和。**能如婴儿乎？**河上公《河上公章句》：能如婴儿内无思虑，外无政事，则精神不去也。**涤除玄鉴，**王弼《道德真经注》：玄，物之极也，言能涤除邪饰，至于极览，能不以物介其明。**能无疵乎？**河上公《河上公章句》：不淫邪也。**爱民治国，能无为乎？**司马光《道德真经论》：善爱民者，任其自生，遂而勿伤。善治国者，任物以能，不劳而成。**天门开阖，**王弼《道德真经注》：天门，天下之所从由也。开阖，治乱之际也。或开或阖，经通于天下，故曰“天门开阖”也。**能为雌乎？**明太祖《御注道德真经》：则不使神刚而为雄，以此行之，是为雌矣。**明白四达，**河上公《河上公章句》：言道明白，如日月四达，满于天下八极之外。故曰视之不见，听之不闻，彰布之于十方，焕焕煌煌也。**能无知乎？**宋徽宗《御解道德真经》：聪明圣智，守之以愚，与此同义。

[译文]

精神和形体合二为一，能不分离吗？聚集精气以致柔和，能达到像初生婴儿那种无欲的状态吗？荡涤杂念而深入观察内心，能没有瑕疵吗？爱民治国，能够自然无为吗？感官接触外界时，能宁静吗？明白四达，能不动用心机吗？

[读解心得]

“营”是我们传统中医里的一个词。《素问·痹论》：“营者，水谷之精气也。和调于五脏，洒陈于六腑，乃能入于脉也。故循脉上下，贯五脏，络六腑也。”在中医的理论中，与“营”相对的是“卫”，《素问·痹论》：“卫者，水谷之悍气也，其气慓疾滑利，不能入于脉也，故循皮肤之中，分肉之间，熏于肓膜，散于胸膛。”用通俗的话来解释，就是营为里，卫为表，表里不和，人体就会处于失衡状态。

中医其实讲的就是凡事都是处于中间为最好的道理，这与老子的思想不谋而合，所以老子上来第一句，即是“载营魄抱一，能无离乎？”

一个人如果可以达到载营魄抱一而无离，专气致柔如婴儿，那他必然可入于内圣境界。但是，老子在此提出了疑问，虽然人们都知道达到如此极端的境界是最好的，但是，真的有人可以做到吗？而如果这是一个根本不可能完成的任务，那么以此作为目标还有多少意义呢？

正是有了这些思索，老子又一次把他的“自然”与“无为”理论摆在了我们面前。他告诉我们，只要人处于一种无欲无为的境界下，一切就变得简单了。“爱民治国，能无为乎”“明白四达，能无知乎”等等，其实是老子心向往之的一个世界，但这个世界未免太过于纯净，不染杂质。因此，做不到这些的人们，其实最大的瓶颈，是不能澄净自我。于是，老子又说，做到这些，其实并不难，让自己的心灵澄净下来。

宋代大儒邵康节有一句诗：“唐虞揖让三杯酒，汤武征诛一局棋。”放在这里印证老子的学说实在是最恰当不过了。唐尧、虞舜都是上古的圣贤君王，他们处于权力的巅峰，却能在进退之间，互相揖让而禅位，杯酒言欢，坦率自然，绝无机诈之心。而汤武却用征诛的手段取得天下，这已与老子宣扬的

自然之道大相径庭了。因此，由这两句名言，便可窥到老子的人生标准与历史哲学观点的玄言妙义了。

［经典事例］

大公无私

晋平公在位的时候，南阳的地方缺一个县令。晋平公就问晋国大夫祁黄羊："你看谁适合当这个县官？"祁黄羊回答道："解狐这个人很不错，我看他当这个县官最合适。"晋平公听了很吃惊，他问祁黄羊："这个解狐不是你的仇人吗？你怎么还要推荐他呢？"祁黄羊从容地答道："您问的是谁适合当县官，并没有问他是不是我的仇人呀。"平公觉得祁黄羊说得很对，于是派解狐去南阳任县官。解狐到任以后，为南阳办了不少好事，因此受到当地百姓的高度赞誉。

又过了一段时间，晋平公向祁黄羊询问："现在朝廷里缺少一个司法官，你看谁能担此重任？"祁黄羊回答说："祁午可以担当此任。"平公又觉得很奇怪："祁午不是你儿子吗？"祁黄羊说："不错，祁午的确是我的儿子，可是您问我的是谁能当这个司法官，而不是问他是不是我的儿子。"平公对祁黄羊的回答非常满意，于是就派祁午当了司法官，后来祁午果然不负众望，成了一个公正执法的好官。

孔子听说了祁黄羊的这两个故事后不禁称赞道："祁黄羊举荐人才，对别人不计较私人的恩怨，对自己不避讳亲生的儿子，这才是真正的大公无私！"

祁黄羊在推荐人才时能够排除主观因素的干扰，真正做到了"涤除玄鉴"而"无疵"，这正是"玄德"的体现。

坐怀不乱

"坐怀不乱"的典故源自春秋时代的一个叫柳下惠的人。

柳下惠姓展，名获，字子禽，是春秋时期柳下人。他曾官拜士师（掌管监狱的官）。因他为官清正，执法严明，因此与当时的官场格格不入，后来便弃官归隐，居于柳下，死后被谥为"惠"，因此后人称他为柳下惠。

相传，在一个寒冷的冬夜，柳下惠寄宿于城门。当时，有一个没有地方住的妇人前来投宿，柳下惠怕她冻死，就叫她坐在自己怀里，并解开外衣将她裹紧。两人同坐了一夜，并没发生越轨的行为。这件事后来被人传扬开，柳下惠因此成为"坐怀不乱"的正人君子的代名词。

后来，鲁国又发生了一件类似的事。在一个小村庄里，住着一个单身的年轻男子，在他的隔壁住着一个年轻的寡妇。有一天刮起了大风，寡妇家的茅屋被风刮倒了。寡妇无处安身，便去敲这个单身男子家的门，请求借宿。单身青年隔着门对站在自己家门口的寡妇说道：如果你我已是六十岁的老人，同住在一个屋中也无所谓，但你我毕竟太年轻，孤男寡女同住一起实在不大方便。男青年就这样拒绝了寡妇的请求，让她另找别处去住。寡妇说道：难道你就不能向柳下惠学吗？男青年则回答道：我要学柳下惠，并不是非要把你留在我的家中。我将你拒之门外，是用我自己的方式来学习柳下惠的坐怀不乱。

柳下惠

柳下惠，展氏，名获，字子禽，春秋时期鲁国大夫，“柳下”是他的食邑，“惠”则是他的谥号，所以后人称他“柳下惠”。据说他又字“季”，所以有时也称“柳下季”。柳下惠被认为是遵守中国传统道德的典范，他“坐怀不乱”的故事被广为传颂。

柳下惠的品格，就如同老子所崇尚的“婴儿”那样，没有非分之想，心灵没有瑕疵。他在常人所难以抵挡的诱惑面前毫不动心，根本无视这种诱惑的存在，这样的人可称得上是真正的君子。

鲁国的这个男青年也很有自知之明，他知道，自己年轻气盛、血气方刚，如果让他和这个年轻的寡妇同处一室，他可能做不到像柳下惠那样坐怀不乱。与其去做自己认为没有把握的事情，还不如把可能出现的负面结果消灭在事情发生之前。

第十一章

题解

人们一般都比较重视实有之物的作用，而老子在这一章中则强调了常常被人遗忘的空虚之物的作用。老子运用日常生活中实实在在的例子，说明了看似无用之物的巨大作用。他首先以车毂为例，车毂能够运转不休的关键就在于它中空无物，因此才能够承受来自各方向辐条的压力，并将这些压力还原成不断转动、前行的动力。这就是老庄哲学当中非常重要的“无用而有大用”的思想。

老子对于实有与虚无的认识，都是从它们各自的实际出发，而排除了两者的外部形式对于认知的影响，这其中蕴含着精妙的辩证法思想。

[原文]

三十辐共一毂（gǔ），明太祖《御注道德真经》：三十辐共一毂，是古时造车之法，每一轮以三十辐攒一毂，方成一轮，所以号曰三十辐共一毂，此是一轮也。**当其无，有车之用。**唐玄宗《御注道德真经》：夫辕箱之有，共则成车，车中空无，乃可运用。若无辕箱之有，亦无所用之车。车中若不空无，则辕箱之有，皆为弃物。**埏埴（shān zhí）**河上公《河上公章句》：埏，和也。埴，土也。**以为器，**唐玄宗《御注道德真经》：陶匠和土，为瓦缶之器。**当其无，有器之用。**河上公《河上公章句》：器中空虚，故得有所盛受。**凿户牖（yǒu）**唐玄宗《御注道德真经》：古者陶穴以为室宇，亦开户牖，故云凿尔。**以为室，**河上公《河上公章句》：谓作屋室。**当其无，有室之用。**宋徽宗《御解道德真经》：室之用在虚，妙用出于至无，变化藏于不累，如鉴无象，因物显照，至人用心，每解乎此。**故有之以为利，无之以为用。**

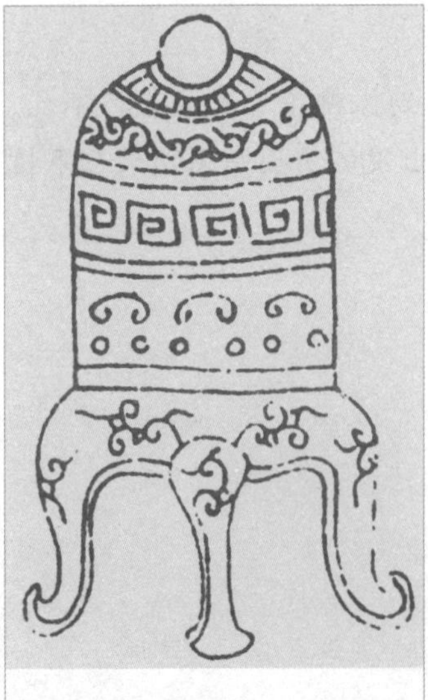

埏埴

和泥，揉合陶土制成陶器。

唐玄宗《御注道德真经》：有体利无，以无为利。无体用有，以有为用。

[译文]

车轮上的三十根辐条聚集到中间一个毂上，正因为有了车毂中间的孔洞，才有了车的作用。揉捏陶土，把它制成器皿，正因为有了器皿中间虚空的地方，才有了器皿的功用。开凿门窗建筑房屋，正因为有了门窗四壁之内的空虚部分，才有了房屋的作用。由此看来，“有”给人以便利，“无”则发挥了它自身的作用。

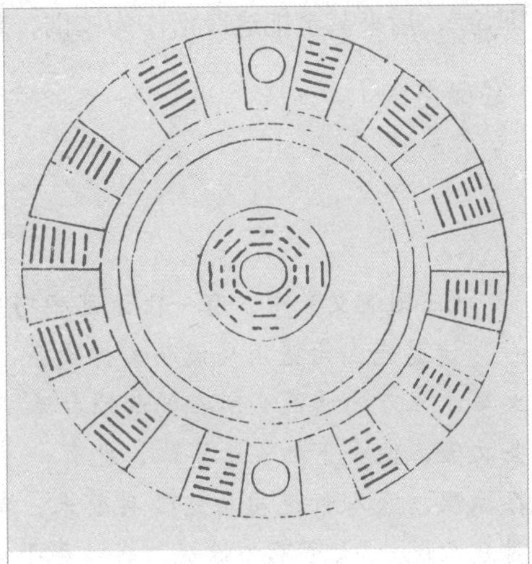

毂图

车轮中心的圆木，周围与车辐的一端相接，中有圆形孔洞，可以插轴。因为有了车毂中虚空的部分，里面的车轴才能转动起来，车才具有了运载货物和出行的代步工具的作用。

[读解心得]

针对此章，宋徽宗曾评说：“有则实，无则虚，实故具貌象声色而有质，虚故能运量酬酢而不穷。天地之间，道以器显，故无不废有，器以道妙，故有必归于无。”王弼亦批注云：“以其无能受物之故，故能以寡统众也。”

“有”，指实有之物，看得见、摸得着、有形、有状，如车、器、室等。若世间无此类实有之物的存在，“何用之有”？然而车、器、室这些实有之物的实有之利，却正是凭借它们中间的虚空——“无”才发挥出作用。车，因毂中间虚空让轮子得以转动，才显示其运输作用；器，因中间虚空，才显示其贮存作用；室，因中间虚空，才显示其居住作用。没有“有”可资以为利，“无”的作用便不存在。如果没有“无”,“有”的作用则根本无从发挥。无“无”,“有”更是失去其存在价值，而不成其为“有”了。由此可见，“无”正是“有”的一种存在形式，二者都是器物不可分割的构成部分。老子在二千多年前即精辟地概括出了器物的本质，以及有无之间相根、相生、相资、相用的关系。

现代世界著名建筑大师赖特非常推崇老子，常引用“凿户牖以为室，当其无，有室之用”来阐释他的空间概念。1946 年，梁思成曾作为联合国总部建筑选址委员会的中国代表出访美国，曾特别访问了赖特。赖特问他：“你到美国来的目的是什么？”梁思成答道:“是来学习建筑理论的。”赖特挥手说:“回去！最好的建筑理论在中国。”接着背诵了这段话，并赞誉这段话为“最好的建筑

理论”，后来甚至把这段话作为校训，写在他创办的学校的墙壁上。

［经典事例］

空城计

《三国演义》中，有一段诸葛亮巧用空城计使司马懿退兵的故事。

诸葛亮因为错用马谡而失掉街亭，无奈之中只得退守。魏将司马懿趁机引大军十五万向诸葛亮所在的西城扑来。当时，诸葛亮的身边没有武将，只有一些文官，他手下的五千军队，也有一半运送粮草去了，只剩两千多名老弱残兵在城里。众人听说司马懿带兵前来，都大惊失色。诸葛亮登上城楼观望之后，对众人说：“大家不必惊慌，我略施小计，就可叫司马懿退兵。”

诸葛亮立刻传令，把城中所有的旗帜都藏起来，士兵原地不动，如果有谁私自外出或大声喧哗者，立即斩首。

他又命人把四个城门打开，每个城门派二十名士兵打扮成百姓的模样，洒水扫街。诸葛亮自己则披上鹤氅，戴上纶巾，带着两个小书童，拿着一张琴，到城上的望敌楼前凭栏落座，焚起香，然后就慢慢弹起琴来。

魏军的先头部队到达城下，见了这种情况，不敢轻易入城，于是急忙返回，把情况报告给司马懿。司马懿听后笑道：“这怎么可能呢？”于是飞马亲自前去观看。离城不远，他果然望见诸葛亮正端坐在城楼上，笑容可掬地焚香弹琴。城门内外，二十多个百姓模样的人正在低头洒扫，旁若无人一般。司马懿疑惑不已，于是来到中军，下令撤退。他的二儿子司马昭说：“莫非是诸葛亮城中无兵，所以才故意摆出这个样子来的？您为何要退兵呢？”司马懿说：“诸葛亮一生做事谨慎，从不冒险。现在城门大开，里面定有埋伏，我们如果进去，正好中了他的计。还是赶快撤退吧！”于是就领兵退了回去。

兵圣孙武曾提出过“能而示之不能”的战略思想，诸葛亮所设下的“空城计”，则是“不能而示之能”。战场上形势多变，司马懿正是看到了城中的空虚，才误以为“虚中有实”，这正是诸葛亮所希望看到的效果。由此可见，“无”也自有它的作用。

大瓢无用可泛舟

庄子在《逍遥游》中讲了一个大瓢无用的故事：

一次，惠施对庄子说：“魏王赠送我一粒非常大的葫芦种子，我就把它种到土里。没想到，后来长出来的葫芦太大了，里面竟然能存放五石粮食。我本想用它来盛水，可是它的皮太脆，承受不了那么多水的重量；我把它剖开当瓢使用，可是它实在太大，没有任何水缸能够容纳它。它体积太大，已经大到了无所适用的程度，所以我一气之下，把它给砸碎了。”

庄子听完笑了笑说：“依我之见，并不是瓢大无用，而是您不懂得如何来使用。您有没有听说过这样一个故事：从前宋国有一个人，善于配制一种防止手皲裂的药。正是因为有了这种技能，所以他家世代都从事漂洗纱絮的工作。后来，有一位从南方来的客人听说了这件事，想花百金来买他的药方，他和家族成员聚在一起商量这件事。大家都说：‘我们家族世代从事漂洗纱絮的工作，一年下来最多也不过挣几两金子。现在只要出卖这个药方就能得到一百两金子，这样的好机会怎能错过呢？’于是他们就把药方卖给了这位南方客人。这位客人把这个药方献给了吴国的国君。后来，吴国跟越国进行水战，吴国军队用这个方子配药，涂在士兵的手上防止冻裂，而越国的将士却经不起雨打风吹，个个双手肿胀，皮肤开裂，难以握住兵器，结果被吴军打得大败，最后只得向吴国求降，并且割让了土地。同是一种药方，它作为一种不裂手的药物，没有发生任何变化，可是，一种人用这种药物漂洗纱絮，而另一种人则用它开疆拓土。这完全是在使用方法上的区别呀！现在您有一个可以存放五石粮食的葫芦，那您为何不把它剖开制成小舟漂浮于江湖之上航行，为它没有用处而为难呢？由此可见，您还有不通达事理的地方啊！”

惠施又说道：“我还有一棵大树，人们都称它为樗。它长得很不像样子。它的根臃肿不堪，很难用绳墨打出直线；它的小枝弯弯曲曲，难以用规矩量出方圆。因为它没有什么用处，所以孤零零地立在大路旁边，没有一个木匠会瞧上它一眼。今天我看先生所言也与这棵大树差不多，大而无用，故而人们都把它撇在一边。”

庄子回答道：“您没有见过山里的野猫吗？它低伏着身子，静静等待着那些满不在乎的猎物，一旦有了适当的时机，它就会突然蹿出，东扑西跳，不避高下。这可算得上是很有技巧了吧？可是它一不小心就中了猎人设下的机关，死在网罟之中。再看那身高体壮的牦牛，身体大得像遮天之云，能负重千里之遥，却不能捕捉小小的老鼠。这就是有大用者却没有小用的例子。您现在既然有大树，并且为它没有用处而犯愁，那为什么不把它放在荒无人烟的野外呢？人们可以在它旁边散步，还可以在树下逍遥寝卧，这是何等快乐的事啊！像这样的一棵大树，不会被人砍伐，即使说它无用，那又有什么值得忧虑的呢？”

从庄子的言论中我们可以看到，万事万物都有对立的两方面因素，如果在一方面显得没有用处，那么在另一方面就会显示出它的巨大作用。这就是“有之以为利，无之以为用”的道理所在。

第十二章

题解

老子在这一章指出了物欲文明对于人的伤害。他首先列举了色彩、声音、味道、狩猎、稀有之物对于人身心的种种伤害，从而引出自己的观点：沉湎于感官上的享乐会导致人们的感触功能减退，使人们的品行偏离正道。老子是坚决排斥这种生活的，他所崇尚的是“为腹不为目”的生活。只有养成这种清心寡欲的生活习惯，才能够让人们的感官保持为维持基本生存而服务的功能。

[原文]

五色令人目盲，五音令人耳聋，五味令人口爽，驰骋畋(tián)猎令人心发狂，河上公《河上公章句》：贪淫好色，则伤精失明，好听五音，则和气去心，不能听无声之声。爽，亡也。人嗜于五味于口，则口亡，言失于道也。人精神好安静，驰骋呼吸，精神散亡，故发狂也。**难得之货令人行妨。**王弼《道德真经注》：难得之货，塞人正路，故令人行妨也。**是以圣人为腹不为目，**司马光《道德真经论》：腹内守，目外慕。**故去彼取此。**唐玄宗《御注道德真经》：取此含受之腹，去彼妄视之目。

埙

古代用陶土烧制的一种吹奏乐器，大小如鹅蛋，有六孔，顶端为吹口，又叫“陶埙”，是中国最早的乐器之一。相传五音（宫、商、角、徵、羽）即是由埙的五种发音而得名。

[译文]

缤纷绚丽的色彩使人们眼花缭乱，嘈杂纷乱的声音使人听觉不敏感，食物浓厚的味道使人的味觉受到伤害，纵情于狩猎使人的内心狂乱，稀有的货品使人行不轨之事。所以，圣人只求维持基本的生存需要，而不沉湎于感官的享乐，因此要有所取舍。

[读解心得]

人皆好欲，耳目口心均有所好。但是，物欲很容易蒙蔽人的耳目心智，故而，对物欲的喜好不能过度。绚烂的色彩，纷繁的五音，虽然愉悦耳目，但过于迷恋其中，人就难以平静下来，从而意乱情迷，玩物丧志。五味给人以营养，使人体生命功能得以维持正常运行，但饮食过度就会使脾胃受到损伤，就会营养过剩以致肥胖，造成各种疾病，终使口味败坏。游玩畋猎使人情绪高亢，奇珍异宝使人产生贪婪之心，若是不加以控制，则容易因物欲横流而产生尔虞我诈、唯利是图之心，甚至铤而走险去犯罪，从而导致种种不良的社会现象。况且，外在的声色之娱愈过分，心灵就愈空虚。只有摆脱外界的物欲生活，持守内心的安宁，才能保持心灵固有的纯真。故而，修道之人力求“五根”清静：眼不妄视，耳不妄听，舌不妄尝，身不妄动，意不妄想。

[经典事例]

九方皋相马

春秋时期的伯乐是善于相马的大师。可是，他老了，体力也已经渐渐不支。

有一天，秦穆公对他说：“你现在年纪大了，你的子孙当中有可以派出去寻找千里马的人才吗？”

伯乐答道：“一匹普通的好马，可以从它的体态和骨架上看出来，而要找到特殊的千里马，却没有固定的标准，没办法用言语来描述。像这样的马奔跑起来，步伐轻盈无比，蹄子抬起也不扬起灰尘，奔跑过后不会留下印迹，一闪而过，仿佛看不到身影。我的那些儿孙都是下等的人才，他们虽然能够识别出什么是好马，却不能说出什么是千里马。不过，我有一个打柴卖菜的朋友名叫九方皋，他相马的能力只在我之上。我还是把他推荐给您吧。”

于是，穆公召见了九方皋，让他出去寻找千里马。过了三个月，九方皋回来禀告说：“我已经找到千里马了，就在沙丘那个地方。”

伯乐相马

伯乐相传为秦穆公时人，姓孙名阳，善相马。古人常以伯乐指代善于鉴别人才的人。

穆公听罢兴奋不已，连忙问："那是一匹什么样的马？"

九方皋回答道："一匹黄色的母马。"

穆公便派人去把那匹马牵来，却发现是一匹黑色的公马。穆公很生气，就派人把伯乐叫来说："你推荐的相马的人实在糟糕透了，他连马的颜色和公母都分不清楚，又怎么能识别出千里马呢？"

伯乐听罢心怀感慨地赞叹说道："没想到九方皋相马的能力竟达到了这种地步，这就是他比我高明万倍的原因。他所注重观察的是马的精神，因而忽略了它的外表；注意马的内在品质，而忽略了它的颜色和公母；九方皋只看见了他所需要看到的而忽视了他所不需要看的；只有像他这样相出的马，才能称得上是比一般的好马更尊贵的千里马啊！"

后来经过检验，这果然是一匹天下少有的千里马。

九方皋相马，忽略了表象而注重实质，正说明了"圣人为腹不为目"的深刻含义。

烽火戏诸侯

公元前 781 年，周宣王去世之后，他的儿子继承王位，就是历史上有名的昏君周幽王。周幽王是个酒色之徒，昏庸无道。当朝大夫赵叔带屡次劝他多理朝政，结果周幽王恼羞成怒，革去了他的官职。这件事引起了大臣褒珦的不满，褒珦就来劝谏周幽王，但被周幽王盛怒之下关进了监狱。褒珦被关押了三年，他的儿子将美女褒姒送给周幽王，周幽王这才释放了褒珦。

烽火戏诸侯

周幽王昏庸无道，沉迷于女色，不理朝政，只为了褒姒一笑，周幽王点燃烽火台，戏弄诸侯，也背弃了信义。

周幽王见到褒姒，非常高兴。可褒姒却总是皱着眉头，从来没有笑过一回。周幽王想尽办法引她发笑，可她却怎么也笑不出来。虢石父给周幽王出主意说："以前为了防备西戎军进犯京城，在骊山一带建造了不少烽火台。一旦敌人打进来，我们就一连串地燃放烽火，让邻近的诸侯看见，好出兵救援。如今天下太平，烽火台早就废弃不用了。大王不如把烽火点着，让诸侯们上个当。娘娘看到诸侯的兵马被耍得团团转，一定会笑的。您看我这个办法好不好？”

周幽王听罢，拍手叫好，于是马上照做。他领着褒姒登上了烽火台，命人点燃烽火，顿时半夜里火光满天。邻近的诸侯远远地看见了烽火，马上带着兵马赶到京城。他们听说周幽王在骊山，又连忙赶到了骊山。没想到，到了骊山，他们一个敌人也没看见，而且也不像是打仗的样子，只听见烽火台上鼓乐之声不绝于耳。诸侯们你看我，我看你，谁也不知道是怎么回事。

周幽王派人去对他们说：“各位辛苦了，这里没有敌人，你们都回去吧！”诸侯们这才知道上了周幽王的当，非常愤怒，于是各自带兵回去了。褒姒看见这么多兵马忙来忙去，于是大笑不止。周幽王十分高兴，重赏了虢石父。

过了没多久，西戎兵真的攻打到京城来了。周幽王赶紧命人把烽火点了起来。诸侯们上次上了当，这回又当是周幽王在开玩笑，所以都没有理会。烽火虽然点着了，却没有一个人前来救援，驻守京城的兵马本来就很少，又由于周幽王怠于政务，所以军队战斗力极为低下，根本抵挡不住西戎兵的进攻。周幽王和虢石父在乱战之中都被西戎兵杀了，褒姒也被掳走。就这样，周幽王不仅丢掉了江山、美人，也断送了性命。

周幽王的失败，最直接的原因就在于他过度地沉湎于女色。他为了博得美人一笑，竟不顾信义而戏弄诸侯，从而丧失了维护统治最根本的基础，这正是“为腹不为目”所带来的祸患。

第十三章

题解

在这一章，老子讲到了人格尊严以及个人修养的问题，着重论述了“宠”与“辱”对人的危害。老子认为，对于一个人来讲，无论得宠还是受辱，这对他自身的人格来说，都是一种贬低。受辱自然会伤害人的自尊；而得宠，则会使人对于这意外的殊荣感到诚惶诚恐、战战兢兢，无形中就丧失了原有的独立人格。而多数人总是十分看重自己的宠辱毁誉，有时甚至把外在的宠辱看得比自己的生命还重。

在老子看来，大患来源于人的身体，“吾所以有大患者，为吾有身”，因此要想防止大患，就应当先重视自己的身体（即贵身）。老子所倡导的“贵身”，就是希望人们能够爱惜自己的生命，尊重自己的人格，而轻视那些来自于外界的荣辱。老子进一步指出，一个人只有珍爱自己的生命，才可能以同样的态度去珍视周围的一切生命，也只有这样的人，才能承担起治理天下的重任。

由此我们得出的结论是：不计较自身的宠辱，才能获得至高无上的人格尊严；以天下为“大身”的人，才能为天下解除“大患”。

[原文]

宠辱若惊，河上公《河上公章句》：身宠亦惊，身辱亦惊。**贵大患若身。**唐玄宗《御注道德真经》：身为患本，矜贵其身，即如贵大患矣。此合云贵身如贵大患，而乃云贵大患如身者，欲明起心贵身，即是大患。有贵即身是大患，故云大患。若，如此。**何谓宠辱若惊？宠为上，辱为下；得之若惊，失之若惊，是谓宠辱若惊。**王夫之《老子衍》：辱至则惊，去则洒然矣。宠至则惊，去之又惊，故较之尤劣。众人纳天下于身，至人外其身于天下。夫不见纳天下者，有必至之忧患乎？宠至若惊，辱来若惊，则是纳天下者，纳惊以自滑也。**何谓贵大患若身？**王弼《道德真经注》：大患，荣宠之属也。生之厚必入死之地，故谓之大患也。人迷之于荣宠，返之于身，故曰“大患若身”也。**吾所以有大患者，为吾有身；**唐玄宗《御注道德真经》：恐人不晓即身是患本，故问之。身相虚幻，本无真实，为患本者，以吾执有其身，痛痒寒温，故为身患。**及吾无身，吾有何患？**河上公《河上公章句》：使吾无有身体，得道自然，轻举升云，出入无间，与道通神，当有何患？**故贵**王弼《道德真经注》：无以易其身，故曰贵也。**以身为天下，若可寄天下；爱以身为天下，若可托天下。**河上公《河上公章句》：言人君贵其身而贱人，欲为天下主者，则可寄立，不可以久也。言人君能爱其身，非为己也，乃欲为万民之父母。以此得为天下主者，乃可以托其身于万民之上，长无咎也。

［译文］

得宠和受辱都很惊恐，好像受到惊吓，重视自己的身体就像重视祸患一样。什么叫得宠与受辱都好像受到了惊吓？得宠为上受辱为下，获得宠辱就感到格外地惊喜，失去宠辱则令人惴惴不安，这就叫作得宠和受辱都好像受到了惊吓。什么又叫作重视大患就像重视自己的生命一样？我之所以有大患，就是因为我有身体；假使我没有身体，那么我还有什么祸患呢？所以，看重自己的身体并以此看待天下的人，才能将天下托付给他；爱惜自己的身体并以此态度爱惜天下的人，才能将天下委托给他。

［读解心得］

“宠”，几千年来在信任、提拔、表扬、奖励、赏赐、吹捧、赞颂等方面获得极致展现，所以世人都喜宠惧辱，求荣避耻。世人皆认为人得宠则荣，名利双收，受辱则贱，而无名利可图。于是代表荣宠的赏赐和溢美之词迅速蔓延，同时给社会带来愈来愈多的危害，因为有名利之心，必生贪争之念，有贪争之念，必招致大患。

在历史的变迁中，吉凶祸福，瞬息万变。一宠一辱，座上客与阶下囚的距离每每只有一厘米、一瞬间。然而这些都无法让世人觉醒，人们没有太多的办法丝毫不为这一宠一辱所刺激，于是仍旧在争荣避辱中挣扎沉沦。

只有世间高人，如老子等才能做到宠辱若惊而求无为，爱惜自身的人格尊严而不为身外之物所累，更致力于超脱困于“宠辱”的自我。毁誉不动于心，荣辱不劳其神，拥有淡定自若、豁达泰然的心态和境界，处世以恒的人生态度，就像明人洪应明所书：“宠辱不惊，闲看庭前花开花落；去留无意，漫随天外云卷云舒。”这样才是可托天下之人应具的风貌。

在人的一生当中，地位总会发生变化，宠辱也无常，在受宠得意之时，要以平常心来对待；受辱的时候，应不怒、不愤、不争，不仇，更要用一种平常心待之。只有真正做到“宠辱不惊”的人，才能够成就一番大事业。

[经典事例]

神农尝百草

传说中，在远古时期，人们喝生水，食野草，吃树上的野果，甚至吃地上的小虫子，所以经常生病、中毒。

神农知道这些以后，非常焦急，他不相信巫医问卜之术，但自己也没有治病的办法。于是，他常常与其他人商讨，怎样才能治好人们的疾病，让他们摆脱病痛的困扰。他想了不少办法，如水浇、火烤、冷冻、日晒等。这些办法虽然能使某些疾病的症状有所缓解，但效果却不是十分理想。

神农氏

传说中神农氏发明了农业和医药，他一生下来五脏六腑全都是透明的，还能看得见吃进去的东西。那时候，人们经常因乱吃东西而生病，甚至丧命。神农目睹此种状况，决心尝遍百草，拯救苍生。

一天，神农走到山西太原神釜冈一带，他无意之中品尝当地的草木，发现草木有苦辣酸甜等各种味道。他将带有苦味的草熬成汤给咳嗽不止的人服用，这个人咳嗽的症状立刻减轻了不少；他把带有酸味的草给肚子疼的人吃，这个人的肚子很快就不疼了。

就这样，神农通过自己亲自品尝，来辨别什么样的草治什么样的病。但是，神农尝百草是一件极为辛苦的事，他不仅要跋山涉水寻找草木，而且品尝草药时还有生命危险，因为有些草药是有毒的，他曾在一天之内中毒七十次，痛苦难忍。可是他凭借着强壮的体力和坚毅的性格，又坚强地站了起来，继续为天下苍生品尝更多的草木。

一次，他在品尝一种在石缝中开黄花的藤蔓植物时，把花和茎吃下去以后，没有多长时间，就感到肚子疼痛难忍，肠子好像断裂了一样。神农疼得满地打滚。最后他没能顶得住，中毒而亡。神农以他的生命为代价，发现了这种含有剧毒的草，后来人们称它为断肠草。神农尝百草的传说，也一代一代为世人所传颂。

神农中毒而死，虽然失去了自己的生命，但他所做的一切，都是为了维护“天下”这一“大身”，只有这样的人，才能成为天下万民真正的依靠。

第十四章

题解

在本章中，老子对于道体做了精辟的论述。老子所谓的“道”超越任何具体事物，无形无状，因此是看不见、听不见，也摸不着的。对于这种没有确定的形体的抽象之物，我们无从进行感官上的体验，所以就无法用确切的言语来描述它的属性。为了解释“道”的内涵，老子只能以人们经验世界中的一些固有概念去解释，然后再通过对我们所熟知的感性经验进行一一否定，以“视之不见名曰夷，听之不闻名曰希，抟之不得名曰微”来彰显“道”的基本特征，反衬出“道”的玄奥精妙之处。

老子把人的感官所无法感知的事物都归属为“无”，“无”并非什么都没有，它的范围甚至比“有”更加广阔。“道”正是超越人类感知以外的“无”，虽然无声无形，然而又是实际存在的。老子对于“道”的精辟阐释，正是对宇宙本体论的探寻。

[原文]

视之不见，名曰“夷”，听之不闻，名曰“希”，抟之不得，名曰“微”。河上公《河上公章句》：无色曰夷。言一无采色，不可得视而见之。无声曰希。言一无音声，不可得听而闻之。无形曰微。言一无形体，不可抟持而得之。**此三者不可致诘（jié），**明太祖《御注道德真经》：此三者不可诘，言三物无形而有形，有象而无象，是难说也。**故混而为一。**唐玄宗《御注道德真经》：道非夷希微，故复混而为一。**其上不皦（jiǎo），**河上公《河上公章句》：言一在天上，不皦皦光明。**其下不昧。**唐玄宗《御注道德真经》：在上者必明，在下者必昧，唯道于上非上，在上亦不明。于下非下，在下亦不昧也。**绳绳兮**河上公《河上公章句》：绳绳者，动行无穷级也。**不可名，**司马光《道德真经论》：曰有曰无，皆强名耳。**复归于无物。**唐玄宗《御注道德真经》：妙本湛然，故云复归于无物。**是谓无状之状，无物之象，**王弼《道德真经注》：欲言无邪，而物由以成。欲言有邪，而不见其形，故曰：“无状之状，无物之象”也。**是谓惚恍。**明太祖《御注道德真经》：盖谓人心与道心，至幽至微，非君子难守，故惚恍也。惚恍，不定而速疾也。**迎之不见其首，**

随之不见其后。唐玄宗《御注道德真经》：无始，故迎之不见其首。无终，故随之不见其后。**执古之道，以御今之有。**河上公《河上公章句》：圣人执守古道，生一以御物，知今当有一也。**能知古始，是谓道纪。**王弼《道德真经注》：无形无名者，万物之宗也。虽今古不同，时移俗易，故莫不由乎此，以成其治者也。故可执古之道，以御今之有，上古虽远，其道存焉，故虽在，今可以知古始也。

颜回

字子渊，亦称颜渊，孔子最得意的弟子。《雍也》说他“一箪食，一瓢饮，在陋巷，人不堪其忧，回也不改其乐”。为人谦逊好学，“不迁怒，不贰过”。他非常尊重老师，对孔子无事不从，无言不悦。以德行著称，孔子称赞他“贤哉回也”。

[译文]

看它却看不见，所以称它为夷；听它却听不到，所以称它为希；用手摸它却摸不着，所以称它为微。这三种形象是不可追问的，因此混合为一体。“道”的上面并不显得光亮，下面也并不显得阴暗，它渺茫难测，不可名状，我们只好称它为没有形状的“道”。“道”无法来形容，不可名状，所以我们只能说它隐约恍惚。我们在它的前面迎接，却看不到它的前头，在它的后面追随，也看不到它的后背。依循于古已有之的“道”，以此来驾驭现实世界中的具体存在。能够认识宇宙的本源，这就是维系于“道”的基点。

[读解心得]

老子悟道，悟得越深，越觉得“道”超脱于具体事物之上，物是有形的、可感的，而道却感知不到具体的形状，看不见、听不到、摸不着，让人无法描述。但是感触不到的“道”并不能说它不存在，而只能说明“道”有它特有的存在方式。或许就像颜回说孔子一样，观之在前，忽焉在后，道也一样，你感到已掌握了它，但猛然又发现它又在不远处等着你。“道”一直以无可见之形无边无际、无古无今地存在着，与日月同光，与泥土同尘，如水般无欲而长流，如玄牝般绵绵若存、生生不息。老子认为对“道”越是有无法描述的感觉，就表示离“道”越来越近了。

老子在此章运用具象世界所见、所闻、所触的概念即“夷”“希”“微”，试图解释玄妙幽深又无所不在的“道”，其后却又一一否定，称“道”是“无状之状，无物之象”，用人们常用于感知“物”的手段是无法感知“道”的。物受时空的限制，“道”却是超越时空，不受时空约束的。于此，更映衬出“道”的深微奥秘的本质特征。

道虽然是玄妙精深、恍惚不定、虚无缥缈的，但它的虚无不是纯粹的绝对的无，它是有物混成之物，无中含万有，无中生万有，无中出妙有，它是宇宙天地万物的母亲。黑格尔认为：“‘道’就是‘原始的理性，产生宇宙，主宰宇宙，就像精神支配身体那样。’”“道”的纲纪与宇宙同寿，运用极广，看不到“首”，看不到“后”，自古以来就支配着世间的具体事物，统率着一切“有”。要认识和把握世间的具体事物，就必须把握“道”自古以来固有的支配物质世界运动变化的规律。把握万物运作的规律，知其循序，就能知阴阳之消长，明五行之变化，知过去，探未来，识破天机了。

［经典事例］

杨修之死

东汉末年，有个著名的文学家叫杨修，他才思敏捷，机智灵巧，后来担任“一代奸雄”曹操的主簿，成为曹操的重要谋士。

有一次，曹操命人建造了一座后花园。工程即将落成之时，曹操前去观看。他在园中转了一圈，临走时一句话也没说，只是在花园门上写了一个“活”字。工匠们不明白其中的道理，就去向杨修请教。杨修听了工匠们的话之后对他们说：“门中添了个‘活’字，就是‘阔’字，曹丞相是嫌你们把园门造得太大了。”工匠们这时才恍然大悟，于是重新修造了园门。完工后再请曹操观看。曹操大喜，便问道：“是谁领会了我的意思？”工匠们回答道：“多亏了杨主簿指点！”曹操听罢，虽然表面上称赞，但心里却很忌讳。

还有一次，塞北有人想巴结曹操，于是送给他一盒精美的酥（奶酪）。曹操品尝着酥，忽然灵机一动，他想考考手下文臣武将的才智，于是提笔在酥盒上竖写了“一合酥”三个字，派人送给文武大臣。群臣看着这盒酥，百思不得其解，于是向杨修求教。杨修看了看盒子上写的字，竟打开盒子，把这盒酥分给大家吃了。大家都问他：“我们怎么能随便吃曹丞相的东西呢？”杨修不紧不慢地答道：“不是丞相让我们一人一口酥吗？”在场的众臣都为杨修的机敏

而拍案叫绝。后来，曹操问其缘故，杨修从容地回答说："盒子上明明写着'一人一口酥'，我怎敢违丞相之命？"曹操虽然表面上嬉笑，而心里却很妒忌杨修的才华。

曹操生性多疑，唯恐有人暗中谋害自己，于是他时常吩咐左右侍从说："我在梦中好杀人，以后我睡着的时候，你们千万不要靠近！"有一天夜里，曹操睡觉时故意使被子滑落于地，平时深受曹操喜爱的一个近侍怕他着凉，于是走过去把被子捡起来为他盖上。曹操突然跳起来，拔出床头的宝剑把他杀了，然后又躺在床上睡去。当他醒来的时候，看到地上有一具尸体，佯惊问道："是谁杀了我的近侍？"其他侍从都以实情相告。曹操痛哭不止，命人厚葬近侍。这样一来，所有人都以为曹操确实是梦中杀人，就再没有人敢在曹操睡觉的时候接近他了。只有杨修识破了他的真实意图，下葬时，他指着近侍尸体叹惜道："不是丞相在梦中，而是你在梦中啊！"曹操听到这话以后更加厌恶杨修。

杨修

字德祖，东汉建安年间举为孝廉，任郎中，后为汉相曹操主簿，后被曹操杀害。

后来，曹操出兵汉中攻打刘备，被困于斜谷界口，想要进兵，前面又有马超坚守；想要收兵回朝，又怕被蜀人耻笑，所以心中犹豫不决。这时正碰上厨师端上鸡汤，曹操看见碗中有鸡肋，因此心有感慨。正在这时，夏侯惇进帐，向曹操请示夜间的口号。曹操随口说道："鸡肋！鸡肋！"夏侯惇遂传令众官，都称"鸡肋"。行军主簿杨修听说传"鸡肋"二字为令，就让随行的军士们收拾行装，准备归程。有人把这一情况报知夏侯惇，夏侯惇大惊，连忙请杨修来到他的帐中，问道："您为何收拾行装？"杨修说："我听到今夜的号令，就知道我们最近要退兵还朝，鸡肋，食之无肉，弃之可惜。现在进不能取胜，退又怕人耻笑，在这里驻扎时间长了也没什么好处，不如早点回去，用不了几天魏王必定班师回朝。所以我命人先收拾行装，免得临行慌乱。"夏侯惇听后赞叹道："还是您明白魏王的心思啊！"于是也收拾行装。在他的带动下，军中的其他将领，也都为回去做准备。曹操得知消息后，把杨修叫来问话，杨修就以"鸡肋"的含义对答。曹操早就忌恨杨修才华高于自己，如今见他又猜透了自己的心事，于是大怒道："你竟敢制造谣言，乱我军心！"于是命令刀斧手把杨修推出去斩首，并将其首级悬挂于辕门之外，以示众人。杨修死时，年仅三十四岁。

杨修确实是一个聪明绝顶的人才，他能够洞察曹操的内心。但是，他在一件事上却犯了糊涂，即他没有认清曹操的为人。他过分地展露自己的才华，殊不知这反而使曹操对他产生了怨恨。真正的“得道”之人“迎之不见其首，随之不见其后”，不会去尽显自己的智慧，而杨修没能做到这一点，将自己的才智与性格展露无遗，结果聪明反被聪明误。如此沉痛的教训，不能不让后人引以为戒。

混沌之死

《庄子·应帝王》中有一个混沌被凿而死的故事。

相传，南海有个帝王名叫“倏”，北海有个帝王名叫“忽”，而统治中央的帝王名叫“混沌”。倏与忽之间的关系很好，他们两个经常相聚。为了方便，两人相聚的地点就选在距离两人住地同样距离的中央领域。

东道主混沌非常热情，为倏与忽的相聚提供了很多便利的条件。倏与忽因此都特别感激。时间久了，倏与忽便商议报答混沌的办法。他们认为，每个人都有七窍，眼睛用来视物，耳朵用来听声，口用来饮食、言语，鼻用来呼吸，可是唯独混沌没有七窍，他上下无别，内外无分，于是倏与忽为了让他像正常人一样享受快乐的生活，没有征得混沌的同意，就开始为他开凿七窍了。二人每天凿通一窍，到了第七天，七窍全部被凿通了，混沌有了常人的形态，可是却死去了。

混沌为什么会死呢？因为倏和忽破坏了他原本的相貌，损害了他的本性。他原本是混混沌沌、无所分别的，如今有了七窍，有了明显的分界，这就失去了原貌；他的内心原本是混混沌沌、不会分辨的，有了七窍之后，他开始辨物，失去了自然本色。所以说，当他有了人形以后，他的自身便不复存在了。

在庄子的这则寓言中，混沌所代表的就是“道”，即宇宙的本体。这种“道”混沌一体，无所区分。常人无法通过“七窍”来认识它，它也不需要通过“七窍”来辨别外界事物，正如其形态一样混混沌沌。世俗之人若想为它凿开“七窍”，使其“可见”“可闻”，结果只能适得其反。

第十五章

题解

老子在这一章中对“古之善为士者”做了描写。所谓的“士”，也就是真正懂得“道”的人。老子在前面几章当中，已经对“道”做了反复的阐述，他认为“道”是深奥恍惚、难以捉摸的超体验的存在，人们无法直观地去把握“道”的形态。既然如此，那么真正懂得“道”的人必然不同于人世间那些为名利所限制的俗人。在老子看来，懂得“道”的人显得沉静幽深，令人难以看透，即所谓“微妙玄通，深不可识”，因此只能勉强去形容他。像解释“道”的内涵一样，老子接下来用人们经验世界中的直观体验来说明得“道”者的状态，由此可见，人与“道”在某种程度上是可以融合的，但老子也指出“保此道者不欲盈”，得“道”之士对于“道”的探求永无止境。今天看来，这也正是人类不断追求真理的动力所在。

[原文]

古之善为道者，微妙玄通，深不可识。河上公《河上公章句》：谓得道之君也。玄，天也。言其志节玄妙，精与天通也。道德深远，不可识知，内视若盲，反听若聋，莫知所长。**夫唯不可识，故强为之容：**唐玄宗《御注道德真经》：夫唯德量难识，故强为容状以明之。**豫兮若冬涉川，**王弼《道德真经注》：冬之涉川，豫然若欲度，若不欲度，其情不可得见之貌也。**犹兮若畏四邻，**河上公《河上公章句》：其进退犹如拘制，若人犯法，畏四邻知之也。**俨(yǎn)兮其若客，**河上公《河上公章句》：如客畏主人，俨然无所造作也。**涣兮其若凌释，**河上公《河上公章句》：涣者，解散。释者，消亡。除情去欲，日以空虚。**敦兮其若朴，**唐玄宗《御注道德真经》：虽涣然冰释，曾不自矜，而能敦厚，若质朴无所分别。**旷兮其若谷，**宋徽宗《御解道德真经》：旷者，广之极，心原无际，如谷之虚，受而能应。**混兮，其若浊。**唐玄宗《御注道德真经》：和光混迹，若浊而清。**孰能浊以静之徐清？**河上公《河上公章句》：孰，谁也。谁能知水之浊止而静之，徐徐自清也。**孰能安以久动之徐生？**唐玄宗《御注道德真经》：谁能安静于此清以久，更求胜法，运动修行，令清静之性不滞于法，而徐动出也。生犹动出也。**保此道者，不欲盈，**唐玄宗《御注道德真经》：欲保此徐清徐生之道，当须无所执滞，若执清求生，是谓盈满，将失此道。故云不欲盈。**夫唯不盈，故能蔽而新成。**明太祖《御注道德真经》：此盖教人持身保道，止是不欲太过耳，故所敝不新成。所以敝不新成者，不盈不坏是也。不新成者，既不坏，安有新成就者？故保此道者如是，甚不难哉。

［译文］

古时真正懂得“道”的人，深邃玄通，深藏不露。正是由于他难以被认识，因此只能勉强地形容：处事谨慎啊，就像冬天踏冰过江；警觉机敏啊，就像是害怕邻邦随时会进攻；庄重严肃啊，就像充当筵席上的宾客；洒脱自然啊，就像正在融化的冰块；淳朴敦厚啊，就像未经雕琢的木料；心胸旷达啊，就像空旷的山谷；浑厚质朴啊，就像包容着污浊。谁能够在这种浑浊的环境中依然镇定，使纷乱的世界慢慢澄清？谁又能够在安定中由静缓缓入动？保持“道”的人不追求完美，正因为不求圆满，所以才能不断地除旧革新。

［读解心得］

“道”是深微奥秘、难以用语言描述的，常人难于捉摸，但懂“道”之人的精神境界远超一般人的理解水平，他们具有谨慎、警惕、庄严、洒脱、融和、纯朴、旷达、敦厚等人格修养功夫，他们微而不显，含而不露，高深莫测，为人处事从不自满高傲，故而能窥测世人“嗜欲深者天机浅”的“道”。

得“道”人士因深谙道法，精通天地间一切微妙玄通之理，所以静谧幽沉、难以识别。老子之所以在本章勉强对这些得“道”之士进行一番描述，旨在让我们知晓体会得“道”之后的人会有怎样独特的风貌和品性，从而更加深刻地认识道的存在与玄妙。

在老子的描述下，我们可以看到那些得“道”的先贤们举手投足间，无不体现着“道”的特质。他们深谙“道”之严谨，所以凡事三思而行、诚惶诚恐、谨小慎微；他们深晓“道”的深远，所以心怀敬畏，不妄自尊大、藐视四邻；他们对“道”甚为崇敬，所以表情庄严肃穆；他们深知“道”的广博，所以行为随和变通；他们深悟“道”之不可欺，所以待人以诚；他们自惭于“道”之无穷，所以谦虚谨慎、虚怀若谷；他们形愧于“道”之完美与自然、尊崇自然的大智若愚之像，故而锋芒不露、混沌迟疑、不弃污浊。

“道”之所悟所得，无穷无尽，淬炼出得“道”之人良好的人格修养和心理素质，良好的静定功夫和内心活动。这种人格正符合老子的理想，更符合于“道”的变化规律。

［经典事例］

曹操杀使

两汉时期，匈奴远踞北方，在汉朝强大国力的威慑下，不敢轻易进犯。但到了东汉末年，匈奴看到汉朝战乱不止，于是对中原地区虎视眈眈。匈奴国君知道贸然出兵绝非上策，于是派使者来到魏国探听虚实。

一天，魏王曹操得到报告：匈奴派使者来访，两日即可到达。曹操闻讯大吃一惊，心想：我正日夜谋划如何挥师南下，没想到外族竟意欲进犯中原，如今派使者来访，看似礼尚往来，实际上是投石问路。可是曹操自叹形象不够威猛，难以震慑匈奴，于是就让手下大将崔季圭代替他接见匈奴使臣。

曹操

曹操，字孟德，即魏武帝，东汉末年杰出的政治家、军事家、诗人。

两天以后，匈奴使者到来。崔季珪就假扮成曹操与使者会见。曹操则扮成侍卫站在崔季珪的身旁，借机看看匈奴使者的动向。匈奴使者进入大厅，看见当中正座者外表威猛强悍，以为是魏王，于是连忙上前朝拜。“国君”赐座之后，双方开始会谈。

会谈结束之后，曹操对崔季珪的言谈举止非常满意，但不知匈奴使者心中的看法，于是派人前去打听。被派去的人扮作布衣百姓的模样骑快马急追，追上匈奴使者之后，问道：“我想到嵌黎镇去，不知应该走哪条路？”匈奴使者回答道：“我是匈奴人，奉命作为使臣来访问魏国国君，对这里比较陌生，实难相告，请见谅。”“问路人”一听，眼睛一亮：“这么说您见到了救百姓于水火的魏王？不知您对魏王有何看法？”匈奴使者若有所思地答道：“贵国国君虽然相貌堂堂，威猛强悍，但与他身旁的侍卫相比，相差甚远，他身旁的那个人才是真正的英雄。”“多谢！”“问路人”听罢拱手施礼，于是驰马而回。

匈奴使者此时恍然大悟：难道此人是曹操所派？“也好，我说曹操比不上他身旁之人，曹操必然会认为其侍卫威高盖主，定会将此人除掉，正好可以免除我匈奴南下中原一患。”匈奴使者想到这里颇为得意，于是继续北上。

曹操得到报告之后，大惊失色：匈奴这个野蛮之族，竟然有这样睿智的能人辅佐，不能小觑。于是立即派数百名骑兵将匈奴使者追上并将其杀死。

匈奴使者能看出假扮成侍卫的曹操，确实有过人之处，可谓智者，但他轻易将自己的想法透露出去，以致惨遭杀身之祸，可以说还没有达到“深不可识”的境界。

一鸣惊人

春秋时期，作为“五霸”之一的楚庄王，曾经为楚国建立过显赫的功业。可是在他登基之后最初的三年里，却毫无建树。他不理朝政，整日里寻欢作乐。而这时，晋国趁机把几个一向归附于楚国的国家又拉拢过去，并订立了盟约。楚国的大臣们很不服气，纷纷向楚庄王请求出兵争夺霸权。

可是，楚庄王根本不听大臣的忠告。他白天狩猎，晚上饮酒，根本不把国家大事放在心上。他知道臣子们对他的所作所为很不满意，就下了一道命令：谁要是再敢劝谏，就定谁的死罪。就这样，楚庄王浑浑噩噩地过了三年。

有一个名叫伍举的大臣，对庄王的做法实在看不下去，决定去见楚庄王。楚庄王正在王宫中寻欢作乐，听说伍举要见他，就把他召到面前，问道：“你来干什么？”

伍举回答说：“有个人让我猜个谜，可是我猜不着。大王您是个聪明人，就请您猜一猜吧。”

楚庄王一听要他猜谜，觉得挺有意思，就笑着对伍举说：“那你就说出来听听。”

伍举说：“在楚国山上，停着一只大鸟，它身披五彩，样子十分神气。可是它一停三年，既不飞也不叫，请问这是什么鸟？”

楚庄王心里清楚伍举说的是谁，于是回答说：“这可不是一般的鸟。这只鸟，不飞则已，一飞势必冲天；不鸣则已，一鸣定要惊人。你回去吧，我已经明白了。”

伍举以为自己的话有了成效，于是高高兴兴地回去了。

可是这以后，楚庄王依然我行我素。过了一段时间，另一个大臣苏从看到楚庄王还是没有动静，于是又去劝谏楚庄王。

楚庄王很不高兴，就问他：“难道你不知道我下的禁令吗？”

苏从说：“我知道您的禁令。只要大王能听一听我的意见，我就算触犯了

禁令，被判了死罪，也心甘情愿。”

楚庄王听罢高兴地说:“你们都是真心实意为了国家好，我哪能不明白呢？”

从此以后，楚庄王开始大刀阔斧地改革政治。他把一批善于奉承拍马的人都撤了职，而把敢于进谏的伍举、苏从等贤臣提拔起来，与他们一起商讨国家大事。原来，在他即位后的三年里，他并没有真的对国事置之不理，而是在暗中观察朝臣们的一举一动，看清了哪些是奸臣，哪些是忠良。他还加紧制造武器，操练军队。不久，就收服了南方的许多小国。第六年，他打败了宋国。到了第八年，他一直打到了周都洛邑附近，最后终于成为一代霸主。

真正有大智慧的人并不急于表现自己的才能，他们往往厚积薄发，先是在别人觉察不到的情况下暗自积蓄能量，一旦时机成熟，就会一鸣惊人，这才是得道者应有的素质。

第十六章

题解

这一章主要论述致虚守静的功夫，其中提到了“致虚”“守静”“归根”“复命”等多个概念。老子开篇就提出了“致虚”“守静”的观点，他认为“虚”“静”是一种趋于极致的状态。老子认为，人的心灵就应该时刻保持这种没有成见、没有心机的自然状态，尽量实现内心的虚寂，并牢牢地保持着宁静。只有达到这种状态，才能够使人抵御名利欲望的诱惑和外部世界的纷扰而得到内心的空明宁静。只有真正地实现“致虚”“守静”，才能够“归根”“复命”。

紧接着，老子就从万物归根复命出发，层层深入地探寻恒常之“道”。“夫物芸芸，各归其根”，世间万物归于它们各自的根称为“静”，“静”就叫作“复命”，“复命”即可称为“常”，懂得了“常”才真正符合“道”。老子从落叶归根这样的自然景象，领悟到了体“道”之道。本章的后一部分，老子着重探讨了为君之道。老子认为，只有懂得了“常”，才能够包容世间的万事万物；只有懂得了包容之道，才能够大公无私；只有大公无私，才能处事周全；只有处事周全，才能实现天人合一；天人合一，正是大“道”之精髓。老子的言外之意就是：作为君主，只有“知常”并一步步归于大“道”，他的统治才会长治久安。本章的论述正是老子民本政治思想的体现。

[原文]

致虚极，守静笃(dǔ)。宋徽宗《御解道德真经》：莫贵乎虚，莫善乎静，虚静者，万物之本也。虚故足以受群实，静故足以应群动。极者，众会而有所至。笃者，力行而有所至。致虚而要其极，守静而至于笃，则万态虽杂，而吾心常彻，万变虽殊，而吾心常寂。此之谓天乐，非体道者，不足以与此。**万物并作，**河上公《河上公章句》：作，生也。万物并生也。**吾以观复。**宋徽宗《御解道德真经》：万物之变，在道之末，体道者，寓乎万物之上焉。物之生，有所乎萌也，终有所归。方其并作而趋于动出之涂，吾观其动者之必静，及出者之必复，而因以见天地之心，则交物而不与物俱化，此之谓观其复。**夫物芸芸，**河上公《河上公章句》：芸芸者，华叶盛也。**各复归其根。**王弼《道德真经注》：各返其所始也。**归根曰静，静曰复命。复命曰常，知常曰明。**唐

彭祖錢铿

彭祖，姓錢名铿，颛顼的玄孙，相传他历经唐虞夏商等代，活了八百多岁，封于彭，年寿又长，故称其为彭祖。

玄宗《御注道德真经》：人能归根至静，可谓复所禀之性命。守静复命，可谓有常。知守常者，更益明了。**不知常，妄作凶。**宋徽宗《御解道德真经》：不知常者，随物转徙，触涂自患，故妄见美恶，以与道违，妄生是非，以与道异，且不足以固其命，故凶。《易》曰：复则不妄，迷而不知复，此妄也已。**知常容，容乃公，公乃全，全乃天，天乃道，道乃久，**河上公《河上公章句》：能知道之所常行，去情忘欲，无所不包容也。无所不包容，则公正无私，众邪莫当。公正无私，可以为天下王。治身正则形一，神明千万，共湊己躬也。能王，德合神明，乃与天通。德与天通，则与道合同也。与道合同，乃能长久。**没身不殆(dài)。**明太祖《御注道德真经》：既守其道，王无不善终者，故不殆。

[译文]

追求“虚”达到了极点，坚守“静”达到了至诚。万物都在蓬勃地生长，我从中观察到了它们复归的规律。世间万物纷繁众多，各自又回归于它们原来的根底。回归根底就叫作清静，清静就叫作复原本性，复原本性就叫作常理，通晓常理叫作明白。不了解常理，为所欲为必有凶险。通晓常理就会宽容，宽容才能大公无私，大公无私才能全面周到，全面周到才会合乎自然，合乎自然才能归于正道，归于正道才能保持长久，至死都不会有危险。

[读解心得]

老子认为，人的心灵本是空明宁静、清静圆满的，但因为纷繁复杂的物欲的侵袭、骚扰，使世人的心灵蒙尘，闭塞不安。而要想使自己的行为复归于“道”，还原“赤子之心”，就需“致虚”“守静”。“道”的本质即是虚静的，天地万物由“道”而生，故而回归本原便是回归到虚静的状态。

“致虚”必“守静”，因为“虚”是本体，而“静”则在于运用。“致虚”“守静”并不是指与万物绝缘，而是一旦“入静”了，就表示对那些功名利禄视而不见、听而不闻——“心远地自偏”了，从而在日益复杂的社会中护住一颗没有灰尘的澄明的本心。

老子的“虚静”思想有两层深意：一指人生修炼，通过排除心灵上的杂念，即内在的私欲和外界的干扰，达到人的本性的复归；一指人生态度，事物是循环往复地运动变化着的，需复归到人的本真无知和社会的原始状态中去。

根是草木所由生的部分，是一切事物的起点。人“归根”之后，便可知晓自己的天性，明白自身能力的局限所在，就能抑制非分之想，戒除焦躁之念，就不会逞强循性，而归于虚静。任继愈说：“老子主张要虚心，静观万物发展和变化，他认为万物的变化是循环往复的，变来变去，又回到它原来的出发点（归根），等于不变，所以叫作静。”但是“归根”并不是一成不变地活着，而是让生命迎合自然天性的发展。“命”即是“天命”，指万物运行变化的规律。万物回到自然规律，就能获得恒常。世间万物，各有其“常”，各循其常，共存共生。“知常”，就不会争强好胜、怨天尤人，理解了所有世间变故的因缘，就可以在内心里对一切抱以宽容、接纳之心。而没有了固执和偏见，对事物的认识与了解自然就会更加公正和全面，就会没有任何偏私，因应永存的道法，依永存和宏大的道法行事，一生中都不会有危险和祸害。知此道理，就会知天命而行无为之为，凡事依大道而行，自然

苏轼

宋代词人苏轼说：“月有阴晴圆缺，人有悲欢离合，此事古难全。”就像自然界有阴晴圆缺一样，生活也不总是一帆风顺，关键在于我们自己对待生活的态度和理解。悟道之人认识到这一自然规律，从而坚守清静无为的境界，自然就可以包容一切，快乐而长久地生活下去。

会逢凶化吉、遇难呈祥。

嫩芽新出，枝繁叶茂而成参天大树，最终还是落叶归根，重归于泥土，然后再破土而生，开始新的轮回。事物就是这样循环往复地运动变化着，这一切都是由“道”决定的。老子的“复归”“虚静”给我们描述了一个清净自然的状态，也为我们指出了一条悟道之路。

[经典事例]

皮毛相依

有一年，魏国东阳这个地方向国家上交的钱粮布帛数量比往年多出十倍。为此，朝中大臣们非常高兴，纷纷向魏文侯表示祝贺。

魏文侯却并不乐观。他想：东阳这个地方的土地没有增多、人口也跟原来一样，怎么会一下子比往年多交出十倍的钱粮布帛呢？即便是丰收了，可地方向国家上交的数量也是有比例的，这次交这么多，里面一定有文章。他认为这肯定是各级官员向下层百姓加重征收得来的。这使他想起了自己曾经遇到的一件事。

一年以前，魏文侯曾外出巡游。一天，他在路上看见一个农民将羊皮衣反穿在身上，毛向里皮朝外，那个人还背着一篓喂牲口的草料。

魏文侯觉得很奇怪，就上前问那个人：“你为什么要把羊皮衣反穿，把皮板露在外面呢？”

那个人回答道：“我非常爱惜这件皮衣，我怕把羊毛露在外面磨坏了。”

魏文侯听罢，非常认真地对那个人说：“可是你知道吗？其实这皮板更重要，如果皮板被磨破了，羊毛就没有可以依附的地方了。”

可是那人仍然执迷不悟，背着草走了。

魏文侯想道：如今，官员们大肆向老百姓征收钱粮布帛，而不顾百姓的死活，这和那个反穿皮衣的人的所作所为不是一样的吗？

于是，魏文侯立即将大臣们召集起来，向他们讲述了那个反穿皮衣的故事，并语重心长地对他们说：“皮之不存，毛将焉附？如果老百姓得不到安宁，那么国君的地位也很难巩固。希望你们能够记住这个道理，不要因为一点小利而蒙蔽了眼光。”

大臣们由此深受启发，再不敢肆意妄为了。

可见，人民是国家存在的根本，统治者只有看到这一点，才能“没身不殆”。而老子由“常”到“久”的认识过程，正是统治者应该奉行的为政之道。

好谀亡国

春秋时期，虢国国君奢侈腐化，特别喜欢对他阿谀奉承的奸佞小人，而那些敢于劝谏的大臣，则都遭到了惩罚。整个国家政局混乱，百姓不服。这时晋国的军队攻打虢国，虢国的军民不愿抵抗，虢君只好出逃。

当他来到一处洼地时，感到口渴，侍臣就马上献出好酒；饿了，侍臣就立即呈上果品干粮。虢君就问："你怎么会有这么多美酒、美食？"侍臣回答说："为的是您在逃亡的路上用的。"

虢君听后一惊，就问："你们早就知道我会出逃？"侍臣回答说："知道。"虢君又问道："你既然知道，为什么不早一点向我劝谏？"侍臣说："国君您只喜欢奉承话，我如果劝谏，恐怕您就会杀了我，我会比虢国还先灭亡。"

虢君听了之后面带怒色。侍臣急忙跪倒谢罪，说："君主，您现在之所以逃亡，是因为您是一个古今少有的明主啊！"虢君不解："我是明主，如今却要逃亡，这又是为什么？"侍臣说："现在天下的国君都不是圣明的人，他们都嫉恨您一个人独自圣明，所以您现在才会逃亡。"虢君听了之后非常高兴，自作多情地说："唉！原来圣明的君主都要像这样受苦啊！"侍臣看到虢君如此愚昧，就打算弃他而去。后来，他们来到一座山中休息。由于长时间饥饿和疲倦，虢君把头枕在侍臣的腿上就沉沉睡去了。侍臣用石头替换出自己的腿，然后就离虢君而去。

虢君一觉醒来，看到自己真的成为孤家寡人，悲痛欲绝。虢君最后就饿死在荒郊野外，他的尸体也被山中的野兽吃掉了。

一代国君最后落了个死无全尸的下场，足可见"不知常"的危害。

第十七章

题解

老子在本章毫无掩饰地提出了为政之道，即他反复论述的“无为”思想。

老子十分崇尚“无为”之治，他所推崇的君主、圣人，就应该“处无为之事，行不言之教”，天下万民会在潜移默化中得到大治。

老子一改前面章节的论述方式，明细化地将统治者分为四个层次：第一流的统治者使人民仅仅知道他的存在；次一等的统治者会得到百姓的亲近和赞誉；比这再次一等的，百姓会敬畏他；最差的统治者，百姓会咒骂他。

在老子眼中，统治者只有行“无为而治”才能使百姓感到自由满足，心中不存在权力的威胁，也就是说，统治者的威慑力完全被化解掉，百姓都生活在平等自由的氛围之中，这才是真正的天下大治。

虽然这种“无为而治”的理想社会只是老子的主观想象，但其中对于君主专制的贬低，对人民自主发展的肯定，对于当时的社会来说，还是有一定进步意义的。

［原文］

太上，河上公《河上公章句》：太上，谓太古无名之君。**不知有之；**宋徽宗《御解道德真经》：在宥天下，与一世而得淡泊焉。无欣欣之乐，而亲誉不及。无悴悴之苦，而畏侮不至。莫之为而常自然，故下知有之而已。**其次，亲而誉之；**王弼《道德真经注》：不能以无为居事，不言为教，立善行施，使下得亲而誉之也。**其次，畏之；**唐玄宗《御注道德真经》：德又下衰，君多弊政，人不堪命，则驱以刑罚，故畏之。**其次，侮之。**明太祖《御注道德真经》：下等之人，以力服人，将不服焉，是谓侮之。**信不足焉，有不信焉。**河上公《河上公章句》：君信不足于下，下则应之以不信，而欺其君也。**悠兮其贵言，**河上公《河上公章句》：说太上之君，举事犹，贵重于言，恐离道失自然也。**功成事遂，百姓皆谓我自然。**王弼《道德真经注》：居无为之事，行不言之教，不以形立物，故功成事遂，而百姓不知其所以然也。

［译文］

一流的统治者，人民只是知道他的存在；次一点的统治者，人民会亲近并且赞美他；再次一点的统治者，人民都会畏惧他；最差的统治者，人民都蔑视他。统治者的诚信不足，人民就不会相信他。一流的统治者是多么悠闲自得啊！他很少发布命令，事情成功了，老百姓会说："我们本来就是这个样子的。"

［读解心得］

老子认为最理想的政治，莫过于统治者"贵言"，从不轻易发号施令，人民和政治相安无事，甚至于人民根本不知道统治者是谁。这即是老子著名的"无为而治"。上古尧帝之时，"天下太和，百姓无事，有五老人击壤于道，观者叹曰：大哉尧之德也！老人曰：'日出而作，日入而息。凿井而饮，耕田而食。帝力于我何有哉？'"这说明在唐尧的统治下，全国太平和谐，人民安居乐业，人民虽然知道上面有君主，却几乎不知道政权有何用处。这种场景，完全是对老子的"百姓皆谓我自然"的最好图解，这种行为方式最接近于老子的"道"。

百姓"亲而誉之"的统治者，在老子看来则逊色于"太上"。如夏禹，人民传扬他为治理国家的水患，十多年中，三过家门而不入。老子认为："天下皆知美之为美，斯恶已；皆知善之为善，斯不善已。"人们对美好事物的仿效与追捧会破坏自然的平衡，从而引发不美不善的事物出现。故而"其次亲而誉之"。

再次，是"畏之"。秦始皇用武力统一六国，他宣称："朕为始皇帝，后世以计数，二世三世至于万世，传之无穷。"然而秦朝仅存十五年即覆灭，为什么？秦始皇焚书坑儒，严刑峻法，"以法为教，以吏为师"；施行郡县制，高度中央集权，"收天下之兵，聚之咸阳，销以为钟镓，金人十二，重各千石，置廷宫中……徙天下豪富于咸阳十二万户"；"天下苦秦久矣"。故而其后，暴秦被推翻。刘邦入咸阳，废除秦朝苛峻烦琐的律令，即得民心。其后推行清静无为政治，百姓休养生息，经济很快复苏。

最末一种是"侮之"。当百姓忍受不了上位者变本加厉的干涉和操纵时，百姓就会唾骂他，继而奋起反抗了。

想要成为"太上"，取信于天下，就需顺从自然，在不知不觉中使万物按照各自的运行轨迹完成生命过程，这就是"道"。

［经典事例］

钓夫不为太师

《庄子·田子方》里有这样一则故事：

周文王在臧地视察，看见一个钓夫在湖边钓鱼。从表面上看，他像是在那里钓鱼，可是却又显得漫不经心，似乎能否钓到鱼与他没有任何关系。

周文王觉得这是一位高人，于是想请他来治理臧地，但又怕大臣和百姓们心里不服；要放弃这个念头，又怕失去一位贤人。他思来想去，终于想出了一个好主意。

第二天早上，文王向诸位大夫说："昨天晚上，我梦见了一个贤德之人，他面色黝黑，长着络腮胡子，骑着一匹杂色的马，那匹马有一只红色的蹄子。他来到我面前说：'把臧地交给那位钓夫治理，这里的百姓就有救了！'"

钓夫

臧地的钓夫放弃人为的治理，使天下自理，反而使天下太平。

众位大夫听后齐声说："陛下梦见的那个人就是您的先父呀！"

文王说："不管怎样，我们还是占卜一下吧。看看我做的这个梦到底是什么征兆。"

大夫们都说："既然是先王的命令，我们照办就是了！"

于是周文王就派人把那位钓夫请来，把臧地的政事委托给了他。

谁知那个钓夫根本就不理国政，原先的法律没有任何变动，行政命令也没有下达过。

就这样，过了三年，周文王又来巡视。他发现原先设置的谏议馆所全都被废弃了，原先成群结队的谏议官员都被遣散了，地方长官也不讲究政绩和功德，掌管度量的官员也不校正量器和斛斗。

原来，谏议馆所废弃、谏议官员解散，那是因为人们没有任何意见可提了；做长官的不再讲究政绩和功德，那是因为大家都务实了；管度量的官员不去校正量器和斛斗，那是因为大家都对度量衡坚信不疑了。

文王巡视后十分高兴，于是将钓夫封为太师，请他坐到正位。文王恭恭敬敬地请教说："这种治理国家的方法能推广到天下吗？"

可是那位钓夫却含含糊糊地不直接回答，不给予明确的应承。文王早上才对他委以重任，可钓夫晚上就逃跑了，后来再也没有露面。

文王问钓夫是否能把他治理臧地的政策推广到全天下，钓夫没有回答。他并不是有意不回答，而是根本就没有办法回答。这是因为钓夫根本就没有实行治理国家的政策。臧地的局势之所以如此安宁有序，并不是因为这个钓夫有什么好的治国策略，而恰恰是因为他不加以人治。

国家本来就是一个和谐融洽的自然形式。它之所以出现种种问题，并不是由于没有人去治理，而恰恰相反，正是由于人们用自己设计的方法去治理它，才导致了诸多社会问题的出现。只要放弃人为的治理，天下自然会自理。所谓的使臧地呈现太平景象的治理政策，就是无策之策、不治之治。钓夫治理臧地，就是因为消除了人为治理的损害，百姓以“自然”之道生存、发展，才使臧地恢复太平。正因为如此，也就谈不上向天下推广这一政策的问题了。

宓子贱与巫马期

宓子贱和巫马期都曾做过单父的地方官。

宓子贱治理单父的时候，平时，大家只看见他整日弹琴作乐，悠然自得，从没见他走出过公堂。可是，在他的治理之下，单父地区的百姓生活富足，人心安定。后来，宓子贱因故离开了单父，由巫马期接替他的职务。巫马期每天天不亮就出去了，一直忙到深夜才疲惫不堪地回到公堂。巫马期为了治理单父，饭也吃不香，觉也睡不好。事情不分大小，无不亲自处理，他费了好大力气才将单父治理好。

巫马期听说他的前任宓子贱治理单父简直不费什么气力，可单父也是一样富裕，心中十分不解，于是特意到宓子贱府上，向他求教治理单父的窍门。宓子贱问明巫马期的来意之后，微微一笑：“我哪有什么治理地方的窍门呀，只不过我治理单父的时候凭借的是大家的力量。而你治理单父时，只用自己的力量。光凭借自己的力量来治理当然会很辛苦，而我发动了众人的力量，我自然就安逸得多了。”

这则故事，一方面说明了众人之力的重要性，只有充分利用大众的力量，才能实现最为根本的天下大治；另一方面，也为统治者指出了一条为政方略，即用最为便捷的方法实现统治目的。这正是“太上，不知有之”的具体体现。

第十八章

题解

从古至今，仁义、智慧、孝慈、忠臣都是为人们所推崇的。孔子的最高理想就是“仁义”，“仁”已经成为了儒家文化中的核心思想和价值取向。然而老子却破天荒地指出，人世间的大“道”被人为地废弃了，人们才会制定“仁义”。之后制定了礼仪，并以此来规范人们的行为、区别贵贱，结果原本没有的虚伪奸诈也随之而来。

这一章充分地阐述了老子的辩证思想：大道盛行之时，像仁义这些东西自然存在于人们的行为当中，人们不缺乏仁义，所以感觉不到它的存在，也就没有了倡导的必要。只有当社会秩序大乱、大“道”缺失、仁义泯灭的时候，人们才会由于缺乏这些东西而大加倡导。

老子创造性地给“仁义”找到了根源。他并不是排斥仁义，而是看到了人类社会自身的局限，他撕开了人世间仁义的面具，正是希望向大“道”之下真正的仁义复归。

[原文]

大道废，有仁义；河上公《河上公章句》：大道之时，家有孝子，户有忠信，仁义不见也。大道废不用，恶逆生，乃有仁义可传道。**智慧出，有大伪；**王弼《道德真经注》：行术用明，以察奸伪；趣睹形见，物知避之。故智慧出则大伪生也。**六亲**唐玄宗《御注道德真经》：父子夫妇兄弟，六亲也。**不和，有孝慈；**宋徽宗《御解道德真经》：名生于不足故也。庄子曰：孝子不谀其亲，忠臣不谄其君，君子之盛也。**国家昏乱，有忠臣。**河上公《河上公章句》：政令不明，上下

仪封仰圣

孔子的儒家学说，其中之一便是讲仁义。孔子正是老子所说“大道废，有仁义”的真实体现。

相怨，邪僻争权，乃有忠臣匡正其君也。此言天下太平不知仁，人尽无欲不知廉，各自洁己不知贞。大道之世，仁义没，孝慈灭，犹日月中盛明，众星失光。

［译文］

当大“道”被人为地废弃了，才出现了所谓的仁义；当智慧出现时，虚伪也就随之而来了；六亲不和的时候，父不慈、子不孝、兄弟不友爱，这时孝悌规范就会显现出来；国家混乱之际，才会有所谓的忠臣出现。

［读解心得］

仁义、智慧、孝慈、忠臣，在一般人看来，都是非常好的名称和行为，可老子却认为这些都是相对的概念。若然大道盛行，万物依循于“道”，无欲，自然，是不可能产生这些概念的。

有不仁义才有仁义，仁义都是在大道废弃、淳朴破灭之后才产生的。强调存在仁义同时也就在强调存在不仁义。只有在没有仁义之时，不仁义才会真正消失。

大伪是在有了智慧之后才出现的。人有了智慧，用得好就是大智大慧，用得不好，则反得其效，就成了老奸巨猾。动荡的春秋时期，慧智之士蜂起，但假仁假义、诡诈谋乱、逞雄争胜等失道丧德之辈也并起，产生不少危害。

六亲不和以后才产生孝慈之分。如古时之先圣舜，他的父亲心术不正，继母两面三刀，弟弟桀骜不驯，几个人串通一气，欲置舜于死地而后快。在这种家庭中，舜却坚守孝道，因此才被称为第一孝子。

忠臣义士往往在混乱之时中才有所作为，进而被大家知晓、敬仰。历史上的忠臣们，如岳飞、文天祥、史可法等人，对国家民族忠心耿耿，肝脑涂地，留下世人传颂的忠臣事迹。然而，这些可歌可泣的事迹，却无不发生于历史混乱、生灵涂炭的悲惨时代。若国家风调雨顺，永处太平盛世，百姓自重自爱，没有杀盗淫掠之事，岂不是个个是忠臣、人人是好人了吗？

老子这段话运用辩证法，反其道而行，让我们可以用新的视角来剖析身边习以为常的事物，让我们得出颠覆性的判断，让我们触及到了更接近于客观真实的世界，发人深省。

［经典事例］

曾子杀猪

曾子是孔子的学生，他十六岁就拜孔子为师，得到了孔子的真传。曾子无论是治国思想还是治家原则，都秉承了儒家所奉行的伦理观。曾子杀猪教子的故事就可以反映这一点。

一天早晨，曾子的妻子早早起床，梳洗完毕，换上一身新衣服，准备到集市上买一些东西。她刚出家门没走多远，儿子就又哭又喊地追了上来，吵着闹着非要跟着去不可。孩子太小，集市离家又很远，带着他出门很不方便，于是曾子的妻子就对儿子说："你回家等着，我买完东西马上就回来。你不是最爱吃酱烧猪蹄、猪肠熬的汤吗？我回来以后就杀猪给你做。"这话果然奏效，她的儿子一听，立刻安静下来，乖乖地回到了家里。

曾子的妻子买完东西从集市回来时，还没等跨进院门就听见院子里有捉猪的声音。她走进门去一看，原来曾子正准备杀猪给儿子做菜。她连忙上前拦住丈夫，说道："咱们家只养了这几头猪，只有逢年过节才杀了吃。你怎么能拿我哄小孩的话当真呢？"

曾子停下来对妻子说："在孩子面前是不能说谎的。小孩子年幼无知，他们经常从父母那里听取教诲、学习知识。如果我们现在对他说谎话，就等于是在教他以后去欺骗别人。虽然你一时能哄得住孩子，但是过后他知道自己受骗了，就不会再相信母亲的话。这样一来，你今后就很难教育好自己的儿子了。"

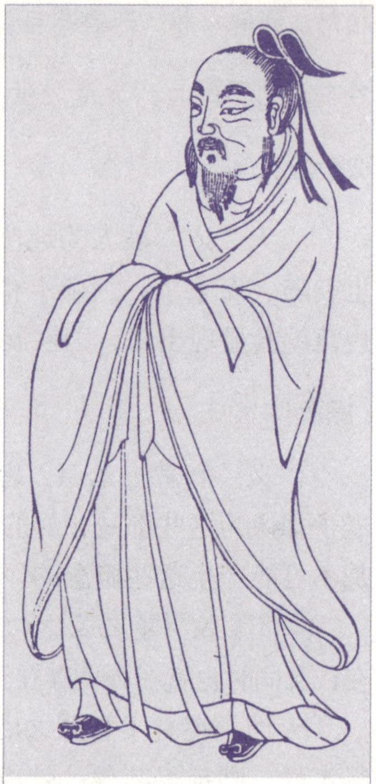

曾子

曾子，字子舆，春秋末年鲁国人。曾参是孔子学说的主要继承人和传播者，在儒家文化中具有承上启下的重要地位。曾参以他的建树，终于走进大儒殿堂，与孔子、孟子、颜子、子思并称为五大圣人。他著有《大学》《孝经》等儒家经典，后世尊他为"宗圣"。

妻子听了之后，觉得丈夫说的话很有道理，于是便心悦诚服地帮助丈夫杀猪去毛、剔骨切肉。不多时，夫妻二人就为儿子做好了一顿美味的晚餐。

曾子的所言所行告诉人们，为了做好一件事，哪怕是对孩子，也应当言而有信，诚实无欺，身教重于言教。如果做父母的用那种看似聪明的手段哄骗孩子，那么反过来就会使孩子原本纯洁的内心沾染上欺诈的恶习，所谓"智慧出，有大伪"，说的正是这样一个道理。

鲁国少人才

有一次，庄子拜见鲁哀公。鲁哀公深有感慨地对庄子说："我们鲁国的儒士很多，但唯独缺少像先生您这样懂得道术的人才。”

庄子听了鲁哀公的话，不以为然地说道：“其实在鲁国，别说是从事道术的人很少，就是儒士也非常缺。”

鲁哀公听了很诧异，就反问庄子：“您看，现在整个鲁国的臣民几乎全都穿着儒士的服装，怎么能说鲁国缺少儒士呢？”

庄子回答道：“我听说，通晓天文的儒士头上戴圆形礼帽，精通地理的脚上穿方形鞋，而佩戴五彩丝带并悬挂玉玦的，遇事果断清醒。”庄子见鲁哀公听得很认真，就接着说：“其实，那些造诣高深的儒士平时并不一定穿儒服，而身着儒服的人不一定有真才实学。”

庄子向鲁哀公建议：“您如果怀疑我的判断，可以向全国发布命令：凡是没有真才实学却穿儒服的一律问斩！”

鲁哀公采纳了他的建议，于是就发布了命令。只过了五天，整个鲁国再也看不到穿儒服的“儒士”了。唯独有一个人，身穿儒服站在宫门前。鲁哀公听说之后立即传旨召见。鲁哀公见这个人仪表不俗，就提出各种问题考问他，而对方思维敏捷，对答如流，确实是一位饱学之士。

庄子得知鲁哀公在下达命令以后，只有一位儒士被召进宫去回答问题，他就说：“整个鲁国只有一名儒士，怎么能说人才济济呢？”

从故事可以看出，在鲁哀公下达命令之前，鲁国人大都附庸风雅，表面上看好像都是“儒士”。只有当命令下达以后，那些弄虚作假之徒才被真正吓退，此时才能显露出真正的儒士。而真儒的出现，标志着鲁国极其缺少人才，这就直接说明了“国家昏乱，有忠臣”的道理。

第十九章

题解

在本章中，老子对上一章所提到的社会弊病进行了深入细致的阐述，并提出了解决问题的方法。

“圣”和“智”是人们所赞颂的才干，“巧”和“利”是人们所追求的聪明。这几样东西是天下人都想得到的，但正因为如此，才导致了社会上的纷争和混乱。老子因此主张“绝圣弃智”。在他看来，人的本性应该是纯真质朴、淡泊宁静的，而社会文化在丰富人类智慧的同时，也使人类的天性被腐蚀掉了，于是产生了诸如争名逐利、偷盗欺诈的恶习。老子认为，如果抛弃文明社会当中的这些糟粕，使人民重返最初那种无知无欲的自然状态，那么孝慈、善良等品德就会在淳朴的人性中得到复苏。

[原文]

绝圣弃智，河上公《河上公章句》：绝圣制作，反初守元。五帝垂象，仓颉作书，不如三皇结绳无文。弃智慧，反无为。**民利百倍；**宋徽宗《御解道德真经》：绝而弃之，与道同体，则各安其性命之情，其利博矣。**绝仁弃义，民复孝慈；**唐玄宗《御注道德真经》：绝兼爱之仁，弃裁非之义，则人复于大孝慈矣。**绝巧弃利，盗贼无有。**唐玄宗《御注道德真经》：人矜偏能之巧，必有争利之心，故绝巧则人不争，弃利则人自足。足则不为盗贼矣。**此三者，**河上公《河上公章句》：谓上三事所弃绝也。**以为文，不足，故令有所属：**司马光《道德真经论》：属，着也。圣智、仁义、巧利，皆古之善道也，由后世徒用之以为文饰，而内诚不足，故令三者皆着于名而丧其实。**见素抱朴，少私寡欲，绝学无忧，**河上公《河上公章句》：见素者，当抱素守真，不尚文饰也。抱朴者，当抱其质朴，以示下，故可法则。少私者，正无私也。寡欲者，当知足也。绝学不真，不合道文。除浮华则无忧患也。

［译文］

抛弃聪明和智巧，人民就会百倍得利；抛弃仁和义，人民都会恢复孝慈；抛弃巧诈和私利，盗贼就会消失。智、义、利这三样东西都是用来文饰的，因此不足以治天下，所以要使人懂得最根本的归属：保持朴实，减少私欲，弃绝了学问与学业，就没有忧愁。

［读解心得］

“绝圣弃智，民利百倍”，翻译过来，即是抛弃聪明和智巧，人民就会百倍得利。因这一句话，两千多年来老子背上了愚民思想的骂名。

类似这种被罩上愚民学说帽子的，还有孔子。《论语·泰伯第八》中有一句：“子曰：民可使由之，不可使知之。”一举被封建的统治者们大加利用，因为只有愚蠢的百姓才能被政府所摆弄。儒家学说也被按照当政者的意愿，越来越曲解化。

其实，孔子的这句话，向来有第二种断句方式：“子曰：民可，使由之；不可，使知之。”如此一断句，意义天差地别。于是，这样的孔子理论，常常被政权初兴之时，勃发生命力的统治者所发挥。

当然，儒家文化是中国二千多年封建文化的根基，无论怎样解读，都移不开政治的因素，然而，孔子是一位教育家，门徒三千，倡导“有教无类”。我们有理由相信，愚民并不是他的本意。

与孔子相同，老子的这句“绝圣弃智，民利百倍”，本意也绝非愚民如此简单。其实，此句与老子一生倡导的“无为”如出一辙。“绝圣”，不过是不要以此招摇，“弃智”不过是不要过于炫耀。如果一个人生而有“圣”有“智”，而过分地去夸大它，还不如没有的好。凡事，过犹如不及。断绝有为的学问就不会有烦虑。

［经典事例］

徙木立信

在战国初期，“七雄”当中，秦国由于地处西部一隅，比较闭塞，因而在政治、经济、文化等方面都比中原各国落后。邻近的魏国实力就比秦国强盛，还从秦国手中夺去了河西的一大片土地。

公元前362年，秦孝公继承王位。他下定决心要发愤图强，首先就要搜罗人才。他下了一道诏令：“不论是秦国人还是外来的客人，谁要是能让秦国富强起来的，就封他做高官，让他与我共享江山。”

商鞅

战国时期政治家，著名法家代表人物又称卫鞅。商鞅听说秦孝公颁布了“求贤令”。于是他离卫去秦，以变法强国之术说服秦孝公。秦孝公初立时，对秦国落后的现状痛心疾首，他求贤若渴，知人善用，任用商鞅大胆改革，使秦国一跃成为战国七雄之首。

秦孝公的号召，果然吸引了不少有真才实学的人。卫国有一个贵族叫公孙鞅(就是后来的商鞅)，他在卫国没有得到重用，就来到秦国，得到了秦孝公的接见。

商鞅向秦孝公提出了建议：“一个国家要想富强，必须要重视农业，奖励将士；要想把国家治好，必须要赏罚分明。只有赏罚分明，朝廷才能有威信，改革也就容易进行了。”

秦孝公十分赞成商鞅的主张。可是秦国的王公贵族和大臣们却竭力反对。秦孝公看到反对改革的人这么多，而自己又刚刚即位，怕引起内乱，就把改革的事暂时放在一边。

过了几年，秦孝公感到自己的君位坐稳了，就任命商鞅为左庶长，并且下令：“从今以后，改革制度的事完全由左庶长掌管。”

商鞅早就起草了一个改革的法令，但是他怕老百姓对他不信任，不按照新法去执行。于是就叫人在都城的南门竖起了一根三丈多高的木头，并贴出告示：谁要是能把这根木头扛到北门，就赏金十两。

不一会儿，南门口就围了一大群人，大家纷纷议论。有的说：“这根木头谁都扛得动，哪儿用得着这么多赏金？”有的说：“左庶长大概是成心拿大伙儿开玩笑吧。”

大家你看我，我看你，没有一个人主动上去扛木头。

商鞅知道老百姓可能还不相信他的命令，就把赏金提高到了五十两。

这时人群中跑出一个人来，说：“我来试一试。”说着，他把木头扛起来就走，一直扛到了北门。

商鞅立刻派人把五十两黄澄澄的金子赏给了那个扛木头的人，一分也不少。

这件事传出去之后，一下子轰动了整个秦国。老百姓都称赞商鞅讲信义。

商鞅见这个办法已经起了作用，就把他所起草的新法令向全国公布。新法令赏罚分明，规定爵位的高低和官职的大小都要以打仗立功为标准。贵族没有战功的也就没有爵位；多生产布帛和粮食的，可以免除劳役和赋税；凡是因为经商和懒惰而贫穷的，他的妻子儿女都要罚做官府的奴婢。

由于商鞅的新法十分符合广大人民的利益，又由于他的“徙木立信”之举使百姓对新法深信不疑，因此，新法一公布，就在全国顺利地实施，秦国国力也随之逐步增强，这为后来统一六国打下了坚实的基础。

商鞅的成功之处就在于，他对百姓以诚相待，而不是施展阴谋诡计。在“大道”已废的年代，他能够在一定程度上“绝圣弃智”，以此来换取百姓的信任，实现“民利百倍”，这确实反映出了一个远见卓识的政治家的高超智慧。

晏子使楚

春秋时期，齐国的晏婴是一位非常有才能的相国，人们都尊称他为晏子。

一次，晏子奉命出使楚国。楚王想要戏弄晏子，借以向齐国示威。他知道晏子长得十分矮小，于是就命人在城门旁边另开一扇小门。当晏子来到城门之后，楚国的侍卫便让他从这扇小门进去，并说这扇小门足以让晏子通过，不必打开大门了。晏子看到这种情况，立刻正颜厉色道：“这是狗进出的洞，不是人走的门；只有出使狗国，才会从这狗洞里爬进爬出。我如今是奉命出使楚国的，难道也要从这狗洞里爬进去吗？”侍卫们听罢，理屈词穷，没办法，只好让晏子从正中的大门昂首阔步地走进了城。

晏子

名婴，字仲，谥平，习惯上多称平仲，春秋齐国名相。机智善辩，沉着冷静的晏子出使楚国不卑不亢，勇敢地维护了自己国家的尊严。

晏子见到楚王之后，楚王又用嘲讽的语气说：“齐国是不是没有多少人啊？”

晏子听到这话，立刻予以纠正：“我们齐国人多得很，仅都城临淄就有人口百万，街上的行人摩肩接踵，每个人一挥衣袖就可以遮住太阳，洒一把汗就足以下一场雨，大王怎么能说齐国无人呢？”

楚王听了之后，便用挑衅的口吻问道：“既然齐国人那么多，为什么派你这样矮小的人做使臣呢？”

晏子对楚王的无礼之举早就有了

思想准备，他冷笑了一下回答道：“我们齐国有这样一条规定：派遣使臣要视出使国的情况而定，出使上等的国家就派上等人去，出使下等国家就派丑陋无能的人去。我在齐国是最不中用的人，所以就派我作为出使楚国的使臣。”晏子的这一席话使得楚王无言以对。

然后，楚王设宴款待晏子。正当两人喝得高兴的时候，两个差官押着一个被缚的犯人从堂下走过，楚王叫住了差官，假作不知地问道：“这个人犯了什么罪？”差官赶忙回答：“他是齐国人，在我们楚国犯了偷盗罪。”楚王于是转过头来看着晏子，对他说：“难道你们齐国人都喜欢偷盗吗？”

晏子早就看穿了楚王的把戏，于是从容不迫地对楚王说：“我听人说过橘树长在淮河以南就结橘子，甘甜无比；如果将它移栽到淮河以北，就会结出又酸又苦的枳。它们两者只是叶子长得比较相似而已，而所结的果实味道却大不相同。之所以会产生这种情况，实在是水土不同的缘故。这个人在齐国生活时能够安居乐业，而到了楚国之后却学会了偷盗，这不是说明楚国的水土会让人变成盗贼吗？”这一番话使得楚王极为尴尬，无奈之中，只好赔笑收场。

从晏子与楚王的唇枪舌剑之中我们可以看到，一件事物是会产生反作用的。楚王屡次攻击晏子，但每次都被驳回，最终使得自己颜面扫地。同样的道理，统治者所施行的政策，也会有它的反作用，只有排除一切私欲杂念来对待天下，才能让天下人以同样的诚挚对待统治者。

第二十章

题解

本章文字在风格上与其他章节有所不同，老子以诗的语言对自己甘守无为之道的心境做了自我表白。

在老子看来，贵与贱、善与恶、是与非、美与丑之间的种种差别都是人们按照世俗的眼光强行制定的，其实并不符合大“道”。而人们以自己的主观态度为标准来看待世间的万物，必然会导致整个社会价值判断的混乱。善与恶、美与丑等概念都不是绝对的，而是相对形成的，这种价值判断因人、因时、因地而变，因此显得混乱不堪，任意妄行，老子于是发出了“唯之与阿，相去几何？善之与恶，相去若何？”的质问，这也是他对于人类价值观的一种理性思考。

在当时的社会，世俗之人往往因为追求财富、名誉、权力、地位等所谓的“善”与“美”而背离正道，老子看到世人都纵情于声色犬马、功名利禄，便以自身的修为与世人进行对比。他正话反说，认为被世俗所制约的众人都是充满欢乐、拥有财富并且智慧超群的，只有自己混混沌沌，愚昧不化。众人喧闹之时，他总是独自思考，凭借纯朴自然的本性，从“道”中汲取养分，体察人生，以求得精神上的升华。

章末一句“我独异于人，而贵食母”正说明了得“道”者与世俗之人在价值取向上的差别，由此就可以看出老子高尚的精神境界和独立的人格。

[原文]

唯之与阿，相去几何？唐玄宗《御注道德真经》：绝有为俗学，则淳朴不散。少私寡欲，故无忧也。唯之与阿，相去几何？善之与恶，相去何若？唯则恭应，阿则慢应，同出于口，故云相去几何？**善之与恶，相去若何？**司马光《道德真经论》：在有道者观之，唯阿善恶同归于无，相去无几。**人之所畏，不可不畏。**唐玄宗《御注道德真经》：凡人所畏者，慢与恶也。善士所畏者，俗学与有为也。皆当绝之，故不可不畏。**荒兮，其未央哉！**明太祖《御注道德真经》：至其极也，乃甚荒，其荒无解也。所以老子闻有此，而事未极先荒极，故能不荒而不畏也。草庐云：央犹尽也。**众人熙熙，**河上公《河上公章句》：熙熙，淫放多情欲也。**如享太牢，如春登台。**宋徽宗《御解道德真经》：众人失性之静，外游是务，如悦厚味以养口体，如睹

高华以娱心志，耽乐之徒，去道弥远。**我独泊兮，其未兆；**河上公《河上公章句》：我独泊然安静，未有情欲之形兆也。**沌沌兮，如婴儿之未孩；**宋徽宗《御解道德真经》：经曰复归于婴儿，庄子曰：不至乎孩而始谁？婴儿欲虚未萌，疏戚一视，泊兮静止，和顺积中，而英华不兆于外，故若婴儿之未孩。**儽儽兮，若无所归。**唐玄宗《御注道德真经》：至人无心，运动随物，无所取与，若行者之无所归。儽儽，运动貌。**众人皆有余，**河上公《河上公章句》：众人余财以为奢，余智以为诈。**而我独若遗。**王弼《道德真经注》：我独廓然，无为无欲，若遗失之也。**我愚人之心也哉！**河上公《河上公章句》：不与俗人相随，守一不移，如愚人之心也。**俗人昭昭，我独昏昏。俗人察察，我独闷闷。**宋徽宗《御解道德真经》：同乎流俗，则昭昭以为明，而其明也小。察察以为智，而其智也凿。遗物离人而傲倪于一世之习，则惛然若亡而存，闷然若钝而利，世俗岂得而窥之？**澹(dàn)兮其若海，飂兮若无止。**河上公《河上公章句》：我独忽忽，如江海之流，莫知其所穷极也。我独漂漂，若飞若扬，无所止也，志意在神域也。**众人皆有以，而我独顽且鄙。**王弼《道德真经注》：以，用也。皆欲有所施用也。无所欲为，闷闷昏昏，若无所识，故曰"顽且鄙"也。**我独异于人，而贵食母。**宋徽宗《御解道德真经》：婴儿慕驹犊从，惟道之求而已。夫道生之畜之长之育之，万物资焉，有母之意。惟道之求此，所以异于人之失性于俗。

［译文］

应诺与呵斥，相距多远？美好与丑恶，又相差多少？人们所害怕的，不能不畏惧。自远古以来就是这样啊，好像不会终止的样子。众人都是熙熙攘攘、兴高采烈的样子，好像去参加盛大的筵席，好像春天里登上高台远望美景。我却独自淡泊闲适，无动于衷；浑浑沌沌，像婴儿还不会嬉笑，疲倦懒散啊，好像还没有归宿。众人都有剩余的东西，唯独我好像什么也不足。我真是只有一颗愚笨之人的心啊！众人精明机智，只有我迷迷糊糊；众人都那么苛刻严厉，只有我这样宽宏质朴。众人都精明灵巧，而我却愚昧笨拙。我与众人的不同之处，关键在于懂得了"道"。

[读解心得]

此章言辞虽多，但老子想要表达的思想，用四个字即可概括：自甘淡泊。自甘淡泊，是一种境界。它可以左右你在物欲横流的世界里，多一丝淡定，多一分平和。总是有人来以此标榜自己，但常常是标榜的人多，做到的人少。其中，真正能得其中三昧的，国学泰斗钱钟书算是一位。

二十多年前，美国普林斯顿大学邀请钱钟书为其校研究生讲课，讲课期间学校负责来回交通餐饮的费用，除此之外，仅需半月讲四十分钟，半年即支付酬劳十六万美元。钱钟书直言拒绝说："贵校研究生的论文我已经看了，我去讲课，他们听得懂吗？"

钱钟书无视于身外之物，自甘淡泊之举并不只此一桩。某年，国内一大学欲纪念钱钟书父亲——著名国学家、教育家钱基博先生百年诞辰，召开研讨会，邀请钱钟书参加。他坚谢不至，并写信说："盛谊隆情，为人子者当铭心浃骨。然窃以为不如息事省费。（先君）三不朽自有德、言、功业在，初无待于招邀不三不四之闲人，谈讲不痛不痒之废话，花费不明不白之冤钱也！"

[经典事例]

尹绰与赦厥

尹绰和赦厥都是赵简子手下的官员。赦厥为人十分圆滑，善于见风使舵，看主子的脸色行事，从来不说让赵简子不高兴的话。尹绰却不是这样，他性格耿直，对主子忠心耿耿，做事尽职尽责。

有一次，赵简子带着尹绰、赦厥以及其他随从外出狩猎。赵简子看到一只灰色的野兔从草丛中窜出来，于是命令随从全部出动，策马扬鞭，追捕野兔，并且声称谁抓到野兔谁就受赏。

随从人员奋力追捕野兔，结果把一大片庄稼都踩坏了。野兔最终被抓到了，赵简子十分喜悦，对抓到野兔的那个随从大加奖赏。众随从无不连连称赞，只有尹绰表示反对，指出赵简子的做法十分不妥。赵简子听了他的话以后很不高兴，说道："这个随从听从我的命令，动作迅捷，能按照我的旨意做事，我为什么不能奖赏他呢？"尹绰答道："他只知道讨好主人，而不顾老百姓辛辛苦苦种出来的庄稼，这样的人不值得奖励。不过，错误的源头应该是在您的身上，如果您不下达那样的命令，他就不会那样去做。"赵简子听了以后嘴上没说什么，可心里闷闷不乐。

又有一次，赵简子因为前一天晚上饮酒过量，醉卧不起，一直到第二天晌午，

仍在睡梦中。这时，楚国的一位贤士应赵简子三个月前的邀请前来拜见，赦厥接待了那位贤士。

为了不打扰赵简子，赦厥委婉地拒绝了那位楚国贤士的求见，结果使那位贤士败兴而去。赵简子直到黄昏时分才醒来，这时赦厥前来进见。他除了询问赵简子睡得是否香甜外，对来人求见之事只是简单地敷衍了几句。

赵简子时常对手下人说：“赦厥确实是我的好帮手，他是真心爱护我，从来不在别人面前指出我的过错；可尹绰却不是这样，他对我的任何缺点都不放过，还经常当着大家的面对我吹毛求疵，一点也不顾及我的尊严。”

尹绰听到这些话以后，就去找赵简子。他对赵简子说：“您说错了！我作为臣下，就应当帮助您改正错误。赦厥从来不批评您，是因为他从不留意您的过错，更不会教您改过。而我总是注意您的为人处世和平时的一举一动，凡是有不妥之处，我都要为您指出来，好让您及时改正，只有这样，我才算是尽到了臣子的职责。如果我连您错误的一面也加以爱护，那这对您有什么好处呢？错误有什么可爱的呢？如果您的错误越来越多，那又怎么能保持您的尊严呢？”

赵简子听了这番话，若有所悟。

尹绰的所作所为，与“众人”大不相同。他能够以自己独立的眼光来冷静地认识事物，不畏权势，特立独行，正如“独异于人”的老子。尹绰正确地认识到了一个人应有的处世之道，并能够排除外界干扰而加以践行，表面上看来“独顽且鄙”，实际上则反映出了得道者的智慧。

第二十一章

题解

本章开宗明义地阐述了“道”和“德”之间的关系，认为即使德是广大和无所不包的，也不过是由道所衍生的，受道的支配，“惟道是从”。

老子以敏锐的洞察力认识到万物起源于“惟恍惟惚”的“道”，这在两千多年前的春秋时期是十分难能可贵的。“道”在冥冥之中产生万物，又无时无刻不在主宰着万物，人间的一切规律、道理都源于“道”，并被称之为“德”。

老子所说的“道”，有精神的一面，也有物质的一面，有虚无的一面，也有实际的一面。“道”虚无缥缈，却可以隐约地感觉到，这是因为“其中有象”“其中有物”“其中有精”“其中有信”，“道”无所不在。世间万物都是由“道”所萌发，“道”又与万物共存，互不分离，相互感知。

本章上承第一章的“道可道，非常道”，下启第二十五章的“独立而不改，周行而不殆，可以为天下母”，突出了“道”在大自然中的非凡作用，又指出人世间的“德”是由“道”所生成的。

[原文]

孔德之容，河上公《河上公章句》：孔，大也。有大德之人，无所不容，能受垢浊，处谦卑也。**惟道是从。**宋徽宗《御解道德真经》：德有方体，同焉皆得，所以显道，性修反德，德至同于初，故惟道是从。**道之为物，惟恍(huǎng)惟惚(hū)。**明太祖《御注道德真经》：且道德之为物，听视皆不见，忽有之，故下惟恍惟惚，恐学者之难穷而忘之。**惚兮恍兮，其中有象；**王弼《道德真经注》：以无形始物，不系成物，万物以始以成，而不知其所以然，故曰“恍兮惚兮，其中有象”也。**恍兮惚兮，其中有物。**唐玄宗《御注道德真经》：物者，即上道之为物也。自有而归无，还复至道，故云其中有物也。**窈兮冥兮，其中有精；其精甚真，其中有信。**河上公《河上公章句》：道唯窈冥无形，其中有精实，神明相薄，阴阳交会也。言道精气，其妙甚真，非有饰也。道匿功藏名，其信在中也。**自古及今，其名不去，**唐玄宗《御注道德真经》：言道自古及今，生成万物，物得道用，因用立名。生成之用，既今古是同，

应用之名，故古今不去。**以阅众甫。**河上公《河上公章句》：阅，禀也。甫，始也。言道禀与，万物始生，从道受气。**吾何以知众甫之状哉？以此。**明太祖《御注道德真经》：又何以观众甫之然哉？云：道不失信，常经以四时，源源不绝，生物之繁，以为必然，故所以教人守此道，行以诚者，如影随身，如响疾应是也。

［译文］

“德”的形态和运行，是唯有遵循“道”的变化来进行。“道”作为一种存在，是恍恍惚惚的。它是那样恍恍惚惚啊，其中却有形象。它是那样恍恍惚惚啊，其中却有物质。它是那样悠远模糊啊，其中却有精气；这精气非常真实，是值得信赖的。从古至今，它的名字一直不曾消亡，根据它才能认识万物的初始状态。我凭借什么知道万物之始的呢？凭借的是“道”。

［读解心得］

关于“道”的存在形式，学术界曾有一致的观点——“道”是一种绝对精神，不存在物质形式。让我们来看看本章内容：“道之为物，惟恍惟惚。惚兮恍兮，其中有象；恍兮惚兮，其中有物。窈兮冥兮，其中有精；其精甚真，其中有信。”

既然是“道之为物”，并且“有物、有象、有精、有信”，那么“道”就不会是绝对精神的，而应该是物质化的东西了。对于研究“道”的现代人来说，这具有很重要的意义。

本章不仅明确指出了“道”的唯物主义性质，即“道”的客观存在性，也告诉我们“道”是有具体形态的。此外，在本章中，老子告诉我们，“道”是万物的本源，是永恒存在的，而且，“道”中存在着信息，是可以信赖的。

在本章中，老子提到了“德”——“孔德之容，惟道是从。”

何谓“孔德”呢？在河上公的注述中，我们看到了如此的解释：“孔，大也。有大德之人无所不容，能受垢浊，处谦卑也。”自古以来，很多学者也都遵从这种说法，但是，这种说法有待商榷。

在此，我们不妨先来考究一下“德”的本意和来源。

说到“德”，就不得不说一下“得”。在商朝晚期，统治阶级十分崇尚“得”，致使商代社会中出现了贪得无厌，甚至为了“得”不择手段的风气，尤其是在商王朝的末期，这种尚“得”的风气更是达到了高潮。当然，任何社会都有另类的，在这个尚“得”成风的社会里，偏偏有人以“不得”作为自己的行事标准，并且，他还以此做出了一番事业，他是谁呢？他就是周古公亶父。当时，“犬戎”

不断袭击中原居民，古公亶父为了避“犬戎”之祸，只好“不得”——放弃了原来的居住地，带领其家族迁居岐山，站稳脚跟后，他还因其“不得”的精神，感化了附近小国前来归附。在取得了以上成绩之后，周人总结经验，提出了“不得”的思想方针。

这就是“德”的来源，也就是《道德经》中所说的“德”。

那么，“孔德”又是什么呢？其实，“孔”就是“洞察、观察”之意了。

所谓“孔德之容，惟道是从”，所论及的正是“道”与“德”的关系，即“道”是永恒存在的，它要发挥作用，就必须通过“德”。

[经典事例]

高山流水

俞伯牙是春秋时期晋国的上大夫，也是历史上有名的琴师。他从小就酷爱音乐，他曾跟随他的老师成连到东海的蓬莱山，感受大自然的神奇壮美，使他从中领悟到了音乐的真谛。他的琴声优美动听，如高山流水一般流畅、和谐。虽然有很多人赞叹他的琴技，但他却认为，一直没有找到能够真正听懂他琴声的人。他一直不停地寻觅自己的知音。

有一次，俞伯牙奉命出使楚国。八月十五那一天，他的船行到了汉阳江口。没想到遇到了风浪，只好把船停泊在一座小山之下。到了晚上，风浪逐渐平息了下来，云影浮动，明月高悬，夜色十分迷人。俞伯牙望着空中的皓月，琴兴大发，于是拿出随身携带的琴，专心致志地弹奏起来。正当他沉浸在优美的琴声中的时候，忽然看到岸边有一个人一动不动地站着。俞伯牙吃了一惊，只听啪的一声，琴弦断了一根。俞伯牙正在疑惑之时，只听那个人大声地对他说：“请先生不要疑心，我是个樵夫，回家晚了，路过这里避雨，刚才听到您的琴声绝妙，禁不住站在这里听了起来。”

俞伯牙借着月光仔细观看，只见那个人身披蓑衣，

听琴图

“伯牙善鼓琴，钟子期善听……曲每奏，钟子期辄穷其趣。伯牙乃舍琴而叹曰：‘善哉，善哉，子之听夫！志想象犹吾心也。吾于何逃声哉？’”

旁边放着一担干柴，果然是个樵夫。俞伯牙心想：一个打柴的人，怎么会听懂我弹奏的琴呢？于是他就问道："既然您懂得琴声，那就请您说一说，我刚才弹的是什么曲子？"

那个樵夫听了俞伯牙的问话，笑着回答："先生刚才弹奏的是孔子赞叹其弟子颜回的曲子。只可惜，您弹到第四句，琴弦就断了。"

樵夫的回答一点不错，俞伯牙不禁大喜，连忙邀他上船来细谈。那樵夫看到俞伯牙弹的琴，便说："这是传说中伏羲氏造的瑶琴啊！"接着他就把这琴的来历说了出来。听了这个樵夫的讲述，俞伯牙心里不由得暗自佩服。接着，俞伯牙又弹了几曲，请樵夫辨识其中的意味。当他的琴声高亢雄壮的时候，樵夫说道："这琴声，像高山一样雄伟。"当琴声变得清丽柔和时，樵夫又说："这琴声，像流水般连绵不绝。"

俞伯牙听了他的话之后不禁惊喜万分。他常常用琴声来表达的心意，以前没人能够听懂，而面前的这个樵夫，竟然能够听得明明白白。他万万没有想到，在这山野之中，竟然遇到了自己寻觅已久的知音。于是他问明了樵夫的姓名，原来，这个樵夫叫钟子期。两个人越谈越投机，感到相见恨晚，便结拜为兄弟，并约定明年的中秋再到这里相会。

和钟子期洒泪分别之后，到了第二年中秋，俞伯牙如约再次来到汉阳江口，可是他等了很久，也不见钟子期前来赴约。于是他弹起琴来想召唤这位知音，可又过了很长时间，还是不见钟子期的到来。第二天，俞伯牙向住在这附近的一位老人打听钟子期的下落，这位老人告诉他，不久以前，钟子期不幸患病去世了，他在临终前曾留下遗言，要把他的坟墓修在江边，到了中秋节相会的时候，能再听到俞伯牙的琴声。

听了老人的这番话，俞伯牙悲痛万分。他带着琴来到了钟子期的坟前，凄凉地弹起了著名的古曲《高山流水》。奏罢，他长叹一声，把陪伴自己多年的瑶琴在旁边的青石上摔了个粉碎。他满怀悲伤地说："我唯一的知音已经不在了，这琴还能弹给谁听呢？"

两位"知音"的故事感动了后人，后来人们就在他们当初相遇的地方，建起了一座古琴台。直到今天，人们还时常用"知音"来形容朋友之间深厚的情谊。

正如老子所言，俞伯牙的琴声"惟恍惟惚"，一般人是听不出其中奥妙的。只有钟子期这样的知音，才能够洞察到琴声中的"象""物""精""信"。实现这样的目的，老子用的是"道"，而钟子期的"道"又是什么呢？史书没有给我们答案，这个答案本身就是缥缈恍惚的。

第二十二章

题解

“木秀于林，风必摧之”和“塞翁失马，焉知非福”反映了事物都存在着对立统一的两面。辩证思想是老子思想的精髓之一，本章就反映了老子的辩证思想。老子用曲与全、枉与直、洼与盈、敝与新、少与得以及多与惑来阐述“道”顺其自然的理论。

本章所论述的关键在于“不争”。老子认为，“不争”符合“道”的本质，炫耀、贪婪、争强好胜之人正因为违反了“道”，所以注定要失败。“洼”就如同一只空杯子，“盈”就像装满水的杯子，只有空杯子才能容纳更多的水，满了则会溢出。普通人看问题很片面，或者看不到深层内容，或者看不到相反的另一面。圣人却能遵守和运用“道”，全面而深刻地认识事物的本质。因为物极必反，所以“曲则全”。老子的核心政治思想是“无为”，“不争”就属于无为的一个方面。

［原文］

曲则全，河上公《河上公章句》：曲己从众，不自专，则全其身也。**枉则直，**宋徽宗《御解道德真经》：《庄子》曰，外曲者与人为徒。遗佚而不怨，厄穷而不悯，故内直而不失其正。**洼则盈，**唐玄宗《御注道德真经》：执谦德则常盈。**敝则新，**河上公《河上公章句》：自受弊薄，后己先人，天下敬之，久久自新也。**少则得，多则惑。**王夫之《老子衍》：事物之教，有来有往。迎其来，不如要其往；追其往，不如俟其来。而以心日察察于往来者，则非先时，而即后时。先既失后，后又失先，劳劳而愈不得；故小智日见其余，大智日见其不足。大道在中，如捕亡子而丧家珍，瞀然介马以驰，终日而不遇，则多之为惑久矣。**是以圣人抱一**王弼《道德真经注》：一，少之极也。**为天下式。**河上公《河上公章句》：式，法也。**不自见，故明；**河上公《河上公章句》：圣人不以其目视千里之外也，乃因天下之目以视，故能明达也。**不自是，故彰；**唐玄宗《御注道德真经》：人能不自以为是，而枉己以申人，则其是直自彰矣。**不自伐，故有功；**宋徽宗《御解道德真经》：《书》曰：

汝惟不伐，天下莫与汝争功。**不自矜，故长。**河上公《河上公章句》：圣人不自贵大，故能久不危。**夫唯不争，故天下莫能与之争。**唐玄宗《御注道德真经》：不与物争，谁与争者，此言天下贤与不肖，无能与不争者争也。**古之所谓“曲则全”者，岂虚言哉！**宋徽宗《御解道德真经》：致曲而已，故全而归之，可以保身，可以尽年，而不知其尽也。是谓全德之人，岂虚言哉？**诚全而归之。**河上公《河上公章句》：诚，实也。能行曲从者，实其肌体，归之于父母，无有伤害也。

[译文]

委曲反能保全，绕弯反能直达，空洼反能充盈，陈旧反能返新，少取反能多得，贪多反能迷乱。所以，“圣人”持守唯一的“道”作为天下的规范。不自我显示，反能彰明；不自以为是，反能明辨；不自我夸耀，反能有功；不妄自尊大，反能长久。只有不与他人争斗，天下才无人能与之争斗。古人所说的“委曲反能保全”这样的话，怎么会是假话呢？确实是一个全面的概括。

[读解心得]

庄子曾如此解说老子之道：“人皆求福，己独曲全。曰：‘苟免于咎’。”

在本章中，老子详细辩述了“全”与“曲”的关系，他认为，所有的事物都是在对立的矛盾中产生并发展的。人们若想了解一个事物，就必须从矛盾的两面去看待事物，看到正面，就要想到负面；分析正面，也必须注意负面，从更加全面、深刻地去看问题。

唯有如此，人们才能完全把握事物的状态，不会“一叶障目，不见泰山”，被眼前的蝇头小利蒙蔽而看不到长远的、全局的利益，才可以更加理性地处理问题。

在本章中，老子劝解人们要抱着谦和的态度，这样，事物可能会向着更加有利于己的方向发展。比如，人们自以为理曲的时候，就将获得理全的结果。即为：“曲则全，枉则直，洼则盈，敝则新，少则得，多则惑。”

不可否认的是，在人类的历史中，有不少例子正是印证了这一规律。

在宋代的时候，有个叫陈正之的人，他幼年时候十分愚钝，私塾中其他的孩子都已经背熟了几百字的文章，而他费尽了力气也才认识几十个字。就算是篇幅短小或者内容浅显的文章，他读了几十遍也还是结结巴巴，难以流利背诵。因此，他常常被同学们嘲笑。但是他并没有灰心，而是下定决心，以勤补拙——

别人读一遍，他就读几遍，别人读一个时辰，他就读几个时辰，就这样，他通过付出比别人多几倍的努力，终于成为当时有名的学者。

还有众所周知的六尺巷的故事。在清朝康雍乾三代，有一位权倾一时的重臣，叫张廷玉。虽然位高权重，但他一生谨小慎微，为人十分谦和，有气量。连雍正皇帝都称赞他“器量纯全，抒诚供职”。在他的家乡，他的家人曾经与邻居为了修筑围墙的事情发生纷争，于是修书向他诉苦并要他动用手中的权力帮忙，他却只是写了一封家书，内容只有四句：“千里修书只为墙，让他三尺又何妨？万里长城今犹在，不见当年秦始皇。”他的家人见信愧疚不已，主动将院墙后退了三尺，邻居看到后也向后退了三尺。这著名的“六尺巷”至今还保留在安徽桐城。而张廷玉也成为清代权势最高的汉族官员，甚至成为死后配享太庙的唯一汉官。

这些，不正是说明了“曲则全”的道理吗？

在本章中，老子还论述了“争”与“不争”的关系。他说：“夫唯不争，故天下莫能与之争。”

“盲人摸象”的故事就说明了这个道理。盲人靠摸的方法认识大象，对大象各个部分进行认识，致使对大象的形貌这一“道”的认识不全面。他们为此各执一词互相争论不休，其实大象的形貌本身是自然存在的，它不用争辩，世人都认同它，这正是“夫唯不争，故天下莫能与之争”。

其实“争”势必会带来对立，而对立的双方又常常是相互依赖，相辅相成的，在这种意义上来说，“争”正是给了对方更加强大的机会，也就是说，“争”常常是一种成全。

而所谓“不争”，更常常是强者才会选择的态度，试想，可以选择“不争”以消除“争”的，不是强者又是谁呢？

我们东方自古就有以退为进的哲学，在《老子》中，老子将这种哲学透彻地阐述出来，在本章中，老子言道自减的人生态度，即要谦和不争、要清静无为，但正是自减，方是达到自加目的的手段，换言之，自减就是最大的自加，自加就是最大的自减。

[经典事例]

秦武王举鼎

公元前310年，秦惠文王去世，太子嬴荡继承王位，就是秦武王。

秦武王身强体壮，膂力过人，勇武好战，平时好以角力为乐。只要是勇力超凡者，他发现之后都提拔为将，陪驾左右。乌获和任鄙两个人以勇猛力大而闻名，秦武王就破格提拔他们俩，给予高官厚禄。齐国有个人叫孟贲，力大无穷，勇冠三军。据说他陆行不怕虎豹，水行不怕蛟龙，一个人能同时制服两头野牛。他听说秦武王喜好勇士，就到咸阳面见秦武王，后来被任用为将，与乌获、任鄙一样，享受优厚的待遇。

早在秦惠文王在位时，张仪就向秦国献计：秦国进兵中原，先夺下韩国军事重镇、周朝都城洛阳的门户宜阳，然后再以宜阳作为跳板，钳制周天子，以占有九鼎为象征，挟天子以号令诸侯，从而建立中原霸业。当时的秦惠文王为了巩固后方而集中力量灭蜀，暂时把张仪的计策搁置一旁。而秦武王即位之后，已经灭蜀，此时后方巩固，国力鼎盛，秦武王就想对外征伐，于是想起了张仪的话。

他对左丞相甘茂、右丞相樗里疾说："寡人自幼生长在西戎，没有去过周都洛阳，不知中原地区有多么繁华。寡人希望有一天能够驾车进入周王畿游历一番，亲睹周天子的重器九鼎。若能如愿，寡人死也心甘了。不知道二位，谁能为寡人攻打宜阳，进兵中原？"樗里疾答道："宜阳城池坚固，兵精粮足，而且路途遥远，倘若魏国和赵国出兵援救宜阳，那么秦军就等于是孤军深入险境，一旦作战失利，后果将不堪设想。"

张仪

战国时期著名的政治家、外交家和谋略家，曾随鬼谷子学习纵横之术。

秦武王听后，心里很不高兴。这时，甘茂献计说："要伐宜阳，必须先破坏韩魏两国的联盟，只要让魏国帮助我们，赵国就不会越魏救韩。韩国被孤立，宜阳城就很容易被秦军攻破。"秦武王听了大喜，马上派甘茂出使魏国。甘茂到了魏国以后，以共享伐韩之利来引诱，于是与魏王建立了秦魏共同伐韩的联盟。

秦武王拜甘茂为大将，带兵五万攻打宜阳。甘茂用了五个月的时间，也没攻下宜阳。秦武王命乌获带领五万援军，帮助甘茂。甘茂得到了援军，兵力大增。他任命乌获为先锋，击退了韩国的援兵，很快攻陷了宜阳城，斩杀韩军七万余人。

这一战韩国元气大伤，连忙向秦国求和。

秦军占领了宜阳之后，洛阳的门户大开。秦武王亲自率领任鄙、孟贲等精兵强将大举进攻周都洛阳。此时的周天子没有任何实权，无力抵抗，只好主动出迎秦军。

秦武王急匆匆地直奔周室太庙去看九鼎。武王逐个观看，当看到代表雍州的鼎时，他对众臣说：“有人举过这个鼎吗？”守鼎人答道：“这个鼎重达千钧，谁能举得动啊！”武王又问任鄙、孟贲：“你们两个能举起来吗？”任鄙知道武王自恃力大好胜，婉言推辞：“臣只能举起百钧重的东西，这鼎重达千钧，臣实在不能举起。”孟贲走到鼎前，说：“让臣试试，如果举不起来，请不要怪罪。”说罢，束紧了腰带，挽起衣袖，双手抓住两个鼎耳，大喊一声“起”，只见鼎离地面半尺多高，就重重地落下，孟贲顿时感到一阵眩晕，站立不稳，幸而被左右扶住，没有倒在地上。武王看了之后不由得发笑：“既然你能把鼎举离地面，寡人还比不上你吗？”任鄙劝道：“大王千万不要轻易试力。”武王固执己见，卸下了锦袍玉带，大步上前，任鄙拉着武王百般劝阻，武王生气地反问道：“你举不起来，还不愿意让寡人举吗？”武王说罢，伸出双手抓住鼎耳，心里想：“孟贲只能把鼎举起半尺高，我举起之后再走动几步，才能显出我的本领。”于是，他深吸一口气，使出全身力气，大喝一声：“起！”鼎被举起半尺多高，武王接着迈出左脚，可是右脚独力难支，全身失去了平衡，武王身子一歪，鼎落了下来，正砸到右脚上，武王惨叫一声，栽倒在地。手下人慌忙上前，把鼎挪开，只见武王的右脚已被压碎，血流满地。等到太医赶来时，武王已经昏了过去。到了夜里，武王自言自语：“心愿已了，死而无憾。”说罢，气绝而亡。

崇尚“曲则全”的老子向来反对争强好胜，在他看来，要想真正达到强盛的目的，就应该从看似相反的、柔弱的方向入手，而不能一味地逞强。秦武王固然力大无比，但他却为了逞匹夫之勇而举千钧之鼎，结果丢掉了性命，后人看来，岂不可悲？

第二十三章

题解

本章紧承上一章的辩证主旨，阐述了无为而治的政治思想。老子反对繁琐严苛的政治，主张无为而治，“希言”最符合“道”顺其自然的本意。老子又以“飘风”“骤雨”比喻违反“道”的行为，认为不遵守“道”的原则行事注定会失败。最后，老子探讨了人生成败的原因，认为得道与失道是其中的关键因素。统治者遵从于“道”，顺其自然，清静无为，才能得道，反之，就不能取信于民，终将走向失败。

[原文]

希言河上公《河上公章句》：希言者，谓爱言也。**自然。**唐玄宗《御注道德真经》：若能因言悟道，不滞于言，则合自然。**故飘风不终朝，骤雨不终日。**王弼《道德真经注》：言暴疾美兴不长也。**孰为此者？天地。**河上公《河上公章句》：孰，谁也。谁为此飘风暴雨者乎？天地所为。**天地尚不能久，而况人乎？**王夫之《老子衍》：天地违其和，则能天，能地，而不能久。人违其和，则能得，能失，而不能同。**故从事**王弼《道德真经注》：从事，谓举动。**于道者，同于道；**河上公《河上公章句》：道者，谓好道人也。同于道者，所谓与道同也。**德者，同于德；**唐玄宗《御注道德真经》：德者道用之名，人能体道忘功，则其所施为，同于道用矣。**失者，同于失。**河上公《河上公章句》：失，谓任己而失人也。同于失者，所谓与失同也。**同于道者，道亦乐得之；同于德者，德亦乐得之；同于失者，失亦乐得之。**王弼《道德真经注》：言随行其所，故同而应之。

[译文]

减少发号施令就是顺其自然。暴风刮不了一个早晨，骤雨下不了一整天。谁主宰着暴风骤雨呢？是天地。天地尚不能长久地维持暴风骤雨的状态，何况普通人呢？遵从“道”的原则的人，以“道”为法就符合于“道”，以“德”为法就符合于“德”，失道失德就将走向失败。符合“道”的人，“道”愿意帮助他；符合“德”的人，“德”也愿意帮助他；失道失德的人，只能承受失败的结局。

[读解心得]

“希言自然”，是说少言或不言是遵循自然的，这句话并不是单纯在探讨言语多寡的问题，它更是在论述一种执政的方式——简化政令，遵循自然。

这正是本章在阐述的主要观点，也正是《道德经》一书都在探讨的问题——关于“无为”与“有为”的问题。

所谓“无为”，并不是什么都不做，只是静静等待，其实“无为”是一种理性的、积极的处世态度，“无为”就是要遵循自然规律，循序渐进地行事和淡然沉稳的态度。而“有为”却是“无为”的对立面，是从主观出发，不顾自然规律的作为，是一种功利性的、非理性的处世态度。人在社会中生存，既有物质性，又有主观意识，难免会具有“无为”与“有为”的双重标准，当然，人类社会能发展到如此地步，主要还是遵循自然规律行事的结果。

我们以此作为依据来看“希言”的问题。

天地自然有自己的语言，就是疾风骤雨等自然现象，天地就是以这些自然现象来阐述其规律的，但是无论狂风还是骤雨，都是不能长久的，自然的常态还是“无为”的。

而人类社会也是如此，唯有“无为”才是常态，“有为”就像暴风骤雨一样是会伤害社会基础的行为。

在我国的历史上有很多的朝代兴起就是因为“无为”，具体就是政令简少，令百姓可以休养生息，国家经济也就发展起来了，这就是“希言”的好处。而很多朝代国家灭亡，就是统治者因为不顾及社会发展的规律，恣意妄为，从主观出发的“有为”，只会带来经济衰退，百姓反抗。

所以要以“无为”的态度来处事，以“希言”的方式来行事，守大道则得道之自然，守本性就不会失去自己。

[经典事例]

吴越争霸

公元前496年，吴王阖闾听说越王允常逝世，就出兵讨伐越国。刚即位的越王勾践率兵来到阵前，他派敢死的勇士走到两军之间，勇士们站成三行，冲向吴军阵地，一起大喊着自刎身亡。吴国的将士们看得目瞪口呆，惊慌失措。

吴王夫差

春秋时期吴国君主。吴王阖闾被越王勾践打败，他立志复父仇，终败越兵于夫椒（今江苏南部太湖中），使越降服。又开挖邗沟，北向败齐，在艾陵之战中全歼十万齐军。公元前482年，在黄池（今河南封丘路南）会盟诸侯，与晋争霸获胜，但他不听伍子胥的话，被越军乘虚攻入都城。经笠泽之战和对姑苏城的长期围困，于公元前473年吴为越所灭。夫差向勾践求和未成，自杀。自杀前，以袖掩面，说："吾无面目以见子胥也！"

越军趁此机会袭击了吴军，吴军大败，吴王阖闾在混战中也受了箭伤。阖闾在弥留之际对自己的儿子夫差说："千万不要忘记越国的仇恨。"

夫差谨记父亲的遗训，发誓要报仇。他即位之后，就开始日夜操练兵马。同时，吴国的百姓也都想一雪国耻，整个吴国同仇敌忾，伐越的呼声越来越高。

勾践听说夫差正加紧操练士兵，想要报复越国，就打算先发制人，在吴国还未发兵以前去攻吴。大臣范蠡进谏说："大王现在不宜出兵。为臣听说兵器就是凶器，发动战争就是背德，争先发起进攻是最下等的事情。如果这样做必然会遭到上天的反对，一点好处也没有。"越王固执己见，说："我已经决定了，你就不要多说了。"于是他率兵进攻吴国。吴王夫差得到消息后，发动全国的精锐部队迎战越军，在夫椒地区大败越军。越王勾践只聚拢起残兵败将五千人退守会稽。吴王趁势包围了会稽。

勾践见无路可走，准备拔剑自刎。这时大夫文仲劝住了他，说："吴国的大臣伯嚭贪财好色，我们可以派人去贿赂他，或许能保全性命。"勾践听从了他的建议，就让他带着美女西施和不少稀世珍宝来到吴国贿赂伯嚭，伯嚭见钱眼开，便答应带着西施和文仲去见吴王夫差。

文仲见了夫差之后，献上西施，说："越王现在愿意投降，做您的奴仆伺候您，希望您能饶恕他。"伯嚭也在一旁替勾践求情。这时，吴国的老将伍子胥大声反对道："不能饶过勾践！他为人深谋远虑，文仲和范蠡这两个人精明强干，这次如果放了他们，他们回去之后一定会想办法复仇的！"可是夫差认为此时的越国已经不足为患，他又迷恋上了西施的美色，就没有听从伍子胥的劝告，而是答应了越国投降的请求，很快就把军队全部撤回了吴国。

吴国撤兵以后，勾践带着自己的妻子和大夫范蠡来到吴国，伺候夫差，为夫差放马牧羊，最后终于赢得了夫差的欢心和信任。三年之后，他们就被放回越国了。

回国以后，勾践开始发愤图强，准备复仇。他怕自己被舒适的生活消磨了报仇的意志，于是每天晚上都枕着兵器，躺在稻草堆上睡觉。他还在屋子里挂上一个苦胆，每天早上起来后都要尝尝苦胆。这就是“卧薪尝胆”的由来。勾践派文仲管理国家政务，派范蠡执掌军事。他本人还经常亲自到田野里与农夫一起劳作，他的妻子也像普通百姓一样纺线织布。

勾践的这些举动使得越国上下无不感动。经过十余年的艰苦奋斗，越国国力终于得到了恢复，兵精粮足，由弱变强。

再说吴王夫差，自从战胜了越国以后，他就以为再没有后顾之忧，从此便沉迷于西施的美色之中，过起了骄奢淫逸的生活。他开始狂妄自大，不顾吴国百姓的困苦，经常出兵与别的国家打仗。他还听信了奸臣伯嚭的谗言，杀死了忠臣伍子胥。此时的吴国，表面上还很强大，实际上已经开始走下坡路了。

公元前 482 年，吴王夫差亲自率领大军北上，想要与晋国争夺盟主的位置。越王勾践看准机会，趁吴国精兵在外，国内空虚，突然发动袭击，一举击败了吴军，杀死了太子友。夫差得知这个消息后，连忙领兵回国，并马上派人向勾践讲和。勾践经过分析，认为自己一下子还灭不了吴国，就同意了夫差的请求。到了公元前 476 年，勾践第二次攻打吴国。这时的吴国已经衰败不堪，根本抵挡不住越军的进攻，屡战屡败。最后，夫差再次派人向勾践求和，大夫范蠡坚决主张灭掉吴国，以绝后患。夫差看到求和无望，才后悔当初没有听伍子胥的忠告，羞愧万分，就拔剑自刎了。

夫差放虎归山，又沉迷于骄奢淫逸的生活，而越王勾践发愤图强，吴国的失败早已注定。所谓“君子报仇，十年不晚”，其间的含辛茹苦，值得大家细细体味。

从吴越争霸的故事可以看出，统治者行事必须要符合“道”的规范。吴越两国反复多次的较量就表明，只有“同于道”“同于德”，才能获得成功，否则，必将走向失败。

第二十四章

题解

本章中老子继续以辩证理论解释无为而治的政治思想。老子将自以为是者比成为了站得高而踮起脚的人和为了走得快而大跨步的人，他们想获得更好的结果，却因为急于求成而不能达到预计的期望。老子认为，自我彰显不是自然的天性，事物发展到极致就会向相反的方向转化。

[原文]

企者不立，王弼《道德真经注》：物尚进则失安，故曰“企者不立”。**跨者不行，**河上公《河上公章句》：自以为贵而跨于人，众共蔽之，使不得行。**自见者不明，**唐玄宗《御注道德真经》：露才扬己，动而见无，故不明。**自是者不彰，**宋徽宗《御解道德真经》：自是则仁不足以同众，故不彰。**自伐者无功，自矜者不长。**河上公《河上公章句》：所为辄自伐取其功美，即失有功于人也。好自矜大者，不可以长久。**其在道也，曰：“余食赘行。**宋徽宗《御解道德真经》：道之所在，以深为根，以约为纪，泰色淫志，岂道也哉？故于食为余，于行为赘。**物或恶之。”故有道者不处。**唐玄宗《御注道德真经》：凡物尚或恶之，故有道之人，不处斯事矣。

[译文]

为了站得高而踮起脚反而站不稳，为了走得快而跨大步反而走不快。自我显示的人反而不能彰明，自以为是的人反而不能明辨，自我夸耀的人反而不能立功，妄自尊大的人反而不能长久。这是由“道”来决定的，以上行为就叫作贪多麻烦多。人们都厌恶它，所以得“道”的圣人是不会这样做的。

[读解心得]

在古代学者的注解中，余食赘行，通常被解释为“剩饭、赘瘤”，这种说法其实有待商榷。应该说，“余食赘行”很明显是一种行为。

所谓“余食”，应该是吃饱了还要继续吃的做法，或者是想要一次大量摄入食物以储备足此后漫漫长路所需的能量。而“赘行”，即为因“余食”而“赘行”，在“余食”之后加重了负担，反而给日后的行路增加了麻烦。

在老子的世界里，人类都是行在旅途中的远行者。任何在出发点就准备好存粮的行为都只是在徒增负担，唯有超脱出来，不再依赖“余食”，才能在旅途中自足。在现代生活中不就是这样吗？很多人认为在学校所学的知识就足够了，殊不知，只有活到老，学到老，一直保持学习的状态，才不会被这个不断上升的社会淘汰。

“自见”“自是”“自伐”“自矜”这些人类都会犯的毛病，正是“余食”的表现。即“自见者不明，自是者不彰，自伐者无功，自矜者不长”。

所以，只有脚踏实地，不自以为是、不自夸其功，才能一步步向成功靠近。

[经典事例]

东野稷驾马车

《庄子·达生》中有一则东野稷驾马车的故事。

有一个人名叫东野稷，十分擅长驾驭马车。他凭借自己驾车的本领前去求见鲁庄公。鲁庄公见了他之后，就让他驾车表演。

东野稷驾驶着马车，前后左右，非常娴熟。他驾车的时候，无论前进还是后退，车轮留下的痕迹都像木匠打的墨线一样直；无论向左还是向右旋转，车辙都像木匠用圆规画出的圈那样圆。鲁庄公看了以后，大开眼界。他称赞道：“没想到你驾车的技术竟然如此高超。看来，再没有别人能比得上你了。”鲁庄公意犹未尽，又叫东野稷驾车转一百个圈子再返回原地。

鲁庄公手下一个名叫颜阖的人看到东野稷这样无所顾忌地驾车用马，就对鲁庄公说：“依我看，东野稷所驾的马车很快就会翻的。”

鲁庄公听了之后很不愉快。他没有理睬颜阖，心里只想着东野稷的驾车技巧。可是没过多久，东野稷的马终于累垮了，结果马失前蹄，瞬间人仰马翻。东野稷爬起来，见到鲁庄公很是难堪。

鲁庄公转过身问颜阖：“你怎么知道他的马车要翻呢？”颜阖答道：“马再好，力气也有个限度。刚才，我看到东野稷的那匹马已经筋疲力尽，可是他还赶着马拼命地跑。像这样一味蛮干，马怎么能不累垮呢？”鲁庄公听了颜阖的话，也无话可说。

由东野稷驾马车的故事，我们可以联想到，为政者对于广大人民的统治，也正如驾车一样：没有良好的手段，固然难以驾驭天下，国家这辆大车就不会

跑得太快；可如果一味追求速度，而不顾及拉动这辆“马车”的决定性力量——人民的生活状态，结果就只能适得其反，最终导致国家颠覆的严重后果。“企者不立，跨者不行”，指的就是这一点。

夜郎自大

西汉的时候，在西南地区有个叫夜郎的小国。夜郎虽然是一个完整、独立的国家，可是国土小得很，百姓也非常少，当地的物产更是少得可怜。不过，由于在邻近地区当中，以夜郎这个国家为最大，因此，从没有离开过夜郎国的国王就以为自己治下的国家是天下最大的国家。

一天，夜郎国的国王带领着部下巡视国境。他问部下：“天下哪个国家最大？”部下们为了迎合他的心意，就异口同声地说：“当然是我们夜郎国最大！”他们继续向前走，国王抬起头来，看着前面的高山问：“天下还有比这更高的山吗？”部下们齐声回答说：“天底下再没有比这更高的山了。”后来，他们又来到了小河边，国王又问：“这大概是天下最长的河吧？”部下们仍然回答说：“大王您说得一点不错。”从此以后，这位无知的国王就更加相信夜郎国是全天下最大的国家了。

有一次，汉朝派使者出使夜郎国，途中先经过了夜郎国的邻国滇国。滇国国王问使者：“汉朝和我们滇国比起来哪个更大？”使者听了这话吓了一跳，他万没想到这样一个小国家，竟然敢与汉朝相比。后来，使者抵达了夜郎国，骄傲无知的夜郎国国王因为不知道自己的国家只有汉朝的一个县那样大，竟然也不知天高地厚地问使者：“汉朝和我的夜郎国哪个大？”

司马迁在《史记》中写道：“云贵多山，交通不便，所以夜郎等国王虽为一地之主，但不知汉朝之广大。”夜郎国国王的无知，在于交通闭塞，而老子所说的“自见者不明，自是者不彰”，则从广义上揭示了“不明”“不彰”的源头。老子主张虚心、谦恭，只有这样，才能使人不会因为妄自尊大而受到损害。

第二十五章

题解

老子在这一章中阐述了他哲学思想的核心——“道”的概念。“道”是天地万物的起源，无声无形，先于天地产生。无论“道”是精神的还是物质的，老子都是世界思想史上较早地阐述天地万物起源的哲学家，这在生产力以及科学技术极度落后的两千多年前是非常难得的。

老子隐约发现了宇宙中存在一种无形的巨大力量，就将它称为“道”。“道”的思想的提出体现了中华民族的卓越智慧。“道”是无处不在和永恒运转的，是“域中”的最高法则。所以包括统治者在内的所有人都要效法“道”，人间的一切规律都源于天，上天的规律则源于“道”，效法“道”的含义就是顺其自然。顺其自然不等于向自然屈服，而是要按规律办事，按一定的“道”来改造自然，做到人与自然本身的和谐共生。

“人”作为“域中”四大之一，也无法摆脱“道”的约束，这也体现了老子无为而治的政治思想。

［原文］

有物混成，宋徽宗《御解道德真经》：气形质具而未相离，故曰浑沦。合于浑沦则其成不亏，《易》所谓太极者是也。**先天地生。**河上公《河上公章句》：乃在天地之前。**寂兮寥兮，**王弼《道德真经注》：寂寥，无形体也。**独立而不改，**王夫之《老子衍》：钟士季曰，廓然无耦曰独立，古今常一曰不改。**周行而不殆（dài），**河上公《河上公章句》：道通行天地，无所不入，在阳不焦，托荫不腐，无不贯穿，而不危殆也。**可以为天下母。**明太祖《御注道德真经》：不殆云时时省悟其道，不致有亡，既不亡，安得不利济万物？若以此道利济万物，岂不为母哉？**吾不知其名，**王夫之《老子衍》：不可名，故不知。**强字之曰“道”，**河上公《河上公章句》：见万物皆从道所生，故字之曰道。**强为之名，曰“大”。**唐玄宗《御注道德真经》：以包含目其体，强名曰大。**大曰“逝”，**王弼《道德真经注》：逝，行也。不守一大体而已。周行无所不至，故曰“逝”也。**逝曰“远”，**宋徽宗《御解道德真经》：

应而不穷故曰远。**远曰“反”。**河上公《河上公章句》：言其远不越绝，乃复反在人身也。**故道大，天大，地大，王亦大。**唐玄宗《御注道德真经》：因其所大而明之，得一者天地王也。天大能覆，地大能载，王大能法地则天行道，故云亦大也。**域中有四大，**王弼《道德真经注》：四大，道、天、地、王也。凡物有中之大也。不若无之大也。无称不可得而名，故曰“域”也。道、天、地、王皆在乎无之内，故曰“域中有四大”者也。**而王居其一焉。**王弼《道德真经注》：处人主之大也。**人法地，地法天，天法道，道法自然。**河上公《河上公章句》：人当法地安静和柔也，种之得五谷，掘之得甘泉，劳而不怨也，有功而不置也。天澹泊不动，施而不求报，生长万物，无所收取。道清静不言，阴行精气，万物自成也。道性自然，无所法也。

[译文]

有一种浑然一体的东西，在天地形成之前就产生了。它无声无形啊，独立存在而不消亡，循环往复而不停歇，可以称之为天地的本源。我不知道它的名字，勉强称其为“道”，再勉强加个“大”字。大就是运行不止，运行不止就是延伸悠远，延伸悠远就会回到初始状态。所以，道大，天大，地大，王也大。宇宙间有四大，人就是四大之一。人效法地，地效法天，天效法道，道效法自然。

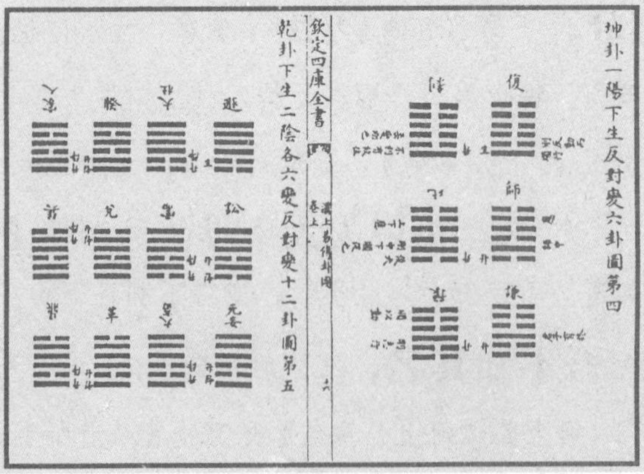

坤卦一阳下生反对变六卦图（右）
乾卦下生二阴各六变反对变十二卦图（左）

《易经》的“坤卦”，形容大地的伟大为“直”、为“方”、为“大”，指出大地永远顺道而行、直道而行。包容一切，不改其德。老子就有“人法地”之语。

[读解心得]

在这一章里，老子详细解释了“道”，让我们来看看他是怎么解释“道”的：“有物混成，先天地生，寂兮寥兮，独立而不改，周行而不殆，可以为天下母。吾不知其名，强字之曰道，强为之名曰大。”

也就是说，在老子的眼中，“道”是先于天地而生，并且高于一切的，是“周行而不殆”的，是天地的母法，所以，老子称其为“大道”。

“人法地，地法天，天法‘道’，‘道’法自然。”

在此，老子提到了“自然”。“自然”是老子最先提出的，这个“自然”并不是我们现在所说的“自然科学”的“自然”，它是指一种最好的状态与方式。“自然”二字是应该分开来讲的：“自”，当自在讲；“然”，是就是这样的意思。

“自然”，就是事物的本来面目，它本来如此，没有为什么，也不为了什么，它无始无终，不生不灭，就是这世上万物的本然。在“自然”中，宇宙万物，包括天、地、人，都有生有灭，有始有终；在“自然”中，产生了时间、空间，产生了我们所能认知，所无法认知的一切。“自然”不需要效法谁，是“道”运行的表现，是“道”效法的对象。

在佛家著述中常会提到一个名词——“法尔如是”，它说明诸法的本来面目，就是这样。为什么会是这样呢？并不需要解释，诸法的本然如此。想来是古人翻译佛经时，怕与“自然”混淆，另创名词——“法尔如是”。

在老子的思想体系里，“道”是至高无上的，是宇宙万物的根本法则，那么为什么老子会提出“道法自然”的说法呢？

“自然”是万物的表象，与“道”互为表里。“道”就是万物必须遵循的规律，它蕴含在“自然”中，而“道”也是本来如此的，即也是本然。

所以，“道法自然”，就是“道”本来的样子。

“道法自然”并没有贬损“道”的高贵之处，“道”依然是至高无上的，是万物之母，而且，本来如此。

[经典事例]

周公辅成王

周武王伐纣之后，建立了周朝。但过了不久，武王就因病去世了。

武王死后，太子姬诵即位，就是周成王。但是，此时的周成王还未成年。当时殷商的顽固势力被灭国后，仍然有很大的力量；各国的诸侯也并未完全臣服；周朝内部也呈现出诸多矛盾。这些问题都不是一个小孩子所能解决的。

但是，如果不妥善解决好这些难题，周朝的统治就必然会发生危机。

正当群臣惶恐、朝中无主的关键时刻，武王的弟弟周公旦主动站了出来。他当仁不让地当上了摄政王，代替年幼的成王处理一切朝政，文武百官都由他统率。

周公旦本来就是位德高望重的老臣，又精通文史典故，以才以德，都可担此重任。然而，看到周公当上摄政王，朝中的大臣们纷纷表示不满，首先是

周公旦

姓姬，名旦，亦称叔旦，周代第一位周公。西周时期的政治家、军事家、思想家、教育家，被尊为“元圣”。他辅助武王得天下，武王死后又代理成王治天下，还参与了制定周礼。

周公的兄弟们开始怀疑他了。于是流言四起，都说周公居心不良，想代替成王为王。一时间，各种怀疑、诽谤周公的言论，如毒箭般从四面八方射向了周公。

面对这些流言蜚语，周公泰然处之，没有因此畏首畏尾，仍然一如既往地行使摄政王的权力，把国家治理得井井有条。

武王灭商之后，把商王朝直接统治的地方分为邶、鄘、卫三部分，邶由纣王之子武庚统领，鄘、卫分别由周公的弟弟管叔、蔡叔掌管，史称“三监”。武庚听说周人内部的矛盾后，开始蠢蠢欲动，图谋不轨。

周公的弟弟管叔和蔡叔，是两个心术不正的奸佞小人。周公做摄政王的时候，就是他们俩最先散布各种流言。此时，他们与武庚勾结在一起，公开发动了叛乱。

面对这场突如其来的叛乱，周公丝毫没有手软。他当机立断，调集大军，由他亲自统率，前往征讨。

经过一场艰苦的征战，叛乱终于被镇压了，武庚和管叔被杀，罪过较轻的蔡叔被流放。在周公的努力下，周王朝终于渡过了危机，周王室的大权又牢牢地掌握在周公的手中。不久以后，周公开始制礼作乐，订立典章制度，为国家的长治久安打下了良好的基础。

可是，叛乱平定之后，由于周公手中的权力进一步加大，朝中针对周公的谣言更盛。

最初，成王也并不在意这些谣言，但后来，成王渐渐对周公也怀疑起来。过去，周公有事请示成王，成王总是不假思索地说：“就按您说的办吧！”可后来，周公再有事情问成王，成王常回答：“让我多问几个人再说吧。”

周公也日益明显地感觉出成王对自己的不信任态度。为了表明自己的心迹，周公作了一首诗，名叫《鸱鸮》，这首诗后来收入了《诗经》当中。周公在诗中一面表示了自己对周室、成王的忠诚，一面把那些散布流言的小人比喻成“鸱鸮”，对他们提出了“无毁我室”的警告。

周公把这首诗献给成王，成王读了以后，还是不肯相信周公。由于成王对周公仍然怀疑，这一年的秋天，终于引起了天变。

在庄稼成熟，即将收获的时候，突然刮起狂风，而且电闪雷鸣，田地里的庄稼全都被吹倒，连粗壮的大树都被连根拔了起来，全国上下因此一片恐慌。

成王看到这种反常变化，以为是上天在发怒，而天怒是由于天下人事出现异常而引起的。那些散布流言的小人，借机对成王说："天变分明是在警告大王，您要防止周公篡权，否则，怎么会这么厉害呢？"

成王听了这些谗言，觉得有道理。于是，成王就决定打开保存中央文书的金柜，希望从那里面找到对付周公篡权的办法。

鸱鸮

鸟类的一种，头大，嘴短而弯曲，猫头鹰属于鸱鸮科。

在这些中央文书中，成王无意中发现了周公所作的《金縢》。他一看内容，原来是当初武王患病，生命垂危之时，周公请求代替武王生病，甚至死亡的文件。

成王这时才明白，周公对于周王室的忠诚是不容置疑的。他于是请来周公，诚恳地说："叔父，您为了王室尽心竭力。我年少无知，听信了流言，以致引起了天怒，请叔父原谅我的过错。"从此，成王变得更加成熟，再也不怀疑周公了。

周公摄政七年，周成王也已经长大成人了。在这七年里，成王在周公的教诲下，已经成为了一位贤明的君主。周公看到成王长大成人，便毫无留恋地将国家大权交还给成王，又安心地当起了臣子。

老子所说的"独立而不改，周行而不殆"，指的是"道"这一自然法则的特性。而将这种"道"放到社会人生当中，就要求人在处世的时候能够始终坚守于"道"。周公面对流言蜚语毫不畏惧，对手中的大权也毫不留恋，在纷乱的环境中矢志不渝地坚守着自己的原则，真可谓圣人！

第二十六章

题解

在这一章中，老子以“轻”与“重”、“躁”与“静”的辩证关系来阐述“清静无为”的观点。韩非子在《喻老》中以君主驾驭大臣的策略来解释这两对矛盾时说，把权术掌握在自己的手中就是“重”，反之就是“轻”；牢牢占据自己的位置就是“静”，反之就是“躁”。这与老子在第十二章中所说的“驰骋畋猎令人心发狂”的意思相吻合。老子主张无为而治，反对繁琐轻率的政令。老子所反对的是“轻”和“躁”，也就是轻举妄动。所以，老子“戒骄戒躁”的告诫在今天看来仍有深刻的社会现实意义。

[原文]

重为轻根，静为躁君。韩非子《喻老》：制在己曰“重”，不离位曰“静”。重则能使轻，静则能使躁。**是以圣人终日行不离辎(zī)重。**唐玄宗《御注道德真经》：辎，车也。重者，所载之物也。轻躁者贵重静，亦由行者之守辎重，故失辎重则遭冻馁，好轻躁则生祸乱。**虽有荣观，**河上公《河上公章句》：荣观，谓宫阙。**燕处超然。**王弼《道德真经注》：不以经心也。**奈何**唐玄宗《御注道德真经》：奈何者，伤叹之辞也。**万乘之主**河上公《河上公章句》：万乘之主谓王者。**而以身轻天下？**明太祖《御注道德真经》：此言因有发之矣，昔周穆王乘八骏而游是也。岂不万乘之主以身轻天下？**轻则失本，躁则失君。**明太祖《御注道德真经》：纣乃斫朝涉之胫，剖贤人之心，何止乎躁，其不仁甚也。故所以失君。不但天下失君，其纣亡其身矣。

[译文]

重是轻的根基，静是动的主宰。所以圣人整天行走而不离开装载日用物资的车辆。即使有奢华的生活，他也泰然处之。可为什么大国的君主，要以轻浮狂躁的举动来治国呢？轻浮就会失去根本，急躁就会失去主导。

[读解心得]

在本章中，老子很明确地申明自己心中的为君之道。

“奈何万乘之主而以身轻天下？轻则失根，躁则失君。”老子何以得出这样的结论呢？让我们先来看看《道德经》这本书的写作背景。《道德经》写于春秋时期，老子总结了西周晚期社会动荡的原因，写出了这段话。

在西周晚期，从昭王到宣王的几百年里，曾发生过多次战乱，统治者轻率而急躁地发动战争，给国家和百姓带来了无穷的苦难。看到这些，老子指出，统治者不可以轻率急躁。

“兵者，国之大事，死生之地，存亡之道，不可不察也。”这是《孙子兵法》的开篇语，是东周兵家的至理名言。这句话表达了兵家们对战争的重视，而且，在《孙子兵法》里，也劝诫统治者要慎于用兵，不可轻率动用军队。

这种思想，与老子“轻则失根，躁则失君”的思想不谋而合。应该说，这种思想在整个动荡不安的东周都是很难得的。

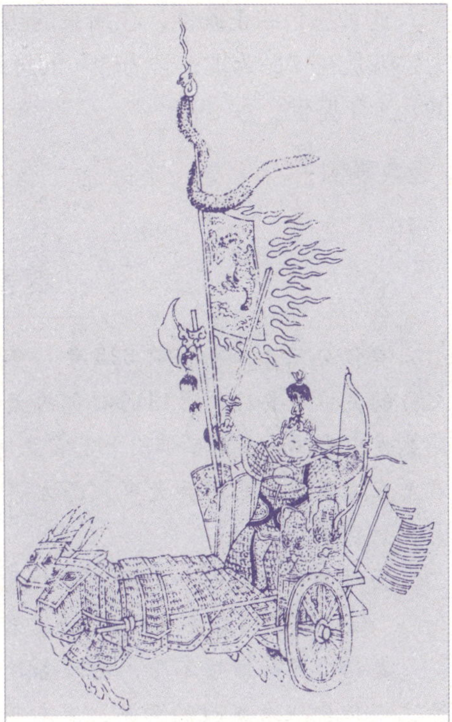

将士铠甲战车

一辆兵车叫作一乘，具有一万辆兵车的国家，在当时是实力很大的国家，故“万乘之主”就是指大国的君主。

在这里，不得不解释一下“荣观”。很多学者都将“荣”解释为“草木茂盛”，并进而将其解释为“众多”之意，这样解释也未尝不可。但也有另一种解释，“荣”在古时候有“飞檐”的意思，大家都看得到“飞檐”，所以“荣观”就是众目睽睽的意思了。在这里指统治者的生活奢华，是众所周知的。

那么，“燕处超然”又是什么意思呢？在《左传·襄公二十九年》中有这样一段话：“夫子之在此也，犹燕之巢于幕上”，用燕筑巢于幕上，比喻处境危险。此处用“燕处超然”来比喻对于各种情况都能超然处之。

老子在前面章节中曾强调过要轻装上路，而在这章里却说“君子终日行不离辎重”，这说明，在老子看来，“辎重”十分重要，不可舍弃。那么这重要的“辎重”在这里喻指什么呢？就是人民和国家的利益。

这就是《老子》这本书所阐述的为君之道的基本观点：国君要以国家和人民的利益为重，发动战争和颁布政令不可轻率急躁。

这种思想的正确性，在后来的历史进程中，被无数次证明了。在唐代，唐太宗就是在“民为重，君为轻”的思想的指导下治理国家，才有了“贞观之治”的几十年盛世。

[经典事例]

秦晋崤之战

鲁僖公三十二年（前628年）冬天，春秋“五霸”之一的晋文公去世。晋文公的灵柩将要移到晋国的旧都曲沃去停放。没想到刚抬出国都绛城，棺柩里突然发出牛鸣一般的响声，卜筮官立即命令随行的大臣们下拜，并传出话来：“先君是在指示国家的用兵大事，西方将会有军队越过晋国国境，趁机攻打，必会大获全胜。”

当时的郑国是一个小国，国力很弱，所以，就请求秦国的军队来协助守卫北门。但是郑国国君去世之后，新国君由晋人所立，新国君对晋国自然十分亲近。

秦穆公因此愤愤不平，他准备趁晋文公去世的时机，灭掉郑国。秦穆公为了这事特意征求蹇叔的意见。蹇叔听了穆公的打算后说道：“出动大军去袭击远方的国家，我从没听说过这样的事。军队疲惫不堪，力量消耗殆尽，远方的国家早就有所防备，恐怕不会打胜仗吧？我们的部队将要行军千里，郑国必然会知道，兴师动众而无所得，将士们也必然产生怨恨之心。这样看来，出兵伐郑实在没什么好处！”

可是秦穆公没有听从蹇叔的劝告。他任命孟明视为大将，任命西乞术和白乙丙为副将，率领精兵三千，战车三百乘，前去灭郑。

大军从东门出发的时候，百里奚之子的父亲百里奚哭着说：“我今天能够看着军队出征，却再也看不到他们回来啊！”秦国的重臣蹇叔也哭着为大军送行。秦穆公得知情况后，不但不去反思自己的所为，还一个劲儿地埋怨他们年老糊涂。

秦军这三位统帅，也都不相信蹇叔和百里奚的预言。他们认为，挑选出的三千精兵，都是秦国最优秀的勇士。而秦军向来以善战著称，更何况秦军中的勇士呢？

秦军经过周朝都城北门的时候。兵车上左右两边的士兵都摘下头盔，下车致敬，接着，有三百辆兵车的士兵跳跃着登上了战车。当时，周王命王子虎和王孙满前去观看，二人回来后，王子虎对周王说：“秦国的军队果然骁勇强健，看来没有谁是他们的对手。”王孙满这时还是十多岁的小孩子，他看到秦军的情形，就对周王说：“秦军轻狂而没有礼数，必定会失败。轻狂就缺少谋略，没有礼数就纪律不严。秦军进入险境，缺少谋略而又纪律不严，怎么能不失败呢？”

由于王孙满还是个小孩子，所以周王、王子虎对他的话都不以为然。

秦军出发后不久，秦国要攻打郑国的消息就传到各地。当秦军经过滑国的时候，有一个名叫弦高的郑国商人正要到周都城去贩牛，在这里正好遇到了秦军。他听说秦军要袭击自己的国家，又看到秦军骁勇强悍，不免为家乡父老担忧起来。

焦虑之中，弦高心生一计，他带着十二头牛来到秦军队伍之前，假装说自己是受郑国国君的派遣，专门在这里来迎接秦国大军的。弦高还把自己的牛说成是国君的礼物，一齐送到了秦军大营。同时，他派人火速赶回郑国报信，让郑国提早做好防备。

孟明视见郑国派人犒赏秦军，以为郑国已有防范，只好放弃了袭击郑国的念头，而是挥师攻打滑国，轻而易举地就把滑国灭了。然后，秦军就带着从滑国掠夺来的大批财宝，班师回朝。

回国途中，秦军走到了晋国的崤山。晋国的大将先轸说：“秦穆公不听蹇叔的劝告，这是上天赐给我们的好机会，我们不能放弃，不能让敌人轻易通过。一旦放走了敌人，以后就会产生祸患。所以一定要拦截秦军！”大夫栾枝反对攻打秦军，他说：“秦国对我们晋国的先君有恩，如今我们恩将仇报，难道我们心中还有已故的国君吗？”先轸反驳道：“秦国不但不为我们的丧礼举哀，反而讨伐与我们同姓的郑国，这就是无礼之举，我们还谈什么报恩呢？再说，为了子孙后代考虑，消灭秦军，可说是为了故去的国君吧！”于是晋襄公下达命令，立即调动军队准备在崤山袭击秦军。

崤山地势险恶，秦军到了这里，猛然间看到晋国一支队伍从后面追来，只好加紧向前进发。秦军行进到“上天梯”这个地方，由于道路狭窄，车马无法通行，只能一个人接着一个人向上攀爬，结果队伍全都困在险峻的羊肠小道上。

这时，秦军发现前面的山路已经被木石封住。晋军在上面居高临下，不断地往下放滚木礌石，把秦兵打得落花流水；后面，晋国的大军如铜墙铁壁一般，把秦军堵得根本没有退路可言。秦国的三千勇士，被困在绝地，死伤无数，没有一人逃脱。秦军的三位统帅也都做了俘虏，他们被押回了晋国，成为阶下囚。

中国古代军事史上颇为著名的秦晋崤之战，就这样以秦国的失败而告终。

王孙满对于秦军的评价，与老子“重为轻根，静为躁君”的看法有着密切的联系。无论是为政还是行军，都不能失掉“重”与“静”这最为根本的原则。秦军贸然出兵而导致惨败，对于后人来说，确是一个典型的反面例证。

第二十七章

题解

在本章中，老子举了几个形象的例子来阐述做事遵循“道”的重要性。“善行”“善言”“善数”“善闭”和“善结”都是“道”在不同情况下的具体体现。老子所认为的无道或失道者都不属于拥有真正智慧的人，而是“虽智大迷”。在这里，“道”可以理解为正确和行之有效的方法，也可以理解为事物发展的规律，按照“道”来做事，就能事半功倍。另外，老子还提到了人尽其才和物尽其用的道理。对于人的心智来说，“道”的最高境界就是“袭明”。

［原文］

善行，无辙迹；河上公《河上公章句》：善行道者求之于身，不下堂，不出门，故无辙迹。**善言，无瑕谪（zhé）；**唐玄宗《御注道德真经》：能了言教，不为滞执，遣象求意，理证言忘，故于言教中无瑕疵谪过。**善数，不用筹策；**宋徽宗《御解道德真经》：通于一，万事毕，况非数者乎？故不用筹算，而万殊之变，若数一二。**善闭，无关楗（jiàn）而不可开；善结，无绳约而不可解。**唐玄宗《御注道德真经》：兼忘言行，不入异门，心无边境之迷，境无起心之累，虽无关键，其可开乎？体了真性，本以虚忘，若能虚忘，则心与道合，虽无绳索约束，其可解而散乎？**是以圣人常善救人，故无弃人；**王弼《道德真经注》：圣人不立形名以检于物，不造进向以殊弃不肖，辅万物之自然而不为始，故曰无弃人也。**常善救物，故无弃物，是谓袭明。**河上公《河上公章句》：圣人所以常教民顺四时者，欲以救万物之残伤。圣人不贱石而贵玉，视之如一。圣人善救人物，是谓袭明大道。**故善人者不善人之师，不善人者善人之资。**王弼《道德真经注》：举善以师不善，故谓之师矣。资，取也。善人以善齐不善，以善弃不善也，故不善人善人之所取也。**不贵其师，不爱其资，**韩非子《喻老》：周有玉版，纣令胶鬲索之，文王不予；费仲来求，因予之。是胶鬲贤而费仲无道也。周恶贤者之得志也，故予费仲。文王举太公于渭滨者，贵之也；而资费仲玉版者，是爱之也。**虽智大迷，是谓要妙。**

宋徽宗《御解道德真经》：道之要妙，不睹众善，无所用智，七圣皆迷，无所问涂，义协于此。

[译文]

善于行进的不留痕迹，善于言谈的不留破绽，善于计数的不用算筹，善于关闭的不用门闩也使人难以打开，善于捆缚的不用绳索也使人难以挣脱。所以圣人善于用人，就没有被遗弃的人；圣人也善驾驭物，所以没有被遗弃的物。这就是聪明的极致。所以善人可以做不善人的老师，不善人可以做善人的借鉴。如果不尊重他的教导，不珍惜他的借鉴，即使聪明绝顶，也是最大的糊涂。这就是重要的深奥道理。

[读解心得]

在本章中，老子阐述了很多看似平常的道理。

“善行无辙迹，善言无瑕谪，善数不用筹策，善闭无关楗而不可开，善结无绳约而不可解。”其中行、言、数、闭、结都是我们日常生活中常会进行的动作，但是“行而无迹”“言而无瑕”“数不用筹”“闭无关楗”“结不用绳”这就不是人人可以做得到了。

老子正是用这种很普遍的事物说明着一个并不普通的道理。他所讲的是“道”，是“袭明”，是“要妙”。

“无迹”是善行者的特征，“无瑕”是善言者的特征，“不用筹”是善算者的特征，“无关楗”是善闭者的特征，“不用绳”是善结者的特征。是否“无迹”，就是善行者与不善行者之间的区别；“无瑕”是善言者与不善言者之间的区别；是否“不用筹”

檀道济唱筹量沙

算筹是中国古代用来记数、进行各种演算的一种工具。又称为筹、策等。它最初是小竹棍一类的自然物，以后逐渐发展成为专门的计算工具。公元430年，檀道济率军北征北魏，军资匮乏，打算撤退。为防止魏军趁势来攻，檀道济以沙做粮，边让人来称量，边高声呼筹计数，魏军将领听后惧怕，不敢追击，檀军借此安全撤退。

是善算者与不善算者之间的区别；是否“无关楗”是善闭者与不善闭者之间的区别，是否“不用绳”是善结者与不善结者之间的区别。

同理，所有的善人与不善人之间都有一定的区别，那是量的积累带来的质的飞跃。

善人与不善人，又各有用处。“故善人者不善人之师，不善人者善人之资。”擅长某事的人可以教不擅长者学习，不擅长者的错误可以被擅长者拿来借鉴。

世上人各有其用，能够视各人的能力进行教育分工的就是圣人，所以“圣人常善救人，故无弃人；常善救物，故无弃物”。

孔子有弟子三千，他根据各个弟子的特征进行教育，使他们都成才，也都在那个混乱的时代找到了自己的位置。子路少时十分鄙陋，还曾经冒犯孔子，人都说他不会成才，但孔子以礼仪教育他，使他“儒服委质”，后来还以政事闻名，成为孔门七十二贤之一。这正说明“圣人常善救人，故无弃人”。

圣人之所以“善救人”，正是因为他能看到不善人之所以不善的弱点在哪里，并因材施教，使不善人成为善人；或者看到某方面虽然不善，但其他方面却很擅长的人，使他去到该去的位置，这就是“袭明”。

当然，“袭明”也是要在了解“道”的基础上才能产生的态度和看法。“道”就是事物本来的规律，在事物本身的发展过程中时时体现着。

圣人就是在看到人本身的“道”之后，才会有“袭明”的做法，才会“善救人”。

而另一个方面，所有的成功者之所以成功，一定会有其成功的理由，这就是经验；所有的失败者之所以会失败，也一定有他的原因，这就是教训。从成功者那里学习经验，从失败者那里吸取教训，这就是老子所说的“要妙”。

[经典事例]

庖丁解牛

《庄子·养生主》中有一则“庖丁解牛”的故事：

有一个厨师名叫丁，他替梁惠王宰牛。他的手所接触之处，肩所靠之处，脚所踩踏之处，都发出骨肉相离的声音，宰牛的尖刀刺进去时声响更大。更让人惊奇的是，这些声音竟然没有不合乎音律的，它既合乎舞乐《桑林》的节拍，又合乎名曲《经首》的节奏。

梁惠王赞叹道：“太好了！你的技术怎么会如此高明呢？”

庖丁放下牛刀回答道：“为臣所探究的是‘道’，就是事物的规律，这已经远远超过了对于宰牛这种技术的追求。过去我刚开始学习宰牛的时候，由于对于牛的身体结构还不了解，所以眼中看到的是整头的牛。三年以后，我见到的是牛体内部的肌理筋骨，眼中再也看不到整头的牛了。臣下如今宰牛的时候，只要用意念去触摸牛的身体就可以了，而没有必要用眼睛去观看，就好像感觉器官停止活动了而完全凭借意念在工作。我顺着牛身体内部的肌理结构，劈开筋骨肌肉之间较大的空隙，沿着牛骨关节间的空穴来操纵刀子，都是顺着牛体本来的组织结构。我的刀从来没有碰到过经络交错的地方、附着在骨头上的肌肉以及肌肉聚结的地方，更何况是股部的大骨呢？技术高超的厨工每年要换一把刀，这是因为他们用刀割肉。技术水平一般的厨工每月就要换一把刀，这是因为他们用刀去砍骨头，刀子自然容易损坏。而臣下的这把刀已经用了十九年，宰过数千头牛，而刀刃却像刚从磨刀石上磨出来那样锋利。牛的骨节之间是有空隙的，而我的刀刃却并不厚，用薄薄的刀刃刺入有间隙的骨节之中，那么在运转刀刃时必然会宽绰而有余地了。因此，臣下的这把刀使用了十九年而仍像刚从磨刀石上磨出来的一样。即便如此，我每当碰上筋骨交错的地方，在那里也难以下刀，于是我就十分谨慎而小心翼翼，精神集中，动作放缓。刀子轻轻一动，骨肉就自然分离，像一堆泥土一样散落在地上了。”

梁惠王听了庖丁的讲述之后说道：“我听了庖丁说的话，真正学到了养生之道！”

牛的身体结构是很复杂的，庖丁解牛，却能一刀下去，轻松简单地将牛分解开来，其原因就在于他掌握了牛的肌理。庖丁正是因为熟悉了牛的身体结构，才懂得如何下刀。

这则故事阐明了庄子所奉行的养生之道。庄子认为，大千世界充满了错综复杂的矛盾及纠纷，只有像庖丁解牛那样趋利避害，“以无厚入有间”，才能保身、养生。这当然是一种比较消极的人生哲学。但是，我们从中也能得到有益的启示：任何事物都有它的内在规律，只有认识并掌握事物的规律，才能像庖丁解牛一样“游刃有余”。这正是“善行无辙迹，善言无瑕谪；善数不用筹策；善闭无关楗而不可开，善结无绳约而不可解”的奥妙所在。

第二十八章

题解

本章开篇即提出“知其雄，守其雌”，与第二十二章的“圣人抱一为天下式”以及第四十二章的“万物负阴而抱阳”有异曲同工之妙，阐述了老子对阴阳的理解，并再次强调“道”的深刻内涵。人生在世，要理解“雄”的含义，但又要使自己处在“雌”的一方，这样做并非表示对“雄”的妥协退让，而是以“无为”来实现“无不为”，通过“守其雌”来达到“雄”的目的。

[原文]

知其雄，守其雌，为天下谿。河上公《河上公章句》：雄以喻尊，雌以喻卑。人虽自知其尊显，当复守之以卑微，去雄之强梁，就雌之柔和，如是则天下归之，如水流入深溪也。**为天下谿，常德不离，复归于婴儿。**宋徽宗《御解道德真经》：溪下而流水所赴焉，盖不用壮而持之以谦，则德与性常合而不离，是谓全德，故曰常德不离，复归于婴儿。气和而不暴，性醇而未散，婴儿也。孟子曰：大人者，不失其赤子之心。**知其白，守其黑，**明太祖《御注道德真经》：白乃光明也，将甚必有亏，故先守其黑。黑乃明之先兆，是以存其光而不欲尽也。**知其荣，守其辱，为天下谷。**河上公《河上公章句》：荣以喻尊贵，辱以喻污浊。人能自知己之有荣贵，当复守之以污浊，如是则天下归之，如水流入深谷也。**为天下谷，常德乃足，复归于朴。**

婴孩洗浴

老子认为，只有人变得单纯质朴如婴儿，才能把握住万事万物的中心思想。

明太祖《御注道德真经》：谷乃大山深远低处是也。既若大谷，大谷比心胸腹也。又云若能如是，则常。常为之德，既有如许大德而不夸，当以心为淳朴。**朴**王弼《道德真经注》：朴，真也。**散则为器，**明太祖《御注道德真经》：散而为器，道布也。**圣人用之，则为官长，**河上公《河上公章句》：圣人升用则为百官之元长也。**故大制不割。**唐玄宗《御注道德真经》：圣人用道，大制群生，暄然似春，蒙泽不谢，动植咸遂，曾不割伤。

[译文]

知道何为阳刚，却安于阴柔的位置，甘愿做天下的河沟。甘愿做天下的河沟，永恒的“德”就不会离他而去，使其回到婴儿一般的质朴中。知道何为明晰，知道何为尊贵，却安于卑微的位置，甘愿做天下的峡谷。甘愿做天下的峡谷，永恒的“德”就会得到满足，使其返璞归真。淳朴的大道化为世间万物，被有道的圣人所采用，成为天下的管理者，所以符合大道的制度是完整的。

[读解心得]

在本章中，老子依然在阐述“无为”的作用。知雄强而能守雌柔，则“德”永远不会离开，回归婴儿般的质朴。明了白而退守黑，则德行永远没有差错，就能回归大道。了解尊贵而安于卑微，则其人的“德”永远充盈，便能回归真朴。这正是“无为”带来的好处。

在前面的章节中，我们曾经探讨过“德”在老子的思想体系中有“不得”之意。当然，“不得”绝不是抱残守缺，不思进取，而是以一种“不得”的态度来处事，从而“得”的行事方式。

唯其能以“无为”的方式行事，守雌柔、退守黑、安于卑微，才能得到永远的“德”，才能返归真正的质朴。

那么质朴又是什么呢？事物本来的质朴，就像一根原木一样是所有形器的根本。所谓“形器”就是各种事物，是真朴被分割后生成的。在质朴的大道被分割到各个事物中后，就再也不是原来浑全完整的样子了，但它还是会通过不同的事物，以不同的方式呈现出它的不同方面。

圣人遵从质朴的大道来治理天下，天下万物的各个方面都被他了解，因此他所制定的制度符合天下万物的大道，是完整的，而不是割裂来只对某些人、物有好处的。

而且从这句“朴散则为器”中，也看得到，在老子的眼中，“道”是世间万事万物所共有的，是质朴的，不需文饰，甚至不需争辩地支配着这个世界。

我们为人处世时如果以“无为”的态度，遵从“道”，便可“无不为”，获得“德”。

[经典事例]

苏武牧羊

汉武帝时期，大将卫青、霍去病曾屡次打败北方的匈奴，此后很多年没有打仗，但双方的关系时好时坏。

匈奴的单于多次派使者来向汉朝求和，汉朝也派使者到匈奴去访问，但是，有的汉使却被匈奴扣留了。汉朝也因此扣留了一些匈奴的使者。

公元前100年，汉武帝正准备出兵攻打匈奴，这时匈奴再次派使者来求和，还把过去扣押的汉朝使者都放了回来。汉武帝为了表示诚意，派中郎将苏武持着旄节，带着副手张胜和随从常惠，回访匈奴。

苏武到了匈奴之后，送还了扣留的匈奴使者，并送上礼物。苏武正等着单于写封回信让他回国，没想到就在这时发生了意外。

原来，在苏武出使匈奴之前，有一个出生在汉朝名叫卫律的匈奴人，在奉命出使匈奴之后，投降了匈奴。匈奴的单于特别重用他，并封他为王。

卫律有一个叫作虞常的部下，对卫律颇为不满。他原来跟苏武的副手张胜是好朋友，于是暗地和张胜商量，想杀死卫律，并劫持单于的母亲，逃回汉朝去。

张胜对虞常表示同情，没想到他们的计划没有成功，反而被匈奴人发现了。单于大怒，命令卫律审问虞常，还要查出与他同谋的人来。

苏武原本不知道这件事。到了这个时候，张胜怕受牵连，才将此事告诉苏武。

苏武听了之后说：“既然事情已经到了这个地步，必然会牵连到我。如果让匈奴人审问之后再死，不是更给我们大汉朝丢脸吗？”说罢，拔出刀来就要自杀。张胜和常惠手疾眼快，夺下他手中的刀，把他给劝住了。

虞常受到种种刑罚，只好承认自己跟张胜是朋友，但宁死也不肯承认跟他同谋。

卫律向单于报告了此事。单于盛怒之下想杀死苏武，但被大臣们劝阻了。但是单于不肯罢休，又命卫律去逼迫苏武投降。

面对卫律的劝降，苏武毫不畏惧，义正词严地说：“我是大汉的使者，如果违背使命投降匈奴，就等于丧失了气节，我还有什么脸面活下去！”说罢拔出刀来向脖子上抹去。

卫律慌忙把他拦住，可苏武的脖子已被割伤，顿时人事不省。卫律立即叫人抢救，苏武这才慢慢地苏醒过来。

单于觉得苏武是个非常有气节的臣子，对他十分钦佩。等到苏武的伤痊愈了，单于又想威逼苏武投降。

单于命卫律审问虞常，并让苏武在一旁听着。卫律先是把虞常判成死罪，杀了；紧接着，又拔出剑来威胁张胜，张胜为人贪生怕死，于是就投降了。

卫律接着对苏武说："你的副手犯了罪，你也应当连坐。"

苏武反问道："我既没有与他同谋，和他又没有亲属关系，为什么要连坐？"

卫律又拔出利剑威胁苏武，没想到苏武不动声色，卫律没有办法，只好把剑放下来，劝道："我当初也是不得已才投降的。单于待我很好，封我为王，还给我几万名部下和无数的牛羊，我已享尽了富贵荣华。您如果答应投降匈奴，很快就会和我一样，何必要白白送掉性命呢？"

苏武牧羊

公元前100年，匈奴新单于即位，汉武帝派苏武率人带财物出使匈奴。在苏武完成任务准备返回时，匈奴上层发生了内乱，苏武被扣留下来，并被要求臣服单于，遭拒绝。匈奴把他流放到西伯利亚牧羊。十九年之后，苏武才得以回到了长安。

苏武听罢猛然站了起来，怒气冲冲地说："卫律！你生在大汉，做了汉朝的臣下。可是你忘恩负义，背叛了父母、朝廷，厚颜无耻地投降了匈奴，做了汉奸，你还有什么脸跟我说话。我是不会投降的，你怎么逼我也没用！"

卫律碰了钉子，回去向单于禀告。单于就下令把苏武关进地窖，不给他吃喝，想采用长期折磨的办法，逼他就范。

当时正值入冬天气，天上下着鹅毛大雪。苏武在地窖中忍饥挨饿，渴了，就抓一把雪止渴；饿了，就扯了一些羊皮片、皮带之类啃着充饥。过了好几天，竟然没有饿死。

单于见折磨他也没有用，就派人把他送到北海（今贝加尔湖）边去牧羊，使他跟部下常惠隔离开，不准他们互通消息，还对苏武说："只有等公羊生了小羊羔，才能放你回去。"公羊是不可能生出小羊的，单于的意思就是要长期监禁他。

苏武被送到了北海，身边什么人也没有，唯一与他朝夕相伴的就是那根代表大汉朝廷的旌节。匈奴不给他口粮，他就挖野鼠洞里的草根充饥；天气冷了，他就挤在羊群里御寒。

后来，匈奴的单于死了，匈奴内部发生了纷争，分裂成三个国家。新单于再没有实力跟汉朝作对，于是派使者来求和。这时，汉武帝已经死去，他的儿子昭帝继承了皇位。

汉昭帝派使者回访匈奴，要求单于放回苏武，匈奴单于谎称苏武已经死了。汉使信以为真，就没有再追究。

后来，汉朝再次派使者出使匈奴。此时常惠还在匈奴，他买通了匈奴人，暗中和汉使见面，并把苏武在北海放羊的事告诉了使者。使者见到单于之后，严厉地责备道："既然匈奴真心想同汉朝和好，就不应该再欺骗汉朝。我们大汉天子在花园里射下一只大雁，雁腿上系着一条绸子，上面明明写着苏武还活在世上，您怎么说他已经死了呢？"

单于听了大吃一惊，他以为是苏武的忠义之举感动了飞鸟，连大雁也替他传递消息。于是他向汉使道歉说："苏武确实还活着，我们放他回去就是了。"就这样，苏武终于又获得了自由。

当初苏武出使匈奴的时候，才四十岁。他在匈奴受了长达十九年的折磨，头发、胡须全白了。当他回到国都长安的那天，长安的百姓都出来迎接他。人们瞧见白头发、白胡须的苏武手里拿着已经成为光杆子的旌节，无不为他的气节所感动。

苏武能够在长期的艰苦环境下保持住作为汉使的气节，正可谓"常德不离""常德不忒"。他受到肉体和精神上的双重打击，却依然不忘自己的使命，这在老子哲学当中，不失为得道者的典范。

第二十九章

题解

在这一章中，老子隐晦地批判了施行暴政的后果，从反面论证“无为而治”的合理性。首先，老子指出强取天下是不可能获得最终的成功的，因为强权和暴力是违反“道”的。其次，老子以辩证的观点解释“无为”的意义。急功近利者急于取得天下，最终只能适得其反。“圣人”从没掌握过天下，就谈不上失天下了。这就是老子常说的“雄雌”“盈亏”和“阴阳”的关系，在本章中，“行随”“歔吹”“强羸”和“载隳”说的也是这个道理。本章与上一章说的都是“返璞归真”，人的本性与大自然一样，是淳朴的。世间万物由“道”主宰，所以，“圣人”主张去除奢侈、极端和过分的行为，最终实现“返璞归真”。在处世方面，老子主张以退为进；在治国理念上，老子主张无为而治。

[原文]

将欲取天下而为之，唐玄宗《御注道德真经》：天下者，大宝之位也，有道之人，必待历数在躬，若暴乱之人，将欲以力取而为之主者。**吾见其不得已。**河上公《河上公章句》：我见其不得天道人心已明矣，天道恶烦浊，人心恶多欲。**天下神器，**王弼《道德真经注》：神，无形无方也。器，合成也。无形以合，故谓之神器也。**不可为也，不可执也。**河上公《河上公章句》：不可以有为治。**为者败之，执者失之。**王弼《道德真经注》：物有常性，而造为之，故必败也。物有往来而执之，故必失矣。**夫物，或行或随，或歔(xū)或吹，或强或羸(léi)，或载或隳(huī)。**河上公《河上公章句》：上所行，下必随之也。歔，温也。吹，寒也。有所温必有所寒也。有所强大，必有所羸弱也。载，安也。隳，危也。有所安必有所危，明人君不可以有为治国与治身也。**是以圣人去甚，去奢，去泰。**王弼《道德真经注》：圣人达自然之至性，畅万物之情，故因而不为，顺而不施。除其所以迷，去其所以惑，故心不乱而物性自得之也。

［译文］

有人想强行取得天下并治理，我看是办不到的。天下是神圣之物，不能用“有为”的方法治理，如果以这样的态度去治理天下注定会失败，用这样的态度去执掌天下注定会丢掉天下。世间万物，有走在前面的，就有跟在后面的；有风头正劲的，就有势力衰微的；有强大的，就有弱小的；有安稳的，就有危险的。所以圣人主张去除极端、奢侈、过分的行为。

［读解心得］

老子在文中断言强取天下的人，都不会得逞，正是反证了自己顺其自然的中庸态度的正确性。在老子心中，世上一切强求之物，都不会得到，一切强求之事，都不会实现。何谓“强”，孟子曾说过，做事成功，要凭“天时、地利、人和”，三者缺一不可。三者都具备了，那么事情自然而然会向你想要的那个方向发展，天下也会自然而然地被收入囊中；三者即使缺一，也是“强求”。

远观秦始皇，灭六国，第一次统一了中国可谓天时地利俱得，可是久战征伐，却使他失了民心，这才是秦朝不过二世而亡的真正原因。韩信是帮助刘邦夺取天下的功臣，登台拜将，何等的显赫与荣耀，若是懂得戒骄戒躁、适可而止的道理，应该可以安安稳稳地做他的开国功臣，无奈他的权力欲望却随着他的位高而急剧膨胀，竟想起兵谋反，自立为王。这个时候的他，是天时、地利、人和三者无一具备的，因此最终招致杀身之祸。吴三桂本是明朝之臣，李自成入京，吴三桂奉命镇守山海关，却“冲冠一怒为红颜”，打开城门放清军入关，他最终成了为大清朝打下半壁江山的人。清朝皇帝亦待其不薄，然而，利欲的膨胀使他最终打起了“复明”的旗号开始反清。其实，这个时候的百姓处在异族的统治之下，是很想恢复汉人的天下的，因此，吴三桂当时是有“人和”的条件的，但是他忽略了“天时”与“地利”，因此，最终只能走向失败，而自己也被推入了万劫不复的深渊。通观之，所谓强弩之末，矢不能穿鲁缟，任何事情，都不可强求，应保有顺其自然之心。

为了证明以上的道理，老子在这章里，继续论述了道家学说中朴素的相对论的概念。现实的世界，就是像老子所说的：“或歔或吹，或强或羸，或载或隳。”因此，老子希望人们去除自我心中的杂念，就像我们现在人所经常说的一样，不要“太极端了”“太奢侈了”“太过分了”。这说明，即便在道家中，中庸思想也是深植其中的。

“去甚”“去奢”“去泰”是正确的，因为“甚”“奢”“泰”都是分别代表了不同的极端，极端的事物往往偏离正确的轨道很远，任其发展下去，就会走入歧途。到最后，似出轨的火车一样，驶出轨道，酿成巨祸。在这里，老子并没有危言耸听，很多事物都是因为极端的思想或极端的作为而变得一发而不可收拾。因此,面对现实生活中许多“甚”“奢”“泰”的现象，能够真正做到“去甚”“去奢”“去泰”，那么，你自己也会在其中轻松很多。

[经典事例]

众望所归

传说中，尧是上古时期著名的帝王。他手下有四大诸侯，分别负责管理东南西北四方，史称“四岳”：东岳羲仲，南岳羲叔，西岳和仲，北岳和叔。

四岳分管四方，同时又是帝尧最重要的臣僚。凡是有了重大的决策，尧都要跟四岳一同商量。

后来，帝尧年事已高，需要找一个接班人。谁来继承帝位，一直是尧的一块心病。尧本来有个儿子，名叫丹朱，可是丹朱没什么才干。为了天下百姓着想，尧决定不传位给丹朱。

于是，尧把四岳请来，征求他们的意见，请他们举荐最为合适的人选。

四岳都不约而同地提到了舜。于是，他们共同向尧推荐舜为继承人。为了证明舜的智慧才干和超人意志，尧命舜带领数百名武士来到大麓。

到了大麓，舜看到古树参天，丛林密布，豺狼虎豹，啼啸之声不绝于耳。那些平日里勇猛无比的武士，见到虎狼乱窜，都吓得面色铁青，只有舜和平时一样，面不改色，毫不畏惧。

突然，天空中下起倾盆大雨，雷电交加，狂风呼啸，大麓中顿时昏天黑地，怪声大作，数百名武士都辨不出东南西北，找不到归路，乱作一团。唯独舜一点也不迷惑，他很快辨明了方向，把武士们安全地带出了大麓。

经过了这次考验，众武士都称赞舜头脑清醒，意志坚定。人们见勇敢无比

丹朱漫游图

帝尧生十子，丹朱为其嫡长子，出生时全身红通通，故取名为“朱”。《史记·五帝本纪》中记载“尧知子丹朱之不肖，不足授天下，于是乃权授舜”。

的武士都这样称赞舜，再也没有人怀疑舜的意志和智慧了。

尧也因此更加信任舜了。他让舜管理人伦教化，不久，舜就使天下人都知道父义、母慈、子孝的人伦道理。尧还让舜处理外交事务，使得四方诸侯都愿意前来进贡，舜的美德随即传遍天下。尧又让舜与百官友好相处，舜不仅把每件事都办得非常好，而且还与百官相处得非常融洽。

舜在接受了种种考验之后，尧认为自己年事已高，便决定将自己的所有权力全部禅让给舜。

四岳及各位大臣都拥护尧的决定，百姓听说后，一方面惋惜尧年事已高，不能再领导他们了；另一方面，也都庆幸又有一位圣君出现，将会造福万民。

尧选定了一个吉利的日子，举行了禅让仪式。当他宣布由舜继承君位时，臣民们立刻发出了雷鸣般的欢呼声。

舜接受禅让之后，就开始代替尧行使天子的权力。但他并没有因为自己大权在握而胡作非为。像以前一样，他依然很尊敬四岳及百官，凡是有大事，他都要虚心听取大家的意见。他也更加勤勉治国、关心百姓的疾苦了。

就这样，即位不到一年，舜就成为被百官、万民所真心拥护的君主了。

据史书记载，当时天下有四大恶人，号称“四凶”：

一位名叫共工，罪恶滔天，但却善于伪装，迷惑了天下百姓；一位叫驩兜，与共工是同伙，也是一个满口仁义，实际上却好行凶恶的暴徒；一位叫三苗，本是南方部落的一个诸侯，以欺压百姓而臭名昭著；一位叫鲧，本是颛顼帝的后代，却不服从尧舜的命令，在天下臣民中影响很坏。

舜对四凶一一进行了惩罚，“流共工于幽洲，放驩兜于崇山，杀三苗于三危，殛鲧于羽山”，《尚书》《孟子》对此都有记载。四凶被消灭以后，四海安宁，人们又过上了幸福生活。

就这样，舜兢兢业业地做了二十余年国君，为天下人民带来了巨大的福祉。

这时，尧由于年龄过高而去世了。人们思念尧的功绩，就像自己父母亲去世了一样地悲伤，全国上下，一片悲痛之声。

舜为尧办完丧事之后，就主动退出了尧的宫殿，一个人来到黄河边，想把帝位留给尧的儿子丹朱。

可是，臣民们都跑到舜住的地方来，不停地唱歌颂扬舜的业绩，各国诸侯也都纷纷来向舜朝觐。谁都不把丹朱当作天子。

于是，舜在万民的拥戴下，又做了天下的君主。

舜的所作所为虽然不同于老子的“无为”之道，但他以一个君主应当秉承的为君之道来治理天下，不必彰显自己的功绩，自然而然地会得到万民的拥戴，这对于“将欲取天下而为之”的君主来说，是一个值得效法的榜样。

第三十章

题解

在本章和下一章中，老子提出了他对战争的看法，开篇即点明主旨：“以道佐人主者，不以兵强天下。”春秋时期，各诸侯国为了争夺天下霸主的地位而互相征战，但是却没有一个诸侯可以永远占据霸主的位置。老子正是敏锐地看到了“穷兵黩武”与“身败名裂”之间的因果联系，才得出了“其事好还”这一精辟论断。战争性质虽有不同，但都以杀死对方为目的，这就使广大人民长期生活在战乱之中，导致农业经济遭到严重的破坏，所以老子说：“师之所处，荆棘生焉。大军之后，必有凶年。”

老子并不反对战争，而是反对“穷兵黩武”，他主张“知其雄”，这与“果而不得已”的意思相符。只有不得已时才能发动战争，平时则要“守其雌”。所以，以“道”来辅佐君主的人，是不会凭借武力称雄于天下的。

“道”的自然天性和人性都不赞成打仗，但政治又少不了战争，所以老子以中国传统的中庸之道试图解决这一矛盾。

[原文]

以道佐人主者，不以兵强天下。王弼《道德真经注》：以道佐人主，尚不可以兵强于天下，况人主躬于道者乎。**其事好还。**唐玄宗《御注道德真经》：抗兵加使，彼必应之，其事既好还报，则胜负之数，未可量也。**师之所处，荆棘生焉。**明太祖《御注道德真经》：言境内相争，农废耕植，田野荒芜，所以荆棘生焉。**大军之后，必有凶年。**宋徽宗《御解道德真经》：上违天时，故有凶年。**善有果而已，不敢以取强。**王弼《道德真经注》：果，犹济也。言善用师者，趣以济难而已矣，不以兵力取强于天下也。**果而勿矜，果而勿伐，果而勿骄，果而不得已，果而勿强。**河上公《河上公章句》：当果敢谦卑，勿自矜大也。当果敢推让，勿自伐取其美也。骄，欺也。果敢勿以骄欺人。当果敢至诚，不当逼迫不得已也。果敢勿以为强兵、坚甲以侵凌人也。**物壮则老，是谓不道，不道早已。**王弼《道德真经注》：壮，武力暴兴，喻以兵强于天下者也。飘风不终朝，骤雨不终日，故暴兴必不道早已也。

［译文］

遵循“道”的原则去辅佐君主的人，不凭借武力在天下逞强。穷兵黩武是必定会遭报应的。军队所到之处，民生凋敝。战乱之后，必定是灾荒之年。善于用兵的人只求达到获胜的目的，不敢以武力逞强。达到目的不要妄自尊大，不要自我夸耀，不要骄傲自满，达到目的是出于不得已，达到目的不要逞强。事物强大到极点就会走向衰亡，这就是无道，无道就会提早灭亡。

［读解心得］

对于战争的认识，老子是独到的。他的一生，就是从戎马倥偬之中走过来的。周宣王继位后，老子就“服役”军中，南征北战。在东奔西走、鞍马劳顿的军旅生活中，度过了四十三年。当周宣王任命他为“历人”的时候，他才脱掉戎装，组织编修著作。

一将功成万骨枯，都结束于“有果而已”，即达到目的，就按兵休战，决不超过其目的一步。老子的战争学说是中国传统思想的宝贵财产。无形中指导着、影响着我们对战争的态度。古时像成汤、盘庚、武丁、古公亶父等，一个个有为的君王，通过长期的磨炼、经验的交流传承而逐渐总结出中华民族安邦定国的经验。而这些经验（统治者的自警、自律和统治者必须“保证、保障民得”）是中国特有的，这是中西历史文化上巨大的差异之一。

隋炀帝豪奢享乐

炀帝荒淫无道，修运河供自己享乐。大业八年（公元612年）、九年（公元613年）、十年（公元614年），三次大举进攻高丽，战事耗费无数，给人民带来深重灾难，终于激起人民的反抗，导致隋朝的灭亡。

有一点应当注意，老子反战，但不惧战，不得已，当战争强加到头上的时候，还是要应战的，只是不得已而已。历史上中华民族并不是一个缺乏刚性的民族，几千年的文明史，特别是我国近现代反侵略、反屈辱的历史证明了一个立国经验就是“人不犯我，我不犯人。人若犯我，我必犯人”。

一个国家有没有这样的传统思想，是大不一样的。西方在古埃及文化、古罗马文化史上表现出来的是“力量”“武力”“王权”“财富和掠夺”。结果世界上几大文明

只有中华文明才延续下来，其他文明古国早已泯灭在历史的硝烟当中。当今世界局势，战争烽烟此起彼伏。有的国家，自恃强大，不惜“以兵强天下”。其后果呢？正如老子在本章末尾所说：“物壮则老，是谓不道，不道早已。”

“物壮则老”，是整个自然界的规律。生、老、病、死围绕着我们不停地循环。很少有什么放之四海而皆准的道理，而老子这句“物壮则老”，道尽了天下众生生长、发育、死亡的规律。这个规律既是自然界动植物的规律，也是社会、人生、事物发展的哲学。我们寻求事物发展的过程，应尽量让其处于生长期，不断地吸收生命之源，使之不停地处在向上进步的状态。切记不要羡慕顶点的光辉，那光辉虽闪烁，却也可以将人拉入“老”的境况；“夕阳无限好，只是近黄昏”，今天的壮就意味着明天的老。那光耀的背后就是黑暗，就好像爬到最高的山顶，面临的很可能就是深不见底的悬崖，因此，只有不断地开放自我，极尽虚怀之道，广纳生命之源，便可以始终保持青春的活力。

[经典事例]

两败俱伤

战国时期，齐国有一个相貌平平，但聪明过人、说话幽默的人，名叫淳于髡，他是齐威王、齐宣王时代的重臣。有一次，齐宣王准备攻打魏国，淳于髡知道后，就去求见齐宣王。他对齐宣王说：“大王，您听没听说过韩子卢和东郭逡的故事？”齐宣王摇了摇头。

于是淳于髡就接着讲起来：“韩子卢是天下最厉害的猎犬，没有任何狗能超过它，连骏马也赞叹它的速度；而东郭逡是世上最有名的狡兔，它钻树洞，越壕沟，灵活自如，猛虎捉不着，饿狼也吃不到。有一次，韩子卢遇到了东郭逡，于是，韩子卢就开始追赶东郭逡。一只在前面拼命地逃，一只在后面不停地追。韩子卢使出自己浑身的力气，东郭逡用上自己平生所有的本事。它们绕着山跑了三圈；它们翻山越岭，上下五次。折腾了大半天，它们两个都累得气喘吁吁。韩子卢一停下脚步，东郭逡也马上歇息；韩子卢看见东郭逡歇息，以为有机可乘，猛然一跃，可还是没抓着，东郭逡一闪身，马上逃走了。于是韩子卢又拼尽全力追赶起来。东郭逡向山坡上爬，韩子卢也跟着爬；东郭逡向坡下滚，韩子卢也跟着滚；东郭逡环山又跑了半圈，倒在了前面，韩子卢筋疲力尽，瘫在了后面。结果，它们两个耗尽了全部体力，动弹不得，双双倒在山脚下死了。这时，有个农夫刚好经过，于是不费吹灰之力就把它们两个带回家煮了吃掉。”

齐宣王听了这个故事，觉得很有意思，但怎么也想不明白这跟他要去攻打

魏国有什么关系。淳于髡接着说："大王，现在您发兵去攻打魏国，在短期内不可能打赢。时间拖久了，双方都会民穷财尽，从而两败俱伤，不但老百姓要受苦，国家的兵力也会受到严重损伤，万一秦国和楚国借机来袭击我们，那不等于是白送给他们机会一并灭掉齐国和魏国吗？这跟韩子卢和东郭逡的结局不是一样的吗？"

齐宣王听了他的话，经过仔细思考，觉得很有道理，于是取消了攻打魏国的计划。

淳于髡所讲的故事反映了战国时代的社会现实，当时七雄并起，除了宋、中山这样的小国夹在大国之间苟延残喘外，其他各国实力都不相上下，两国交战，短时间内难分胜负，势必会延长战争的时间，这样一来，必然会导致两败俱伤的结果。老子所说的"师之所处，荆棘生焉。大军之后，必有凶年"就是对战争带来的恶劣影响的一种反映，这也正是历代仁人志士反对战争的一个重要原因。

按兵不动

赵简子是春秋末期晋国六卿之一。他为人刚毅勇武，很有才干。他经常奉命出使各国，也经常率军去讨伐违抗晋国命令的诸侯，为维护晋国的霸主地位立下了汗马功劳。因此，他深得晋君的赏识，在朝中享有极高的威望。

当时，卫国与晋国相邻，由于卫国经常受到侵略，以致人口锐减，领土大量丧失，逐渐沦为一个弱国。而国君卫灵公的才能又不出众，没有什么贤德的名声，所以他被迫与晋国结盟，长期以来一直对晋国俯首帖耳。但是，卫灵公这个人很有骨气，他不想永远处在任人摆布的屈辱地位。后来，卫灵公与齐景公在沙泽结盟，从此断绝了与晋国的关系。

卫国的叛变，使晋国上下受到了极大的震动。赵简子立刻调动大军，准备发兵攻打卫都帝丘，企图用武力迫使卫国屈服。

赵简子深谋远虑，没有贸然出兵。在发兵前，他找来身边一个叫史默的亲信，对他说："我听说卫灵公在国内排斥贤士，重用小人，我想现在卫国已经上下离心，国事日非。我命你在一个月之内把卫国的情况了解清楚，我等你回来报告，然后再出兵。"史默走后，赵简子一面命令将士们加紧习武练兵，做好打仗的准备，一面等着史默的报告。可是过了一个多月，史默也没有回来复命。这时，有人对赵简子说："史默逾期不归，可能是被卫人捉拿。其实卫国是个弱国，根本就抵挡不了晋军的攻击，只要我们的人马渡过黄河，卫军就会不战自降。请元帅尽快下令出兵吧！"赵简子听了摇摇头说："卫灵公既然敢断然同晋国绝交，肯定是有了充分的准备，我们决不能掉以轻心。再说，史默这个人向来思虑深远，他没有如期回来，可能是发现了某些预料不到的情况，还需要进一步打探。出兵的事，等他回来之后再讨论吧！”

过了很长时间，史默回来了，他向赵简子讲述了卫国的情况：“卫灵公现在提拔忠臣，废黜奸佞，深得民心。他为了激起国人对我们的愤怒，对外宣布：‘晋人已命令我国，凡是有女儿的人家，都要抽调一个到晋国当人质。’他还抽调了一批宗室大夫的女儿，假意准备送往晋国。卫国的百姓听了之后，怒吼道：‘让晋人来吧！我们一定要把晋国人打回去。’卫国现在人才济济，民气可用，我们用武力使它屈服,可能会付出很大代价。还请元帅三思而行！”赵简子听了，马上命令晋军按兵不动。之后，他还亲自面奏晋君，取消了攻打卫国的计划。

赵简子“按兵不动”的典故流传甚广，他的做法是很有道理的。一方面，卫灵公的所作所为已经在卫国百姓心目中留下了这样一个印象：卫灵公是个有道的明君，而晋国则欺人太甚，所作所为倒行逆施，不合于“道”；另一方面，赵简子也深知，对卫国发动的战争不会轻易取胜，到头来双方两败俱伤，晋国也不会有什么好处。赵简子看到了这一点，果断取消了伐卫的计划，实乃明智之举。

第三十一章

题解

老子虽然不反对战争，但他也并非推崇战争，即使是不得已而开战，他也持“不处”的态度。老子认为一切战争都不是什么吉利的东西，因为它会衍生出仇恨、暴力和恐怖，所以胜利了也没必要兴高采烈地庆祝，如果沾沾自喜就相当于以杀人为乐，这样的无道之人是不会得到天下的支持的。这里反映出老子思想中人道的一面。自古以来，战争都是一个不可回避的政治问题，老子也承认这一点，所以对于不得已的战争，他主张“恬淡为上”，淡然处之。接着，老子以礼仪为例阐述自己对战争的看法。春秋时期，吉礼以左为上，凶礼以右为上；战争时，地位较低的偏将军站在左侧，地位较高的上将军则站在右侧，说明人们把战争看作丧礼。

[原文]

夫兵者，宋徽宗《御解道德真经》：兵，凶器也。**不祥之器，**河上公《河上公章句》：祥，善也。兵者惊精神，浊和气，不善之器，不当修饰之。惊精神，浊和气，不善人之器也。**物或恶之，故有道者不处。**唐玄宗《御注道德真经》：凡物尚或恶之，是以有道之人不处身于此尔。**君子居则贵左，用兵则贵右。**宋徽宗《御解道德真经》：左为阳而主生，右为阴而司杀，阳为德，阴为刑。**兵者不祥之器，非君子之器，**河上公《河上公章句》：兵革者。不善之器也。非君子所贵重之器也。**不得已而用之，恬淡为上。**唐玄宗《御注道德真经》：夷狄内侵，故不得已。善胜不争，是恬淡为上。**胜而不美，**宋徽宗《御解道德真经》：无心于胜物，则兵非所乐也，故不美。**而美之者，是乐杀人。**河上公《河上公章句》：美得胜者，是为喜乐杀人者也。**夫乐杀人者，则不可以得志于天下矣。**明太祖《御注道德真经》：如此等不可式天下也。**吉事尚左，凶事尚右。偏将军居左，上将军居右，言以丧礼处之。**河上公《河上公章句》：左，生位也。阴道杀人。偏将军卑而居阳位，以其不专杀也。上将军尊而居阴位，以其专主杀也。上将军居右，丧礼尚右，死人贵阴也。**杀人之众，以**

悲哀泣之；战胜，以丧礼处之。

唐玄宗《御注道德真经》：以生灵之贵，而交战杀之，有恻隐之心，故以悲哀伤泣之尔。勇士雄，入战而获胜，胜则受爵，居于右位，尚右非吉，是以丧礼处之。但以为不祥之器，亦何必缟素为资。

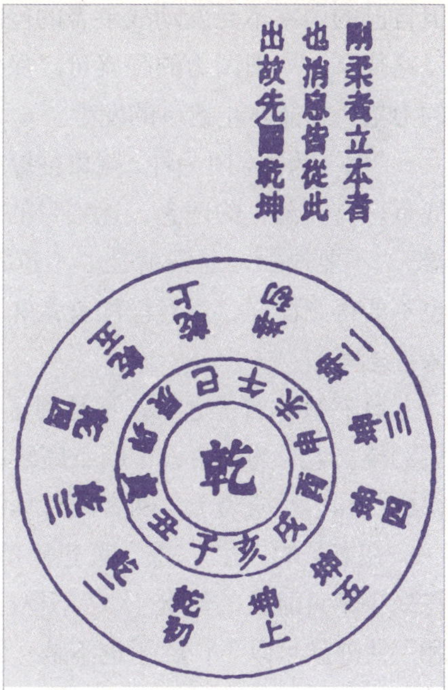

乾卦图

易经六十四卦之第一卦。乾为天，象征刚健中正。

[译文]

战争是不吉利的东西。世间之人都讨厌它，所以得道之人不去碰它。君子平时以左为上，战时以右为上。战争是不吉利的东西，不是君子所使用的东西，只有不得已时才使用，所以要淡然处之。胜利了也不要沾沾自喜，如果以此为美，就是以杀人为乐。以杀人为乐的人，就不能在天下实现统治的欲望。吉利的礼仪以左为上，凶丧的礼仪以右为上。地位较低的偏将军站在左边，地位高的上将军站在右边，就是说战争被当成丧礼来看待。因为杀人众多，所以要怀着悲哀的心情去打仗，胜利了也要以丧礼来对待。

[读解心得]

老子曰："兵者不祥之器，不得已而用之，恬淡为上。"兵指战争，发生战争就会有杀戮。战争会给人类带来巨大的灾难。正直有道德的君王，是不喜欢战争的。老子反对战争，但不惧怕战争。老子在批评战争的同时，认为在"不得已"的情况下还是要采用这种手段的。这是为了除暴安良、救国救民，除此之外无其他目的。即便如此，用兵者也应当"恬淡为上"。在获取胜利时不要以兵力逞强，不要随意杀戮。相反，对于在战争中死难的人，还要真心表示哀伤悲痛。抗日战争是我人民军队奋起反抗日本的侵略行为，这是自卫之战，即被动地为保卫自己国家的安全而战，即"不得已"。

用兵的关键所在是具备"君子居则贵左，用兵则贵右"，但此句话理解起来比较困难，其实老子用"左""右"两字概括出了他的思想。

"左"为阳，阳为乾，阳象征自强不息。建立强大的人民军队，是为了保

卫自己的国家不受发动战争者的侵略和杀戮。老子反对侵略战争，但不反对反侵略战争。一国国力的强盛可以保四方的平安。有了强大的军队才有反对战争的力量，才能防止战争的发生。

“右”为阴，阴为坤，阴象征厚载万物，这里老子以“右”来借指阴柔慈善，战争应有“慈”的理念，达到目的就行了，不要夸耀。因为战争都是“不祥之器”，不要逞强，逞强就是“不道”。因此，他强调“胜而不美”，即使胜利了也不要得意洋洋，得意洋洋就意味着喜欢杀戮，喜欢杀戮者怎么可能在天下长久得志呢？

既然兵非君子之器，不是到了万不得已之时，不得使用。凡用兵之事应低调对待。老子为战争设了两条底线：“不得已而用之，恬淡为上。”这样只有“不得已”和“恬淡为上”两者同时具备时，战争才能够被容忍。

在老子的“左”“右”思想的指导下，用好“不得已”，才能把握战争的适度，在战争不可避免的情况下，“不得已而用之”，消灭战争侵略者，平息战乱达到和平共处就可以了，胜了也不是一件高兴的事，即“胜而不美”。

[经典事例]

墨子止战

战国初年，楚国国君楚惠王想要重新恢复楚国的霸主地位。他加紧扩充军队，要去攻打弱小的宋国。

楚惠王重用了一个非常有本领的工匠。他这个人叫公输般，是鲁国人，也称鲁班。

公输般被楚惠王请去做了大夫。他为楚惠王设计了一种专门用来攻城的工具，叫作云梯。云梯比楼车还高，是攻克城池的理想工具。

楚惠王一边命公输般加紧制造云梯，一边着手准备向宋国进攻。楚国制造云梯的消息很快就传扬了出去，各诸侯国都非常担心，特别是宋国，得到楚国要来进攻的消息，更觉得大难临头。

楚国准备伐攻宋的事，引起了很多人的反对。其中反对得最厉害的人是墨子。

墨子是墨家学派的开创者，他反对奢侈浪费，主张勤俭治国；他更反对为了争城掠地而使百姓遭到灾祸的混战。当他得知楚国要利用云梯去攻打宋国的消息后，就立刻亲自赶到楚国去，走得脚底磨出了泡，出了血，他就把自己的衣衫撕下来一块裹在脚上继续走。

就这样日夜兼程地奔走了十天，墨子终于到达了楚国的都城郢都。他先去求见公输般，规劝他不要帮助楚国攻打宋国。

公输般回绝道："不行啊，我已答应楚王了。"

于是墨子就请求公输般带他去面见楚惠王，公输般答应了他的请求。见到楚惠王之后，墨子非常诚恳地说："楚国地域辽阔，方圆五千里，可以说地大物博；而宋国的土地不过五百里，物产也不是很丰富。大王您为什么有了华丽贵重的车马，还要去偷别人的破车呢？为什么要抛弃自己的绣花绸袍，去偷人家一件破旧的短褂子呢？"

楚惠王听了以后，虽然觉得墨子的话很有道理，但还是不肯轻易放弃伐宋的打算。公输般也认为用云梯攻克城池很有胜算。

墨子直截了当地对公输般说："你能攻，我就能守，你占不着什么便宜。"

他说着，就解下了腰上系着的皮带，在地上围起来当作城墙，又拿几块小木片当作攻城的工具。他叫公输般来与他演习一下，比一比本领。

公输般使用一种方法攻城，墨子就会采用一种方法守城。公输般用云梯攻城，墨子就用火箭烧云梯；公输般用撞车撞城门，墨子就用滚木礌石砸撞车；公输般挖地道，墨子就用烟熏。

公输般使用了九套方案，把所有的攻城方法都用完了，可是墨子还有很多种守城的高招没有使出来。

公输般知道了墨子的厉害，但他心里还不服气，就对墨子说："我还有一个办法来对付你，但是现在不能说。"墨子听了微微一笑，说道："我知道你想用什么办法来对付我，不过我也不说出来。"

楚惠王在一旁听两人说话就好像打哑谜一样，感到莫名其妙，就问墨子："你们说的究竟是什么？"

墨子回答说："公输般的意思是把我杀掉，他以为杀了我，就没有人帮助宋国守城了。不过，他打错了算盘。我在来楚国之前，

墨子

墨子，姓墨名翟，中国春秋战国时思想家、政治家。他提出了"兼爱""非攻"等观点，创立墨家学说。非攻就是反对一切非正义的战争。墨子的非攻思想是影响古今的和平主义，是平民主义的战争观。墨子行事的原则是"利人乎，即为；不利人乎，即止"。战争对人民是没有什么利益可言的，所以坚决反对。但墨子并不反对一切战争，他反对"攻伐无罪之国"，主张"诛灭无道之君"。

就已经派了禽滑厘带着我的三百个学生去宋国守城了，他们每个人都学会了我全部的守城方法。即使您把我杀了，楚国也还是占不到任何便宜。”

楚惠王听了墨子的这番话，又亲眼看到了墨子守城的本领，心里明白要打败宋国根本没有希望，只好对墨子说：“先生的话说得很有道理，我决定不攻打宋国了。”

一场战争就这样被墨子阻止了。

可以说，墨子“非攻”的思想在一定程度上和老子的战争观是一致的，他们都认为“兵者不祥之器”。战争一旦打起来，无论谁胜谁败，都会互有损伤，百姓也会因此遭到灾难。从这一点上看，他们都具有强烈的人道主义思想倾向。

第三十二章

题解

在本章中，老子从另一个角度论述了“道”的含义，“道”是永恒的、深邃的和纯朴的，虽然看上去虚无缥缈，却冥冥中主宰着天地万物。老子希望统治者遵守“道”的原则，就会很好地治理天下。从某种意义上来说，人民并非臣服于统治者，而是臣服于朴素无名的大道。这与第五十七章的“我无为而民自化”相一致，无为而治的意义就在于此。在老子看来，在“道”的指导下治理国家，统治者可以收放自如，人民也可以在不知不觉中得到实惠。

［原文］

道常无名，河上公《河上公章句》：道能阴能阳，能弛能张，能存能亡，故无常名也。**朴。虽小，**唐玄宗《御注道德真经》：朴，妙本也，妙本精一，故云小。**天下莫能臣。**王弼《道德真经注》：故将得道莫若守朴，夫智者可以能臣也，勇者可以武使也，巧者可以事役也，力者可以重任也，朴之为物，愦然不偏，近于无有，故曰“莫能臣”也。**侯王若能守之，万物将自宾。**唐玄宗《御注道德真经》：侯王若能守道精一，无为而化，则万物将自宾服矣。**天地相合，以降甘露，**河上公《河上公章句》：侯王动作能与天相应和，天即降下甘露善瑞也。**民莫之令而自均。**明太祖《御注道德真经》：人莫之令，即不知谁人使令如是均，乃和气自然而然。**始制有名，**王夫之《老子衍》：因于大始者无名，止于已然者有名。**名亦既有，夫亦将知止，知止可以不殆。**唐玄宗《御注道德真经》：既，尽也。若侯王能制有名之物，则夫有名之物，亦将知依止于侯王，知依止有道之君，所以无危殆之事。**譬（pì）道之在天下，犹川谷之于江海。**王弼《道德真经注》：川谷之以求与江海，非江海召之，不召不求而自归者也，行道于天下者，不令而自均，不求而自得，故曰“犹川谷之与江海”也。

[译文]

“道”经常处在浑朴而无状可名的状态之中，它虽然纯朴微小，但天下却没有能使它臣服的。统治者如果能持守它，万物就会自动臣服。这样就会使阴阳相合，天就会降下滋润万物的甘露，人民没有要求它，它却能面面俱到。“道”产生了万物，万物产生了，就要知道适可而止，知道适可而止就不会消亡。“道”生成天下，就像小河汇聚为江海一样。

[读解心得]

在“道”出现以前，自然规律就已经客观存在了，老子用“朴”来形容“道”的原始“无名”的状态。“朴”是原始质朴的“道”。道即自然万物发展变化的自然规律，万物都臣服于这个规律。它是无形的，是隐而不可见的。人们无法用感官来证明它的存在。它一直都是默默无闻的，甚至不被人重视，但天地万物都受到它的支配。“道”总是善于抓住事物的本质去把握事物的变化，所以才成其“大”。

贵为王侯者，也必须臣服于自然规律。王侯按自然规律办事，天地间阴阳之气相互作用，风调雨顺，就会降下甘露以滋润万物。人民没有要求它，它却能够做到自然均匀，不厚此薄彼。每个人都自觉地守着自己的那一份，就会和谐相处。“民莫之令而自均”指出了自然规律作用的普遍性和客观性。

治理天下者，首先要建立一种体制，制定各种制度，并确立各种名分，任命各级官员办事。既然有了名分，就会有纷争，所以就要有所制约，不可过分，要适可而止，这就不会纷扰多事了。统治者按规律行事，不肆意妄为，这样就不会纷扰多事了，国家就不会危亡。

“譬道之在天下，犹川谷之于江海。”“道”存在于天下，就像大海一样广阔无边。“道”是江海，王侯与万民，就像一条条或大或小的河川溪流向大海汇聚。大海处于低洼之处，河川溪流才能够汇聚于此。老子认为管理者应真正地感悟到“道”的真谛，遵循“道”的无为而治的规律，才会受到百姓的拥戴。

[经典事例]

宋襄公之“仁”

公元前638年夏天，一直想成为霸主的宋襄公出兵伐郑，郑国便向楚国求助。楚成王接到消息后，并没有直接援救郑国，而是统领大军直接杀向了宋国。宋襄公顿时慌了手脚，也顾不上攻打郑国，连忙带领军队赶回宋国。

等宋军在河边扎好营盘，楚国的兵马刚好来到了对岸。这时属下公孙固对宋襄公说：“楚军来到这里只是为了救郑国。我们已经从郑国撤兵。他们的目的也已经达到了。咱们兵力不足，不能硬拼，还是和楚国讲和吧。”宋襄公却反驳道：“楚军虽然兵强马壮，可是缺乏仁义。我们宋国虽然兵力单薄，但却是仁义之师。不义之兵能胜过仁义之师吗？”

宋襄公还特意命人做了一面大旗，上面绣着“仁义”二字。他就要用这“仁义”来战胜楚国的刀剑。

到了第二天早上，楚军开始过河。公孙固对宋襄公说：“楚军正在渡河。等他们渡到一半，我军杀过去，一定能够取胜。”宋襄公却指着“仁义”之旗说：“人家还没渡完河我们就打，那还算什么仁义之师？”

宋襄公

子姓，名兹甫，春秋五霸之一，宋国君主，公元前650年至公元前637年在位。公元前638年与楚大战于泓水（今河南柘城北），大败，次年伤重而死。

过了一会儿，楚军全部过了河。正当他们在河岸上布阵时，公孙固又对宋襄公说：“趁楚军正在乱哄哄地布阵，我们发动攻击，也许还能取胜。”宋襄公听罢很不满意，“人家还没有摆好阵，你就要去打他，那还算得上是仁义之师吗？”

楚军布好阵之后，立刻发起攻击。宋襄公领兵冲在最前面。可是，宋军根本不是楚军的对手，很快就被打得落花流水，宋襄公也受了箭伤。

宋襄公被手下人救回来以后，仍然执迷不悟：“仁义之师就是要以德服人，我奉行仁义之道打仗，不能乘人之危去攻打对方，这才是君子所为。”他手下的将士们听了，都暗骂宋襄公是个草包。

后来，宋襄公的伤口感染，不久便死去了。

宋襄公的做法，的确是君子所为。但是，在“春秋无义战”的背景之下，他依然死守陈规，实际上就是违背了那个时代的自保之“道”。历史上很多人都自以为得“道”，但实际上，能够真正认识它的人并不多，“侯王若能守之，万物将自宾”，但如果不能真正领悟到“道”，其结果就无法预测了。

晏子责烛雏

春秋时期的齐景公特别喜欢捕鸟，他经常将捕获而来的各种鸟饲养起来赏玩，还特意指派了一个叫烛雏的人负责捕鸟的事。

有一天，烛雏一时大意，使捕来的鸟飞走了。齐景公知道以后非常生气，大发雷霆，要杀掉烛雏。齐国重臣晏子知道此事后，马上来见齐景公。

他对齐景公说："烛雏犯了重罪，请让为臣来历数他的罪状，然后再请大王按罪处死他吧。"齐景公就同意了晏子的请求。

然后晏子就派人把烛雏带来，当着齐景公的面一一列举烛雏的罪状："大王派你负责看管鸟，而你却粗心大意让鸟飞走，这是你的第一条罪状；你使大王由于鸟飞走的缘故而杀人，使大王背上喜好杀人的坏名声，这是第二条罪状；如果以后别的诸侯听到这件事，以为大王把鸟看得比人命还要重，从此就毁了大王威望，这就是第三条罪状。"

晏子一口气列举了烛雏的三大罪状之后，便请齐景公处死烛雏。

齐景公并不糊涂，他在晏子斥责烛雏的时候已经醒悟过来，于是摆摆手说："算了，不要杀了，寡人在盛怒之下险些做了错事。多亏了先生的指点。"

真正有智慧的人在正面批评或许无济于事的情况下，往往采用侧面迂回的办法取得劝谏的成功，晏子的故事就说明了这个道理。正是因为他懂得了劝谏君主之"道"，才使自己的话收到了成效！

第三十三章

题解

老子经常用一些简单而生动的比喻来阐述自己的学说，辩证法是他思想的精华之一。在这一章中，老子再次运用辩证思维来论述“道”，他比较了智慧与超智慧、力量与超力量以及长久与永恒的不同，旨在说明“道”超越一切和至高无上的作用。很多人认为了解他人需要非凡的智慧，而了解自己则属于超智慧。古今中外的历史上，因为没有自知之明而失败的人不胜枚举。老子还认为，肉体虽死而精神犹在才是真正的永恒。

［原文］

知人者智，自知者明。王弼《道德真经注》：知人者，智而已矣，未若自知者超智之上也。**胜人者有力，**唐玄宗《御注道德真经》：能制胜人者，适可谓有力。**自胜者强。**河上公《河上公章句》：人能自胜己情欲，则天下无有能与己争者，故为强也。**知足者富。**王弼《道德真经注》：知足者自不失，故富也。**强行者有志。**明太祖《御注道德真经》：又强行者，言君子终日虑道不息，是为有志，既有志，事将必成焉。**不失其所者久。**河上公《河上公章句》：人能自节养，不失其所受天之精气，则可以长久。**死而不亡者寿。**唐玄宗《御注道德真经》：得天常者，死而不亡。是一期之尽，可谓寿矣。

［译文］

了解他人的人很智慧，而了解自己的人才叫高明。战胜他人的人很有力量，而战胜自己的人才叫强大。知道满足的人就是富有。知难而进的人很有志气。不失原则的人能够长久。肉体死亡但精神仍在的人才是真正的长寿。

［读解心得］

知人者智，自知者明：知，认清。要做到知人、知己，是很不容易的。姜太公曾说过：“人心之不同，各如其面。”人的个性不同，犹如人的容貌，各有各的容貌，也各有各的特殊品行。有的外貌似愚笨而内心睿智，有的貌似恭敬而心怀叵测。历代都有人讲究观察，考验人的事情。如曹操有意安排关公与刘备的妻子同居一室，就是要杂之以处而观其色。关公在房外站了一整夜，曹操被关公的人品所深深折服，从此非常尊敬关公。了解别人是明智的、聪明的。因为了解别人的过程也是一个评判的过程，需要水平，需要能力，更需要客观与公正。这个“智”，是智慧。“不识庐山真面目，只缘身在此山中”，知人难，知己更难。点亮一盏灯，可以照亮整间屋子，然而灯附近的地方却没有光的照耀，即俗称的“灯下黑”。人也有“灯下黑”，往往不能全面认识自己，或认识不足，或自视过高。韩信甘受胯下之辱，季布委身以为奴，皆自知其才，忍辱负重，以待他日之用，最终功成名就，这是知己。杨修恃才傲物，放荡不羁，结果招来杀身之祸；崇祯刚愎不明，至死仍然认为“群臣误我”，这就是不知己。自知者明是需要达到一种境界，需要自我反省和思考，需要对自己的心灵进行洗涤。人对事物有一个认知的过程，人在迷惘的时候，需要别人的“当头一棒”，以使其能够清醒地认识自己、对待自己，这才是最聪明的。高明的人都能够做到“知己”。

岳飞

岳飞，字鹏举，我国历史上的民族英雄、军事家、抗金名将，其精忠报国的精神深受中国各族人民的敬佩。

自胜者强：把自己作为战斗的对象，立志坚定，克服困难，战胜自身的弱点，才能取得胜利，成就大业。如岳飞好饮酒，高宗拊其背说：“今国难方殷，卿未可嗜酒。”岳飞为了不因饮酒而误国事，终身不饮。岳飞的自制力如此之强，所以他能历经大小数百战，攻无不克，战无不胜，成为民族英雄！如果一个人连一根烟，一杯酒的诱惑都克制不住，却要与天下人争胜，真可谓是不自量力！

知足者富：老子讲的“知足”是知道把握事物发展的分寸。应当前进的时候，当仁不让，赞其强行者有志，矢志不渝事竟成。“强行者有志”，就是有志者胸怀一个伟大的理想与志愿，历经磨难，却始终努力，坚持不懈。

老子一贯主张“死而不亡”。“死而不亡”不是“灵魂不灭”，而是说，人的肉体虽然不能长生，但人的精神却可以永垂不朽，这应该可以算是长寿了。

我国古代伟大的思想家、教育家、政治家、儒家学派创始人孔子，虽然早在二千五百年前就已经逝去，但他的思想、著书、精神一直流传下来，时至今日，还依然为世人所敬仰与推崇。

俗语说，人死如灯灭。人死了之后，唯一还能延续的，就是人们对他的感激和怀念。儒家、墨家、法家等也都同意这种观点，也都劝人追求不朽，不朽不是缥缈无稽的灵魂不死，而是为人民立德、立功、立言。为天地立心，为生民立命，为往圣继绝学，为万世开太平。这是何等的心胸，何等不朽的人生！

[经典事例]

管鲍之交

春秋时期齐国的政治家管仲和鲍叔牙是好朋友。两人年轻时，管仲家境贫寒，而鲍叔牙则比较富裕，但是他们两人彼此了解、相互信任，因而相交甚好。

管仲和鲍叔牙早年曾经合伙做生意。当时，管仲出的本钱很少，而分红的时候却拿的却很多。鲍叔牙身边的伙计时常因此发牢骚，但鲍叔牙从不计较，他知道管仲要奉养老母，家庭负担很大，有时他还问管仲："这些钱够不够用？"有很多次，管仲给鲍叔牙出主意，反而把事情办糟了，鲍叔牙一点也不生气，还极力安慰管仲："事情没办成，并不是由于你的主意不好，而是因为没有好时机，你不要介意。"

管仲曾经三次为官，但是每一次都被罢免，鲍叔牙认为并不是管仲的才能不足，而是因为没有碰到真正赏识他的人。管仲还曾经和鲍叔牙一起参军作战，可他却经常临阵脱逃，鲍叔牙也没有像别人那样嘲笑管仲贪生怕死，他知道管仲是因为挂念家中年迈的母亲。

后来，两个人都从政了。当时齐国朝政非常混乱，众位公子为了避祸，纷纷逃往别国等待机会。当时管仲正在辅佐在鲁国居住的公子纠，而鲍叔牙则侍奉住在莒国的公子小白。不久，齐国发生内乱，国君被杀，齐国群龙无首。公子纠和小白得到消息，连忙动身赶回齐国，都想抢先夺得王位。

两支队伍刚好在半路上相遇，管仲为了让公子纠继承君位，就向公子小白射了一箭，没想到箭正好射到小白腰带挂钩上，小白安然无恙。后来，公子小白抢先回到齐国即位，就是历史上有名的齐桓公。

齐桓公刚一即位，就让鲁国国君把公子纠杀死，并把管仲囚禁起来。齐桓公想任命鲍叔牙为丞相，帮助他治理齐国。鲍叔牙却认为自己没有足够的能力当好丞相。他极力举荐被囚禁的管仲。鲍叔牙对齐桓公说："在治理国家

方面，我比不上管仲。管仲为人宽厚仁慈，忠实守信，他能够制定规范的国家制度，还擅长指挥军队。这都是我所欠缺的。所以您要是想治理好国家，就应当请管仲来当丞相。”齐桓公听了很不同意，他说：“当初管仲射我一箭，险些把我害死，我不杀他就算仁至义尽了，你怎么还能让他当丞相呢？”鲍叔牙回答道：“我听说，一个贤明的君主是不应当记仇的。再说，当时管仲是为公子纠效命的，他当初既然能忠心地为主人办事，今后也一定能够忠心耿耿地为君王效力。您如果想成为天下的霸主，没有管仲是不能成功的。所以您一定要重用他。”齐桓公终于被鲍叔牙的挚诚之言说服了，于是派人把管仲接回齐国。

管仲回到了齐国，当上了丞相，而鲍叔牙却心甘情愿地做管仲的助手。在他们的合力治理下，齐国很快就成为当时诸侯国中最强盛的国家，齐桓公也成了诸侯之中的霸主。

从这个故事可以看出，鲍叔牙正是“知人者智，自知者明”的典范。他了解自己，也了解管仲，正因为如此，他才能在齐桓公面前极力保举管仲，使得齐国没有失去这样一位贤相。由此看来，齐桓公的称霸，在很大程度上正是得益于管鲍之间深刻的了解和密切的合作。

各有所长

有一次，子夏问孔子：“颜回这个人怎么样？”孔子回答说：“颜回是个仁德之人，我比不上他。”子夏又问：“子贡这个人怎么样？”孔子答道：“他的口才比我强。”子夏又问：“子路怎么样？”孔子说：“他的勇敢远远胜过我。”子夏又问：“那子张的为人怎么样？”孔子说：“他为人矜庄，我不如他。”子夏听罢便离开座席，问道：“既然这样，那他们为什么做您的学生呢？”孔子说：“别着急，请坐下，我告诉你。颜回为人虽然仁德但是不懂得通权达变；子贡虽然口才很好却不懂得收敛锋芒；子路虽然勇敢但却不懂得畏怯；子张虽然矜庄却不够随和。从某一方面，我不如他们；但是论做人的根本道理，以他们四个人的优点来与我交换，我也是不会答应的。这就是他们四个人拜我为师的原因。”

在孔子看来，他自己与学生都各有所长。而真正明白这个道理的，却只有他一个人，这就是他之所以被尊称为圣人的原因所在。

第三十四章

题解

“道”是天地之始、万物之母，不刻意谋求主宰万物，却是真正的主宰。世间万物的生长看似微不足道，却由“道”来决定。这样，领悟“道”要顺其自然，不宜刻意强求，就像老子所说的“企者不立，跨者不行”。有些人为了彰显个人价值，或拒绝与他人合作，或争强好斗，或强迫自己，而不了解人生的价值是不需要通过过度的压力和逼迫来实现的，也不需要刻意的证明，人生本身就极具价值。

［原文］

大道氾兮，其可左右。王弼《道德真经注》：言道泛滥，无所不适，可左右上下周旋而用，则无所不至也。**万物恃(shì)之而生**河上公《河上公章句》：恃，待也。万物皆待道而生。**而不辞，**明太祖《御注道德真经》：言君子行道，务不夸为上，所以不夸，即不辞。**功成而不有。**唐玄宗《御注道德真经》：功用备成，不名己有。**衣被万物而不为主，**河上公《河上公章句》：道虽爱养万物，不如人主有所收取。**可名于“小”；**明太祖《御注道德真经》：道如厚纩之衣被，被者盖覆人物也。若言可名，道之德不欲使人名之，故止小也，即可名于小矣。**万物归焉而不为主，可名为“大”。**河上公《河上公章句》：万物皆归道受气，道非如人主有所禁止也。万物横来横去，使名自在，故可名于大也。**以其终不自为大，故能成其大。**明太祖《御注道德真经》：圣人善能利济万物，又不自夸其功，是谓能成其大。因本身不以为大，所以成大，乃不成而成者矣。**天下皆谓我道大，似不肖。**唐玄宗《御注道德真经》：肖，似也。老君云，天下之人皆谓我道大，无所象似，我则答云耳。**夫唯大，故似不肖。**河上公《河上公章句》：唯独名德大者为身害，故佯愚似若不肖。无所分别，无所割截，不贱人而自贵。**若肖，久矣其细也夫！**宋徽宗《御解道德真经》：若肖则道外有物，岂得为大乎？

[译文]

大道就像河水泛滥，无所不在。万物依赖它生长而不推辞，完成了使命却不贪图虚名。它滋养万物却不为主宰，永远无欲无求，可以说很渺小；万物都来归附，它也不为主宰，又可以说是很伟大。由于它不自大，所以才成就了真正的大。普天之下都说我所说的“道”非常广博，好像难以具体掌握。但正因为它的广博无边，所以才难以具体掌握。如果可以掌握的话，它早就琐碎不堪了！

[读解心得]

大道在宇宙天地之间广泛地存在着，老子认为“道”生长万物，养育万物，万物都归恩于它，而“道”却不主宰万物，完全任万物顺其自然去发展，不显示夸耀自己的主位。正是因此，人们才将它称为“大道”。世间万物都是按照自身的规律去运行发展的，人不要把事物发展的成绩归功于自己。实际上也是在期望统治者应该像“道”那样。

[经典事例]

卫青不败

汉武帝时期，卫青、霍去病在与匈奴的战斗中立下大功，汉武帝因此对他们大加封赏。

卫氏家族显赫之后，京城长安有歌谣说：“生男无喜，生女无怨，独不见卫子夫霸天下。”意思是说卫家的显贵全靠了皇后卫子夫。其实不然，在汉代，掌握朝政的外戚大都是靠裙带关系爬上高位的，而卫青和霍去病却是在战场上出生入死，为国家立下了赫赫功勋才身居高位的。因此，即使后来卫子夫失宠，他们两人在朝中的地位也丝毫没有受到影响。

原本出身低贱的卫青如今被封为了贵极人臣的大将军，朝中大臣纷纷巴结奉承。这时，武帝的姐姐平阳公主寡居在家，她要在列侯之中选择丈夫，不少人都说大将军卫青最合适，平阳公主笑着说：“他从前是我的下人，做过我的随从，怎么能让他做我的丈夫呢？”左右都说：“卫青已经今非昔比了，他现在当上了大将军，姐姐又是皇后，他的三个儿子也都被封了侯，权势威震天下，还有谁比他更配得上您的呢？”平阳公主听后也有些愿意了。

汉武帝知道这件事后，笑道：“当初我娶了卫青的姐姐，如今他又要娶我的姐姐，这倒很有意思。”于是立即允婚。这样，卫青与武帝亲上加亲，更加受宠。但是卫青为人谦让仁慈，敬重贤才，从来不以势压人，因此很受朝臣的尊重。

后来，汉武帝对卫青的外甥霍去病恩宠日盛，霍去病的声望渐渐超过了卫青。从前奔走于大将军门下的很多故交，如今都转到了霍去病的门下。卫青门前渐渐显出冷落，但他毫不在意，认为这是人之常情，自己则心甘情愿地过着平静恬淡的生活。

后来，大将军卫青去世，汉武帝派人在自己的茂陵东边专门为卫青修建了一座坟墓，以铭记卫青一生的赫赫战功。

历朝历代，战功卓著而能够善终的武将并不多，卫青就是其中之一。他之所以没有在政治激流中遭到祸患，就在于他始终保持着谦卑的品性。这样的处世原则，才使得他能在险恶的政治环境中立于不败之地。

晏子车夫

齐国的相国晏子有一次乘坐马车外出。这辆马车正好经过为晏子驾车的马车夫的家门口。马车夫的妻子在家中打开了一条门缝，向外观看。她本来只是想目睹一下齐国相国的风采，没想到同时也看到了自己的丈夫在替晏子驾车时，竟然那样神气十足地坐在车前的大伞盖的下面，得意洋洋地挥舞手中的马鞭，目无行人，昂然前行，好像是替相国驾车，自己也成了当朝相国一样。

当天晚上，这个马车夫回到家里，白天那种自我陶醉的神情还没有消失，他的妻子就提出要离开他。这个晴天霹雳，一下子让马车夫半天摸不着头脑。他百思不得其解地向妻子追问离婚的缘由，妻子气愤地说："晏子是我们齐国的当朝相国，他的学问和名望在各国诸侯大臣当中有口皆碑。可是，今天我看见他坐在车上，态度谦和，仪表端庄，思想深沉，令人肃然起敬。你不过是为他驾车的马车夫而已，却坐在车上趾高气扬，自以为有多了不起，赶车的时候竟不把行人百姓放在眼里。你这样自以为是，将来会有什么出息呢？所以，我一定要与你离婚！"

马车夫听了妻子的这番数落，看到了自己的无知和浅薄，感到羞愧万分，无地自容。从此以后，他彻底地改变了自己对生活的态度，不仅更加勤奋好学，而且变得谦虚谨慎，终于用实际行动得到了妻子的原谅。

马车夫的这些变化引起了晏子的关注，他十分好奇地探询其中的缘由。马车夫如实地将妻子的批评和他自己的悔改和盘托出，这使得晏子非常感动。他不仅敬佩马车夫的妻子超凡脱俗的思想境界，同时也非常欣赏马车夫知错能改、从善如流的品质。后来，晏子在国君面前推荐这位马车夫，使他做了大夫。

这个故事一方面说明知错即改的道理，另一方面也说明了为人处世应有的原则，即谦卑处下，不妄自尊大。在此基础上，才能够冷静地审视自身的优缺点，使自身不断完善，以成就大业。

第三十五章

题解

本章的论述旨在强调看似平淡无奇的“道”其实蕴含着巨大的力量。老子认为，以“清静无为”的大道治国的圣人会使天下归附，即使所有人都前来归附也不会相互妨害，至少也可以使世界和平安定。接着老子又运用对比来衬托“道”的伟大，他认为美妙的音乐和美味的饮食最多能使路人一时停下脚步，而“道”虽然淡而无味、无声无形，却能受用不尽。

“道”表面上是平淡无奇的，但正像第四十一章所说的“大方无隅，大器晚成，大音希声，大象无形”一样，正因为大道无所不为，所以才给人以平淡无奇的感觉，这也是事物两个方面互相转化的一种体现。老子的这种看法也是对“无”和“有”的关系所做的进一步解释。“万物生于有”，所以看上去很具体，容易理解和辨识；“有生于无”，深邃空灵，说出来，“淡乎其无味”，所以正如《道德经》开篇所说的“道可道，非常道”。

[原文]

执河上公《河上公章句》：执，守也。**大象，**唐玄宗《御注道德真经》：大象，大道也。**天下往。**王弼《道德真经注》：不炎不寒，不温不凉，故能包统万物，无所犯伤，主若执之，则天下往也。**往而不害，安平泰。**河上公《河上公章句》：万民归往而不伤害，则国安家宁而致太平矣。治身不害神明，则身安而大寿也。**乐与饵，过客止。**唐玄宗《御注道德真经》：乐，音乐也。饵，饮食也。言人家有音乐饮食，则行过之客皆为之留止。**道之出口，淡乎其无味，视之不足见，听之不足闻，用之不足既。**河上公《河上公章句》：道出入于口，淡淡非如五味有酸咸苦甘辛也。足，得也。道无形，非若五色有青黄赤白黑可得见也。道非若五音有宫商角徵羽可得听闻也。既，尽也。谓用道治国，则国安民昌。治身则寿命延长，无有既尽之时也。

[译文]

掌握了“道”，天下就会前来归附。即使所有人都来归附，也都会相安无事，天下会安定太平。声色美食只能一时留住人的脚步。“道”说出来，平淡无奇，也不值得看、不值得听，但却可以受用终身。

［读解心得］

这一章再次论说了“道”的作用和影响。在《道德经》中“道”的作用和影响被反复提及，看似重复，实则是层层深入，不断展开。本章歌颂了“道”的伟大力量。老子创建了“道”的学说，并反复描述“道”，但“道”究竟是什么样子，老子也尚未找到合适的表达方式，所以使“道”的学说很玄妙。“道”是看不见，听不到，摸不着的，是用感官无法感知到的，但又实际存在着，它的影响和作用是无穷的。

“乐与饵”只能供人做客时短暂享受，但却不能长久。大道虽然平凡无奇，但是平凡中见伟大，可以终身享用。老子在本章里告诫官员们不要沉迷于声色美酒之中，应该追求自然质朴的大道。统治者执政、治国，都应该按照事物发展的自然规律去行事，这样才能保持社会的安定和发展。西汉初期的政治就受到其影响。

［经典事例］

割席断交

管宁和华歆是三国时代的名士。他们俩在年轻的时候，非常要好。他们每天形影不离，相处得非常和谐。据《世说新语》记载，两人曾发生过“割席断交”的故事。

一天，他们一起在菜地里锄草。两个人卖力地干着活，甚至顾不上休息，不一会儿就锄好了一大片。

忽然，管宁一锄下去，碰到了一个很硬的东西。管宁感到很奇怪，就把刚才锄到的一大块泥土翻了过来。他看到，在黑黝黝的泥土之中，有一个东西闪闪发着金光。管宁仔细一看，原来是一块黄金，他自言自语地说：“我还以为是什么东西呢，原来是块金子。”然后，他就不再理会了，继续埋头锄草。

可是，不远处的华歆听到管宁的话，不禁心里一动，连忙放下锄头跑了过来，俯下身捡起金块仔细端详。

管宁见此情景，一边舞动手里的锄头继续干活，一边责备华歆：“君子爱财，取之有道，有道之人是不会贪图不劳而获的财物的。”

华歆听了，嘴上说：“这个道理我也明白。”可手里还是捧着金子，舍不得放下。后来，他被管宁锐利的目光盯得实在受不了，才很不情愿地扔了金子回

去继续干活。可是他心里一直惦记着金子，干活也不像先前那样努力，还不停地唉声叹气。管宁见到他这个样子，没有说什么，只是不停地摇头。

还有一次，管宁和华歆同坐在一张席子上看书。两人正看得入神，忽然外面喧闹起来，响起了一片鼓乐声，中间还夹杂着鸣锣开道的吆喝声。管宁和华歆听到动静，就起身来到窗前，想看看外面究竟发生了什么事。

华歆

华歆（公元157年—公元231年），字子鱼，汉末三国时期名士，曹魏大臣，与钟繇、王朗同为三公，又与邴原、管宁齐名，时人称其三人为一“龙”。

两人透过窗户一望，原来有一位达官贵人的车子从这里经过。一大队随从穿着统一的服装，佩戴着武器，前呼后拥地护卫着车子，威风八面。再看那辆车，装饰更是奢华：车帘是用五彩绸缎织成的，四周用金线装饰着，车顶上还镶了一块玲珑剔透的大翡翠。富贵之势使旁观的人们无不啧啧赞叹。

管宁看了以后，对于外面发生的事很不以为然，又坐到原处拿起书专心致志地看起来。他对外面的喧闹之声充耳不闻，就好像外面什么也没发生一样。

而华歆却正好相反，他几乎完全被这种豪华的排场和张扬的声势吸引住了。他觉得在屋子里看不清楚，就丢下书本，匆匆忙忙跑到街上，跟着人群，尾随着车队仔细看。

管宁看到了华歆的所作所为，心中产生了无限的叹惋和失望。等马车过去，华歆回来之后，管宁就拿出一把刀子，当着他的面把席子从中间割开，分成两半，然后满怀伤感地对华歆说：“我们俩的志趣太不一样了。从今天起，我们两个就像这被割开的席子一样，不再是朋友了。

管宁之所以与华歆断交，就是因为二人志趣不同，一个不慕名利，专心治学；一个热衷财货、声名，用心不专。华歆的所作所为正好与老子“乐与饵，过客止”的说法相符合，他沉迷于具有诱惑力的“乐与饵”之中，而将看似“淡乎其无味”的学问抛在脑后，这就不再与管宁志同道合。管宁因此而与其绝交，确实是一个正直之人的必然之举。

第三十六章

题解

事物通常包含着对立统一的两个方面，根据物极必反的道理，这两个对立面在一定条件下可以互相转化。无论是做人还是治国，老子都主张“知强守弱”，永远使自己处于一个低调和弱势的位置，这样就能伸缩自如，为自己赢得更大的发展空间。在这一章中，老子批判了自满、炫耀和逞强等行为，统治者若如此，则必将导致败亡。老子再次以辩证法来论述“知其雄，守其雌”和“曲则全”的道理，深入地分析了“柔弱胜刚强”的意义。

歙和张、弱和强、废和兴、夺和与，这些看似对立的关系，其实又存在着密切的因果联系。在失去之前，必定要先拥有，不拥有就谈不上失去。人们常说的“希望越大失望就越大”和“置之死地而后生”，说的就是这个道理，分别从不同的角度解释了希望与失望的关系。“道”虽大，但是从不恃强主宰万物，而万物却宾服于“道”。有个成语叫作“见微知著”，老子正是通过观察别人看不到的微小之处，发现别人不愿承认其存在的道理。最后，老子指出“国之利器不可以示人”，反对轻率地使用严刑酷法。

[原文]

将欲歙（xī）之，必固张之；将欲弱之，必固强之；将欲废之，必固兴之；将欲取之，必固与之。是谓“微明”。河上公《河上公章句》：先开张之者，欲极其奢淫。先强大之者，欲使遇祸患。先兴之者，欲使其骄危。先兴之者，欲极其贪心。此四事，其道微，其效明也。**柔弱胜刚强。**韩非子《喻老》：处小弱而重自卑。**鱼不可脱于渊，国之利器不可以示人。**唐玄宗《御注道德真经》：脱，失也。利器，权道也。此言权道不可以示非其人，故举喻云：鱼若失渊，则为人所擒，权道示非其人，则当窃以为诈谲矣。

[译文]

要收拢的必先张开，要削弱的必先强大，要荒废的必先兴盛，要夺取的必先给予。这是微妙简明的道理。柔弱的可以战胜刚强的。就像鱼不能离开河流一样，严刑酷法也不能轻易使用。

［读解心得］

这一章主要讲了事物的两面性和矛盾相互转化的辩证关系。在事物的发展过程中，当到达一个极端后，就会向它的相反方向发展。本章的前八句是老子对于事物发展的具体分析，贯穿了老子所谓“物极必反”的辩证法思想。“歙”与“张”、“弱”与“强”、“废”与“兴”、“取”与“与”是四个矛盾的对立统一体。老子选择居于柔弱的一面。老子认为在柔弱与刚强的对立中，柔弱的事物能够驾驭刚强的事物。他认为柔弱的东西极富柔韧性，生命力旺盛，所以能够长久。而刚强的东西反而极易折断，不能长久。深水是鱼生存的根本，鱼离开水就不能生存。治国者应该顺应自然之道，不可以用利器、强权来威吓人民，否则便要自招祸患，国破身亡。

［经典事例］

胯下之辱

韩信是秦汉之交的一位著名军事家，曾为汉高祖刘邦建立汉朝立下过赫赫战功。

韩信很小的时候，就失去了双亲。他主要靠钓鱼换来的钱维持生活，还经常得到一位靠漂洗丝绵为生的老妇人的周济，因而屡屡遭到别人的歧视和冷遇。

有一次，一群恶少当众侮辱韩信。其中有一个屠夫对韩信说：“你虽然长得人高马大，又喜欢佩剑，其实你是个胆小鬼。你要是真有本事的话，敢用你的剑来刺我吗？你要是不敢，就从我的裤裆下面钻过去。韩信知道自己形只影单，如果跟他们硬拼，自己肯定要吃亏。于是，他当着许多围观者的面，从那个屠夫的裤裆下面钻了过去。史书上称之为“胯下之辱”。

后来，韩信发愤图强，学得一身兵法，他的军事才能可以说无人能及。后来被萧何引见到刘邦的帐下，很快就当上了大将军，为刘邦打下汉室江山立下赫赫战功，成就了自己的一番宏图伟业。

韩信正是以“柔弱”保全了自己，才成就了后来的事业。

三家分晋

一向被称为中原地区霸主的晋国，到了春秋后期，国君已经大权旁落了，国家的实权由六家大夫掌握。他们各自都有独立的地盘和武装，互相攻伐。后来其中两家被打散了，还剩下智家、韩家、赵家、魏家。在这四家中，以

智家的势力最为强大。

智家的智伯瑶想吞并其他三家的土地，于是就对三家的大夫赵襄子、韩康子、魏桓子说：“晋国原本是中原的霸主，后来相继被吴、越夺去了霸主的地位。为了使晋国再次强大起来，我主张每一家都划出一百里土地和户口来交给公家。”

这三家大夫都知道智伯瑶想借公家的名义来逼迫他们交出土地。可是三家大夫心不齐，首先是韩康子把土地和户口割让给了智家；魏桓子不想得罪智伯瑶，也把土地、户口割让出来了。

智伯瑶又向赵襄子索要土地和户口，赵襄子坚决不同意，他说：“土地是祖上留下来的产业，无论如何也不能送人！”

智伯瑶听了赵襄子的话，怒气冲天，马上率领韩、魏两家一同发兵攻打赵家。

公元前455年，智伯瑶亲自率领中军，魏家的军队担任左路，韩家的军队担任右路，三路人马直奔赵家。

赵襄子知道寡不敌众，就带着手下的兵马退守晋阳。

没过多长时间，智伯瑶率领三家的人马已经把整个晋阳城团团围住。赵襄子命令将士们坚守城池，不许出战。每当三家军队攻城的时候，城头上的箭好像飞蝗一般落下来，使得三家兵马无法前进一步。

就这样，赵襄子凭着弓箭守了两年多。三家的兵马始终没能把晋阳城攻下来。

这一天，智伯瑶来到城外察看地形，他看到了晋阳城东北面的晋水，忽然有了一个主意：晋水从晋阳城边绕过向下游流去，如果把晋水引到西南边来，晋阳城不就被水淹了吗？他想到这里，就命令士卒在晋水边上另外再挖一条河，一直通到晋阳城，又在上游筑起了堤坝，用以拦住上游的水。

当时正值雨季，堤坝上的水很快就满了。智伯瑶命人在水坝上挖出个豁口。这样，大水就直冲出来，灌到晋阳城里去了。

晋阳城里的房屋被淹，人们不得不躲到房顶上去避难；炉灶也淹没在水里，老百姓不得不把锅悬起来做饭。即使如此，晋阳城的老百姓宁可淹死，也坚决不肯投降，因为他们恨透了智伯瑶。

智伯瑶请魏桓子和韩康子一同去察看水势。他用手指着晋阳城得意洋洋地对他们说：“你们看，晋阳不是很快就要完了吗？以前我还以为晋水能像城墙一样拦住敌人，现在才知道，原来大水也能灭掉一个国家！”

魏桓子和韩康子表面上虽然顺从地答应，可心里却暗暗吃惊。原来，在魏家的封邑安邑、韩家的封邑平阳旁边各有一条河流。智伯瑶的话提醒了他们：晋水既然能淹晋阳，说不定哪天安邑和平阳也会遭到和晋阳同样的命运。

晋阳被淹之后，城中的情况越来越危急了。赵襄子坐卧不安，他对门客张

孟谈说："晋阳民心虽然没变，可水势要是再涨起来，全城就保不住了，这可怎么办呢？"

张孟谈回答说："依我看，魏家和韩家把土地白白割让给智伯瑶，他们也不会心甘情愿的，我想办法劝他们两家共同对付智伯瑶。"

于是当天晚上，张孟谈就奉赵襄子之命偷偷出城。他先找到韩康子，又找到魏桓子，说服他们反过来与赵家一起攻打智伯瑶。韩、魏两家早就为此事犹豫，经张孟谈一劝，都欣然同意了。

第二天半夜，智伯瑶正在营帐里睡觉，忽然间听见外面一片喊杀的声音。他急忙从床上爬起来，发现被褥和衣服全都湿了。他定睛一看，原来兵营里全是水。开始他还以为是堤坝决口，河水流到自己营里来了，于是他就赶忙命人去抢修。可是水势越来越大，把整个兵营全都淹没了。正当智伯瑶惊慌不定的时候，四面八方响起了震耳欲聋的战鼓声。赵、魏、韩三家的将士驾着小舟、木筏一齐冲杀过来。智伯瑶手下的士卒，被砍杀的和淹死的不计其数。智家全军覆没，智伯瑶也被三家的人马捉住杀了。

后来，赵、魏、韩三家瓜分了智家的土地，各自独立，形成了赵、魏、韩三国，历史上称这件事为"三家分晋"。

原本，在四家中，智伯瑶的实力是最大的，可是他过于狂妄自大，对另外三家态度强硬无礼。他一味地施行"霸道"，而没有考虑到自己貌似强大的背后会有什么危险，即没有"将欲废之，必固兴之"的战略眼光。因此，他最后为三家所灭，也是势所必然。

第三十七章

题解

本章论述的主要是“道”的无所不在和无所不为，也是老子“无为而治”政治思想的体现。老子再次强调，如果统治者遵循“道”的原则来治理国家，则“万物将自化”。由于“道”主张无为，所以在万物自化的过程中，有可能滋生贪欲，这时，“道”将继续发挥效用，使之回归纯朴，令贪欲不再复生。世界的原初状态就是宁静朴素，所以无所不为的大道会涤除世间所有不符合自然原则的事物。“无为”的目的是剔除贪欲，而其本身也无欲无求，超越了世上一切狭隘和偏见。

[原文]

道常无为而无不为。明太祖《御注道德真经》：道治天下，专其志而守之，所守在心，所为居衷，无形无影，乃道常存，即是无为无不为。**侯王若能守之，万物将自化。**唐玄宗《御注道德真经》：侯王若能守道无为，则万物自化。君之无为，而淳朴矣。**化而欲作，吾将镇之以无名之朴。**王弼《道德真经注》：化而欲作，作欲成也。吾将镇之无名之朴，不为主也。**无名之朴，夫亦将无欲。**河上公《河上公章句》：言侯王镇抚以道德，民亦将不欲。**不欲以静，天下将自正。**河上公《河上公章句》：故当以清静，导化之也。能如是者，天下将自正定也。

[译文]

“道”永远是顺其自然无所作为，但任何事却都是由它所为。统治者如果能坚守它，万物就会自动教化。教化后就会产生各种欲求，我就用纯朴的大道来镇止。纯朴的大道，将使其回归无欲无求。无欲无求以达到清静，天下将自动归于正道。

[读解心得]

老子在《道德经》中多次阐释了“自然无为”的思想，这也是老子思想的核心，主张顺自然、因物性。所谓“无为”，就是使事物保持在其产生之前的“无”的状态。中医有句名言“上工治未病”，就是说高明的医生医治在病前。很多

事物都是这样的，防患于未然，把问题解决在萌芽状态中，看似不经意，其实已经无为而无不为。

老子的“道”是一种哲学，而不是一种宗教，不具有主观意志，主张顺其自然。它创造万物，但又不主宰万物，任凭自然万物顺着自然规律发展、繁衍、消亡，不去妄为。在治国方面，如果王侯能够遵循这个规律，按照“无为而无不为”的法则来施行，而不以个人的意志来妄加干涉的话，那么人民就可以按照自身所需，发展生产，安居乐业。这样社会就会安定，天下自然就稳定下来了。

人在自然进化和发展的过程中，一旦产生贪欲，就要用纯朴的大道来镇服它，用“道”来约束人们的欲望，使上下同无贪欲，共处于恬淡虚静的纯朴状态中，社会就会继续安定下去。即“镇之以无名之朴，无名之朴，夫亦将无欲，不欲以静，天下将自定”。在历史上，西汉时期有著名的“文景之治”。汉文帝刘恒即位后，废除残酷的肉刑，治罪仅止本人，不牵连妻儿；诽谤不治，铸钱者除；通关去塞，不孽诸侯，除去一系列秦朝时的乱法，为天下兴利除害，以安海内。他在位期间，一直执行与民休养生息和轻徭薄赋的政策。他一生都注重简朴。他本人车骑服御之物都没有增添，平时穿戴的都是用粗糙的黑丝绸做的衣服，连为自己预修的陵墓，也要求从简。文帝之子景帝刘启，继续执行“无为而治”的休养生息政策。父子二人共同开创了“文景之治”。

［经典事例］

缇萦救父

西汉初年的统治者奉行“黄老”之学当中“赏罚信”的思想，要求执法严明，即便是天子，也只是有“执道生法”的权力，而不可以犯法。汉文帝就是这样一位不以个人意志破坏国家律法的皇帝。

有一次，汉文帝出行路过渭桥时，正好有人从桥下走出来，使文帝的马受惊而跑。廷尉张释之根据汉朝的法律对此人罚四两金，而文帝则要求处死。张释之对文帝说：“国家的法律是皇上和天下人共同制定的。如果我们随意改变法律，就会使天下人对法律失去信任，人们就不知道怎样做才对。”文帝听了，认为廷尉做得很对，于是就立即悔改。

由于黄老思想不但要求“君正”，而且还要求“法正”，因此，汉初的统治者坚持摒除秦朝遗留下来的苛法。汉文帝刚即位不久，就废除了“收孥连坐法”，即废除了一人犯罪，全家人都被收为奴婢及受各种株连的法律。这种对旧传统的否定，就是对成法的改革。

汉文帝最重要的法制改革是废除肉刑，改革刑制。这项改革的起因是缇萦救父。文帝十三年（公元前 167 年），临淄有个名叫淳于缇萦的小姑娘。她的父亲名叫淳于意，原本是个读书人，因为喜好医学，经常给人看病，因此出了名。后来他做了齐国的太仓令，但是他为人耿直，不愿跟做官的来往，也不会对上司阿谀奉承。因此没有多久，他就辞了职，做起医生来了。

有一回，有个商人的妻子得了病，他就请淳于意来医治。病人吃了药之后，病不见好转，过了几天就死了。那个商人倚仗财势向官府告了淳于意一状。当地的官府判他"肉刑"。当时的肉刑主要有劓刑（割去鼻子）、黥刑（脸上刺字）和斩左右趾（砍去左足或右足）。淳于意曾经做过官，所以要由齐地押解到京城长安去受刑。淳于意生了五个女儿，只是没有儿子。他被押解离开家的时候，望着五个女儿叹息道："唉，我虽然有这么多女儿，但是没有男孩，遇到危难，一个有用的都没有。"

几个女儿都低头痛哭，只有最小的女儿缇萦要求陪着父亲一起去长安，家人再三劝阻也没有用。

缇萦救父

汉太仓令淳于意行医时遭人诬陷入狱被判肉刑。他的小女儿缇萦偷随父亲到了长安，并向汉文帝上书：愿给官府为奴，替父赎罪，使他有改过自新的机会。汉文帝看后被她的孝心感动，下令减轻缇萦之父的刑罚，并废除了残忍的肉刑。

缇萦到了长安之后，写了一封信，托人交给汉文帝。文帝听说上书的是一个小姑娘，非常重视。那封信上写着：

"我名叫缇萦，是齐太仓令淳于意的小女儿。我父亲当初做官的时候，齐地的百姓都称赞他是个清官。这次他犯了罪，被处以肉刑。我不但为自己的父亲难过，也为天下所有受肉刑的人感到伤心。因为一个人被砍掉了脚就成了残废；鼻子被割去，就不能再接上去，以后就是真想改过自新，也没有办法了。我愿意被官府收为奴婢，替我的父亲赎罪，好让他获得改过自新的机会。"

汉文帝看了这封信，非常同情缇萦，同时也觉得她说得很有道理，于是立即召集大臣，对他们说："犯了罪就应该受罚，这是理所当然的。可是，犯人受了罚之后，也应当让他重新做人才是。按照现在的法律，惩治一个犯人，在

他的脸上刺字或者损坏他的肢体，这怎么能劝人为善呢？看来得商量一个代替肉刑的办法了。”

大臣们经过商议，拟定出了新办法，把肉刑改为打板子。原来判砍足的，改为打五百板子；原来判割去鼻子的，改为打三百板子。汉文帝正式下令废除了肉刑。就这样，缇萦用她的勇气和智慧救了她的父亲。

汉文帝废除了肉刑，看起来是好事，可是具体执行起来，弊病也不少。有的犯人被打上五百或三百板子，就被打死了，这样一来，反而使刑罚加重。后来到了他的儿子汉景帝即位时，才把打板子的刑罚又减轻了一些。

可以说，文帝、景帝在位时，汉朝政治清明，法律也略显宽松，统治者采取休养生息的治国策略。正是因为有了这种“不欲以静”的执政态度，才使得汉初的生产力得到了恢复，进而成就了“文景之治”的不世之功。

下篇

第三十八章

题解

“道”和“德”是老子在全书中重点阐述的两个核心概念，“德”由“道”生成，受“道”的支配，遵循“道”的主旨行事。在本章中，老子谈到了深为儒家推崇的“仁”“义”和“礼”，但他对这些道德规范及行为准则的态度与儒家却大相径庭。老子将本章中提到的哲学和伦理道德概念排了次序，“道”当然是处于第一位的，之后依次是“德”“仁”“义”和“礼”，其中“德”又有“上德”和“下德”之分。显然，“上德”才是老子所说的由“道”派生出的真正的“德”。上德之人不在意形式上的“德”，下德之人则教条地死守所谓的“德”，所以有道与无道的区别就十分明显了。“上德不德”就如同“天地不仁”和“圣人不仁”，因为大“道”顺其自然，不需要用仁义来人为地修饰。

第十八章说：“大道废，有仁义。”法律的产生是为了惩治犯罪，如果没有人犯罪，法律也就失去了存在的意义。老子强调“返璞归真”，认为人间的仁义道德、礼仪制度不过是对失道失德的粉饰。“仁”在失道失德后用来调整人际关系，“义”在“仁”丧失后用来规定人的行为，“礼”在“义”丧失后用来稳定社会秩序。如果社会充满和谐与友爱，那么要仁义还有什么用呢?

老子看到了社会道德的堕落，却没有探讨其中的原因，否认人类文明的进步性显示了其思想保守的一面。不过可以肯定的是，无为而治的崇尚自然和去伪存真在今天仍然值得借鉴。

[原文]

上德不德，是以有德；河上公《河上公章句》：上德，谓太古无名号之君，德大无上，故言上德也。不德者，言其不以德教民，因循自然，养人性命，其德不见，故言不德也。言其德合于天地，和气流行，民得以全也。**下德不失德，是以无德。**唐玄宗《御注道德真经》：建德下衰，功用稍著，心虽体道，迹涉有为，执德可称，故云不失。迹涉矜有，比上为粗，故云是以无德也。**上德无为而无以为；**宋徽宗《御解道德真经》：不思而得，不勉而中，不行而至，上德也。**下德无为而有以为。**河上公《河上公章句》：言为教令，施政事也。言以为己取名号也。**上仁为之而无以为；**韩非子

《解老》：仁者，谓其中心欣然爱人也；其喜人之有福，而恶人之有祸也；生心之所不能已也，非求其报也。**上义为之而有以为。**唐玄宗《御注道德真经》：义者裁非之义，谓为裁非之义，故曰为之。有以裁非断割，令得其宜，故云而有以为，此心迹俱有为也。**上礼为之而莫之应，则攘臂而扔之。**河上公《河上公章句》：谓上礼之君，其礼无上，故言上礼。为之者，言为礼制度，序威仪也。言礼华盛实衰，饰伪烦多，动则离道，不可应也。言礼烦多不可应，上下忿争，故攘臂相仍引。**故失道而后德，失德而后仁，失仁而后义，失义而后礼。**宋徽宗《御解道德真经》：道不可致，故失道而后德。德不可至，故失德而后仁。仁可为也，为则近乎义，故失仁而后义。义可亏也，亏则饰以礼，故失义而后礼。**夫礼者，忠信之薄，而乱之首。**河上公《河上公章句》：言礼废本治末，忠信日以衰薄。礼者贱质而贵文，故正直日以少，邪乱日以生。**前识者，道之华，而愚之始。**唐玄宗《御注道德真经》：识者，人之性识也；谓在人性识之前，而制此检外之礼，虽欲应时，实丧淳朴，故云道之华。礼以救乱，所贵同和，而失礼意者，则将矜其玉帛，贵其跪拜，如此之人，故为愚昧之始。**是以大丈夫**韩非子《解老》：所谓"大丈夫"者，谓其智之大也。**处其厚，不居其薄；处其实，不居其华。**河上公《河上公章句》：处其厚者，谓处身于敦朴。不处身违道，为世烦乱也。处忠信也。不尚华言也。**故去彼取此。**河上公《河上公章句》：去彼华薄，取此厚实。

儒服儒行

鲁哀公问孔子穿的是不是儒服，孔子说："袖子宽大的衣服是鲁国的，淄色布冠是宋国的，君子靠的是自己的博学，服装只是入乡随俗，所以不知道是不是儒服。"鲁哀公又问儒行，孔子详细介绍了儒者自立、近情、刚毅、自守、宽裕、举贤援能、特立独行等十几种操行。

［译文］

具有上德者不刻意表现德，所以符合“德”；具有下德者刻意表现德，所以不符合“德”。具有上德者顺其自然无为而治；具有下德者刻意有所作为。崇尚仁的人有所作为，却不是刻意而为；崇尚义的人有所作为却是刻意而为。崇尚礼的人有所作为却无人响应，于是伸出胳膊强迫他人。所以“道”失去后才有“德”，“德”失去后才有“仁”，“仁”失去后才有“义”，“义”失去后才有“礼”。礼是忠信的欠缺，祸乱的开始。有先见之明的人，只是认识到了“道”的浮华部分，是愚昧的开始。所以大丈夫要敦厚处世，不拘泥于浅陋，脚踏实地，不崇尚浮华。所以要去浮华而取敦厚之“道”。

［读解心得］

在老子眼中，“德”就像智慧一样，也有高低上下之分。上德者，无疑是具有大智慧的人，这样的人的智慧与德性全都在心里，并不需要像孔雀一样招摇过市。按我们今天的话说，就是有自信。这种自信，是从自己内心产生，任何人也左右不了的。对于外界的褒贬，有则改之，无则加勉，并不会装腔作势，故作姿态。

然而在老子眼中，守“礼”者，则是故作姿态之人。老子一贯向往着小国寡民的世界，那个世界里，到处存在着仁与义，因此人与人之间也会保持着相当单纯的关系。但是这种世界是不可能存在的，当世界越来越进步，人们的思维变得越来越灵活，人与人之间想要沟通与交流，不得不用“礼”去约束，而在老子眼中，那种“礼”是虚伪而做作的。但是，不得不说，时代在进步，老子心目中那个小国寡民的净土永远也不会出现了。

［经典事例］

郑伯克段于鄢

春秋时期，郑武公娶了申国的武姜为妻，武姜生下庄公和共叔段。庄公出生的时候出现了异常情况，脚先出来，武姜因此受到惊吓，就给他取名为“寤生”，对他非常厌恶。武姜十分偏爱共叔段，想立他为世子，还曾经多次向武公请求，可是武公没有答应。

庄公即位以后，在武姜的要求之下，把京邑封给了共叔段，人们都称他为京城太叔。大夫祭仲对庄公说：“都城城墙如果超过三百丈长，就会成为国家的祸患。按照先王的制度，国中最大的城邑不能超过都城的三分之一，中等的

郑庄公掘地见母

在颍考叔的帮助下郑庄公与母亲在地道中尽释前嫌。

不能超过都城的五分之一，小的不能超过都城的九分之一。如今，京邑城墙不符合规矩，怕是会对您有所不利。”庄公说：“既然姜氏想要这样，我又怎么能避开祸患呢？”祭仲向庄公建议：“姜氏没有满足的时候，不如趁早处置，千万不要让祸根蔓延，否则就难办了。蔓延开的野草尚且不能铲除干净，更何况是您的弟弟呢？”庄公说：“多行不义必自毙，你等着瞧吧。”

没过多久，太叔段使原本属于郑国的西部和北部的边邑也归为自己所有。大夫公子吕对庄公说：“一个国家不能有两个君主，您现在打算怎么办？您如果想把郑国交给太叔管理，那么我就去辅佐他；如果不想让他当权，就请尽快除掉他，千万不要使臣民产生疑惑。”庄公说：“我不必除掉他，他自己就会遭到灾祸。”

后来，太叔又变本加厉地扩充自己的土地。公子吕对庄公说：“现在应该行动了！他的土地扩大了，将要得到百姓的拥护。”庄公说：“他对君主不讲忠义，对兄长不讲亲情，即使土地扩大了，他也会失败的。”

太叔一边加固城池，一边训练军队，并准备好兵马战车，准备偷袭郑国。武姜则与他商量好要开城门做内应。庄公得知这一情况之后，说：“现在可以出击了！”于是命令子封率兵讨伐京邑。京邑的百姓都背叛了共叔段，于是共叔段就逃到鄢城。庄公又下令追到鄢城讨伐他。后来共叔段逃到了共国。

战胜共叔段之后，庄公命人把武姜安置在城颍，并且对天发誓：“不到黄泉，就不与她见面！”可是过了一段时间，庄公却后悔了。

有个人名叫颍考叔，是在颍谷管理疆界的官吏，他听说这件事，就来到都城，把贡品献给庄公。庄公很高兴，就赐给他饭食。颍考叔吃饭时，故意把肉留着。庄公不解，就问他为什么这样做。颍考叔回答：“小人家中有老母亲，我平时吃的东西她都品尝过，但是从来没有尝过君王赐给的肉羹，我打算带回去给她吃。”庄公听了无限感慨：“你还有母亲可以孝敬，而我就没有！”颍考叔问道：“请问您这话是什么意思？”庄公就把原委告诉了他，还向他表明了自己后悔的心情。颍考叔说：“您不必担心，只要挖出一条地道，见到泉水，母子二人在地道中相见，还会有谁说您违背了誓言呢？”庄公听了很高兴，就依照他的建议做了。

庄公走到地道中与武姜相见，从此，他们又恢复了过去的母子关系。

《春秋》把郑庄公称为“郑伯”，是讥讽他对自己的弟弟共叔段失教，因为赶走共叔段是郑庄公的本意。后来郑庄公与母亲武姜相见，也是出于一种对亲情的虚伪维护。因此，按照老子的说法，郑庄公就是“下德不失德，是以无德”的代表。

第三十九章

题解

本章可以分为两部分，第一部分阐述了“道”对天地万物的巨大影响，“一”既是“道生一”的“一”，也是“抱一为天下式”的“一”。老子的思想虽然强调辩证，但并不属于二元论，因为大“道”是唯一的；第二部分说的还是“返璞归真”，因为这才符合“道”的本质。

［原文］

昔河上公《河上公章句》：昔，往也。**之得一者，**唐玄宗《御注道德真经》：一者，道之和，谓冲气也。以其妙用在物为一，故谓之一尔。**天得一以清，地得一以宁，神得一以灵，谷得一以盈，万物得一以生，侯王得一以为天下正。**河上公《河上公章句》：言天得一故能垂象清明。言地得一故能安静不动摇。言神得一故能变化无形。言谷得一故能盈满而不绝也。言万物皆须道以生成也。言侯王得一故能为天下平正。**其致之也，**宋徽宗《御解道德真经》：一以致之而已，故曰其致之一也。**天无以清将恐裂，地无以宁将恐废，神无以灵将恐歇，谷无以盈将恐竭，万物无以生将恐灭，侯王无以正将恐蹶（jué）。**王弼《道德真经注》：用一以致清耳，非用清以清也。守一则清不失，用清则恐裂也。故为功之母，不可舍也。是以皆无用其功，恐丧其本也。清不能为清，盈不能为盈，皆有其母以存其形，故清不足贵，盈不足多，贵在其母，而母无贵形。**故贵以贱为本，高以下为基。**宋徽宗《御解道德真经》：贱者，贵之所恃以为固，下者，高之所自起。世之人睹其末，而圣人探其本，世之人见其成，而圣人察其微，故常得一也。**是以侯王自称孤、寡、不穀（gǔ）。此非以贱为本邪？非乎？**明太祖《御注道德真经》：为仁人君子者，务尚谦卑为吉，所以又云王称孤寡不穀，此三字俗呼，皆微小无德之名，王臣乃称之，言其不自高也。小人夸己，可乎？所以俗云言吾恶者是吾师，言吾善者是吾贼。**故至誉无誉，是故不欲琭琭如玉，珞珞如石。**王夫之《老子衍》：以大"舆"载天下者，知所取舍久矣。李息斋曰：轮盖辐轸，会而为车，物物有名，而车不可名。仁义礼智，合而为道，仁义可名，而道不可名。苟有可执，使其迹外见，贵者如玉，贱者如石，可以指名，而人始得贵贱之矣。

[译文]

以前得道的情况是，天得道而清明，地得道而宁静，神得道而灵验，峡谷得道而充盈，万物得道而生长，统治者得道而稳守天下。由此可知，天不清明就会崩裂，地不宁静就会塌陷，神不灵验就会消亡，峡谷不充盈就会干涸，万物不生长就会灭绝，统治者的国家不稳定就会倾覆。所以高贵把卑贱作为根本，高大以低下为基础。因此统治者自称"孤""寡""不穀"。难道这不是把卑贱当作根本吗？不是吗？所以最高的赞誉就是没有赞誉，不要像美玉一样华丽，要像顽石一样朴质坚硬。

琢玉

"如切如磋，如琢如磨"，这说的是琢玉的工艺程序。切，就是把玉料解开；磋，就是对玉料进一步成型修冶；琢，就是雕琢花纹和成器；磨，就是抛光。人云："玉虽有美质，在于石间，不值良工琢磨，与瓦砾不别。"一块好的籽料只有经过琢玉艺人的巧妙构思和鬼斧神工般的琢磨，才能成为一件精美绝伦的艺术珍品。

[读解心得]

在《道德经》里，老子已经证明了"道"的存在价值。没有"道"，万物都难生长；没有"道"，天地神灵也都将消失；没有道，国家也会灭亡。这就是万物为何都要遵守"道"的原因。

在《道德经》中，老子常用"一"来代称"道"，如二十二章的"圣人抱一为天下式"。"一"本是万物之本，原始而初蒙，这跟老子追求的"道"的境界有着本质的相似，在此章中，老子连续七个"一"字，可见其深意。

关于“一”的解释，老子在后面做了结论，他认为高贵的根本是先要懂得卑贱。这个思想，老子是一以贯之的。有一个词叫作“周而复始”，字面的意思是事物都是循环往复的。我们不妨从深一层的意思来理解它，任何事物在运行了一周后都会回到原点。而它无论已运行多远，总是要从原点开始。

老子在这里为人们敲着警钟，总是高高在上，一旦摔下来就会很疼。老子说：“贵以贱为本，高以下为基。”王侯将相想要让自己的基业百年不衰，应该认识到“贱”“下”是自己的根基。人生在世，不必处处光鲜，有的时候，还是质朴一些更好，也不必事事强硬，坚持己见，有的时候还是放松下来对自己更好。真正得“道”的人，懂得藏拙，懂得从“一”做起。

[经典事例]

载舟覆舟

唐太宗李世民是历史上少有的明君。由于唐朝是在灭隋的基础上建立起来的，而唐太宗又目睹了隋朝衰亡的全过程，亲身感受到了隋末农民起义的强大威慑力。因而，唐太宗经常与群臣讨论隋亡的原因。他善于纳谏，在很大程度上就是吸取了隋朝灭亡的教训。

有一次，唐太宗与著名的“诤臣”魏徵探讨治国之道。唐太宗问魏徵：“隋朝为什么那么快就灭亡？”魏徵回答道：“因为皇帝失去了民心。”唐太宗又问：“那么百姓和皇帝之间应当是什么关系？”魏徵回答：“皇帝就像一只大船，天下的百姓就好比是汪洋大水。船只有在水中才能乘风破浪；但是，水能载舟，亦能覆舟。百姓能够拥戴皇帝，同时也有力量将他推翻。太上皇（李渊）高举义旗推翻隋朝暴虐统治就说明了这个道理。所以，作为帝王就要时刻记住这一点。”

唐太宗一直没有忘记“水能载舟，亦能覆舟”的历史教训，悟出了“贵以贱为本,高以下为基”所蕴含的深意,因此把“民为邦本”作为执政的主导思想，这才使百废待兴的初唐呈现出了“贞观之治”的景象。

约法三章

秦二世在位时，天下的百姓不堪忍受秦朝的苛政，于是纷纷揭竿而起。首先是陈胜、吴广起义，后来又有项梁、项羽率领的楚人起义，刘邦也趁机率兵反秦。经过多年战争，形成项羽和刘邦楚汉相争的局面，最后，竟然是实力较弱的刘邦统一了天下。

项羽所统领的楚军，是当时实力最强的一支队伍。项羽为了笼络人心，把原来的楚王之后立为楚怀王。当时楚怀王与项羽等人相约，谁最先打下秦朝都城咸阳，谁就做“关中王”。

此时的刘邦只有不到两万人马，但竟然鬼使神差地第一个打入关中，攻下了咸阳。他于是美滋滋地住进了富丽堂皇的阿房宫。

刘邦手下有几位极有眼光的贤臣，他们马上劝告刘邦，告诉他不要贪恋眼前的享受，而要以收买民心为重。

刘邦是个聪明人，他听了张良等人的劝告之后，马上离开了阿房宫。

他又召集来各县父老，宣布“约法三章”：

第一，杀人者判死刑。

第二，伤人者判罪。

第三，偷盗者判罪。

“约法三章”一公布，立刻受到百姓的欢迎，人们都说刘邦是个贤明的君主，希望他能够领导关中地区。

项羽听说刘邦竟然抢先攻下咸阳，十分气愤。他的谋士范增听说刘邦到了咸阳以后，既不贪财也不好色，估计他是今后唯一一个与项羽争天下的人，于是就极力怂恿项羽将刘邦杀掉。为此，项羽设下“鸿门宴”，想要借机杀掉刘邦。

可是，在鸿门宴上，项羽却心怀妇人之仁，不听范增的话，放走了刘邦。刘邦这才得以保全性命。

由于项羽军队实力最强，所以在各路义军当中什么都由他说了算。在后来分封诸侯的大会上，他分了十八个王。他为了防备刘邦，就把刘邦封为汉王，统管巴、蜀、汉中等地，并在关中地区另外封了三个王，以钳制刘邦。

刘邦到了封地后，又实行起“约法三章”的政策，因此深得民心。他身边又有萧何、张良两位贤臣为他出谋划策，所以他虽然与项羽数战数败，但始终都有不断再战的资本。

项羽则不然，他刚愎自用，不听范增的忠告，使得自己身边的谋臣武将越来越少。最后楚汉相争的局势发生了逆转，刘邦依靠身边众多贤臣的帮助和治下百姓的支持，终于消灭了不可一世的霸王项羽，建立了汉室江山。

从刘邦“约法三章”的举动可以看出，他正是在谋臣的启发之下看到了君主应“以贱为本”，才以怀柔之法使自己的实力得到迅速提高。刘邦广揽贤才，而这些贤德之士在一定程度上也属于他的“百姓”，由此更可以看出人民群众对于巩固统治的重要作用。

第四十章

题解

“有”和“无”也是老子经常提到的哲学概念。天地万物属于有形的物质，所以理解为“天下万物生于有”，而“道”是恍惚、寂寥的，无声无形的，因为老子认为“道”是世界的本原，所以可以理解为“有生于无”。第二十五章说大道“独立而不改，周行而不殆”，道德运行是永恒的，并且与世间万物相互转化，真正的强者常常是居于弱势的。

[原文]

反者道之动，弱者道之用。河上公《河上公章句》：反，本也。本者，道之所以动，动生万物，背之则亡也。柔弱者，道之所常用，故能长久。

天下万物生于有，有生于无。王弼《道德真经注》：天下之物皆以有为生，有之所始，以无为本，将欲全有，必反于无也。

[译文]

“道”的运行是循环往复的，它的作用表现为柔弱无力。天下万物产生于有形物质，有形物质又产生于无形的“道”。

[读解心得]

数千年前老子留下五千言论道，而后乘青牛，出函谷，翩然而去，不知所踪。在只有简牍的时代，《道德经》堪称惜墨如金，短短篇幅述尽了万物的规律，始终以其玄奥而著称于世。在极端精炼的《道德经》中，本章又可以说是各篇章中更为短小的。

反者道之动：一个“反”字涵盖了多重意思，包括与“正”相对的相反，还有还归、返回等，引申一下还有往返重复的意思。

最常见的一种观点将“反”字解释为：规律运动的反向性，即人们常说的物极必反。相应的，“反者道之动”就可以理解为：运动的规律是向着循环往复的方向发展的。比如说人的生与死。人的出生是一个起点，以后每过一秒，都是向死亡这个终点迈进。生存的时间越长，距离死亡也就越近。因此对于“生”这一点来说，运动的规律也就是“道”，总是向着相反的方向发展的。而这种反向运动实质上是事物内部“生”“死”两种力量此消彼长的量变，生命存在的过程其实就是死亡因素不断堆积的过程，它的量变积累到了一定数量，自然会形成死亡的质变。

第二种观点认为“反”通“返”，有回归之义，比如从冬至夏表示向一个方向运动，从夏至冬光阴不曾停止却又回到了最初的起点，完成了一个运转的周期，从而构成了一个“返”。再如经济运行脱离正常轨道堕入危机的深渊，这是反向运动；然而一旦危机爆发，各种力量的均势被打破，格局开始重组，新的平衡重新建立，所谓的“返”便在从危机到平衡的第二个反向运动中完成了它的周期。又或是古人说“月有阴晴圆缺”，新月渐圆，满月渐缺，都是一种“返”，是“道”的运行，亦即事物循环往复的必然发展规律。

第三种观点就是说“反”这里有相反相成的蕴义，就是指两个对立的事物既互相排斥又互相促成，中医所说的“善补阳者当阴中求阳，善补阴者当阳中求阴”就深通此道，透彻地说明了相反的东西也相互依赖，具有同一性。

弱者道之用：“用”是指物质使用的效果。老子认为“道”的表象和作用应该是微妙而柔弱的。弱的对立面是强。一般情况下，人们总是善于利用自己的长处和优势地位，压倒性地实现自己的目标。但老子认为强不是长久之道，“弱者道之用”显然是在强调“道”易被人们忽视的“弱”的一面的影响力，他认为柔弱最终可以胜刚强。老子在这里强调“弱”是道的基本属性，“道”在运行过程中并不是强势而富于压力的，它的本质是柔和、天成，顺乎万物的，即“道法自然”。任何事物的初始状态往往是弱小的，经过一段时间的发展和完善才能强大起来，而盛极之后接踵而至的又是衰弱。追根究底，“强”只是弱的变化，比如人类刚出生的时候是弱小的婴儿，数十年以后才能到达强盛的壮年时期，然而五十岁以后逐步衰老，再一次进入“弱”的状态。因此从事物的发展

孙膑

孙膑，战国著名军事家，著有《孙膑兵法》。公元前341年，齐魏两国“马陵之战”，齐军军师孙膑利用庞涓的心理，巧用逐日减灶之谋而取胜，正是妙用示弱计的典范。示弱计是克敌制胜的妙法，在中外战争中广为兵家所用。

过程来看，“弱”无疑是事物的一种本质属性。

平心而论，每个人都有自身的弱点，然而只要善加利用，示弱往往成为事件的转机所在。拥有这种大智慧的人历史上不乏先例，勾践如是，孙膑如是。

天下万物生于有，有生于无：这是《道德经》中提出的一个重要的理论。此处“无”并不是说空洞的虚无，而是指天地初始之时，宇宙中一无所有，一片静寂严寒。这种毫无生机、毫无动向的天地之始被命名为“无”。与之相应，可以生成万物的母体和衍生机制在运动中发生变化而具有生机，这就有了生成万物的条件，故给万物之母命名为“有”。

这句话旨在阐述“有”“无”相生，老子更在《道德经》中开宗明义地讲过“有、无两者同出而异名，同谓之玄”。“玄”者，即奇妙变化，是自然的不同表现，虽然看上去幽冥莫测、虚而不实，其实完全符合现代物理学对于宇宙物质演变的推演。

[经典事例]

火牛阵

公元前 284 年，燕昭王拜乐毅为上将军，与秦、楚、赵、魏、韩五国联合共同讨伐齐国。乐毅出兵仅半年，就攻下了齐国的七十多座城池。最后只剩下莒城和即墨两座城。莒城的齐国大夫拥立齐王之子为新君，就是齐襄王。乐毅派兵攻打即墨，由于即墨城守将已死，群龙无首，差点乱了起来。这时，在即墨城里，有一个齐王的远房亲戚，名叫田单，曾经带兵打过仗。城中军民就公推他为将军，带领齐人守城。

田单跟士卒们同甘共苦，还把自己的族人和家属都编在军队里，以抵抗燕兵。即墨人因此都很钦佩他，军队的士气旺盛起来了。就这样，乐毅把莒城和即墨围困了整整两年，也没有打下来。当时燕国有人妒忌乐毅，就在燕昭王面前进谗言：乐毅能在半年时间内打下七十多座城，为什么费了三年时间还攻不下这两座城呢？他并不是没有这个能力，而是想收买齐人的心，等齐国人都归顺了他，他自己就可以当齐王了。

燕昭王对乐毅非常信任。他说：“乐毅的功劳大得无法衡量，他就是真的当了齐王，也是应该的！”燕昭王还真的派使者前往齐都临淄去见乐毅，封他为齐王。乐毅对燕昭王十分感激，但坚决不肯接受封王的命令。结果，乐毅的威信更高了。

两年之后，燕昭王死了，太子继承王位，就是燕惠王。田单得到这个消息，认为这是个好机会，于是暗中派人到燕国去散布谣言，说乐毅本来早就想当齐王了，只是为了讨好先王，才没有接受称号。如今新君即位，乐毅就要在齐国做齐王了。要是燕国再派一员大将来，一定能够攻下莒城和即墨。

燕惠王本来就跟乐毅有矛盾，听了这些谣言，就决定派大将骑劫去齐国代替乐毅。乐毅本是赵国人，看到燕惠王不相信自己，就回赵国去了。

骑劫当上了大将，接管了乐毅的部队。燕国的将士都很不服气，可是大家敢怒而不敢言。骑劫命令围攻即墨。可是城中的田单，早就把对策想好了。没过多少天，燕国的兵将听到附近的百姓谈论纷纷。有的说："以前的乐毅将军太好了，对俘虏也加以优待，城里人当然不用害怕。要是燕人把俘虏的鼻子都割去，齐人还敢打仗吗？"还有的说："我家的祖坟都在城外，要是燕军真的挖起坟来，那可怎么办呢？"这些议论很快传到了骑劫耳朵里。骑劫就真的把齐国的俘虏削去了鼻子，还叫士兵把齐国城外的坟都刨开了。

济上劳军

乐毅是战国后期杰出的军事家，拜燕上将军，受封昌国君，辅佐燕昭王振兴燕国，报了强燕伐齐之仇。周赧王三十一年（公元前284年），燕昭王征发全国军队，命乐毅为上将军，出兵伐齐。秦派尉斯离率兵和韩、赵、魏三师会合。赵王以相国印授乐毅，乐毅即统率五国联军攻齐。燕军获得大胜，燕昭王亲到济上劳军，封乐毅于昌国（今山东淄川东），号昌国君。

即墨人听说燕军如此虐待俘虏，气愤至极；他们还在城上望见燕国的士兵刨他们的祖坟，更是恨得咬牙切齿。人们纷纷向田单请战，要跟燕军拼个死活。田单还派了几个人装作即墨城中的富翁，偷偷地给骑劫送去了大批金银财宝，对他说："即墨城里的粮食已经吃完了，用不了几天就会投降。贵国的大军进城的时候，还请将军保全我们。"骑劫听了很高兴，接受了财物，爽快地答应了下来。这样，燕军只等着城中投降，以为用不着再打仗了，就都懈怠下来。

田单亲自挑选了一千多头牛，并把它们全都打扮起来：每头牛的身上都披着一块被子，上面画着稀奇古怪的花样；牛角上绑着两把尖刀；牛尾巴上还系着一捆浸油的苇束。

一天深夜，田单命人凿开十几处城墙，把牛赶到了城外，然后在牛尾巴上点着了火。牛尾一烧着，这一千多头牛被烧得兽性发作，朝着燕国兵营的方向

猛冲过去。齐军的五千名勇士拿着长矛大刀，紧跟着牛队，冲杀了过去。即墨城里，无数百姓都拿着铜壶、铜盆，一起来到城头，拼命敲打起来。刹那间，震天动地的喊杀声夹杂着鼓声、铜器的敲击声，惊醒了睡梦中的燕军。燕国的士兵们睡眼蒙眬，只见火光冲天，成百上千只头上长着刀的怪兽，已经冲到眼前了。许多人吓得腿都软了，哪里还想抵抗呢？不必说那一千多头牛犄角上捆的尖刀扎死了多少人，那五千名齐国勇士砍死了多少人，就是燕军自己狂奔乱窜，被踩踏而死的也不计其数。

燕将骑劫坐在战车上，本想杀出一条生路，结果被齐兵团团围住，丢了性命。齐军趁势反攻，使整个齐国都轰动了，那些过去被燕国占领地方的军民，纷纷起兵，杀死燕国的守将，打开城门迎接田单。田单的队伍打到哪儿，哪儿的百姓就起来响应。没过几个月，田单就收复了被占领的七十多座城，齐国这才从几乎亡国的危险境地中恢复过来。

田单的“火牛阵”是中国古代军事史上以少胜多的著名战例。对内，田单与即墨城中的军民齐心协力，使得原本弱小的团体产生了极强的凝聚力；对外，他加以示弱，使敌人失去了防范。瓦解敌人而充实自己，正是“弱者道之用”所揭示的道理。

第四十一章

题解

本章重点描述“道”。在《道德经》中，老子从不直接描述“道”的概念或者定义，而是通过比较的方式，以间接描述来揭示“道”的真谛。本章首先描述了“上士”“中士”“下士”三种人听到“道”以后的反应。然后借“建言”来描述“道”的内涵：通过明和昧、进和退、白和辱等几组有对立统一关系的概念来界定“道”。最后一句，揭示了“道”的重要性。本章充分体现了《道德经》的辩证法思想，包蕴着无限的智慧。

［原文］

上士闻道，勤而行之；明太祖《御注道德真经》：所以古圣人终世而行道，日夕而持之，不敢有慢。**中士闻道，若存若亡；**河上公《河上公章句》：中士闻道，治身以长存，治国以太平，欣然而存之，退见财色荣誉，惑于情欲，而复亡之也。**下士闻道，大笑之。**河上公《河上公章句》：下士贪狠多欲，见道柔弱，谓之恐惧，见道质朴，谓之鄙陋，故大笑之。**不笑，不足以为道。**唐玄宗《御注道德真经》：不为下士所笑，不足以为玄妙至道也。**故建**王弼《道德真经注》：建，犹立也。**言有之：明道若昧，进道若退，夷道若纇（lèi），**河上公《河上公章句》：建，设也。设言以有道，当如下句。明道之人，若暗昧无所见。进取道者，若退不及。夷，平也。大道之人不自别殊，若多比类也。**上德若谷，广德若不足，建德若偷，质真若渝。**唐玄宗《御注道德真经》：虚缘而容物。纯洁而含垢。大成而执谦也。立功而不炫。淳一而和光。**大白若辱，大方无隅（yú），大器晚成，大音希声，大象无形。**宋徽宗《御解道德真经》：大方者，无方之方也。方而不割，故无隅。大器者，不器之器也。不益生，不助长，故晚成。动于无方，而感之斯应，故希声。托于窈冥，而视之不得见，故无形。**道隐无名。**唐玄宗《御注道德真经》：功用不彰，无名氏。**夫唯道，善贷且成。**河上公《河上公章句》：

成，就也。言道善稟贷人精气，且成就之也。

［译文］

悟性最好的人听了道的理论，就积极努力地去实践；悟性一般的人听了道的理论，有时候相信，有时候不相信；悟性很差的人听了道的理论，就会大笑起来。不被嘲笑，那就不足以称为“道”了。所以古代的时候经常流传着这样的话：光明的“道”看起来好像很暗昧；前进的“道”看起来好像在后退；平坦的“道”看起来好像很崎岖；崇高的“德”看起来好像空虚的样子；最广大的“德”看起来好似不足的样子；刚健的“德”看起来好像怠惰的样子；充实的“德”看起来好像虚无的样子。最洁白的东西，看起来好像有污点的样子；最方正的东西，反而没有棱角；最贵重的东西，总是最后才完成；最美妙的音乐，反而听来只有几个很简单的音符；最大的形象，反而看不见它的形体。真正的“道”是隐微而没有名称的。只有“道”，能够生发万物而且成就万物。

［读解心得］

一提到《道德经》，人们首先想起的应该就是那句“道可道，非常道”了。这句话的意思就是说，如果“道”可以被明确地描述出来，那么它就不是永恒的“道”了。在这里，老子其实在逻辑上给自己开了个小差。因为在《道德经》中，老子反复地强调“道”是世界的本源，但是老子又说如果能够被明确表述出来的东西就不是那个“道”了。在《道德经》中，老子对“道”极尽能事地进行了间接描述，但是“道”究竟是个什么样子的恐怕连老子自己也不是特别清楚。

这个章节中首先描述了不同的人听到“道”以后做出来的不同的反应，而老子究竟是根据什么把人分为“上士”“中士”“下士”的，我们已经不得而知。现在比较流行的有两种观点，一种认为这里是把人按照社会地位分为统治者、一般人和下层平民；还有一种观点认为这里分别指的是上等的士人、中等的士人和下等的士人。如果我们仔细观察就不难发现，其实老子在这里是依据“悟性”来划分人的等级的。所谓“上士”就是指悟性高的人，所谓“中士”就是指悟性一般的人，所谓“下士”就是指悟性低的人。“道”先天地而生，无为而无不为，是没有高低贵贱之分的。高高在上的统治者未必能够完全理解“道”的内涵，平常的市井平民也未必不能领悟“道”的真谛。所以在老子的思想体系里，人是没有地位高低之分，只有悟性高低之分。悟性高的人能够很深刻地体悟“道”，由此就会积极努力地去实践“道”；悟性一般的人听了“道”以后不会理解得很深刻，因此会时而怀疑，时而践行；悟性低的人根本无法理解“道”的内涵，所以就会嘲笑“道”并且不相信。老子认为，如果是大家都很相信的道理，那一定不是“道”。所以不被嘲笑就不足以被称为“道”了。

真正永恒的“道”通常跟我们日常的生活经验是相反的。所以老子在这一章节里说：“明道若昧，进道若退，夷道若颣，上德若谷，广德若不足，建德若偷，质真若渝。”

北京奥运会的颁奖音乐“金声玉振”的创作者谭盾在谈创作灵感的来源时曾反复提到《道德经》中的“大音希声”所反映出来的哲学意蕴，实际上几个简单的音符就可以奏出和谐美妙的音乐，真正壮美的音乐是不需要频繁地运用复杂技巧的。

实际上这里还提出了辩证法的矛盾转化思想，那就是一种事物到达了极致以后会向相反的方向转化，所以才会说：“大白若辱，大方无隅，大器晚成。大音希声，大象无形……”

[经典事例]

任公子钓大鱼

《庄子·外物》中有一则任公子钓鱼的寓言。

古时有一位胸怀大志的任公子，他做了一个极大的渔钩，并用一根很粗的绳子把渔钩系牢，然后，用五十头牛做鱼饵，挂在了渔钩上。

任公子坐在巍峨的会稽山上，他把钓钩抛进广阔的东海里。时间一天天过去了，但一直没有动静。这样过了一年，他也没有钓到鱼，可他还是一如既往地坐在会稽山上，任凭风吹雨打，也毫不动摇。

又过了很久，突然有一天，东海有一条大鱼游了过来，一口就把钓饵吞了下去。这条大鱼疼得在海中上下翻腾，掀起了层层巨浪。海水震荡，啸声雷鸣，巨大的威势使远在千里之外的人们听了都感到心惊肉跳。

最后，任公子终于征服了精疲力尽的大鱼。他把鱼切成块，晒成干，又把这些鱼肉干分给大家共同享用。从浙江以东到苍梧以北一带的人们，全都品尝过任公子用这条大鱼做成的鱼干。

很多年以后，一些既没有真本事又喜欢道听途说、品头论足的人，都用惊奇的口气传扬这件事情，还表示非常怀疑。因为这些目光短浅、胸无大志的人，只知道用普通的渔竿，到小河边去盯着鲵鲋之类的小鱼，他们这些人要像任公子那样钓到大鱼，是根本不可能的。

见识浅陋的人是不能真正理解“得道”者的远大志向的，就像那些只会

钓小鱼的人怀疑任公子一样。也正是因为人们处在不同层次之上，才有了“上士”“中士”“下士”的区别，同时也有了这三种人对于“道”的不同看法。

大器晚成

姜子牙是商朝末年人，他的始祖辅佐大禹治水有功而被封于吕地。到了姜子牙出世时，家境已经衰落了，因此姜子牙年轻的时候做过宰牛贩肉的屠夫，也开过酒店，以此勉强度日。姜子牙虽然贫穷，但志向远大，无论是宰牛还是做生意，他始终刻苦地学习天文地理、兵书战策，研究治国安邦的学问，希望有一天能为国家效力，施展才华。但是，一直没有这样的机会。

蹯溪垂钓

姜子牙是西周的开国元勋，也是中国古代的一位影响久远的杰出的韬略家、军事家与政治家。一天，周文王外出打猎，路过蹯溪，见到正在垂钓的姜子牙，两人便交谈起来，越谈越投机。姜子牙滔滔不绝地谈论着自己对安邦治国的见解。文王无比钦佩，高兴地说：“您正是我祖上太公亶父所盼望的圣人呀！”太公望的别号便由此得来。文王与姜子牙同车而归，封姜子牙为太师。

姜子牙晚年常在小溪旁垂钓。别人钓鱼，用的都是弯钩，上面挂着有香味的饵料，然后把渔钩沉在水中，诱骗鱼儿上钩。而姜子牙的渔钩却是直的，上面不放鱼饵，也不沉入水中，而且离水面有三尺高。他一边高高举着钓竿，一边自言自语地说：“不想活的鱼儿，你们要是愿意的话，就请自己上钩吧！”

一天，有个樵夫来到溪边，见姜子牙用不放饵料的直钩在水面上钓鱼，感到十分不解，就对他说：“老先生，像你这样，就算过一百年也钓不上一条鱼啊！”

姜子牙举了举钓竿，笑着说：“跟你说实话吧，我并不是为了钓鱼，而是为了有一天能钓到王与侯！”

姜子牙这种奇特的钓鱼方法，终于传到了周部落的英明领袖周文王姬昌那里。文王知道后，派了一名士兵去叫他过来。但姜子牙对这个士兵并不理睬，只顾钓鱼，还自言自语地说道：“钓啊钓，鱼儿不上钩，虾米来胡闹！”

文王听了这个士兵的禀报后，又改派一名官员去请姜子牙来。可是姜子牙仍然不搭理，边钓边说：“钓啊钓，大鱼没上钩，小鱼别胡闹！”

文王这时才意识到，这个垂钓者必定是位贤才，自己只有亲自去请他才对。于是他斋戒了三天，沐浴更衣，携带厚礼，前去聘请姜子牙。姜子牙见文王诚心诚意来请自己，就答应为他效力。

周文王认定姜子牙是当世难得的贤才，便任命他为国师专管军事，又因为他是自己的祖父生前日夜渴望的人，便尊称他为“太公望”。

后来，姜子牙辅佐文王兴邦立国。文王死后，他尽心竭力地辅佐武王姬发，帮助武王灭商兴周，为奠定周家八百年基业立下了汗马功劳。

姜太公年轻时怀才不遇，直到晚年才被明主发现，从而实现了自己的政治理想，因此，他可称得上是“大器晚成”者的典范。胸怀大志者要想成功，必然要走一条不同寻常的路，这就是得道者的品格。

第四十二章

题解

本章首先论述了天地万物的生成过程。老子认为天地的本源就是“道”。由“道”推衍开来，才有了“一”，有了“二”，有了“三”，进而有了“万物”。本章后一部分同样是《道德经》辩证法思想的体现，人类的人性中厌恶的“孤、寡、不穀”这些状态，帝王们居然用这些来称呼自己，这也许是现代人精神困境产生的源头，值得引起我们的思考。本章的最后，老子提出了把“强梁者不得其死”作为最基本的道理，从中我们可以看出《道德经》中体现出的柔弱无为的处世哲学。

［原文］

道生一，王弼《道德真经注》：万物万形，其归一也，何由致一，由于无也。**一生二，**唐玄宗《御注道德真经》：于生物之理未足，又生阳气，阳气不能独生，又生阴气，积冲气之一，故云一生二。**二生三，**河上公《河上公章句》：阴阳生和、清、浊三气，分为天地人也。**三生万物。**唐玄宗《御注道德真经》：阴阳含孕，冲气调和，然后万物阜成，故云三生万物。**万物负阴而抱阳，**明太祖《御注道德真经》：又负阴而抱阳，物盛而归源，属阴，归源而复出，是为抱阳。**冲气以为和。**唐玄宗《御注道德真经》：含养冲气，以为柔和也。**人之所恶，唯孤、寡、不穀，而王公以为称。**河上公《河上公章句》：孤寡不穀者，不祥之名，而王公以为称者，处谦卑，法空虚和柔。**故物，或损之而益，或益之而损。**宋徽宗《御解道德真经》：木落则粪本，损之而益故也。月盈则必食，益之而损故也。天地盈虚，与时消息，而况于人乎？然则王公之所称，乃所以致益而处贵高之道。**人之所教，我亦教之。**王弼《道德真经注》：我之教人非强使人从之也，而用夫自然，举其至理，顺之必吉，违之必凶。故人相教，违之自取其凶也，亦如我之教人，勿违之也。**强梁者不得其死，**唐玄宗《御注道德真经》：强梁之人，动与物亢，求益而损，物或击之，故不得其死。**吾将以为教父。**河上公《河上公章句》：父，始也。老子以强梁之人为教，戒之始也。

［译文］

“道”，先天地而生，独立统一，“道”这个统一体中再生出阴阳二气，阴阳二气相交而形成更多的事物，由这些事物推衍开来形成世间的万事万物。万物背阴而向阳，就是在阴阳二气的互相激荡中产生新的和谐统一体。人们最厌恶的就是“孤”“寡”“不穀”这些状态，但统治者却用这些名称来称呼自己。所以这世上的万事万物，有时候减损它，它反而得到增加；有时候增加它，它反而有所减少。别人用这样的人生道理教导我，我也用那些话去教导别人。争强好胜的人不能寿终正寝，我将把这作为教人的最基本的道理。

韩琦

韩琦，字稚圭，北宋三朝宰相。历经仁宗、英宗、神宗，十年辅相，执掌大政。他一生忧国忧民，鞠躬尽瘁，功勋卓著，被后世称为一代贤相。宋英宗即位之初，一天，韩琦接到太后的信，信中说英宗不侍奉她，要韩琦为她做主。韩琦用暗中调停的办法，使事情得到圆满的解决。他解决问题的出发点是以大局为重，不激化矛盾，从中可见和气的妙用。

［读解心得］

各家各派学者历来对“道”的内涵争论不休，因此，“道”被蒙上了一层神秘的面纱，“道”变得不可捉摸了。但是实际上，“道”就在那里，它是非常质朴、平常的东西。大道初行，混沌初开，由“道”作为始基推衍开来，生发万物，道无所为而又无所不为。

“强梁者不得其死”的道理发人深省，到后来庄子把这种思想发展成为无用的人才能安享天年的思想。很多人把这种思想看作是遁隐山林，消极避世的处事态度；实际上老子的意思是劝诫人们不要把自己放在首当其冲的位置，以免受到伤害而不能更好地“有所为”。如果我们仔细思索就会发现，中国社会是有着这样的潜规则的。这个潜规则用民间的话讲就是“枪打出头鸟”“出头的椽子先烂”。三国时期李康的《运命论》中对这种潜规则有句经典的解读：“木秀于林，风必摧之；堆出于岸，流必湍之；行高于人，众必非之。”中国社会的这种社会价值取向或许会成为我们今后发展的瓶颈，但是作为一个中国人必须要适应这种环境。老子正是深切地洞察到了这一点，所以才会说把“强梁者

不得其死”作为教人的首要道理。

老子在这一章中还揭示了一个深刻的矛盾，那就是人的本性和现实欲望的冲突。从人的本性来讲，每个人都希望不孤单、不寂寞、有亲情、有温暖，但是实际上每个人又有极大的私欲，所以统治者会把自己称为“寡人”等等，并企图万世万代，独享天下。老子看到了这个矛盾，并提出用“和”来解决这个矛盾，这也许是我们今天提出建设和谐社会的思想根源。

［经典事例］

“安史”之死

唐玄宗执政的天宝年间，安禄山趁朝廷内部空虚腐败，率领部将史思明等人发动了叛乱，史称“安史之乱”。这场叛乱持续了八年之久，使得盛极一时的唐王朝开始衰落。

然而，叛乱并没有给作乱者带来什么好处，反而使他们的寿命缩短了很多，还留下了千古骂名。安禄山原来就患有眼病，自从起兵以来，视力逐渐减退。他在洛阳称帝后不久，就双目失明了。因此，安禄山的性情变得非常暴躁，对身边侍从稍不满意，非打即骂。手下人稍有过失，就被处以极刑。他称帝之后，深居内宫，手下将领很少能直接与他议事，都是通过谋士严庄转达。严庄虽然很受器重，也经常遭到安禄山鞭挞。安禄山手下的宦官李猪儿经常为他穿衣解带，服侍起居，挨打最多，心中怨气也最大。被安禄山宠幸的段氏夫人，生下一子名叫安庆恩，非常受安禄山宠爱，他常想以安庆恩代替安庆绪作为自己的接班人。安庆绪整日担心自己会被废，严庄也害怕宫中事变对自己不利。于是，严庄与安庆绪、李猪儿经过商量，准备谋害安禄山。

一天夜里，三个人悄悄地来到安禄山的住所。侍卫见是谋士严庄和太子安庆绪，谁也不敢轻举妄动。于是严庄和安庆绪提着刀站在帐外，李猪儿手持大刀冲进帐中，对准床上的安禄山的腹部猛砍一刀。安禄山平时习惯于把佩刀放在床头以防身，但事前已被李猪儿悄悄拿走，这时他被砍了一刀，知道大事不好，连忙去摸刀，可他根本摸不着。

就这样，安禄山很快就死于非命。安庆绪当即在他的床下挖了一个深坑，用毯子裹着他的尸体，连夜埋在了坑里，并且告诫宫中严加保密。

第二天一早，严庄对部下宣布：安禄山病危，军政大事都由太子安庆绪掌管。安庆绪随即登基，尊安禄山为太上皇，然后便发丧。

安庆绪杀死安禄山称帝以后，又与史思明产生了矛盾。于是他想找机会除掉史思明。

史思明围攻太原被唐将李光弼击退后，撤到范阳驻守，安庆绪封他为王，兼任范阳节度使。范阳本是安禄山的老巢，安禄山从长安和洛阳掠来的珍宝，多数都在这里存放,此时已堆积如山。渐渐地，史思明开始恃富而骄，想把范阳据为己有，不想再受安庆绪的控制。

后来，安庆绪失去了洛阳，逃往邺郡。到了邺郡以后，他又开始四处征兵，田承嗣、蔡希德、武令珣等将先后投奔，唯独史思明既不派援兵，也不派使者来，安庆绪怀疑他有二心，于是派了安守忠、李立节、阿史那承庆三人，带五千骑兵来到范阳，打着征兵的旗号，实际上是想察看情况，准备偷袭。

安禄山反叛兵戈举

唐玄宗在位时，安禄山与杨国忠不和，恐其对己不利，遂以讨杨为借口，发动自己手下的军队及同罗、奚、契丹、室韦、突厥等少数民族共同组成十五万大军，在范阳起兵。

史思明听说这几位重臣同时前来，知道对方可能不怀好意，于是在营帐之外事先设好埋伏，然后亲自率领数万士兵迎接使者。他见到阿史那承庆和安守忠之后，立即下马施礼，十分殷勤。阿史那承庆等人见不好下手，只好随他进了范阳城。史思明将他们带进客厅，下令奏乐设宴，热情款待。大家正喝得高兴，史思明突然掷出一只酒杯，发出了信号，早已埋伏好的士兵一拥而入，将三人全部拿下，同时截住他们带来的队伍，分发了些钱财，让他们回家去了。

然后，史思明就向唐朝奉上归降书。唐肃宗十分高兴，立即加封史思明为归义王，兼范阳节度使，他的七个儿子也都被授予显赫的官位。

史思明受封之后，马上杀了安守忠和李立节，以表明自己的诚意。可是朝廷害怕他再次叛变，于是派人秘密监视。过了不到半年，朝廷监视他的事被泄露了出去，史思明认为朝廷对自己不信任，于是再次叛变。

同年，史思明杀死了安庆绪，并收编了他的部队，回到了范阳便号称大燕皇帝。

史思明击败了李光弼等人的讨伐后，乘胜攻打陕州，结果被唐军挡在姜子坂。史思明见出战不利，便决定退守永宁。他下令修筑三角城，以贮备军粮。他的儿子史朝义率军士苦干，城筑好以后，没来得及用泥涂抹外墙。史思明巡

视到此，怒不可遏，把史朝义、骆悦等重将召到面前，想杀了他们以立军威。史朝义深知凶残的父亲完全不念父子之情，苦苦哀求说：“士兵太乏累，歇一歇马上就抹泥。”史思明怒斥道：“你因为爱惜属下，就敢违抗我的命令吗！”然后亲自监督士兵们抹泥。临走的时候，史思明还冲着史朝义大骂：“等我打下陕州，一定要杀了你！”史朝义大惊失色。骆悦等人力劝史朝义先下手杀了史思明。史朝义思考再三，点头表示同意。

当天夜里，史思明睡在营中，他的亲信曹将军负责守卫。史朝义等人对他说明行事目的，曹将军也不敢违抗。于是史朝义命骆悦等人进入营中杀了史思明。一个动不动就要拿手下人开刀的叛将就这样被自己的儿子和部下杀死了。

安禄山和史思明之死都是由于他们过于残暴。正所谓“强梁者不得其死”，二人都被自己的亲生儿子所害。这样的历史教训，值得我们引以为戒。

第四十三章

题解

本章主要体现了老子“柔之胜刚，弱之胜强”的重要思想，柔弱、不言、无为的思想贯穿《道德经》始终。老子认为，柔弱的东西之中蕴含着惊人的能量，譬如“绳锯木断，水滴石穿”的道理。柔弱只是表征，那么如何能发挥柔弱的能量呢？老子认为要用“无为”的方式。

很多人认为老子的“无为”是一种消极处世的态度，其实老子提出的“无为”正是为了“无不为”，实际上还是一种“有为”。懂得老子的“无为”是为了“有所为”，这样我们才能真正体会老子的思想。“不言之教，无为之益”，实际上是一种精神境界，只有达到这种境界的人，对此才能发出会心一笑。

[原文]

天下之至柔，驰骋天下之至坚。河上公《河上公章句》：至柔者，水也。至坚者，金石也。水能贯坚入刚，无所不通。**无有入无间，**唐玄宗《御注道德真经》：无有者，不染尘境，令心中一无所有。无间者，道性清静，妙体混成，一无间隙。夫不为可欲所乱，令心境俱静，一无所有，则心与道合，入无间矣。**吾是以知无为之有益。**河上公《河上公章句》：吾见道无为而万物自化成，是以知无为之有益于人也。**不言之教，无为之益，天下希及之。**宋徽宗《御解道德真经》：不言之教，设之以神，无为之益，不亏其真。圣人以此抱朴而天下宾，无为而万物化，故及之者希。

[译文]

天底下最柔弱的东西，能够征服天下最坚硬的东西。无形的道可以在没有间隙的东西中自由穿梭，我因此明白了“无为”是有好处的。无声的教诲、“无为”的好处，天下很少有人能够认识到和做到。

[读解心得]

《道德经》中始终认为，柔能胜刚，弱能胜强，所以我们为人处世应该采取“以柔克刚”的策略。

石钟山

最柔弱的东西里面，蓄积着人们看不见的巨大力量，使最坚强的东西无法抵挡。“柔弱”发挥出来的作用，在于“无为”。水是最柔的东西，但它却能够穿山透地。所以老子以水为例来解说柔能胜刚的道理。

看起来很柔弱的东西，其内部也存在着巨大的生命力。我们都听说过“种子的力”的故事。看起来微不足道的种子在萌发的时候产生的力可以把头盖骨完美地分开，要知道这是用很多现代化的工具都无法完成的任务。

中国古代还有很多韬晦的策略，实际上都是“以柔克刚”思想的完美演绎。韬，意思就是把才华隐藏起来；晦的意思就是不让人知道自己的踪迹。韬晦就是指隐藏才能，不使外露。无论是春秋时期的勾践，还是三国时期刘备；无论是名将韩信忍“胯下之辱”，还是谋臣张良给素不相识的黄石公穿鞋，他们在未获得成功之前都运用了韬晦的智慧，最终他们通过这种策略取得了自己人生的成功。

真正的刚强不是外表的勇猛而是内心的一种坚守；真正的稳定不是外表的执著而是内心的一种坚忍；真正的力量不是外表的炽烈而是内心的一种温暖。

在老子看来，天下最柔弱的事物能够驾驭天下最刚强的事物。由此可知，“无为”能够战胜“有为”；无心能够战胜有心。老子的无为并不是真的无所作为，而是另一种隐藏得很深的有所为；老子的无心并不是没有心机，而是有一种潜意识中的心机。认识到这一点，我们才能够真正体会到老子所说的“不言之教，无为之益”的内涵。

[经典事例]

勾践尝便

吴王夫差为父报仇击败了越王勾践之后，勾践为了保全性命，由他的大夫文种买通了吴王身边的大臣伯嚭，以割地、献宝、进献美女等条件向吴王投降。

在利益的驱使之下，夫差同意了越国投降，但他仍然把勾践夫妻作为俘虏押到吴国。

勾践夫妇被押到吴国的都城之后，被软禁在一间石室之中。夫差让他们干最脏最累的活。

勾践每天从早到晚地干活，弄得蓬头垢面，但没有一丝怨言，好像忘记了屈辱，已经甘心为奴了。夫差还时常派人去察访。察访的人回来向夫差报告说，勾践夫妇的生活非常艰苦，但劳动却很勤快，从来不偷懒，并没有什么不轨的举动。

夫差每次出门时，都让勾践为他牵马。到了大街上，侍从还要高声大喊："快来看，现在站在大家面前的就是越王勾践，他现在已经沦为我们大王的马夫了。"于是街上的人纷纷上前，对勾践又是推搡又是辱骂。尽管勾践受尽了屈辱，但并没有什么异常的表现，好像已麻木不仁了。

时间一长，夫差以为勾践已经彻底失去了志向，对他的管束也越来越松懈了。

就这样过了三年，勾践由原来那个养尊处优的国君变成了一个吃苦耐劳的劳动者。

一次，夫差因受风寒染上了病，久治不愈，整天在宫中调养。勾践知道此事后，带着焦急的神情进宫探望。他一进门，正赶上夫差在大便，为了避免尴尬，夫差赶紧钻进被窝里。勾践走上前去，打开马桶盖子，先是观察了一下粪便的颜色，然后探出头去闻粪便的气味，最后竟然抓起粪便放在自己的嘴里尝一下。最后他对夫差说："恭喜大王，您的病已无大碍，很快就会好的。"

夫差被他异常的举动弄糊涂了，连忙问："你是怎么知道的？"

勾践回答说："我观察大王的粪便是黑色的，闻了以后感到有奇臭，尝了一下却发现带有一丝苦味，说明大王体内的毒物已经通过粪便排出来了。毒物已经排出，大王的病自然也就没有大碍了。"

夫差听了这话很高兴，说："难得你这样真心。"勾践郑重其事地回答说："儿子为父亲尝便的例子，古代就已经有了；臣子为君王尝便，就从我开始吧。"

勾践

春秋末越国国君，又名菼执，曾败于吴，屈服求和，后卧薪尝胆，发愤图强，使越国终成强国。公元前473年灭吴。

夫差听了非常感动，说："等我的病好了以后，就放你回国。"

没过几天，夫差的病果然好了。他履行了自己许下的诺言，把勾践夫妇放回了越国。

回国之后，勾践卧薪尝胆，十年生聚，十年教训，使越国慢慢地恢复了元气。后来经过多次战斗，他终于打败了吴国，并且一度称霸诸侯。

勾践在吴国为奴三年，可以说受尽了屈辱与磨难，尤其是为夫差尝便，更使人格受到了极大的侮辱。但正是由于他表面上的"屈服"，才换来了夫差对他的信任，最后转败为胜，一雪前耻，恰可以印证"天下之至柔，驰骋天下之至坚"的道理。

千金买马头

战国时期，燕王郐因受到奸臣的左右，致使国力衰落，后来被齐国打败。燕国军民纷纷反抗，终于击退了齐军，拥立燕王郐的儿子继承了王位，这就是燕昭王。

燕昭王为了壮大自己的力量，决定招募一些人才为自己出谋划策，于是找来了大臣郭隗，对他说："我希望找一些有真才实学的人来辅佐我。您认为应该到哪里找这样的人呢？"郭隗没有直接回答，而是说："大王，请让我先讲一个故事吧。据说从前有一个国君，他非常爱马，于是就贴出告示，表示愿意出一千两黄金来买千里马，可是过了三年也没买到，国君非常着急。这时有个大臣自告奋勇要出去寻找，国君答应了，就把一千两黄金交给了他。这位大臣找了三个月，才找到了一匹真正的千里马，可惜马已经死了。他便把马的头颅割了下来，给了马的主人五百两黄金买下马头。当他把马头献给国君时，国君非常气愤：'我要活的千里马，你给我买个马头有什么用？'大臣不慌不忙地说：'这件事一旦传出去，别人看您肯花五百两金子买死马的头，肯定会主动把活的千里马送上门来的。'果然，不出一年，就有人主动送来了三匹千里马。"

郭隗接着说："如果大王真想寻找有才能的人，不妨把我当成那个马头，就先从重用我开始吧。"燕昭王依计重用了郭隗，后来果然许多有才能的人都主动来到燕国帮助昭王，燕国很快就得到了复兴。

这个故事表明，身教重于言传，为政者只有对自己的政令亲自践行，才会获得"不言之教，无为之益"，实现其统治目的。

第四十四章

题解

这一章主要谈名利与自身的关系。在老子看来，人们追求的声名、财货这类东西始终是身外之物，和生命相比，它们的价值就会大打折扣。人们不能过分地追求名利，要懂得适可而止，这样才能长久。若是执著于声色犬马的享受，那只能自取灭亡。老子实际上不是宣扬不要追求名利，不“爱”、不“藏”，而是告诫我们可以“爱”，但不能“甚”，可以“藏”，但不能“多”，最重要的是我们要把握好这个“度”。这再次体现了中庸之道的内涵。

[原文]

名与身孰亲？身与货孰多？得与亡孰病？王弼《道德真经注》：尚名好高，其身必疏。贪货无厌，其身必少。得多利而亡其身，何者为病也。**是故甚爱必大费，**河上公《河上公章句》：甚爱色，费精神。甚爱财，遇祸患。所爱者少，所费者少，故言大费。**多藏必厚亡。**明太祖《御注道德真经》：其非理之名易夺，货藏多而必恃，故厚亡。**故知足不辱，知止不殆（dài），可以长久。**唐玄宗《御注道德真经》：知足者，不甚爱。知止者，不多藏，既无辱殆，故可长久。

[译文]

声名与生命哪一个与我们更亲近？生命与财产对我们来说哪一个更为重要？获得名利与失去生命哪一个更有害？所以说，过分爱惜必然带来更大的浪费，过多持有必然导致沉重的损失。懂得知足常乐的道理就不会受到屈辱，懂得适可而止的道理就不会遇到危险，明白这些道理才能长久。

[读解心得]

现在西方流行的后现代主义思潮实际上是对“现代性”的一种解构，而老子的思想无疑也是对他所生活的那个时代传统观念的一种颠覆。海德格尔很推崇老子，由此，我们可以看到道家思想和后现代主义思潮的渊源。

在现代社会中，很多人都在追求声名、财富之类的东西，但是有很多人在

追求这些东西的过程中迷失了自我。如果他们仔细想想，就会发现他们似乎已经失去了生命之中最宝贵的东西。名和利这些东西其实和生命本真相去甚远，但有些人为了名利奋不顾身，最后只能落得个身败名裂的下场。很多人为名所累，为了保持自己的某种形象去做一些情非得已的事情，所以追逐名利的过程实际上也是很无奈的。老子在这里对生命进行了一系列的叩问：“名与身孰亲？身与货孰多？得与亡孰病？”这些都值得我们思索。

生活的经验已经告诉我们，如果我们过分地爱护某种事物，这种事物往往更加难以把持住。这就像手里握着沙，你握得越紧，沙子流失得就会越快。所以有时候懂得适可而止、知足常乐的道理也是一种健康的人生态度。

老子认为，人生于天地之间，最重要的是把持住自身，贵生重己。

春秋时代的范蠡明白“飞鸟尽，良弓藏；狡兔死，走狗烹”的道理，因此才能全身而退，保全性命，做他的陶朱公，过幸福的生活；而他的同僚文种就不懂得这样的道理，他自以为为勾践打下江山，建立了丰功伟业，勾践就算不会嘉奖他，总也不至于害他，可最后却落得个拔剑自刎的下场。

文种也算是个成功的军事家，但他最终没能拥有完满的人生，当文种未能听从范蠡的劝告，以碗食粪被勾践赐剑自杀的时候，心情如何呢？是追悔莫及？是死而无怨？是大彻大悟？这些故事也许对普通人没有什么借鉴意义，但是这一类的历史故事真的值得我们深深地思考。

实际上人存在于社会当中，经常会遇到不公平的现象，很多人会突然不适应。面对那么多的诱惑，面对那么多的选择，我们该如何是好？是迷茫彷徨？是不知所措？解决这些问题最重要的是要保持自己内心的平衡和安适。

那么如何能够保持这份平衡与安适呢？那就要做到老子所说的“知足”“知止”了。

[经典事例]

灵狗开言

宗楚客是武则天堂姐的儿子。他相貌堂堂，而且聪慧明达，颇有才华。他在唐高宗时考中了进士，擅长作诗，辞藻华丽，对仗工整。他考中进士之后累迁户部侍郎，在武则天时期，官至宰相，对于巩固国防有一定的贡献。

然而，宗楚客也非常贪婪，他曾因为贪污而被武则天贬官。武则天死了以后，唐中宗执政，武则天的侄子武三思与韦后互相勾结，扰乱朝政，权倾朝野。这时宗楚客竭力巴结武三思，后来被引荐为兵部尚书。在宫廷权力的斗争中，他为了巴结韦后，尽其所能，杀害了太子李重俊。武三思死了以后，宗楚客与韦后、安乐公主一伙勾结在一起，狼狈为奸，权势越来越大，图谋危害社稷。

宗楚客的个人生活非常奢侈。他建造的豪宅，用贵重的文柏做梁木，用坚致的沉香和红粉做墙壁，又用玛瑙做楼梯，一切极尽奢华之能事。太平公主知道后，曾感慨地说："看宗楚客行坐处所，享尽人间一切富贵，我虽贵为公主，却远不及他，看来我真是虚度此生了。"当宗楚客在韦后手下担任宰相一职的时候，时常私下里对他的亲信们说："当初我地位卑贱时，日日夜夜都想得到宰相的职位；如今我已经得到了宰相的地位，但并不感到满足，我心中又盼望，有朝一日能当上天子。如果这辈子能当上天子，面南背北，接受万人朝拜，即使只有一天，我也满足了。"可见，他对于财富与权力的贪欲已经到了丧失理智的地步。

唐玄宗

李隆基，唐睿宗李旦第三子，又称唐明皇。唐隆元年（公元710年）六月，当时身为临淄王的李隆基发动诛灭韦氏集团、拥立其父相王李旦为帝的宫廷政变，后来被立为太子。延和元年（公元712年），他受禅即位，并开创了开元盛世。

当时，宗楚客家里养着一只狗，有一天，这条狗突然戴上了宗楚客的冠帽，行坐站立，跟人一模一样。宗楚客说："这个畜生是妖怪，越过了本分，应当立即斩杀。"没想到，那只狗也开口回答道："你是人中的妖怪，你也越犯了本分，也应当判死罪。"宗楚客听罢大惊失色，可他还是不知悔改，依然不停地追逐财富与权力。

此后不久，临淄王李隆基发兵讨伐韦后，韦后集团被铲除，宗楚客也因此被诛杀。

像宗楚客这样贪得无厌的人，其野心永远不能得到满足，他已经身居相位，却一心想得到更高的权力地位。他没有正确认识"名与身"的关系，最终落得"多藏必厚亡"的下场，岂不悲哉？

人心不足蛇吞象

相传宋仁宗年间，有个叫王妄的人，靠卖草为生。他的母亲年事已高，体弱多病，不能干活，因此日子过得很苦。

宋仁宗

初名受益，是宋真宗的第六子，北宋第四代皇帝。公元1022年即帝位，在位四十二年。在位时候宋朝进入鼎盛，但也是衰落的起点。

有一天，王妄照例到山上拔草，正拔着，他突然发现草丛中有一条七寸多长的花斑蛇，遍体鳞伤，动弹不得。王妄看到这里，动了怜悯之心，小心翼翼地把蛇带回了家，为它冲洗涂药，不一会儿，蛇便苏醒过来了，还冲着王妄点了点头，以表达它对王妄的感激之情。母子俩非常高兴，连忙为蛇编了一个小荆篓，小心地把它放了进去。从此以后，母子俩精心护理，蛇身上的伤逐渐愈合，蛇长得也越来越大了，而且总是像要跟他们说话似的，非常可爱，这也给母子俩单调的生活中平添了一些小小的乐趣。

过了一段时间，王妄又照常打草，母亲照样看家，小蛇整天待在篓里。有一天，小蛇觉得在屋子里很无聊，于是就爬到院子里晒太阳。结果它被阳光一照，迅速变得又粗又长，像根大梁一般，王妄的母亲看见了这情形惊叫一声便昏死过去。等王妄打草回来，蛇又回到屋里，恢复了原形，焦急地对王妄说："我今天失礼了，把你母亲吓得昏死过去了。不过你别怕，你赶紧从我身上取下三块小皮，再找些野草，一起放在锅里熬成汤，让你娘喝下去马上就会好。"王妄坚决反对："不行，那样会伤害到你的身体，还是想一想别的办法吧！"花斑蛇说："没关系，你动作快点，我能挺得住。"王妄只好忍痛照办了。母亲喝下汤之后，很快就苏醒了过来。母子俩既感激又奇怪，觉得这条花斑蛇非同一般。

再说宋仁宗，他在宫里的生活日复一日，觉得很厌烦，想要得到一颗夜明珠来玩玩，于是就下令张贴告示：谁能献上一颗夜明珠，就可以封官受赏。

这件事传到了王妄的耳朵里，他回家对花斑蛇一说，蛇沉思了片刻说："这几年你待我很好，而且又有救命之恩，我一直想报答，可总是没有机会，现在终于能为你做点事了。其实，我的双眼就是两颗夜明珠，你只要把我的一只眼睛挖出来，献给皇上，就可以得到高官厚禄，老母亲也就可以安度晚年了。"王妄听了之后非常高兴，可他和蛇毕竟有了感情，不忍心下手，于是对蛇说："我要是那样做，就太残忍了，你会疼得受不了的。"蛇说："不要紧，我挺得住。"

于是，王妄就挖出了蛇的一只眼睛。第二天，他起身赶奔京城，在朝堂之上把夜明珠献给了皇帝。满朝文武从来没有见过如此奇异的宝珠，都赞不绝口。到了夜里，宝珠发出神奇的光彩，把整个宫殿照得通亮。皇帝十分高兴，封王妄做了高官，并赏给他很多财宝。

西宫娘娘见了宝珠之后，也想得到一颗，没办法，宋仁宗又一次下令寻找宝珠，还说把丞相的位置留给献宝的人。王妄心想，要是我把蛇的另一只眼睛献给皇上，那丞相的位置不就是我的了吗？于是他到仁宗面前说自己还能找到一颗宝珠，皇上听了非常高兴，就把丞相之职给了他，并命他尽快献上第二颗宝珠。

王妄手下的卫士去取蛇的第二只眼睛时，花斑蛇无论如何也不给，非要见王妄不可，王妄得到报告，只好亲自来见蛇。

花斑蛇见了王妄之后，直言劝告："我为了报答你的恩情，已经献出一只眼睛，你也因此升官发财。你就不要再盘算我的第二只眼睛了。人千万不可贪心。"可是王妄已经鬼迷心窍，根本听不进去，竟然无耻地说："我是想当丞相啊！你不给我眼睛，我怎么能当上呢？再说，我已经跟皇上说了这件事，官位也已经给了我，你不给，我就没法收场，你就成全我吧！"他执意要取蛇的第二只眼睛，蛇见他如此贪心残忍，气愤至极，就说："那好，你取刀子去吧！不过，你得把我放到院子里再去取刀。"王妄早已迫不及待，就一口答应下来，把蛇放到了被阳光照射的院子里，转身就回屋取刀子。等他拿着刀出来准备挖蛇眼时，蛇的身体已经变成了大梁一般大小，张着大口冲他扑来，王妄吓得魂飞魄散，想跑已经来不及，大蛇一口就吞下了这个贪得无厌的人。

"丞相被蛇吞了"的消息一时间传遍了全国。由于社会上不少人都很贪心，所以人们就用这故事编了一句俗话，即"人心不足蛇吞相"。后来被人们误传为"人心不足蛇吞象"，以此来形容人心的贪婪，一直流传至今。

老子说"知足不辱，知止不殆，可以长久"，那么反过来就是说一个人如果永不知足，不懂得适可而止的道理，那么必然不会长久。王妄的故事虽然只是民间传说，但对于物欲横流的当今世界来讲，仍然具有很强的现实意义。

第四十五章

题解

本章与第四十一章的论证方法很相近，又是充分表现老子辩证思想的章节。缺、冲、屈、拙、讷这些形容词在一般人看来可能是负面的，但实际上这些在老子看来恰恰是一种人生智慧。看起来是“不足”的东西，实际上是“有余”。本章最后提出，清静无为才是真正的历史潮流。

[原文]

大成若缺，王弼《道德真经注》：随物而成，不为一象，故若缺也。**其用不弊。**宋徽宗《御解道德真经》：知化合变，而不以故自持，故其用不弊。**大盈若冲，其用不穷。**河上公《河上公章句》：〔大盈者〕，谓道德大盈满之君也。若冲者，贵不敢骄也，富不敢奢也。其用心如是，则无穷尽时也。**大直若屈，大巧若拙，大辩若讷(nè)，大赢若绌。**唐玄宗《御注道德真经》：直而不肆，故若屈。巧不伤于分外，故若拙。不饰小说，故若讷。**静胜躁，寒胜热。**宋徽宗《御解道德真经》：阳动而躁，故胜寒。阴止而静，故胜热。**清静为天下正。**明太祖《御注道德真经》：清静为天下正，此言理道之守甚严，谓君天下者既措安之后，当坚守其定规，勿妄为。妄为，或改前人之理道是也。改则乱，不改则天下平，是谓正。

[译文]

最完美的东西，就好像有残缺一样，但它的作用永远不会衰竭。最充实的东西，就好像空虚一样，但是它的作用是无穷无尽的。最正直的东西，就好像有弯曲一样；最灵巧的东西，就好像很笨拙似的；最卓越的辩才，看起来好像很木讷似的。清静能克服躁动，寒冷能克服暑热。清静无为，万事万物自然能够和谐地发展下去。

[读解心得]

老子在这里说“大成若缺”，实际上是想说“缺陷也是一种美”这个道理，这个道理已经被历史上无数的艺术品所证实。其中最有名的恐怕就要算是“断臂的维纳斯”了。其实这件艺术珍品除了曲线优美、姿态婀娜以外，最令人惊奇的就是那双断臂。虽然已经残缺，但那雕刻得栩栩如生的身躯，仍然使这座雕像给人以浑然完美之感，以至于后世的雕刻家们在竟相创作复原双臂的复制品以后，都只能徒然生出画蛇添足之感。这残缺的断臂似乎更能诱发出人们的美好想象，增强了人们的欣赏趣味。虽然后世对“断臂维纳斯”的原貌有着种种猜测，有些学者对“维纳斯”断臂的原因也进行了深入的考证，但是不得不承认的是，如果不是拥有一双断臂，恐怕世人不会为它发出如此的惊叹。

“缺陷”符合人们的一些日常心理，俗话说“金无足赤，人无完人”，一种事物如果达到“完美”那么它也就“尽”了，这时候不完美恰恰能够给人以无限的想象空间，带给人无限的美感。欣赏艺术品的道理如此，为人处世也是这样。有的时候不把事情做尽会获得意想不到的良好效果。

之所以会出现“大直若屈，大巧若拙，大辩若讷”的情况，实际上是因为真正的智者掌握了“大道”后，无论是为人处世还是治理国家都能合于“道”，而“道”本身是非常质朴的。在得“道”人的眼中，是没有直和屈，巧和拙，辩和讷的区别的，但是做事合于道的人一定有着“大直”“大巧”“大辩”，虽然普通人看起来他们好像是委屈的，是笨拙的，是木讷的。

做人太张扬很多时候会遭受到很多意想不到的打击，现在社会上流行“做人要低调”的说法，这正符合了老子“清静为天下正”的观点。做人不仅仅要表现出一种激情、一种斗志，更要表现出一种坚忍、一种冷静。这样才是真正的大智慧的表现。老庄哲学强调人要懂得“养生”，意思就是说有智慧的人首先要保全好自己，其次才可能谈及发挥自己的长处更好地有所为。“养生”的第一条就是要“清静”，清静实际上不一定要归隐山林，更重要的是一种清心寡欲。所谓“小隐隐于野，大隐隐于市”，真正能达到“清静”状态的人，即使是在喧哗的闹市也能够保持内心的一份宁静。

[经典事例]

呆若木鸡

《庄子·达生》中有一则纪渻子养斗鸡的故事。

周宣王命纪渻子为他驯养斗鸡。过了十天，周宣王问道：“斗鸡驯养好了吗？”纪渻子回答：“现在不行，这些鸡还很骄傲，它们自大得不得了。”十天后，周宣王又问，纪渻子回答说：“还是不行，它们现在听见响声就啼叫，看见人影

斗鸡

斗鸡是以善打善斗而著称的珍禽，又名打鸡、咬鸡、军鸡。两雄相遇或为争食，或为夺偶相互打斗时，可置生死于度外，战斗到最后一口气。斗鸡是我国古老的鸡种，约有两千多年的历史。唐代的文学家韩愈有诗句“裂血失鸣声，啄殷甚饥馁，对起何急惊，随旋诚巧给”，就是描写斗鸡场面的。

就跳跃。”又过了十天，周宣王又来询问，纪渻子回答说：“这些鸡还是那么目光犀利，盛气凌人。”

这样又过了十天，周宣王已经不抱希望了，没想到纪渻子前来报告说：“现在差不多了。别的斗鸡即使打鸣，我驯养的鸡已不会再有什么变化，看上去就像用木头雕的鸡一样，它的精神可以说是完备了，别的鸡都不敢应战，只有落荒而逃。”

这就是“呆若木鸡”的出处。

在庄子看来，呆若木鸡并不是真的呆，只是表面上看着呆。那些活蹦乱跳、显露锋芒的斗鸡，并不是最厉害的。这样的鸡还需要经过不断磨炼，将自身的浮躁和妄动收敛起来，把外现的力量凝聚于内。这样的鸡看似呆笨，可是那些存心挑衅、盛气凌人的斗鸡，一遇到一动不动而内蕴真气的“木鸡”，却根本无法对其发起攻击，因此对方还没出手，自己就被吓破胆了。

由此可见，庄子的这则寓言，与老子所说的“大直若屈，大巧若拙，大辩若讷”有着相同的思想内涵。

长智利子孙

孙叔敖是楚庄王时代的名相，他在楚国做令尹时，在淮河流域主持兴建了一个著名的水利工程——芍陂。芍陂是一座大型的水库。芍陂的建成，有效地解除了淮河的水患，灌溉了大片农田，对楚国的发展起到了巨大的作用，同时也为楚国后来称霸奠定了坚实的经济基础。正由于孙叔敖在治国安邦方面立下了特殊的功劳，楚王曾多次要赐给他封地。孙叔敖认为，“俸禄丰厚而不知足，灾祸就会降临”，因此坚持不受。

他临死的时候告诫自己的儿子：“我在世的时候没有接受楚王的封地，我死以后，楚王必会封你城邑，到那时，你千万不要接受那些别人都争着要的城邑。在楚越的边界，有一个叫寝丘的地方，那里的土地低洼瘠薄，名称也不吉利，从来没有人争。你只管要这个地方，这样才能确保你长久衣食饱暖。”

孙叔敖为官清正廉洁，没有多少积蓄，他死后几年，家道便开始衰落，他的儿子穷愁潦倒，就以砍柴为生。孙叔敖的好友优孟听说后，想了个办法把这件事透露给了楚庄王。楚庄王听说贤相的后人竟以砍柴为生之后，深感自责，马上下令给孙叔敖的儿子重赏封地。

孙叔敖的儿子遵照父亲的嘱咐，不要那些土地肥沃的城邑，只求瘠薄的寝丘。楚庄王觉得这很不可思议，但并没有强求，于是就封给他寝丘四百户赋税，还常常夸奖贤者之后有贤风。

按照楚国的规定，功臣得到的封地经过两代之后，如果有别人要求封时就必须收回。而由于寝丘这个地方没人愿意要，所以孙叔敖子孙的这块封地一直传了十几代。孙叔敖不以世俗之念争夺肥缺而获得了子孙后代长久的利益，后人因此称之为“短智佐君王，长智利子孙”。

孙叔敖让其子求封的寝丘,即是“大成若缺,其用不弊”的代表。寝丘的“大成”，在于它能够长久地为后世子孙所拥有，而不在于它所带来的财富的多少。正是因为寝丘有土地贫瘠的缺陷，才使得“其用不弊”。这正是老子辩证思想在人生观中的体现。

第四十六章

题解

先秦诸子对“天下有道”和“天下无道”有过很多论述，但是老子在这里从战争的角度来界定有道之世和无道之世。在本章中老子仍然不直接描述战争的残酷，而是用战马的处境来间接表达自己的观点。最后文章强调“知足”的概念并且指出：懂得知足的富足，才是长久的富足。这种观点对于春秋时代贪得无厌的统治者来说，无疑是一种劝诫或者说是一种抗议。

［原文］

天下有道，韩非子《喻老》：天下有道，无急患，则曰静。**却走马以粪。**河上公《河上公章句》：粪者，粪田也。〔治国者〕兵甲不用，却走马〔以〕治农田，治身者却阳精以粪其身。**天下无道，戎马生于郊。**韩非子《解老》：人君者无道，则内暴虐其民，而外侵欺其邻国。内暴虐，则民产绝，外侵欺，则兵数起。民产绝，则畜生少；兵数起，则士卒尽。畜生少，则戎马乏；士卒尽，则军危殆。戎马乏，则将马出；军危殆，则近臣役。马者，军之大用；效者，言其近也。今所以给军之具于将马近臣。**祸莫大于不知足，**唐玄宗《御注道德真经》：求取不已，为祸大矣。**咎莫大于欲得。**唐玄宗《御注道德真经》：殃咎之大，莫大于欲，于欲必令皆得，皆得则祸深，故云咎也。**故知足之足，常足矣。**明太祖《御注道德真经》：因不足而致是，人君若能知足，则天下国家不乏用矣，何他求焉。

［译文］

当天下有道时，国家把战马都归还给老百姓用来耕种农田。而当天下无道时，怀胎的母马只能在战场上生育小马驹。世间没有比不知足更大的灾祸了。世界上没有比想要得到更大的错误了。所以，懂得知足常乐的道理，那才是最长久的富足。

［读解心得］

先秦诸子对战争基本都持反感态度，从老子的“天下无道”到墨子的“兼爱非攻”都是这样。

春秋战国时代的诸侯争霸造成了战火纷飞、生灵涂炭的局面，统治者的贪得无厌使平民百姓经历了巨大的灾祸，田园荒芜，无家可归。老子把这种情况描述成“天下无道，戎马生于郊”。实际上我们可以看到，“天下无道”的根本原因是统治者的贪欲过强。这样便可以推导出老子的结论：“罪莫大于可欲，祸莫大于不知足，咎莫大于欲得。”

不仅仅是在古代，在人类的欲望空前膨胀的现代社会也是如此。人类对环境的贪得无厌已经引发了自然的报复，从臭氧层空洞到酸雨，从水资源的枯竭到土壤沙化、垃圾污染……

我们应该正视这些问题，过度地开发和利用我们的生存资源，只能将人类推向灾难与毁灭的深渊。毫无节制的开发利用自然资源，过分贪婪地向自然界索取，人类也就断绝了自己生存的希望，此时此刻，我们能够发现老庄哲学思想闪烁着的智慧光芒，并可以从中找到解决人类面临的各种问题。

老子在这几章中反复强调要“知足”，但是究竟怎样才能知足，这还是个很棘手的问题。因为大千世界，芸芸众生，每个人的人生际遇不同，每个人的人生理想不同,很难做出一个统一的界定。一个人到了什么程度应该“知足”呢？也许这也是道家思想虽然对中华文化产生了重大影响但是没有和儒家思想一同作为官方意识形态的一个原因。儒家思想给出了一个很明确的道德规范，它告诉人们应该怎么做；而道家思想却没有具体的界定，“道”“知足”“无为”这些概念也没有一个明确的内涵。但是道家思想的价值正在于此，它指出人世间好多问题的根源就是人的贪欲，所以“知足之足，常足矣”。

知足，可以使人们在内心中重建一种平衡。一方面，知足可以使人们少一些“求而不得”的焦虑心态。老子的“知足”并不是要求人们没有欲望,“知足”比那些所谓的禁欲主义多了一些人情味。“知足”实际上是一种不为物所累的积极处世态度，人的本性中就有对外部世界的无限欲望，但是人有理性，应该对欲望加以控制。如果能够控制好自己的欲望，做到知足，那么就可以常乐了。不知足就不合乎大道的德性，因为大道的德性就是知足，无欲无求，不去争。

沧海横流，方显出英雄本色。在这个物欲横流的时代，只有保持住自己的一份纯真质朴的心，保持住自己内心的一份纯净，勇于进取，善于知足，才能始终立于不败之地。

［经典事例］

暴虐亡国

孙皓是三国时代吴国的最后一位君主。他刚即位时，下令抚恤百姓，又多次开仓赈贫、放还宫女和放生宫中多余的珍禽异兽，一时间被人们誉为明主。但是，孙皓很快就变得粗暴骄横，转而以暴虐之道来治国，又贪恋酒色，从而民心丧失殆尽。

东吴名将陆逊的后代陆抗，智勇双全，年轻时就被任命为建武校尉。孙皓登基之后，三十八岁的陆抗就升任为镇军大将军。

东吴后期朝政日益腐败，再加上孙皓荒淫暴虐，经常滥杀无辜，使得陆抗非常不满。他曾多次上疏劝谏，希望孙皓能勤理朝纲，善待人民。但是，孙皓对陆抗的这些忠告不以为然，置之不理。

尽管当时东吴的内政混乱不堪，但凭借着陆抗的过人谋略，一直觊觎东吴，意欲南下统一中国的晋朝，也无可奈何。

孙皓

孙皓，字元宗，三国时期东吴的第四代君主，也是东吴的最后一位皇帝。孙皓初立时，下令抚恤人民，又开仓赈贫、减省宫女和放生宫内多余的珍禽异兽，一时被誉为明主。但很快他便变得粗暴骄盈、暴虐治国，从而失掉了民心。

当时，羊祜是晋朝的车骑将军，负责镇守襄阳。他见陆抗用兵有方，知道要马上打败东吴不是很容易，于是就改变了对东吴的敌对策略。他下令将战争中抢来的东吴孩子全部放回；晋军经过东吴时，抢收了东吴百姓所种的庄稼，就送给东吴绢帛作为补偿；他还将晋军捕获的被吴人打伤的禽兽转送回东吴。陆抗也看出了羊祜的用意，于是也用同样的方式对待晋方。在边境，双方还经常派使者往来，以表示友好。就这样，当时吴、晋一部分边境竟然出现了和平的局面。

孙皓得知了边境的情况之后，很不高兴，并派人前去责问陆抗。陆抗回话说："小小的一乡一县尚且不能没有信义，更何况是一个大国！如果我不采取这种政策，反而会彰显出羊祜的威德。"孙皓听了以后，觉得有道理，就没有再说什么。但是他还想出兵伐晋统一中国，于是频频调兵。陆抗知道了以后，又向孙皓上疏：“现在，朝廷应该重视农业生产，多储备粮食，以增强国力；应该让有才能的人充分发挥作用，使各级官吏忠于职守；要赏罚严明以鼓励百官；慎重实施刑罚以戒国人。如果不这样做，而去图虚名重形式，时时用兵，好战不止，不但耗费的资财不可胜数，士兵们也会疲惫不堪。这样下去，敌寇没有被削弱，反而使我们自己受累而被拖垮。”陆抗还多次告诫，应当停止用兵，暗中积蓄力量，以待时机。

但是，孙皓对陆抗的建议仍是置若罔闻，以至于东吴国力日渐衰退。陆抗死后，晋军便乘机南下，讨伐东吴。而早已被孙皓拖垮的吴国毫无反抗之力，最终为晋军所灭，孙皓本人也被擒拿，成了晋武帝的俘虏。

“天下有道，却走马以粪。天下无道，戎马生于郊”，正可以说明孙皓执政时东吴的状况：最初，孙皓以仁治国，百姓得以安居乐业；后来，他暴虐的本性显露出来，使得民心大丧，国力日衰。在有“道”与无“道”之间，孙皓站错了位置，因此才落得了个国破家亡，自己沦为阶下囚的可悲下场。

第四十七章

题解

老子在本章中谈到了感性认识和理性认识的问题。在老子看来，人们看到的东西不一定是真实的东西，看到的东西越多可能懂得的道理会越少。所谓的“圣人”应该是洞彻宇宙人生，掌握万事万物变化规律的人，只有这样的人才能够真正做到所谓的“不见而明，不为而成”。

实际上我们可以从中看到，这种“圣人”认识事物的方式实际上是一种理性认识，而我们普通人认识事物凭借的是一种以经验为基础的感性认识，而感性认识的增加很可能遮蔽了事物的本来面目，所以老子认为，只有抓住事物的本质规律，才能参透天地万物的奥妙与玄机。

[原文]

不出户，知天下；宋徽宗《御解道德真经》：天下虽大，圣人知之以智，天道虽远，圣人见之以心，智周乎万物，无远之不察，故无待于出户。**不窥牖（yǒu），见天道。**明太祖《御注道德真经》：不窥牖见天道，以其以心行天心之事，不待倚牖而看也。**其出弥远，其知弥少。**王弼《道德真经注》：无在于一而求之于众也，道视之不可见，听之不可闻，搏之不可得，如其知之，不须出户，若其不知，出愈远愈迷也。**是以圣人不行而知，不见而明，不为而成。**河上公《河上公章句》：圣人不上天，不入渊，能知天下者，以心知之也。上好道，下好德；上好武，下好力。圣人原小知大，察内知外。上无所为，则下无事，家给人足，万物自化就也。

[译文]

足不出户，就能够通晓天下的事理；不望窗外，就可以了解自然的规律。很多人向外走得越远，他所知道的道理反而越少。因此，有道的圣人不出行却能够知晓外面的情况，不观察而能明了天道，不盲目行动就可以获得大的成功。

[读解心得]

老子的“道”实际上是一种理性认识，所以老子才会认为一个人如果能够懂得“道”,那么就可以“不出户,知天下”。古时候的读书人有“两耳不闻窗外事,一心只读圣贤书”的说法恐怕也是因为他们觉得理性认识高于感性认识吧。老子认为,只要认识了“道”以后,即使没有感性认识的积累也可以获得理性的认识,有了“道”这个最高的理性认识,就可以指导自己的任何行动。

在现代社会,人们接触到各种各样的信息,如人们每天通过报纸、杂志、电视、广播、互联网等现代传媒渠道获得大量的信息,这些信息实际上相当于感性认识。人类的大脑通过整合、思考这些信息而得到理性的认识,指导实践。信息化时代的到来使得人们每天醒来后会接收到铺天盖地的信息,对于这些信息的真伪人们似乎已经无力辨别了。很多人开始无奈地接受各种来自四面八方的信息,因为大脑处理不过来,所以无法转变成理性认识,人们变得越来越迷茫了。如果我们仔细思索不难发现,我们距离生命的本真似乎渐行渐远,就像老子所说的“其出弥远,其知弥少”。生命的充裕不是仅仅靠知识来堆积,而是靠一定的感性认识和更多的生命感悟。生命的过程不仅仅只是加法,更多的时候是要做减法的,放下一些包袱我们才能走得更远。

老子理想中的圣人能够“不行而知,不见而明,不为而成”,那么这种人就是有了“道”这个最高的理性认识,并能够见微知著、睹始知终了。一个人一生的活动范围是非常有限的,如果每个人都以自己的亲身经历来发展自己的话,那么这个社会的发展就无从谈起了。

认识了“道”的人不仅能够知近,也能知远;不仅能够知小,也能知大;不仅能够知事物的表面,也能知事物的本质;不仅能够知事物的局部,也能知事物的全貌。小河难以看到大海的容量,小鸟难以看到鲲鹏的气度,一般人难以理解圣人的认知。老子也没有要求所有人都成为圣人,老子只是提供了圣人对外部世界的一种观察和思考的方式。另外老子对理性认识和感性认识的这种认识也和他自身的经历分不开。老子曾在东周国都洛邑(今河南洛阳)任守藏史(相当于国家图书馆馆长)。老子博学多才,传说孔子曾向其问过“礼”。所以我们可以说,老子是一个理性认识非常丰富的人。正是由于他博览群书,能见普通人所未见,才能用短短五千言说遍人间万象,道遍古今短长。

若是想获得理性的认识,最好的办法其实是读历史。中国历代王朝都有修史的传统,修史的目的实际是为统治者记述前朝的得失,以作为现在行为的借鉴。如果人类社会没有历史,恐怕我们只能不断重复前一个时代所做过的事情,不能进步了。所以唐太宗说:“以铜为镜,可以正衣冠;以史为镜,可以知兴替;以人为镜,可以知得失。”

人生于天地之间,如果想真切地认识这个世界,那么就应该淡化过多的见、闻等感性认识，而去强化现代社会中已经缺失的理性思考。通过对表象进行深入的思考，从而达到认识本质掌握规律的目的。所谓“见一叶落而知秋之将至”“审堂下之阴，而知日月之行、阴阳之变”，就是指这种情况。所以佛说：“一切有为法，如梦幻泡影，如露亦如电，应作如是观。”

［经典事例］

未出茅庐知天下

三国时期的诸葛亮在辅佐刘备之前，在隆中耕田种地。他喜欢吟唱《梁父吟》，常把自己跟管仲、乐毅相比，当时没有谁真正认识到他的才能，只有颍川的徐庶跟他交情很好，深知他的才干。

当时刘备在新野驻军。徐庶到刘备麾下，为他出谋划策，刘备非常器重他。徐庶极力向刘备推荐诸葛亮，并说像他这样的人必须由刘备亲自去请。

于是刘备就带着关羽、张飞去拜访诸葛亮。诸葛亮知道刘备要来拜访他，所以故意躲开。刘备到了隆中，扑了个空。但他依然没有放弃，前后共去了三次，诸葛亮终于被他的诚意打动了，就在自己居住的草屋里与刘备详谈。

诸葛亮

诸葛亮，字孔明，号卧龙，三国时期蜀国丞相，杰出的政治家、军事家和战略家。刘备依附于刘表，屯兵新野时经徐庶的推荐，亲自前往拜访诸葛亮。诸葛亮提出了著名的《隆中对》，策动孙权、刘备结盟，在赤壁之战中大破曹操，奠定了三国鼎立的基础。

刘备叫旁边的人回避，对诸葛亮说：“如今汉朝的天下分崩离析，奸臣当道，窃取大权，天子逃难出奔。我自不量力，想要在这个时候伸张大义，可是自己的目光浅短、能力有限，因此屡屡失败。但我的志向从来没有丧失，先生认为我应该采取怎样的计策呢？”

诸葛亮回答道：“自从国贼董卓篡权以来，各路诸侯纷纷起兵，占据几个州郡的队伍数不胜数。与袁绍相比，曹操的名声小，兵力也少，但是曹操之所以能够战胜袁绍，由弱变强，不仅是因为时机好，也是因为曹操谋略得当。如今曹操已拥有大军百万，挟持天子来号令诸侯，的确不能和他争雄。孙权一直占据着江东，已历经三代。那里不但地势险要，而且民众归附，凡是有才能的人都被他重用，所以对于孙权这方面，只能与他结为外援，而不可轻易谋取他。刘表所在的荆州的北面控制汉水和沔水，一直到南海的物资都可以得到，东面直通会稽郡和吴郡，西边连接着巴、蜀二郡，这是兵家必争之地，但是刘表不能守住，这地方大概是上天赐予将军的，将军您现在难道没有夺取它的意思吗？益州关塞险固，土地广阔肥沃，是个自然条件优越，物产丰富，形势险要的地方，当年汉高祖就是凭着这个地方成就帝业的。益州牧刘璋懦弱昏庸，张鲁在北面占据着汉中地区，他那里百姓富裕、国家强盛，但他不懂得爱惜人民。当今天下，有才能的人都想遇到贤明的君主。将军您既然是汉室宗亲，威信和贤德自然闻名天下。如今，您广泛地招揽天下英雄，求贤若渴。如果占据了荆州、益州，凭借这两地险要的地势，向西可以和各族和好，南面可以安抚各族，对外与孙权结成联盟，对内改革国家政治；天下的形势如果发生变化，就可以派一名上将军率领荆州的部队向南阳、洛阳进兵，将军您如果亲自率领益州的军队出征秦川，那么老百姓谁敢不用箪盛着美食，用壶装着美酒来迎接他们所拥戴的将军您的部队呢？如果真的能够做到这样，那么您就可以复兴汉室、成就霸业了。”

刘备听了不禁暗自赞叹：诸葛亮不出茅庐，竟然对天下大事了如指掌，实在是个奇才！从此，刘备与诸葛亮的情谊更加深厚了。

后来，诸葛亮出山辅佐刘备建立了蜀国，而之前这段“隆中对策”更是为后人所津津乐道。

老子所说的“不出户，知天下；不阚牖，见天道”，对于常人来说，是很难做到的。而诸葛亮则能深居草庐而熟知天下大势，不失为智者的典范。当然，真实的诸葛亮不可能脱离具体实践而获得对于天下形势的理性认识，但他对于外界的考察非常隐秘，以至于很多人把他看成是神一样的人。其实，相对于老子所说的“不行而知”的圣人，诸葛亮的“不行”是相对的，因此也更容易得到人们的效法。

第四十八章

题解

本章接续了上一章的论述。老子在这一章里论述了“为学”和“为道”的区别。“为学”就是索求外在的经验知识，老子认为这种知识掌握得越多，私欲妄见也就层出不穷。“为道”是透过直观体悟的方式以把握事物本来的状态或自我内心体悟，它不断地除去人们的私欲妄见，使人日渐返璞归真，最终可以达到“无为”的境界。

[原文]

为学日益，为道日损。河上公《河上公章句》：学谓政教礼乐之学也。日益者，情欲文饰日以益多。道谓之自然之道也。日损者，情欲文饰日以消损。**损之又损，以至于无为。**唐玄宗《御注道德真经》：为学者，积功行，为道者，忘损之，虽损功行，尚有欲损之心，兼忘此心，则至于泊然无为。**无为而无不为。**河上公《河上公章句》：情欲断绝，德于道合，则无所不施，无所不为也。**取**河上公《河上公章句》：取，治也。**天下**宋徽宗《御解道德真经》：天下，大物也。**常以无事，及其有事，不足以取天下。**唐玄宗《御注道德真经》：无为无事，天下归怀，故可取天下。有事则烦劳，烦劳则凋弊，故不足以取天下。

[译文]

研究世俗学问，伪诈奸邪一天天增多；修行自然天道，私欲私爱一天天减少。逐渐地减少以后，最后就到了道法自然的“无为”境界。如果能够做到不盲目行动，那么任何事情都可以有所作为。治理天下，最好是用清静无为的方式，如果经常采取繁杂的措施治理，那么就不能够拥有天下了。

[读解心得]

现代人受到进化论思想的深刻影响，觉得任何事物都应该是越发展越高级的，可是我们仔细思考一下就不难发现实际情况并不是这样。比如说学习知识，我们每天可以学习大量的知识，但是随着时间的流逝我们会忘掉很大一部分，最终我们所学的知识会凝结成一种人生的沉淀伴随我们一生。这“凝结的沉淀”实际上就是老子所说的“道”。所以老子说“为学日益，为道日损”。

学习任何事物的高级阶段应该是“把书读薄”，这样最后可能达到“无书可读”的状态，这就是老子所说的“无为”境界。这种“无书可读”并不是狂妄自大，而是真正读懂了书，读透了书。我们看古今中外的思想著作几乎没有什么大部头，从老子的《道德经》到孔子的《论语》，从柏拉图的《理想国》到马可·奥勒留的《沉思录》，这些书里边都用言简意赅的语言揭示了人世间的种种道理。

曹参

曹参是西汉继萧何之后又一著名贤相，他早年随刘邦南征北战，屡立战功，功勋卓著。汉初封为平阳侯，萧何死后，在朝中任丞相，主管国政。

中国的禅宗中有禅师拿佛经烧火取暖的故事，还有禅师亵渎佛像的故事，这些故事中的主人公真正地领悟了“道”的真谛而不仅仅停留于表面。“道”只有升华为理性认识才能最大限度地发挥它的作用。

老子的“无为”通常会被人理解成“什么都不做”，其实这样理解恰恰是大大地误解了老子的本意。我们看老子的一生，他也不是什么都不做的人，他是一个性格鲜明、有史可查的人。老子的“无为”实际上是一种境界，更是一种策略。说它是一种境界，意思是说“无为”是脱离了感性认识上升到理性认识的一种状态，是“损之又损”之后的一种结果。说它是一种策略意思是说“无为”是人们在有所作为之前的一种保存实力的方法。老子认为，大到治国小到为人处世，过多地采取措施有时候会产生相反的效果。所以在老子这里，静能胜动，寒能胜热，无能胜有。

汉代有“萧规曹随”的故事，讲的就是汉初名相萧何为刘邦制定下很完备的政策和法规，萧何死后，曹参担任丞相，他完全执行萧何的法规制度。汉惠帝不满，问曹参为什么自己没有建树。曹参认为以前的法规很好所以照办就是。何况萧何制定的政策法规到了曹参的时候仍然适用，那么也就大可不必徒劳地重新制定那些规章制度了。可见，“无所为”正是为了“有所为”，有时候“无所为”

本身正是一种“有所为”。如果我们能深刻了解“无为”的妙处，我们自然能获得更大的成功。

[经典事例]

歧路亡羊

《列子·说符》中有一则“歧路亡羊”的寓言。

一天，杨子的邻居牧羊归来，迎面遇到了急驰而来的车马，羊群受惊而四散奔逃。等车马过去之后，那个人把羊唤回，赶回家中。他经过清点之后发现少了一只羊，于是立即动员全家人，并请杨子的仆人一起去找羊。杨子不以为然地说:“只不过丢了一只羊，何必要兴师动众，派这么多人去找呢？”邻居说:“这里山野、田间的岔路特别多，人少了怕是分派不过来。”杨子觉得这话有道理，就没有再说什么。他目送着找羊的人出了村口。

那个邻居带领大家先沿着赶羊回来时经过的大路走，一遇到岔路口就分派人沿岔路去寻找。没过多长时间，他带去的人全部被分派完了，只剩下他一个人走大路。可是走了没多远，面前又出现了岔路。他站在岔路口不知如何是好，焦急之中任选了其中一条继续前行。走着走着，前面又出现了岔路。那个人无可奈何，他看到天色已晚，只好往回返。回来的途中碰到了其他找羊的人，他们也说自己遇到过同样的难题。

杨子正在家吃晚饭，忽然听见屋外有嘈杂的说话声，他知道找羊的人回来了。他出门去问那个邻居：“你们找到羊了吗？”邻人答道：“羊跑丢了。”杨子又问：“你带了那么多人去找，怎么会找不到呢？”邻居说：“我先前只知道大路上有岔路，因此出发时多带了几个人。可是万万没想到，岔路上还有岔路。最后只剩下一个人面对几条岔路的时候，我真是不知所措。”

杨子听了邻居的话，有些闷闷不乐。杨子的门徒看他眉头紧锁、一言不发，觉得很奇怪，于是不解地问:“羊算不上什么值钱的牲畜，再说又不是先生您的，您这样闷闷不乐，到底是为什么呢？”杨子长叹一声，说道：“我并不是因为丢了一只羊而惋惜。从这件事上，我联想到寻求真理也与这些在岔路口寻找羊的人一样，一旦迷失了方向，就会无功而返啊。”

杨子所说的真理，指的就是“道”；而邻居找羊的方法，是世俗之学。以世俗的方法去探求真理，必然会使人感到迷惑。这正是道家宗师老子、庄子、列子的共识。

邯郸学步

战国时期，燕国有一位青年人，他觉得自己走路的样子很不好看。后来，他听说赵国国都邯郸的人非常有风度，他们走路时，不紧不慢，既潇洒又优美，姿态特别好看。于是这位燕国的青年就决定去学习邯郸人走路的样子。他不顾家人的强烈反对，带上了盘缠，行走千里，专程赶往邯郸，一心要学习邯郸人走路的姿势。

他到了邯郸，看着大街上来来往往的人群，看得发了呆，不知道该如何迈开步子。这时，迎面走过来一个人，年龄和他相仿。那个人走路的样子实在令他羡慕。于是等那个人走过去，燕国青年便跟在他身后模仿起来，那个人迈出左脚，燕国青年也跟着迈左脚；那人迈出右脚，燕国青年也跟着迈右脚。有时稍不留心，他就搞乱了脚步，使他十分紧张，根本顾不上什么姿势。燕国青年眼看着那个人越走越远，自己渐渐跟不上了。他就只好再回到原地。接着，他又盯上了一个年纪稍大一些的人，他又跟在那个人的身后亦步亦趋地效仿走路的姿势，引得街上的行人都驻足观看，有的人还捂着嘴暗自嘲笑。就这样几天下来，燕国青年累得腰酸腿疼，可是学来学去总是学不像。

燕国青年心里想，自己学不好的原因一定是因为自己习惯了原来的姿势和步伐。于是，他决定忘掉自己原来的走路习惯，从头开始学习邯郸人走路。

可是，过了好几个月，燕国青年不但没有长进，反而越学越差劲。他不仅没有学会邯郸人的走法，而且把自己原来走路的方法也全忘了。眼看身上的盘缠快要花光，自己却一无所获，他感到十分沮丧，于是只好决定回家。可是他又忘记了自己原来是如何走路的，竟然不会迈步子了。没办法，燕国青年只好趴在地上爬着回到了燕国。

人们走路的方法本是天生自然的，合于“道”，而燕国青年生搬硬套地学习邯郸人走路，这实际上就是老子所谓的“为学”，是学习带有欲望、装饰成分的学问。这样的学习只会使原本简单的事情变得很复杂，最后必然会适得其反。因此，老子主张“无为”，只有这样，才能实现“无不为”的目的。

第四十九章

题解

这一章阐述了老子的爱民之道，这也是老子重要的政治理想之一。文中所谓的“圣人”，实际上就是老子心目当中理想的统治者。

按照老子的设想，统治者和老百姓都应该是质朴无华的人：统治者没有自己的私心杂念，而是把百姓的意愿作为自己的意愿，即所谓“圣人常无心，以百姓心为心”。“圣人”对待任何人的态度都是一样的，不夹杂任何的成见。在这样的统治之下，老百姓又回到了婴儿的纯朴状态。

然而理想毕竟只是理想，而且这种理想几乎不可能实现。但是，我们如果从社会历史的发展角度来看待这个问题，不难看到，在老子生活的春秋时代能够有这样的设想已经非常难得了。我们从本章言简意赅的叙述中也可以看到后来孟子所提出的“民贵君轻”思想的雏形。

［原文］

圣人无常心，宋徽宗《御解道德真经》：圣人之心，万物之照也。虚而能受，静而能应，如鉴对形，以彼妍丑，如谷应声，以彼巨细，何常之有？**以百姓心为心。**河上公《河上公章句》：百姓心之所便，圣人因而从之。**善者，吾善之；不善者，吾亦善之，德善。**河上公《河上公章句》：百姓为善，圣人因而善之。百姓为不善，圣人化之使善也。百姓德化，圣人为善。**信者，吾信之；不信者，吾亦信之，德信。**宋徽宗《御解道德真经》：德信则见万情无非信者，故不信者亦信之。真伪两忘，是非一致，是谓全德之人。此舜之于象，所以诚信而喜之。**圣人在天下，歙（xī）歙焉，为天下浑其心，**唐玄宗《御注道德真经》：圣人在理天下，化引百姓，常慄慄用心，令德善信而圣心凝寂，德照圆明，浑同用心，皆为天下，故云为天下浑其心。**百姓皆注其耳目，圣人皆孩之。**河上公《河上公章句》：注，用也。百姓皆用其耳目为圣人视听也。圣人爱念百姓如婴孩赤子，长养之而不责望其报。

[译文]

隋炀帝游幸江都

隋炀帝杨广是隋朝的第二个，也是最后一个皇帝。他曾乘四层高的龙舟从京城下江南“三游江都”。他用民过重，给人民带来沉重的负担，征高丽失败并使隋朝陷入战争泥潭，他没有以百姓的想法作为自己的想法，失掉了民心，导致士兵发动政变，人民纷纷起义，隋朝灭亡。

圣人没有普通人的私心，他们总是把百姓的想法作为自己的想法。他们用善良的心去对待善良的人，他们对待不善良的人也用善良的心去对待。这样做，整个时代的风气就会向善。他们对值得信任的人很相信，对不讲信用的人也很相信，这样这个社会的风气就会趋向于诚信。圣人在统治天下的位置上，能够使天下的人都收敛自己的意欲，使人心归于淳朴。虽然百姓们都专注于他们的视听（自己的欲望），统治者就像对待自己的孩子一样对待他们，使他们回归到淳朴的状态。

[读解心得]

“圣人常无心，以百姓心为心”，这话生动地形容了圣者的人格形象。圣者与百姓一样有着自己的社会需求和世界观、价值观，在这个基础之上，肩负着为百姓谋福祉、促进社会和谐发展的历史使命。而这个使命立足点和出发点应该与“公”字形影相随，“以百姓心为心”。这与道来源于自然，服务于自然的道理是相同的。

圣者“无心”，体现在对社会应该持有的包容心态上，让百姓的生存、生产不受压制，充分地发挥他们的聪明才智，做到有所为而有所不为。只有具备了这些条件,百姓才能“有心”,才能充分地实现自身的价值。假如圣者“有心”，让自己的欲望不断地得到满足，使百姓自由生活的环境被压制、压缩，被动地接受这些意志。那么，人们的生存环境、个性就会被压制，无从发挥，甚至受到伤害。百姓“有心”是社会生存的需要，是生命活力的自然状态的生动体现，也是“常无，欲以观其妙”中“妙”的表现。

“圣人常无心，以百姓心为心”，并不是信手拈来的事情，需要突破现实中的一些观念的约束。不以常人的世界观、价值观来划分社会成分，消除薄彼厚此的现象。 对“德善”“德信”者应该一视同仁，不能只听到少数人的声音。

唐朝时，太宗问魏徵："历史上的人君，为什么有的明智，有的昏庸？"魏徵答道："一个人的智慧是有限的，君主若能多听各方面的意见，就明智；若只听单方面的话，就昏庸。"还历数了历史上尧、舜等明君和秦二世、隋炀帝等昏君的例子，然后说："治理天下者如果能够采纳下属的意见，那么下面的情况他就能了解，他的下属也就很难蒙蔽他了。"太宗听后连连点头称是，并以此时刻提醒自己。这就是说，圣者应当认真听取民众的意见，坦诚接受民众的监督，关心民生疾苦，与民同乐。统治者必须去掉那些极端的、过分的措施，否则，就会使事物走向另一个极端，结果就会丧失民心、失掉天下。这是因为天下是天下人的天下，为大家所共有。

[经典事例]

纵囚归狱

李世民发动了"玄武门之变"以后，便登基称帝，即唐太宗。他从隋朝灭亡的教训中总结出来：要想使国家实现长治久安，就必须听取广大人民的呼声，了解下层百姓的疾苦。于是他下令广开言路，允许普通百姓自由地向他和朝中百官提出各种意见。但是，很长时间过去了，仍然应者寥寥。

在一个冬夜里，唐太宗又像往常一样批阅奏折。忽然，他被大理寺卿的奏折给吸引住了。奏折上说，全国共有三百九十名死囚将于秋后问斩，但他们当中有不少人日夜痛哭不止。问其原因，原来他们并不是怕死，而是心中还有所挂念。有的是家中还有年迈的父母未曾安顿，有的是家中一脉单传还未留下后代……奏折上说，官府用尽了办法还是不能让他们停止哭闹，于是就向皇上请示是否可以提前行刑。

纵囚归狱

纵囚归狱的故事在《新唐书·刑法志》有记载，发生在唐太宗贞观六年（公元632年）。

唐太宗阅罢，沉思许久。忽然，他灵机一动，在他的脑海中形成了一个大胆的想法。第二天早上一上朝，他就对群臣讲出自己的想法，结果把满朝文武惊得目瞪口呆。原来，唐太宗打算将所有死囚都放归，等他们安排好后事之后再自动回到狱中准备受刑。当即有许多大臣表示反对。但唐太宗主意已定，他还亲自到监狱宣布了这道旨意：“你们都是十恶不赦的罪人，但朕听说你们当中有人还未了结家中的后事，朕就恩准你们回家，等处理完后事之后再返回监狱，安心受刑。以一个月为期限，不得有误。”三百九十名囚犯跪在地上，听到太宗的旨意，一时间都愣住了，等到明白过来，个个磕头如捣蒜，高呼万岁圣明。

这个消息传出以后，全国上下为之哗然。人们都为唐太宗的仁慈而感叹，但也有一些人担心，万一囚犯们到期不回来怎么办？这些囚犯要是再次作乱又该怎么办？

唐太宗所规定的期限恰好到元宵节。但是直到元宵节的前一天，三百九十人中还是没有一个回到监狱。其实，唐太宗早在放人的时候，就已派人昼夜监视跟踪这些犯人。他暗中下令，一旦犯人逾期不归，就立即杀掉。

第二天就是元宵节，唐太宗无心早朝，只是一个人在后宫等消息。不久，大理寺卿前来觐见。唐太宗连忙问犯人的情况。“回禀皇上，犯人全回来了，一个不少！这真是天下奇闻啊！”唐太宗听罢不由得开怀大笑，连日的忧虑一扫而空。大喜之下，他下令让这些囚犯当晚夜游长安城观赏花灯。

入夜以后，长安百姓目睹了世间罕见的一幕：皇帝的龙辇在前头缓缓前行，后面一群披枷戴锁的囚犯行走在五光十色的灯会之中，长安城的百姓无不心悦诚服，一齐跪下高呼：“吾皇万岁，万岁，万万岁！”

唐太宗纵囚归狱，本意只是为了收买人心，没想到竟产生如此轰动的效果，这是他没有预料到的。他顿时感慨万千，感觉到民心的淳朴可爱，于是自己暗下决心，一定要更加勤政爱民。后来，唐太宗又下令将这些义不食言的囚犯免除死罪，更使得天下百姓对他无比爱戴。

唐太宗纵囚归狱的故事，正好可以说明“善者，吾善之；不善者，吾亦善之，德善。信者，吾信之；不信者，吾亦信之，德信”的深刻内涵和对于治理天下的重要意义。

第五十章

题解

本章主要讲“养生之道”。这里所提到的“养生”是指为人处世、趋利避害之道。道家的“无为而治”“明哲保身”的处世哲学通常被认为是消极避世的思想，实际上我们从中仍然可以看到一些积极的因素。用《道德经》的逻辑方式来解读这些道理就是，表面上消极地避世实际上是为了更积极地入世。

［原文］

出生入死。韩非子《解老》：人始于生而卒于死。始之谓出，卒之谓入。**生之徒，十有三；死之徒，十有三；**王弼《道德真经注》：十有三，犹云十分有三分，取其生道，全生之极，十分有三耳。取死之道，全死之极，亦十分有三耳。**人之生，动之于死地，亦十有三。**唐玄宗《御注道德真经》：徇生太厚，以养伤生，既心矜此生，故动往死地，此则生理既失，死理亦亏，如此之辈，亦十中有三人尔。**夫何故？以其生生之厚。**河上公《河上公章句》：问何故动之死地也。〔言人〕所以动之死地者，以其求生活之事太厚，违道忤天，妄行失纪。**盖闻善摄生者，陆行不遇兕虎，入军不被甲兵；兕无所投其角，虎无所用其爪，兵无所容其刃。**王夫之《老子衍》：然而摄生者其用在动，之死者其用亦动。何以效之？摄生者以得地为忧，动而离之。之死者以不得地为忧，动而即之。彼虽日往还于出入之间，而又恶知动哉？则甚矣，地之可畏也！兕虎之攫，必按地以为威；甲兵之杀，必争地以制胜。遇无地者，则皆废然而丧其杀机。**夫何故？以其无死地。**唐玄宗《御注道德真经》：兕虎甲兵无容措之所乎？以其顺化无私，不以死为死，则物不得害其生，故云无死地也。

［译文］

人的一生由出世开始，到入于地下而结束。属于长寿一类的人占到十分之三，属于短命一类的人占到十分之三，本来属于长寿的可是最终短命的，又占了十分之三。为什么会这样呢？因为他们养生过分丰厚而糟蹋缩短了生命。我曾听说善于养生的人，在陆地上行走时不会遭到兕牛和老虎的袭击，在战场上打仗不会被兵器所伤。兕牛在他面前用不上它锐利的角，老虎在他面前用不上它锋利的爪子，敌人手中的兵刃也伤不着他。这是什么缘故呢？因为这种人没有把自己放在显要、突出的位置，所以他就不会进入受伤、死亡的危险境地。

兕

兕是一种与犀牛非常相似的动物，《山海经·海内南经》有这样的两段记载，“兕在舜葬东，湘水南。其状如牛，苍黑，一角。”“兕西北有犀牛，其状如牛而黑。”

[读解心得]

世界上一切事物的存在形态大概都可以用“生”与“死”来描述。因此，对生死的态度，也就形成了一个人的人生观，生死观就是一种重要的人生哲学。在老子看来，不离失本分的人就能长久不衰，身虽死而“道”仍存的，才算是真正的长寿。人还要爱生，养生，很好地保护自己以求得更好地发挥自己的生命能量，所以老子提出要贵生重己。

人有出生的一天就注定有死亡的一天，就像黑夜必定有白昼一样，是自然的规律，每一个人都永远逃不掉的。所以，我们应该生的时候不欢天喜地，死的时候也不呼天抢地。无拘无束地来，无牵无挂地走。不忘记自己的来处，也不追求自己的归宿。事情来了就欣然地接受，把生死全部扔在脑后，一切顺应自然的规律。

老子说，尽量使心保持清虚寂寞，要切实坚守心境的清净。从万物的生长发展过程中，观察循环往返的道理。万事万物尽管变化纷纭，最后还是要返回本根。返回本根就叫作静，也称为复归生命的本性。老子希望人们能够少私寡欲，清静质朴、纯任自然。老子崇尚的是一种自然的人生哲学，同样也主张以一种自然的平常心对待生死，认为一个人应该不贪生不恶死，即生者，寄也，死者，归也。

很久以来，这段文字被人们认为仅仅是老子所推崇的养生之道的言论。事实上，修身、齐家、治国、平天下，只不过是对象、过程改变了而已，个中道理却是相同的。

历史上兴盛王朝，建国之初的统治阶级一般都会采取轻徭薄赋的休养生息政策，减轻人民负担，时刻约束自己的行为，让社会生产力得到恢复，人们安居乐业，国家得以长治久安，这也是一种“养生”。即便社会上存在不安定因素，也难成气候，即是“兵无所容其刃”了。相反，如果统治者横征暴敛就会导致民不聊生、流离失所，他的统治就如腐朽的大船，经不起大风大浪。

世上的“有”来源于“无”，其根源是“虚静”，通过生长发展，又回归到原来的静。犹如一粒稻谷，通过发芽、生长、成熟、又回归原来的稻谷“静”的状态。世间万物安静地守着自己的本性，默默地吸收着大地的滋养，享受天然的生命。而现实总是有太多的事情在牵绊我们，有太多的声色犬马在诱惑我们，有太多的贪心、欲望导致我们危险地活着而不是诗意地栖居在这片大地上。

春荣冬枯，最后回到天然的寂静，随自然而起，随自然而化。日月经天，江河行地，牵扯出四季轮回，生生不息。

[经典事例]

王翦求赏

王翦是秦王嬴政手下的著名将领，一生战功赫赫，为秦王统一六国立下了汗马功劳。

战国末期，秦王势如破竹般横扫六国。秦王想要灭楚，他倾心于年轻壮勇的秦将李信，认为他聪明果敢。李信曾经率领数千人马大破燕军，并虏获了太子丹。秦王就问李信要想破楚，需要多少人马。心高气傲的李信认为二十万即可。秦王又找来身经百战的老将军王翦，问他相同的问题，王翦回答：“楚国是非常难缠的，是我们的劲敌，要攻下它，最少也要六十万大军。”秦王背地里说：“王将军果然老了，竟然这样胆小！还是李将军胆识过人，所说的一点不错。”于是，他就派李信领兵二十万南下伐楚。王翦因为秦王不采纳他的建议，托病辞官，回到家乡养老。

李信率领秦军攻打平与，另一位秦将蒙恬攻寝丘，大败楚军。李信又乘胜追击，攻下了鄢、郢等地。于是引兵西进，与蒙恬部队在城父会师。项燕率领的楚军趁此喘息之机积蓄力量，尾随秦军三天，终于击败李信的部队，攻下了两座营垒，有七名都尉被杀，秦兵大败而逃。

秦王听说秦军失败，大惊失色。这时他才知道老将王翦确有远见，于是亲自到王翦住处向他谢罪，说：“寡人当初没有听从老将军的话，李信果然使秦军兵败受辱。现在楚军正在西进，将军虽然有病在身，怎么能忍心抛弃寡人呢？”王翦辞谢道：“老臣年老多病，还望大王另选良将。”但秦王坚持要求王翦领兵，这时王翦提出了条件：“如果非要用老臣，那么一定要给我六十万大军。”秦王当即允诺。于是王翦率领六十万大军伐楚，秦王亲自将他送到灞上。

王翦临行前多次向秦王索求良田美宅园地，秦王笑道：“将军既然已经出兵，还怕将来受穷吗？”王翦回答说：“作为大王的部将，虽然立下战功却始终不得封侯，所以我趁大王现在亲近臣下之时，多求些良田美宅园地，为子孙后代置备好家业。”秦王听了大笑，立即应允。

王翦率领军队行至关口后，又曾五次派使者回朝索求良田。王翦的部下认为他求赏有些过分，王翦却说：“秦王这个人粗暴而又多疑，如今几乎把全国兵力都交付给我，我只有以多请田宅的方式让他以为我一心为子孙后代置家业，才能使秦王打消对我的怀疑。”

王翦代替李信又来攻楚，楚军听说王翦率大军六十万前来，也发动了楚国的全部兵力以对抗秦军。王翦的大军一到，立即坚壁防守，不轻易出战。楚军多次挑战，可秦军始终不出兵应战。王翦每天要求士兵休息沐浴，安排美食安抚他们。他还与士卒们同饭同食，意在保存实力，消耗楚军，以等待最后殊死一战。过了一段时间，王翦打听士兵们以什么来作为娱乐活动，有人回答：“战士们每天比赛投掷石头和跳远。”王翦认为时机成熟，就下令全军做好准备。楚军屡次挑战而秦军不应，于是楚军引兵向东，王翦趁此机会，率兵追击，大败楚军，并斩杀了将军项燕。

秦军乘胜追击，一年之内就平定了楚国，俘虏了楚王，楚国就此灭亡。王翦又率兵南下征讨百越，再一次取得了胜利。王翦也因战功卓著而被封为武成侯。

王翦之所以获得成功，就是因为他懂得明哲保身之道，即“善摄生”。他能够及时地辞官回乡，又能够巧妙地消除秦王的怀疑，这正是他比常人高明之处。

第五十一章

题解

这一章重点讲述“德”的作用。“道”生成万物，“德”养育万物，但是万物生长是顺其自然的，而“道”和“德”并不干涉它们。

通过本章的论述，我们可以看出“道”的伟大之处正在于它虽然创造了万物，但是它并不含有什么主观的目的，因此毫不张扬，整个造物的过程完全是无声无息、顺其自然的。“道”虽然是万物的始基，然而它“生而不有，为而不恃，长而不宰”，只有这样，才是最大的“德”，即所谓“玄德”。

本章揭示了老子道德观的基本内涵，这也正是“无为”思想的具体体现。老子此言的目的，就是要求人们能够排除私心杂念，一切顺应自然，遵循大“道”，从而实现人的心灵真正的升华。

[原文]

道生之，德畜之，物形之，势成之。王弼《道德真经注》：物生而后畜，畜而后形，形而后成，何由而生？道也。何得而畜？德也。何由而形？物也。何使而成？势也。唯因也，故能无物而不形；唯势也，故能无物而不成。凡物之所以生，功之所以成，皆有所由，有所由焉，则莫不由乎道也。故推而极之，亦至道也。随其所因，故各有称焉。**是以万物莫不尊道而贵德。**宋徽宗《御解道德真经》：万物莫不首之者，道也。成而上者，德也。尊，故能胜物而小之；贵，故物莫能贱之。孟子曰赵孟之所贵，赵孟能贱之，非德故也。**道之尊，德之贵，**唐玄宗《御注道德真经》：道德之尊，非假爵命，但生成之功，被物而常，自然贵尔。**夫莫之命而常自然。**河上公《河上公章句》：道一不命召万物，而常自然应之如影响。**故道生之，德畜之。长之育之，亭之毒之，养之覆之。**宋徽宗《御解道德真经》：别而言，则有道德势物之异，合而言，则皆出于道。道者，万物之奥也，万物化作而道与之生，万物敛藏，而道与之成。出乎震，成乎艮，养乎坤，覆乎乾，刚柔相摩，八卦相荡，若有机缄而不能自已，道实冒之。**生而不有，为而**

不恃（shì），长而不宰，河上公《河上公章句》：道生万物，不有所取以为利也。道所施为，不恃望其报也。道长养万物，不宰割以为利也。**是谓玄德。**王弼《道德真经注》：有德而不知其主也，出乎幽冥，是以谓之玄德也。

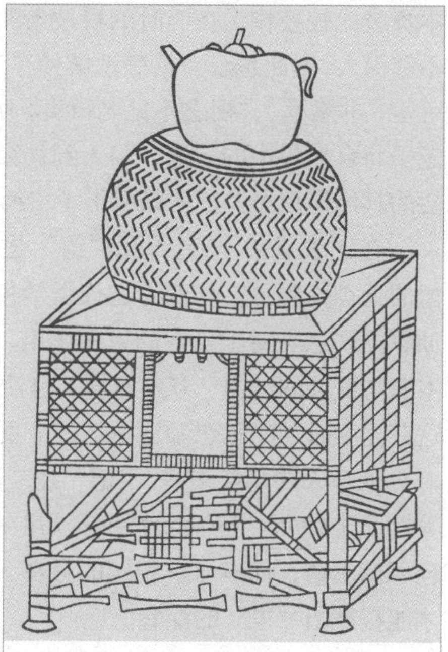

"苦节君"像

"苦节君"是茶炉的代称，其外以藤包扎，而后改用以竹包扎，称作"苦节君像"，寓"逆境守节"之意，这也应是德行的一种象征。

［译文］

"道"生发万物，"德"养育万物，万物呈现出纷繁复杂的形状，是外部的具体环境使其如此的。因此，万物没有不尊崇"道"并且以"德"为贵的。"道"之所以受到尊崇，"德"之所以受到珍重，那就是因为"道"不是强制他们生长而是让他们自然而然地生长。所以，"道"生发万物，"德"养育万物，它们促使万物成长、发育，促使万物自立、成熟，使万物都得到滋养与保护。生育它而不据为己有，成就它而不自恃有功，引导而不主宰，这就叫作深奥而玄远的"德"。

［读解心得］

在前面的很多章节当中，老子已经多次论述了"道"与"德"之间的关系。由于"道"具有"虚空"的特点，令人难以捉摸，因此，这个无所不能、无处不在的"道"要与"德"来配合，从而才能具体地指导世间万物的生长、繁荣。

老子在这一章中着重论述了"道"生养万物的地位，并指出"道"所采取的是"无为"的方式，即"夫莫之命而常自然"。老子并没有明确指出"道"与"德"之间严格的区别，从"道生之，德畜之"这句话来看，"道"是生发万物的关键，而"德"的作用则在养育万物上。需要注意的是，此处的"生"，并不是一般意义上所说的"出生"这样一个简单短暂的瞬时性事件，而是指世间万物的包括其起始、中点和结束在内的完整的发展变化过程，与"人的一生"这个概念含义相似。而"德"负责养育万物，这样看来，"道"与"德"的作用就重叠了，那么，老子为什么还要区分这两个概念呢？首先，老子所提出的"道"的概念

本身就比较模糊。在当时的科技条件之下，老子对世界的认识还不够全面，也不够深入,因此也没有清楚地解释“道”的存在形式与它的作用,这就使得“道可道，非常道”“视之不见名曰夷，听之不闻名曰希，搏之不得名曰微”。其次，老子将自然界中的“道”引入到社会历史领域，他难以解释“道”对于人及社会的具体作用形式，所以引出了“德”这一概念。

在老子看来，“道”和“德”是不带有主观意志的客观存在，这是比较典型的无神论观点。与西方古代哲学相比，它的先进性在于否定了诸如上帝、神仙等主观意志对于世界的主宰作用，只有“道”这一客观实在才是世界产生的本源与发展的动力，万事万物（包括人在内）都要遵循“道”这一根本的法则。这在先秦时期的思想领域中是一个重大的突破，可以说达到了相当高的水平。

从今天的角度来看，“德”是“道”的一个重要属性，“德”怀有“道”的秉性,同时也是“道”的作用得以存在的重要支撑点。“道”令人看不见、摸不着，也琢磨不透，而有了“德”的存在，使得“物形之，势成之”，人们由形见物，才能揣摩出“道”的深意。

老子把“德”看得和“道”同样重要,二者密不可分,“道”是“德”的源头,“德”是“道”的表现形式与作用方式，二者互相依存。因此，老子在提及“道之尊”的同时，也谈到了“德之贵”，二者“夫莫之命而常自然”，对于天地万物的活动不加以干涉，任其自由发展。这就是《道德经》全书中反复提到的，并作为其核心思想的“无为而治”的理论。

人们不禁要问：既然“道”与“德”对万物采取了“放任”的态度，那么世界的发展岂不是一片混乱？其实不然。因为在老子哲学当中，世间万物彼此并不孤立，他们之间存在着千丝万缕的联系，它们在“道”与“德”的支配下互相影响、制约，从而在整体上实现平衡。

天下万物的产生、发育、繁衍甚至衰亡，完完全全是处于自然状态之下的。这就是“道”所体现出来的“德”的精神。因此我们说,“道”和“德”的“尊”“贵”地位并不是自封的，这是以它们对万物产生的作用和影响为基础而自然生成的。西汉时期抗击匈奴的名将李广治军有方，他对待下属非常体贴。有一次，李广在寒冷的冬季带领队伍前进，他发现有一个士卒腿部负了伤，冻得浑身发抖，行走十分艰难。于是他当即跳下马,把马牵到这个士卒跟前,把马给了这个士卒，并且小心翼翼地把他扶上了马背，还亲自为他牵缰绳。这个士卒受到李广如此呵护，禁不住感激涕零。李广关心部下，对待手下将士真诚和善，不自夸自大，令很多人受到感动。士卒们正是因为受到了他的关怀，所以在战场上都英勇奋战，使得李广的军队所向无敌。因此，司马迁在《史记》中对李广有着很高的评价："李将军悛悛如鄙人，口不能道辞。及死之日，天下知与不知，皆为尽哀。彼其忠实心诚信于士大夫也。谚曰：'桃李不言，下自成蹊。'此言虽小，可以谕大也。"可见，真正的"大德"不必彰显它的威力，只在潜移默化之中就可以实现它的作用。这就是"长之育之，亭之毒之"的奥妙所在。

以此为基础，我们就不难理解"生而不有，为而不恃，长而不宰"所隐含的道理。"德"是万物生长、繁荣的基础，但它是没有任何欲望的客观存在，因此，万物可以因它而生，因它而荣，但它却不图任何回报，因为，生发万物，正是"德"的职责所在。

［经典事例］

舜耕历山

传说在上古时代唐尧治理天下的时候，在历山这个地方，有一个很有名气的年轻人，叫舜。他的父亲瞽叟是个盲人，是非不分，顽固不化；继母性格泼辣，为人两面三刀；继母所生的弟弟象更是桀骜不驯。继母和弟弟经常在瞽叟面前搬弄是非，说舜的坏话，于是三个人串通一气，时常想办法加害舜。

面对这样一种状况，舜依然对父母不失孝道，对弟弟保持友善。舜在察觉到家人要加害他的时候，就及时躲避；危险解除，他又回到家人身边。舜家境清贫，所以从事各种体力劳动，经历坎坷。

相传，他很小就在历山耕耘种植。每天天刚亮，舜就赶着耕牛、拖着犁头下田了。到了吃饭的时间，舜就急忙赶回家中，可家里只给他留了一点残羹剩饭。舜吃完冷饭，就又回到山上耕地去了。饿了，他就采摘山果充饥解渴；累了，就坐在树荫下歇口气。他每天都一直干到傍晚才回家，可即使这样，他的父母仍然经常责骂他。

舜在耕地的时候，常常为自己无法得到父母的爱而犯愁。他经常责问自己哪里做得不够好，有时竟然仰天大哭起来。

乡里人见了都说，舜是因为不堪忍受父母的虐待才痛哭的。舜却说："我并不是为自己的劳苦而哭的，我哭的是我不能让父母高兴起来。"

这样，舜的孝名一传十，十传百，后来传到尧的耳中。

当时尧正想找一个接班人，当时分管四方的诸侯之长"四岳"向尧推荐舜。尧为了考验他的品行，就把自己的两个女儿娥皇和女英嫁给了舜，还将许多土地、财宝、牛羊作为陪嫁一并送给了舜。

看到舜的荣华富贵，继母心里非常嫉妒。舜的弟弟象更是对两位嫂子的美色垂涎三尺。三个人想出了一条毒计，想害死舜，然后霸占他的一切。

娥皇女英

古代传说中尧帝的两个女儿，也称“皇英”。姐姐叫娥皇，妹妹叫女英，姐妹同嫁帝舜为妻。舜父顽、母嚚、弟劣，曾多次想办法，要害死舜。在娥皇、女英的帮助下，舜得以脱险。舜继尧位，娥皇、女英为其妃，后舜至南方巡视，死于苍梧。二妃前去寻找，泪洒青竹，竹上生斑，因此称“湘妃竹”。二妃也死于湘江之间，所以后世将二女称为“湘夫人”。

这天，父母对舜说：“我们家仓库房顶漏了，你上去修一修吧。”

娥皇、女英给了舜两顶斗笠。舜带上工具，爬上房顶。他的父母、弟弟马上搬走楼梯，放起大火来。舜抓着斗笠，张开双臂，就像展开两片翅膀一样，从房顶飘然落下。继母又生一计，他们让舜去淘井。待舜下井后，上面的三个人马上搬运土石，把井填埋起来。他们认为舜必死无疑，象迫不及待地跑到舜的房里准备接管嫂子和财物，却看见舜正在弹琴。原来，舜一到井下，就在井壁打了一个洞，从另一口井钻出来了。于是象假惺惺地说是来看望哥哥的，舜则若无其事地说：“你来得正好，我现在的事情很多，正需要你帮助我来料理呢。”

舜对父母的孝顺，对兄弟的友善，也深深影响了他的两个妻子，娥皇和女英也加倍孝敬公婆，照顾弟弟象。

尧经过考察，并根据两个女儿的报告，知道舜确实是一位贤士，就让他来参与政事。最后，尧把帝位禅让给了舜。

舜即位之后，以天子的仪仗，回到家乡去拜见父母。直到这时，糊涂的瞽叟才明白，舜确实是一个孝顺的好儿子，他深感悔愧，从此改恶从善。舜还不念旧仇，把他的弟弟象封为诸侯。象见哥哥对自己如此仁爱，心中也非常感动，也决定洗心革面，成为一个贤人。

舜在屡次受到父母、兄弟的陷害之后依然能够保持美好的品行，不计前嫌，从这一点上来说，他确实是位具备“玄德”的圣人。

第五十二章

题解

这一章讲述认识论的相关问题。

《道德经》一书中把“道”作为万事万物的源头，由“道”推衍开来，万事万物顺其自然地繁衍生息。但是老子也喜欢时常论述“道”与万事万物的关系。本章中的“母”与“子”的关系实际上就是“道”与“万物”的关系。从这里我们可以看到，我们只有认识了“道”，才能够认识万事万物；认识了万事万物，也不能忘记“道”，因为万事万物都是遵循“道”的。这样做才能保证认识的正确性。老子还认为，要想认识“道”，还要摒弃私心杂念和个人偏见，否则，永远也无法认识“道”。对“道”的追寻不仅需要向外探求，更需要反躬自省。

[原文]

天下有始，明太祖《御注道德真经》：始乃本根也，初也。**以为天下母。**河上公《河上公章句》：道为天下万物之母。**既得其母，以知其子，既知其子，复守其母，没身不殆。**宋徽宗《御解道德真经》：道能母万物而字之，则物者其子也。通于道者兼物，物故得其母，以知其子。多闻则守之以约，多见则守之以卓，穷物之理而不累于物，达道之缴而不失其妙，则利用出入，往来不穷，可以全生，可以尽年，而无危殆之患。**塞其兑，闭其门，**王弼《道德真经注》：兑，事欲之所由生；门，事欲之所由从也。**终身不勤。**唐玄宗《御注道德真经》：不纵六根爱悦，则祸患之门闭矣，故终身不勤劳矣。**开其兑，济其事，终身不救。**河上公《河上公章句》：开目视情欲也。济，益也。益情欲之事。祸乱成也。**见小曰明，**宋徽宗《御解道德真经》：小者，道之妙，见道之妙者，自知而已，故无不明。**守柔曰强。**河上公《河上公章句》：守柔弱，日以强大也。**用其光，复归其明，**河上公《河上公章句》：用其目光于外，视时世之利害。复当返其光明于内，无使精神泄也。**无遗身殃，是谓袭常。**明太祖《御注道德真经》：于此谦下，其用甚贞，所以无失身之殃。因此能乘大道之常，是谓袭常。

[译文]

天下万物都有其本始，大家都以这个本始作为生存所依归的母体。能够认识这个母体就能继而认识各种具体存在，认识各种具体存在仍需要坚守这个母体，这样做终身都不会有危险。塞住欲念的孔穴，闭起欲念的门径，终身都不会有烦扰之事。如果打开欲念的孔穴，就会增添纷杂的事件，终身都不可救治。能够察见到细节，叫作“明”。能柔弱灵动地因势利导，这才是真正的强健。运用其光芒，返照内在的明，有效地避免各种祸患，这才是万世不绝的“常道”。

[读解心得]

对于世界本源的探索，是人类自产生之际就已经开始的精神活动之一。中国自西周以来，就已经产生了诸如阴阳、五行学说那样较为原始的唯物论，这就是中国早期的朴素唯物主义。老子作为朴素唯物主义的拥护者和倡导者，较早地以文字形式对于世界的本源进行了探讨。在前面很多章节当中，他已经反复多次地阐述了“道”的本质，所谓的“道”，既是世界产生的源头，同时也是构成现实世界的实体。老子进而将这个“道”看成是支配世间万物发展变化的无形的自然规律。当然，由于受到当时历史与科学发展条件的限制，老子的理论出现了一些混乱，即物质层面上的“道”与人类精神层面的“道”的混同。这种混同反映到他的认识论领域中来，就使老子的理论带上一种以“道”观物的特性。

石守信

石守信，开封浚仪（今河南开封）人。北宋初期重要的将领，开国功臣。石守信是以赵匡胤为首的“义社十兄弟”中，继李继勋、赵匡胤之后第三个建节的，而且长期与赵匡胤同在殿前司共事，是赵匡胤的部属、亲信，后周末成为赵匡胤的副手，关系最为密切。

老子在本章中继续以认识论为基础，来体察做人的道理。他在本章中提到的“得母”“知子”的观点是其哲学思想的精华之一，他认为人们只有认识到这一点，才能在人生道路上守持正“道”，从而“没身不殆”。

“塞其兑，闭其门，终身不勤。开其兑，济其事，终身不救”就是老子为世人指出的具体的行为准则。本章意在说明，世俗之人都好耍聪明，而不懂得收敛内省，这是极其危险的。他认为人们应当含蓄、内敛，这样才不会自遭祸患。

“用其光，复归其明，无遗身殃。是谓袭常。”从现代理论来讲，这是一种负责反馈的调节机制。这正是生命个体在复杂的现实环境中维持稳定状态的关键。人们只有不断地体察周围世界，才能及时调节自己的行为。宋太祖“杯酒释兵权”就说明了这一道理。宋太祖建国之后，时刻担心手下的武将会谋反。一次，他在宫廷举行宴会，邀请石守信等几位老将饮酒。在饮酒过程中，宋太祖说自己有一块心病，担心有人图谋他的皇位。石守信等人听出了弦外之音，跪在地上说：“现在天下已经平定了，有谁敢对陛下三心二意？”宋太祖说：“我对你们几位当然信得过，就怕你们的部下有人贪图权贵，把皇袍披在你们的身上。到那时，你们想不干都不行了！”众将听到这里，感到大祸临头，于是听从宋太祖的提议，主动交出兵权，带着丰厚的封赏去做有名无实的节度使了。这些人正是由太祖的话看到了日后的祸患，并及时加以调整，才免遭灾祸。明哲保身的智慧，在老子那里，可谓得到了完美的诠释。

[经典事例]

纪昌学箭

《列子·汤问》记载了一个纪昌学射箭的故事。

相传，古时候有一位射箭能手名叫甘蝇。他只要对准野兽，一拉弓射箭，野兽就立刻应声而倒；他将箭射向天空中的飞鸟，顷刻间，飞鸟就会从空中坠落下来。凡是见过甘蝇射箭的人，没有一个不称赞他的射术，都说他箭无虚发，百发百中。甘蝇有个学生名叫飞卫，他跟着甘蝇学习射术非常刻苦，几年之后，飞卫射箭的本领竟然超过了他的老师，人们都称赞甘蝇名师出高徒。后来，有个名叫纪昌的人慕名而来，拜飞卫为师，跟随飞卫学习射术。

飞卫收了纪昌做弟子之后，对纪昌要求十分严格。刚开始学习射箭时，飞卫就对纪昌说：“你是真心要跟我学习射箭吗？你要知道，不下苦功是学不到真本领的。”纪昌立刻表示：“只要能学到射箭的真本领，吃再多的苦我也不怕，我愿意听老师指教。”飞卫很严肃地对他说：“你要首先学会不眨眼，只有先做到了不眨眼，才能谈得上学射箭。”

纪昌听了老师的话以后，回到家里，仰面朝天躺在妻子的织布机下面，双眼一眨不眨地盯着他妻子在织布时不停踩动的踏板。纪昌天天如此，月月如此，这样坚持了整整两年，从未间断。后来即使锥子的尖端刺到了他的眼眶边，他的双眼也能够一眨不眨。

纪昌于是离别妻子又到飞卫那里去了。飞卫听完纪昌对自己两年来练习情况的汇报后，又对纪昌说：“你现在还没有学到家。要想学好射箭，你还必须要练好眼力，要练到看细小的东西就像看到大的一样，看模糊的东西就像看到明显的东西一样。你还得继续练，练到了我所说的程度，再来告诉我。”

纪昌再一次回到家中，找了一根极细的牦牛尾巴上的毛，一头系上一只小虱子，另一头悬挂在窗框上，然后目不转睛地看着那只小虱子。十天之后，那只小虱子似乎变大了。纪昌继续坚持不懈地练习。又过了三年，他眼中那个系在牦牛尾毛下端的小虱子似乎又变大了，好像车轮一样大小了。纪昌再看周围其他的东西，好像全都变大了。

于是，纪昌找来了用北方生长的牛角做装饰的强弓，又找来了用出产在北方的蓬竹所制造的利箭。他左手持弓，右手搭箭，目不转睛地瞄准那只虱子，将箭射了出去，箭头刚好从虱子身体的中心穿过，而悬挂虱子的牦牛尾毛却没有丝毫损伤。这时候，纪昌才真正体会到要想学到真本领非下苦功夫不可。于是，他又去找飞卫，把这一成绩告诉了老师。

飞卫听了纪昌的汇报非常高兴，走过去对纪昌说：“看来射箭的奥妙，你已经完全掌握了啊！”

如果把“天下有始，以为天下母”的内涵具体化，正可以说明这样一个道理：学习任何一门技能都必须做到勤学苦练，心无旁骛，“塞其兑，闭其门”，除此之外，没有其他捷径可走。

第五十三章

题解

本章中老子把他的哲学思想贯彻到他对社会的思考当中。

这一章中老子用简洁的语言描绘了田园荒芜、粮仓空虚的现实情况，就是在老百姓生活在这样一片水深火热之中的同时，统治者仍然“服文彩，带利剑，厌饮食，财货有余”，这更加揭露了统治者的荒淫无道，老子把他们称为“盗夸”。

在本章中，老子抒发了他强烈的爱憎感情，这在《道德经》中并不多见。在这里，老子似乎成为了人民大众的代言人，控诉统治者的恶劣行径。老子认为，统治者也要遵循“道”，若不行“大道”，必将是自取灭亡。统治者若能遵守“大道”，老百姓自然而然就能够过上富足而和谐的生活。但是我们从另外一个角度来看，老子自身实际上也属于统治阶层，所以我们也应该把这一章看作是老子对统治阶级的警告。无论如何，在老子的时代，作为老子这样的身份的人能有这样的思想境界已经相当不容易了。

[原文]

使我介河上公《河上公章句》：介，大也。**然有知，行于大道，**河上公《河上公章句》：老子疾时王不行大道，故设此言。使我介然有知于政事，我则行于大道，躬行无为之化。**唯施是畏。**宋徽宗《御解道德真经》：介然辨物，而内以自知，则深根固蒂，而取足于身，故唯施是畏。**大道甚夷，**河上公《河上公章句》：夷，平易也。**而人好径。**河上公《河上公章句》：径，邪不平正也。大道甚平易，而民好从邪径也。**朝甚除，**韩非子《解老》：“朝甚除”也者，狱讼繁也。**田甚芜，**河上公《河上公章句》：农事废，不耕治。**仓甚虚；**唐玄宗《御注道德真经》：南亩不收无储积。**服文彩，带利剑，厌饮食，**河上公《河上公章句》：好饰伪，贵外华。尚刚强，武且奢。多嗜欲，无足时。**财货有余；**韩非子《解老》：诸夫饰智故以至于伤国者，其私家必富；私家必富，故曰：“资货有余。”**是为盗夸。非道也哉！**王弼《道德真经注》：凡物不以其道得之则皆邪也，邪则盗也。夸而不以其道得之，窃位也，故举非道以明非道，则皆盗夸也。

［译文］

假如我稍微有点儿常识的话，我就要在大道上行走，唯独小心谨慎的就是避免走入歧途。大道很平坦，而有的人却总是喜欢走小道。一方面是朝廷装饰非常豪华，农田非常荒芜，仓廪非常空虚；另一方面却有人（统治者）穿着漂亮的衣服，佩戴着锋利的刀剑，享用着美味佳肴，财产货物有很多。这实在是强盗一样的统治者，是不合于“道”的啊！

农事

老子重视民生，指责礼仪中的繁文缛节浪费了大量的钱财，荒废了农业生产。

［读解心得］

在《道德经》全书中，唯物主义自然法则以及辩证思想贯穿始终。老子认为不仅万事万物的产生和发展各循其“道”，统治者也应当效法自然，秉承“天道”来调整各种社会关系，以保持社会的繁荣稳定、自然和谐。

从前面“大道废”这一论断来看，在老子所处的时代，社会已经混乱不堪，人们沉湎于物欲的追求与享受之中，因此他说“大道甚夷，而民好径”，明确指出当今世俗之人早已背离了“大道”。老子此言含义非常深刻，他认为，“大道”其实很平坦，治理国家并不是非常困难的事情，只要坚守住几条基本原则就可以了。对于统治者来说，他应该控制住自己的欲望，防止它无限膨胀，不能为了满足自己的奢华生活而置百姓于不顾。

老子这一观点来源于他的万物平等思想，即“天地不仁，以万物为刍狗；圣人不仁，以百姓为刍狗”，他既然认为万物都是平等的，那么统治者就没有理由凌驾于百姓之上，作威作福。在这方面，汉文帝就可称得上是一位明君。

但是，历史上多数的统治者都没有真正地走上“正道”，他们常常为了一己私利违背客观原则，把自己看得高高在上，而把百姓看得一文不值。老子列举了“田甚芜，仓甚虚”等“大道”已废的表现，意在把百姓生活的艰难与统治者的奢侈进行对比。他把统治者比成强盗，从而揭示了这种两极分化的产生原因，其中具有明显的民本主义思想倾向。在这一点上，孟子也有着相似的看法，他认为百姓之所以处在“父子不相见，兄弟妻子离散”（《孟子·梁惠王下》）的艰难境地之中，就是因为统治者“不与民同乐”。

老子一直在追求“和”的境界，在这里，我们可以把它看成是一种人类社会的和谐。老子不像儒家那样把社会分成两个对立的阵营，而是力图化解所谓的“对立面”之间的矛盾。这种思想对于当时社会世风日下、人心不古的现实状况来说，确实是一剂治世良方。

[经典事例]

伶人优孟

司马迁的《史记》当中有一篇《滑稽列传》，记载了古代机敏善变的臣下的事迹。楚庄王时代的优孟就是其中之一。

楚庄王爱马，他经常搜罗天下的名马，并给马披上绫罗绸缎，把它们安置在装饰华丽的宫殿之中，还专门为它们准备床作为卧席，拿甘美的枣脯喂养它们。其中最受楚庄王喜爱的一匹马由于生活条件过于优越，长得过于肥胖，生病死了。楚庄王十分伤心，吩咐大臣们为死马治丧，并准备用棺椁装殓，按照大夫葬礼的规格来安葬它。

楚庄王身边的大臣们觉得这么做太过分，纷纷前来劝谏。庄王大怒，下了一道禁令：“如果有人再敢为葬马的事情进谏，立即处死！”

优孟是楚国宫廷艺人，他能歌善舞，以优伶为业。优伶就是伶人，古时用来称呼演戏、唱歌、作乐的人。他听说了此事，就走进宫中仰天大哭。庄王十分吃惊，问他为什么哭得这么伤心。优孟边哭边答说：“宝马是大王的至爱，理应予以厚葬。凭我堂堂楚国，国富民强，有什么事办不到？大王却只用大夫葬礼的规格安葬宝马，太亏待它了。我建议，应当用君王葬礼的规格来安葬它。”

庄王听了很感兴趣，忙问：“那应该怎么办好呢？”

优孟回答道：“用雕木的美玉做内棺，用上等的梓木来做外椁，用樟木等名贵的木材做装饰，再派出几千名士兵挖坟，让老人和孩子搬土筑坟。然后，让赵国和齐国的使者在前面陪祭，魏国和韩国的使者在后面护卫。安葬完宝马之后，再为它修筑祠庙，用牛、羊、猪齐备的太牢之礼来祭祀它，还要安排一个一万户的城邑对它进行供奉。各国诸侯如果听说大王如此厚待马匹，肯定都会知道大王的贤德：把人看得很卑贱，却把马看得很重要。”

庄王听了恍然大悟，说：“我怎么竟然糊涂到这种地步！你说现在我该

孙叔敖

据说，青年时期的孙叔敖在一次出游的路上遇到了一条双头蛇，当时人们传说人遇到双头蛇之后会很快死去，孙叔敖为了不让别人再看到双头蛇受害，于是搬起石头把蛇砸死了。

怎么办呢？”

优孟说：“我打算用对待六畜的方式来埋葬死马：用土灶做外椁，用铜锅做内棺，用生姜和红枣来调味，再加进木兰，用柴草做祭品，火光做衣服，最后把它埋葬在人们的肚子里，这样不是很好吗？”

庄王当即表示同意，于是派人把死马交给主管膳食的官员，并且告诫群臣，让他们千万不要宣传庄王最初的打算。

楚国的宰相孙叔敖知道优孟是个贤能之人，很看重他。后来孙叔敖病重，临终前，他嘱咐儿子说：“我死之后，你就没有了依靠，也许会陷入困顿之中。如果真是那样的话，你就去拜望优孟，只要说你是孙叔敖的儿子，他就会帮你。”

没过几年，孙叔敖的儿子果然落魄，变得穷困潦倒，整日靠为人背柴度日。有一天，他见到了优孟，就对他说：“我是前任宰相孙叔敖的儿子。我父亲临终的时候，嘱咐过我，一旦我到了贫困的时候就拜见您。”

优孟上下打量了他一番，然后说：“你最近别出远门，等我的消息。”然后，优孟回到家，找人缝制了类似于孙叔敖过去穿戴的衣帽，穿在自己身上，然后就开始模仿孙叔敖的言谈举止。

过了一年多，优孟简直和孙叔敖一模一样，连楚庄王和朝中大臣都分辨不出来。有一次，庄王举行酒宴，优孟穿戴好这身衣冠之后，上前敬酒祝寿。庄王看了他大吃一惊，以为是孙叔敖又活了，于是要任命他为宰相。这时优孟说：“请让我回去和妻子商量一下，三天以后再来上任。”

过了三天，优孟果然来了。庄王问：“你的妻子说了些什么？”

优孟答道：“我的妻子不同意我就任宰相，她说楚国的宰相不值得做。过去孙叔敖身为宰相，公正无私，忠信廉洁，所以楚王才得以成就霸业。如今他死了，他的儿子却连立足之地都没有，生活贫困得要靠背柴糊口。像孙叔敖那样做宰相，还不如自杀。”

庄王听了感到很惭愧，马上向优孟道歉。随即，他亲自召见孙叔敖之子，把寝丘的四百户给了他，用以供奉孙叔敖的祭祀，后来传了很多代都没有断绝。

优孟所做的这两件事，都表明了他的政治主张：统治者不应该单纯注重自己的享受而不顾及治下的臣民。老子所说的“朝甚除，田甚芜，仓甚虚；服文彩，带利剑，厌饮食”就包含了这层意思。楚庄王正是及时注意到了这一点，才得以巩固他的霸业。

第五十四章

题解

老子在这一章中讲述了修身之道。

老子的观点很容易让我们想到儒家的“格物、致知、诚意、正心、修身、齐家、治国、平天下”的修身过程；也很容易让我们想起《孟子》里说的“老吾老以及人之老，幼吾幼以及人之幼”的理想状态；更容易让我们想起《中庸》里描述的“大同社会”：“大道之行也，天下为公，选贤与能，讲信修睦。故人不独亲其亲，不独子其子。使老有所终，壮有所用，幼有所长，鳏寡孤独废疾者皆有所养……”我们可以看到，在如何修身以及对大同世界的理想方面，道家和儒家是有很多相似之处的。

[原文]

善建者不拔，河上公《河上公章句》：建，立也。善以道立身立国者，不可得引而拔。**善抱者不脱，**宋徽宗《御解道德真经》：抱一以应万变，故不脱。**子孙以祭祀不辍。**王弼《道德真经注》：子孙传此道以祭祀则不辍也。**修之于身，其德乃真；**河上公《河上公章句》：修道于身，爱气养神，益寿延年。其德如是，乃为真人。**修之于家，其德乃余；**河上公《河上公章句》：修道于家，父慈子孝，兄友弟顺，夫信妻贞。其德如是，乃有余庆及于来世子孙。**修之于乡，其德乃长；**河上公《河上公章句》：修道于乡，尊敬长老，爱养幼少，教诲愚鄙。其德如是，乃无不覆及也。**修之于邦，其德乃丰；**河上公《河上公章句》：修道于国，则君信臣忠，仁义自生，礼乐自兴，政平无私。其德如是，乃为丰厚也。**修之于天下，其德乃普。**河上公《河上公章句》：人主修道于天下，不言而化，不教而治，下之应上，信如影响。其德如是，乃为普传。**故以身观身，以家观家，以乡观乡，以邦观邦，以天下观天下。**唐玄宗《御注道德真经》：以修身之法观身，能清静者真。以修家之法观家，能和睦者有余。以修乡之法观乡，能顺序者乃长。以修国之法观国，能勤俭者乃丰。以修天下之法观天下，能无为者乃普。

吾何以知天下然哉？以此。河上公《河上公章句》：老子言，吾何知天下修道者昌，背道者亡。以此五事观而知之也。

［译文］

一个善于建功立业的人，其统治不易被动摇；一个善于抱持事业的人，他所坚守的东西就不容易脱落，那么子孙就能够因此将他的事业不断地传承。修道于一身，他的德才会纯真；修道于一家，他的德才会充裕；修道于一乡，他的德才会绵延；修道于一国，他的德才会丰厚；修道于天下，他的德才会普照万物。因此，以自身的情况去观照别人的情况，以自己家的情况去观照别人的家庭情况，以自己乡里的情况去观照别的乡里的情况，以自己国家的情况去观照别的国家的情况，以现今之天下观照未来天下的情况。我怎么会知道天下的情况之所以如此呢？就是因为我用了以上的方法和道理。

［读解心得］

在这一章中，老子为人们指出了观察世界的方法，即本章结尾处老子所言“何以知天下”的方法。

老子所提出的认识方法与我们今天的科学分析方法有很大的不同。老子采取了一种由内到外的整体认知策略。

中国传统思想理论，无论是《周易》还是《道德经》，其中都包含了古圣先贤对于事物之间具有普遍联系的认同。老子所提出的“以身观身”，就是说要把“身”这一对象当成一个整体来看待，这就减少了外界的干扰和不必要的误差。后来庄子提出的“收视返听”的方法，就是要把平时外放的精神汇聚起来，抑制游思杂念的蔓延，保持心无杂念，以此才能观察事物的本质。

庐山

老子所言“何以知天下”的观察方法，简单而智慧。把这个道理讲得通俗些，其实就是我们经常吟诵的一句诗句：不识庐山真面目，只缘身在此山中。

老子进而把这种整体性认识方法推广开来，认为观察事物要站在一个与之相对应的立场之上，通过一种比较适合的方法来实现目标。这就是“以身观身，以家观家，以乡观乡，以邦观邦，以天下观天下”，即要以“身”的角度来观察“身”，以“家”的角度来观察“家”，进而以“天下”的角度来观察“天下”，这样观察才不会被主观所影响。以此法修“道”，才能达到“善建者不拔，善抱者不脱，子孙以祭祀不辍”的状态。

由此我们可以看出，老子是以符合“道”的方法来认识事物的。“道”无所不在，人也应当保持敏锐的状态，接收来自各个方面的信息，以此来保证观察结果的正确性。

[经典事例]

绝缨会

楚庄王在位时，有一次，他率兵攻打陆浑时，大臣斗越椒乘机起兵谋反。楚庄王得到报告后，立即带兵回国平叛。斗越椒武功高强，箭法超群，因此楚庄王接连打了几个败仗，还险些被斗越椒射死。后来，他手下一个善于射箭的军官一箭射死了斗越椒，这才平息了这场叛乱。

平叛后，楚庄王在宫廷大摆宴席庆贺胜利，他说：“现在叛贼死了，国家平安，我们今天这个宴会就叫‘太平宴’，请大家尽兴！”大家一听非常高兴，边吃边喝，有说有笑，直到日落西山，仍余兴未尽。

楚庄王看到天黑了下来，就命人点上蜡烛，还让深受自己宠爱的妃子许姬，给在座的大臣们敬酒。忽然，一阵风吹进，蜡烛被吹灭了。这时，席中有一个人，见许姬美若天仙，就借着酒兴，在一片漆黑当中伸手抓住许姬的衣袖，许姬大惊失色，连忙把袖子扯回，同时伸手把这个人帽子上的缨花拔了下来，吓得这个人赶紧放开了手。

许姬手持缨花来到楚庄王跟前，说：“我去给众大臣敬酒，没想到竟然有人对我无礼，趁黑抓我的衣袖。我已经拔下了这个人头上的缨花，一会儿只要蜡烛一亮，您就知道这个人是谁了。”楚庄王听完不但没动怒，还对大臣们说：“今天在宴会，大家都把帽子摘下来，喝个痛快！”等到所有人都把帽子摘下来，楚庄王才命人把蜡烛点燃。这样，是谁拉扯许姬的衣袖就不得而知了。

宴会散了以后，许姬责怪楚庄王没有追究那个扯她衣袖的人，庄王笑着说：“酒后失态，乃人之常情。今天我就是要图个高兴，如果因为这点小事而惩罚了那个人，就会伤到大臣们的心，这也就违背了我今天举办宴会的本意。你就不要介意了。”许姬听了，暗自赞叹楚庄王的宽广胸怀。

这就是历史上有名的“绝缨会”。

后来，楚庄王又率兵攻打郑国，他任命连尹襄老为先锋。先头部队即将出发时，副将唐狡对连尹襄老说：“我愿意率领部下百名，提前一天出发，为大军开路。”连尹襄老马上答应了唐狡的请求。

唐狡率领一百多人一直攻到郑国城下，为楚国的胜利立下了大功。楚庄王听说此事，就把唐狡招来，要重重奖赏他，唐狡说：“大王当初有恩于我，我做的这些都是为了报答您的。”楚庄王听了感到很奇怪，就问：“这话怎么讲？”唐狡回答：“当初在太平宴上，扯许姬衣袖的那个人就是我，感谢大王的不杀之恩，因此我今天舍命相报。”

庄王听了万分感动，要重重提拔唐狡。可是当天晚上，唐狡就不知去向了。楚庄王知道后，叹息道：“唐狡真是一位有骨气的义士！”

楚庄王以他的宽容获得了部下的尊重，正是“以身观身”的典范。正因为如此，他才从中得到了利益，所谓“善建者不拔”，就在于此。

第五十五章

题解

本章借“赤子”的意象来宣扬老子“无为”的处世哲学。

在《道德经》中，老子经常借婴儿的形象来表达他对世道人心返朴归真的期待，他认为能真正领悟“大道”的人一定也是怀着“赤子之心”的人，一个真正领悟“大道”的人也是一个回到婴儿般初始状态的人。本章最后仍然延续了老子辩证法思想的风格，提出“物壮则老，谓之不道，不道早已”。一个事物太强壮了必然会很快衰老，这样就不符合“道”，不符合“道”的事物自然会很快灭亡。

[原文]

含德之厚，比于赤子。毒虫不螫（shì），猛兽不据，攫鸟不搏。王弼《道德真经注》：赤子无求无欲，不犯众物，故毒虫之物无犯之于人也。含德之厚者，不犯于物，故无物以损其全也。**骨弱筋柔而握固。**河上公《河上公章句》：赤子筋骨柔弱而持物坚固，以其意〔专而〕心不移也。**未知牝（pìn）牡之合而朘作，精之至也。**河上公《河上公章句》：赤子未知男女之合会而阴作怒者，由精气多之所致也。**终日号而不嗄（shà）也。和之至也。**唐玄宗《御注道德真经》：终日啼号而声不嘶嗄，由纯和之至，此赤子之全和也。

知和曰常，唐玄宗《御注道德真经》：能如婴儿，固守和柔，是谓知常之行。**知常曰明。**唐玄宗《御注道德真经》：守和知常，是曰明了。**益生曰祥。**唐玄宗《御注道德真经》：祥者吉凶之兆，言人不知守常，而求益生越分，动之死地，是曰凶祥。**心使气曰强。**唐玄宗《御注道德真经》：心有是非，气无分别，若役心使气，是曰强梁之人。**物壮则老，**河上公《河上公章句》：万物壮极则枯老也。**谓之不道，不道早已。**宋徽宗《御解道德真经》：役于时而制于数，岂道也哉？道未始有穷，民之迷，其日固已久矣。

[译文]

德行深厚的人，就像刚刚出生的婴儿。毒虫不会去咬他，猛兽不会去侵犯他，凶恶的鸟不会去袭击他。初生的婴儿虽然骨弱筋柔，拳头却握得很牢固；虽不知男女交合之事，但小生殖器却能时常勃起，这是因为精力充沛之极的缘故；他整天大声啼哭却不会声嘶力竭，那是因为和气敦厚之极的缘故。懂得取态柔和的道理就叫作“常”，懂得“常”的道理就叫作明于道。贪生纵欲会遭遇不祥，欲念主使精气就叫作逞强。万物强壮到极致就会趋于老化，这就是不合于“道”的缘故，不合于“道”的事物总是会过早地灭亡。

［读解心得］

本章具体讲述了“德”的强大功能。

“含德之厚，比于赤子”仅八个字，就包含了至少两方面的内容。

其一，“德”是天地万物兴衰荣辱的关键所在，顺“德”者昌，逆“德”者亡。既然有了“含‘德’之‘厚’”者，那么必然有与之对应的“含‘德’之‘薄’”者，二者既然对立，那么其结局必然相反。可见，“德”虽然以“无为”治世，但行事是否符合“德”的要求，完全取决于个人，其结果也需要个人来承担。

其二，老子一再强调当时社会“大道”已废，社会上的一切对立观念，诸如善恶、美丑、尊卑等，都是无“道”的表现。真正的“道”，存在于远古时代，人们无知无欲，不懂得区分所谓的“善恶”“美丑”。正如老子所说的“天下皆知美之为美，斯恶已；皆知善之为善，斯不善已”，人们懂得了“美”和“善”，就意味着“丑”和“恶”已经产生了。所以老子认为，源自于“道”这一母体的事物，只有在未受外界影响之前，才能守持住真正的“道”和“德”，实现真正的阴阳和谐，这就是“万物负阴抱阳”的道理。在这句话中，老子之所以用初生的婴儿来与“厚德”者相比较，就是因为世俗之人已经沾染了现实社会的种种污浊，已不具备培养“厚德”的条件，只有刚刚出生的婴儿，才能保持至纯至真的原生态，从而积累出“厚德”。

老子在全书中不止一次地讲到他对于貌似柔弱的新生事物的向往，如“我独泊兮其未兆，如婴儿之未孩”“人之生也柔弱，其死也坚强。万物草木之生也柔脆，其死也枯槁”。这些事物是“道”产物（万事万物都是如此），秉承了“德”的品性，不掺杂任何污浊之物，具有极为强大的生命力，因而“骨弱筋柔而握固”并且“精之至”。同时，也因为这种纯净，使得这些事物在发展过程中能够排除干扰，自觉地遵循正“道”，从而显示出超乎寻常的强大生命力。

老子从哲学的高度解释了婴儿“未知牝牡之合而朘作”以及终日啼哭而声音不哑的原因就在于他不仅“精之至”，而且“和之至”，这构成了本章的核心思想，再次深入阐释了老子的“和谐”观。老子所崇尚的和谐，属于矛盾的同

一性，是对立双方彼此消长以至平衡的结果。《周易》中的“一阴一阳之谓道”就体现了这种哲学思维。如果我们把“和谐”作为一个哲学范畴，那么，就可以将其内涵界定为：各种事物以及事物之中各方面要素的相互适应、协调以及融洽，是一种达到了适度的比例关系的稳定状态，是事物发展的理想状态。

老子强调和睦不争，他排斥物欲，认为超功利的“无为”途径是正确的修身之道。他从反面论述了不合于“道”的“有欲”之害，即“益生曰祥，心使气曰强。物壮则老，谓之不道，不道早已”。过分强硬、贪婪终会遭灾，历史上这样的例子比比皆是，著名的暴君晋灵公就是一例。他残暴成性，喜欢在高台上用弹弓射下面的行人，观看人们躲避弹丸的样子。一次，他的厨师做的熊掌没有炖烂，他就将厨师杀死。他手下的重臣赵盾多次劝谏，可晋灵公置若罔闻，后来还以请赵盾饮酒为名欲意杀害赵盾，事败后，赵盾出逃，不久，晋灵公就被手下人所杀。

可见，一味追求“霸道”的人是背离“正道”的，最终只有死路一条。无论从事何事，只有保持它的均衡、和谐的态势，才能使事物的稳定性得以维持，进而实现发展。这就是老子哲学对我们今天所倡导的和谐社会的启示。

［经典事例］

曹刿论战

公元前684年春天，齐桓公自恃实力强大，不顾管仲的劝阻，决定讨伐鲁国，以报复鲁国当初支持齐国公子纠复国的仇怨。鲁庄公听说齐军大举进犯，决定发动全国的力量，与齐军决一死战。

就在鲁庄公准备出兵应战的时候，一直隐居的曹刿认为当政者庸碌无能，缺乏谋略。为了使自己的国家免于遭受齐军的蹂躏，他就觐见鲁庄公，请求参与战事。

曹刿向鲁庄公询问：“鲁国凭借什么同齐国作战？”鲁庄公说：“对于衣物、食品这类维持生活的东西，我总要分赐给臣下，不敢一个人独享。”曹刿说：“这不过是小恩小惠，没有惠及全国，人民是不会尽力作战的。”鲁庄公又说：“我对神明是非常虔诚的，祭祀天地的祭品从来不敢虚报。”曹刿又说：“对神明守小信，不一定能感动神明，神明也不会因此降福的。”鲁庄公想了一下又说：“我对待民间的大小狱讼案件，虽然做不到明察秋毫，但是必定亲自按律处理。”曹刿这时才说：“为百姓办事，这才算尽到了君主的职责，凭这一点可以与齐国决一胜负了。”他还请求随同鲁庄公一起奔赴战场，鲁庄公答应了他的请求，让他与自己同乘一辆车赶奔长勺。

两军在长勺摆开了决战的阵势。鲁庄公准备下令擂鼓进军，以先发制人。曹刿连忙阻拦，建议鲁庄公坚守阵地，伺机破敌。鲁庄公接受了他的建议，暂时按兵不动。

而此时齐军求胜心切，凭借兵力上的优势，首先向鲁军发起猛攻。他们接连三次擂鼓出击，但是都在鲁军严密的防守之下被挫败，不但没有达到先发制人的目的，反而使自己斗志沮丧。

战长勺曹刿败齐

公元前684年，齐桓公派兵进攻鲁国，齐、鲁两军在长勺（今山东莱芜东北）摆开阵势，准备决战。在鲁国人曹刿的指挥下，鲁军击退了齐军。

曹刿见时机成熟，就建议鲁庄公果断反击。于是，鲁庄公传令鲁军全线进攻。鲁军凭借着高昂的斗志，一鼓作气，势如闪电般冲向敌人，一下子冲垮了齐军的车阵，大败齐军。鲁庄公见齐军败退，就想下令追击，可是又被曹刿所阻拦。曹刿跳下车，在地上仔细察看，发现齐军车辙杂乱；然后又登车远望，看到齐军的旗帜东倒西歪，他由此判断出齐军的溃败不是伪装的，这才让鲁庄公乘势追击。这样，鲁军进一步重创齐军，把他们赶出了鲁国国境，长勺之战以鲁军的胜利而告终。

战后，鲁庄公询问鲁军取胜的原委。曹刿答道："打仗所凭恃的就是勇气。第一次击鼓冲锋时，士气最旺；第二次击鼓，士气就有所衰退了；到了第三次击鼓，士气就完全消退了。齐军冲锋三次，士气已经耗尽，而我军士气正旺，这时反击，自然可以一举打败齐军。"接着，曹刿又解释了没有立即发起追击的原因：齐国毕竟是个大国，实力不可小视，因此要防范他们假败，以免鲁军遭遇埋伏。后来看到齐军的车辙紊乱，旌旗歪斜，这才敢建议国君实施追击。曹刿的一番话使鲁庄公心悦诚服。

后来从这个故事中产生了一个成语叫"一鼓作气"，就是指做事应当趁着最初的气势尽快做完。由此可见，事物发展的初始阶段是极为重要的，正像老子眼中的婴儿一样，"骨弱筋柔而握固"。战场上，"再而衰，三而竭"的一方，过早耗费了精力，导致战斗力消失殆尽，正可谓"物壮则老"。

第五十六章

题解

老子认为真正的智者应该像本章中描述的那样，“塞其兑，闭其门，挫其锐，解其纷，和其光，同其尘”。在老子看来，真正的“智者”是不会徒劳地对人们进行说教的，而是通过自我修养，排除干扰，不露锋芒，超脱纷争，韬光养晦，混同尘世，不分亲疏、利害和贵贱，豁达大度对待一切人和事，这样也就达到了所谓“玄同”的境界。实际上我们可以看到，这是老子对统治者寄予的希望，他希望统治者也能够是这样的“智者”，这种统治才合于“大道”，才是最珍贵的。

[原文]

知者不言，言者不知。河上公《河上公章句》：知者贵行不贵言也。驷不及舌，多言多患。**挫其锐，解其纷，和其光，同其尘，是谓“玄同”。**明太祖《御注道德真经》：所以谓之玄同，言此几事皆属玄也。**故不可得而亲，不可得而疏；不可得而利，不可得而害；不可得而贵，不可得而贱。**唐玄宗《御注道德真经》：玄同无私，故不可得而亲。泛然和众，故不可得而疏。无欲，故不可得而利。不争，故不可得而害也。体道自然，故不可得而贵。洗然无滓，故不可得而贱也。**故为天下贵。**河上公《河上公章句》：其德如此，天子不得臣，诸侯不得屈，与世沉浮容身避害，故为天下贵也。

荷

荷，“出淤泥而不染，濯清涟而不妖”，正是“和光而不污其体，同尘而不渝其贞”的境界。

[译文]

真正有大智慧的人从来不随便说话，总是随便说话的人不是真正的智者。挫去锋芒，解脱纷争，收敛光耀，混同尘世，这就是深奥玄妙的“同一”境界。正是因为不能进入这个境界，所以才会产生远近和疏远，所以才会有利益和损害，所以才会分出高贵与低贱。所以，只有真正的智者（合于“道”的人）才是天下最可贵的人。

[读解心得]

“知者不言，言者不知”历来被人们奉为放之四海而皆准的处世之道。老子所说的这句话，对全章起到了一个统领作用。“知者”之所以“不言”，正呼应了第一章所说的“道可道，非常道”，本章旨在探寻一条使人生通往和谐的“大道”。

老子在《道德经》全书中反复论述了“无为”之“道”，他提出了“挫其锐，解其纷，和其光，同其尘”的观点，把“道”的特征引申到人生上来。这为世人指出一条在现实社会安身立命之法，即不露锋芒，无所欲求，化解而不是引起纷争，与世间的一切事物和谐共处但不受污染，从而以简单之法行修身之道，这样就不会受到伤害了。由“和其光，同其尘”引出的成语“和光同尘”被很多人理解为一种消极的处世原则。如果我们把自己放在当时那样一个诸侯争霸、战乱不止的历史环境之中，就会体会到“和光同尘”这种境界的高妙之处。用和合的方式，而非相争的方式去化解矛盾。除去其中的杂质，我们可以将其理解为韬光养晦，而在历史上，因奉行此道而保全性命的大有人在，王翦就是一例。一次，秦王嬴政派大将王翦领兵六十万攻伐楚国。临行之时，王翦向秦王求良田美宅作为封赏，秦王大笑，很爽快地答应了他的要求。王翦率军队行至关口后，又先后五次派使者回朝向秦王求得良田。有人认为他反复求赏有些过分，王翦却回应道：“秦王生性多疑，现在几乎将全国的兵力都交付给我，我只有这样做，让他以为我只看重以后的享乐，才能打消他对我的怀疑。”王翦正是用“小欲”来掩盖可能被人误解的“大欲”，自己又能在复杂的环境中不失中正，才得以保全自己的。

在老子看来，人世间的亲疏远近、尊卑贵贱都是由于人们不得此“道”而引起的。世界本是一个混融的整体，只因为“大道废”，才有了善恶、美丑的分别，而在这些对立中保持原初的和谐，才是为人之道。

[经典事例]

列子御风

列子是战国时期的传奇人物。传说，他能乘风而行，一飘就是半个多月。

那种自由自在的境界，令许多人羡慕不已。有不少人都想拜他为师，但却从来没人学会过。

有一个叫尹生的年轻人听说列子有乘风之术，十分向往，于是背着粮食、柴草去找列子，跟列子住在一起，每天从早到晚帮助列子打柴做饭。尹生一住就是好几个月，从来不回家探亲，为的就是抽空向列子请教乘风之术。

可是几个月过去，尹生多次向列子探问，可列子从不开口。尹生很气愤，认为列子为人心胸狭窄，不愿将绝技传授给他人，于是告别列子，回家去了。列子一句挽留的话也没有，任他离去。

尹生回到家以后，前思后想觉得自己做得不对。他知道列子是个十分豁达的人，饥者求食，他把自己仅有的一碗饭分出一半；寒者求衣，他把身上的衣服剥下一层。如此看来，对于乘风之术，他不会秘不传人。自己数次求问而不回答，其中一定有原因。尹生想到这里，后悔自己不应该如此轻率地离开列子。于是他又重新背上粮柴，二次拜师。

列子见尹生去而复返，就问道："你才走了几天，怎么又回来了？"

尹生跪拜答道："学生先前嫌先生不教授我乘风之术。我回去一想，先生不教自有不教的道理，所以我特地来向先生请罪，希望先生能收下我。"

列子听完长叹一声，说："你在我这里学习了几个月，我天天都在向你传授。可你却要回家，我原本以为你已经领悟了大道的奥妙，所以没有阻拦你。今天看来，你不但没有领悟，甚至还没有入门，实在叫人感到遗憾。"

尹生心生疑惑，不明白列子说的是什么意思，就问道："几个月来先生一言不发，又为什么说天天向我传授？"

列子说："既然你这样不聪敏，那我就只好口头传授了。乘风之术本来就不能用语言来表述。如果用语言传授，表面上看，好像说得很明白，可实际上离'道'会越来越远，只有沉默不语，才能逐渐领会它。"

列子停了一下，接着说："当初我跟随老商先生学习乘风之术。三年之中，老商先生一语不

列子御风

《庄子·逍遥游》中有"夫列子御风而行，泠然善也，旬有五日而后反。彼于致福者，未数数然也。此虽免乎行，犹有所待者也"之句，意思是说列子具有驾驭风的能力，可以凭借风力到达任何一个地方。

发。我虚心静气，安神养精，三年之后，达到了心中不敢有是非之念、口中不敢有利害之言的境界。这时，老商先生才破例斜着看我一眼。就这样，我又修炼了两年，达到了心中敢念是非、口中敢言利害的境界。这时，老商先生才破天荒地向我微笑了一下。接着，我又修炼了两年，达到了随心所想但心中无是非、随口所言而言中无利害的境界。这时，老商先生才肯让我与他并肩而坐。我又修炼了两年，达到了放纵心思，让思想任意遨游；放纵口舌，让语言任意驰骋的境界，而所说所想的是什么连我自己都不知道。我不知道我的是非利害是什么，也不知道别人的是非利害是什么。我也不清楚老商先生和我究竟谁是谁的老师。我的身体内外，一切都好像没有区别了。眼睛仿佛是鼻子，鼻子仿佛是嘴，没有什么区别。我的骨肉好像已经消融了，不知道自己的身体究竟倚仗着什么，也不知道自己的双脚站立在何处，只觉得自己在随风飘荡，就像没有感觉的树叶一样，弄不清楚究竟是我乘风飘荡还是风乘我飘荡。”

列子见尹生听得入了迷，就说：“你在我这里学习不过几个月，就有了那么多的怨愤，这怎么行呢？怨愤是由人与人之间的界线产生的。人之所以产生怨愤，就是因为他觉得别人有对不起自己的地方，这样，他就会在自己和别人之间划出界线。怨愤越大，这条界线也就越深。而界线越深，自己和他人就越难以融洽相处。难以融洽相处，气就不能容纳你的身体，地也不能承载你的双脚，要实现乘风而行当然无从谈起了。”

这则寓言中，列子先是用乘风之术不可言传来阐述“知者不言，言者不知”的内涵，然后以自己悟“道”的体验来说明如何达到“玄同”的境界。在他看来，世俗之人由于没有达到“和其光，同其尘”的境界，而使自己与外物相分离，这就不可能实现乘风而行。只有摆脱世间一切纷争与差别的影响，才能与自然融为一体。这正是老庄哲学之中方法论的体现。

第五十七章

题解

在这一章中，老子集中论述他的“无为而治”的政治主张，老子通过自己对社会现象的观察和思考描绘出了他的“治国蓝图”。在老子看来，社会上出现混乱局面的根本原因是统治者过多地运用统治手段干扰了原本应该正常的社会秩序，所以老子提出“以无事取天下”的观点。老子的这种治国思想并不被历代大多数的统治者所看好，但是这种“无为而治”的思想通常会在每个朝代开国之初发挥巨大的作用。

［原文］

以正治国，以奇用兵，以无事取天下。宋徽宗《御解道德真经》：正者道之常，奇者道之变，无事者道之真。国以正定，兵以奇胜，道之真，无容私焉。顺物自然，而天下治矣。**吾何以知其然哉？以此：天下多忌讳，而民弥贫；**河上公《河上公章句》：此，今也。老子言：我何以知天意然哉？以今日所见知〔之也〕。天下谓人主也。忌讳者防禁也。令烦则奸生，禁多则下诈，相殆故贫。**人多利器，国家滋昏；**王弼《道德真经注》：利器，凡所以利己之器也。民强则国家弱。**人多伎巧，奇物滋起；**河上公《河上公章句》：人谓人君、百里诸侯也。多技巧，谓刻画宫观，雕琢章服，奇物滋起，下则化上，饰金镂玉，文绣彩色日以滋甚。**法令滋彰，盗贼多有。**唐玄宗《御注道德真经》：无为既失，法令益明，窃法为奸，尽成盗贼，岂非多有乎？**故圣人云：“我无为，而民自化；我好静，而民自正；我无事，而民自富；我无欲，而民自朴。”**王夫之《老子衍》：方与天下共居其安平之富，而曰不得已，是谁诒之戚哉？故无名无器，无器无利，无利无巧，无巧则法无所试。故欲弭兵者先去治。

［译文］

用清静无为之道治理国家，用出奇制胜的谋略用兵，以不干扰百姓的方法来治理天下。我凭什么认为是这样的呢？就是根据当今的现状：天下的禁令越多，人民就越贫困；民众的武器越多，国家就越混乱；人们的技巧越多，邪恶之事就会层出不穷；法令越繁苛森严，盗贼就越来越多。所以圣人说：“我无为而治，民众自然会和谐；我喜欢清静，民众自然会端正；我不无事生非，民众自然会殷实富足；我不贪得无厌，民众自然会淳朴自然。”

［读解心得］

人们历来认为，儒家学说是真正有利于国家政治的学问，道家思想则与统治者的心理格格不入。事实上，老子倡导的“无为而治”是完全可以被政治家们所借鉴的。本章中，老子将“无为”思想引入了政治领域，试图通过“有为”和“无为”的对比来凸显“无为而治”的意义。

老子开篇就提出了“以正治国，以奇用兵，以无事取天下”的执政纲领。

老子主张统治者应当以清正廉洁、大公无私的贞正态度治理国家，这与儒家学说有着很多相同点。孔子认为“为政以德，譬如北辰，居其所而众星共之”（《论语·为政》），并发出过“吾未见好德如好色者也”（《论语·子罕》）的感慨。而老子则更为彻底地把这种“正”解释为“无为”“无欲”。在军事领域，他主张出奇制胜。司马迁曾说过“富者必用奇胜”，《孙子兵法》也强调了“避实而击虚”，“以正合，以奇胜”的战术思想。老子把这看成是遵循“道”的表现，历史上以少胜多、以弱胜强的战例都说明了这一道理：真正的勇武在于以最小的代价换取最大的胜利。从古至今，政权的争夺都是靠武力来完成的，而老子却主张“以无事取天下”，这当然不能完全做到，但是，老子提出的“以奇用兵”则可以最大程度上减少战争带来的祸患。在这方面，“弦高犒师”“围魏救赵”都是极为经典的战例，在一定程度上就体现了老子的“无为”之道。

老子又以“天下多忌讳，而民弥贫；人多利器，国家滋昏；人多技巧，奇物滋起；法令滋彰，盗贼多有”等弊端来做反例，认为天下的混乱来自于统治者的“有为”，统治者越是对人民强加干涉，就越会适得其反。只有做到“无为”“好静”“无事”“无欲”，才能使天下百姓得到根本的治理。

［经典事例］

杯酒释兵权

宋太祖赵匡胤称帝后不到半年，就有两个节度使起兵反叛。宋太祖亲自带兵出征，经过一番苦战，才平定叛乱。

因为有了这件事，宋太祖的心里总是不踏实。有一次，他找大臣赵普谈话，问他："唐朝末年以来，短短的时间里，更换了五个朝代，天下战乱不断，百姓生活在水深火热之中。这到底是为什么呢？"

赵普答道："原因很简单。国家之所以混乱，问题就在于藩镇权力过大。如果把兵权都集中到朝廷，天下就会太平无事了。"宋太祖听了连连点头，认为赵普说得很好。

后来，赵普又向宋太祖献言："统率禁军的大将石守信和王审琦这两人，兵权太重，还是让他们脱离禁军为好。"宋太祖笑着说："你放心吧，这两个人是我的故交，他们不会反对我。"

赵普说："我并不是担心他们本人叛变。依我看，这两个人管不住他们手下的将士。有朝一日，一旦下面的人闹起事端，恐怕他们也身不由己啊！"宋太祖恍然大悟，敲着自己的额角说："多亏你的提醒。"

几天之后，宋太祖在宫中设宴，邀请石守信、王审琦等几位老将饮酒。

酒过几巡，宋太祖端起一杯酒，先请众将干了杯，然后说："朕要不是有各位的帮助，也不会有今天的地位。但是你们哪里知道，当皇帝也有难处，倒不如做个节度使逍遥自在。实话对你们说，这一年来，朕就没睡过一个安稳觉。"

石守信等人听了以后十分惊奇，连忙问其中的缘故。宋太祖说："这还不明白吗？皇帝这个宝座，谁不想得到呢？"

宋太祖

宋太祖赵匡胤是一位推动历史发展的杰出人物。他对待权臣刚柔并济，怀柔安抚，很好地解决了天下统一后的兵权问题。

石守信等人听出话音来了。众将着了慌，连忙跪在地上说："陛下怎么说这样的话？现在天下太平，哪个敢对陛下三心二意？"

宋太祖摇了摇头说："朕对你们几位还信不过？只是怕你们部下将士当中，有人图谋不轨，把皇袍披在你们身上。到了那时，你们想不干，也身不由己了。"

石守信等人听到这里，顿时感到大祸临头，于是连连磕头，眼含热泪说道："我们都是粗鲁的武夫，没有想到这一点，还请陛下指引一条明路。"

宋太祖这时说出了自己真实的

想法：“依朕看，各位不如交出兵权，到地方上去做个节度使，置备田产房屋，给子孙后代留点家业，舒舒服服度过晚年，这不是很好吗？”

石守信等人齐声说：“陛下为我们想得太周到了！”

第二天一上朝，石守信等人都递上奏章，说自己年老体弱，请求辞官。宋太祖马上批准，收回了他们手中的兵权，赏给他们一大笔钱财，把他们派到各地去做节度使，后来，还与这些将领结为亲家。

这就是历史上有名的“杯酒释兵权”。

宋太祖收回朝中主要将领的兵权以后，重新建立了军事制度。他从地方军队当中挑选出精兵，成立禁军，由皇帝本人直接控制；各地的行政长官也完全由朝廷委派。宋太祖通过这些措施，使得新建立的北宋王朝政治局势开始稳定下来。

宋太祖的“杯酒释兵权”，用巧妙的办法使众将心甘情愿地交出兵权，而没有引起哗变，以最“省力”的方式达到自己的目的，这就是老子所说的“以奇用兵”之道。宋太祖此举，使天下兵权集于皇帝一人之手，避免了“民多利器，国家滋昏”局面的出现，因此常常被后世政治家所称道。

第五十八章

题解

本章通过辩证法思想来谈人生、谈治国。

和前面章节中的思想一脉相承，第一段话仍然是“无为而治”思想的体现。之后，本章提出了一个被历代学者反复引用的辩证法命题：“祸兮，福之所倚；福兮，祸之所伏。”这句话充分表现了老子的辩证法思想和他对人生的思考。灾祸中蕴藏着生机，完美中蕴藏着缺陷，这样的道理直到今天对我们仍然有着非常深刻的警示意义。

最后，老子又用他最擅长的句式来描述“圣人”的处世方法：“方而不割，廉而不刿，直而不肆，光而不耀。”意思就是说，明智的人行于这个世上，要方正而不生硬，有棱角而不伤害人，直率而不放肆，光亮而不刺眼。老子在这里其实也在说一个现在很流行的观点：做人要低调一点。

［原文］

其政闷闷，河上公《河上公章句》：其政教宽大，闷闷昧昧，似若不明也。**其民淳（chún）淳；**王弼《道德真经注》：其民无所争竞，宽大淳淳，故曰“其民淳淳”也。**其政察察，其民缺缺。**唐玄宗《御注道德真经》：政教察察，有为苛急，人则应之缺缺然而凋弊矣。**祸兮，福之所倚；**韩非子《解老》：人有祸，则心畏恐；心畏恐，则行端直；行端直，则思虑熟；思虑熟，则得事理。行端直，则无祸害；无祸害，则尽天年。得事理，则必成功。尽天年，则全而寿。必成功，则富与贵。全寿富贵之谓福。而福本于有祸。故曰：“祸兮福之所倚。”以成其功也。**福兮，祸之所伏。**韩非子《解老》：人有福，则富贵至；富贵至，则衣食美；衣食美，则骄心生；骄心生，则行邪僻而动弃理。行邪僻，则身死夭，动弃理，则无成功。夫内有死夭之难而外无成功之名者，大祸也。而祸本生于有福。故曰：“福兮祸之所伏。”**孰知其极？其无正也。**河上公《河上公章句》：祸福更相生，谁能知其穷极时。无，不也。谓人君不正其身，其无国也。**正复为奇，善复为妖。**唐玄宗《御注道德真经》：众生迷执，正者复以为奇诈，善者复以为妖祥，故祸福倚伏，若无正尔。**人之迷，其日固**

久。王弼《道德真经注》：言人之迷惑失道，固久矣。不可便正善治以责。**是以圣人方而不割，廉而不刿（guì），直而不肆，光而不耀。**唐玄宗《御注道德真经》：圣人善化，不割彼而为方，不刿彼而为廉，不申彼而为直，不耀彼而为光，修之身而天下自化矣。肆，申也。

［译文］

国家的政治不严苛，人民就会淳朴忠厚。国家的政治严酷黑暗，人民就会狡诈抱怨。灾祸啊，幸运的事情就包蕴在它的里面；幸福啊，危机就藏伏在它的深处。谁能知道这究竟是祸是福呢？它们并没有固定的标准。正的随时可能转变为邪的，善的随时可能转变为恶的。人们已经疑惑很长时间了。因此有道的圣人处事方正而不伤人，有棱角而不刺人，直率而不放肆，明亮而不刺眼。

商纣王

祸福相倚。如果人们遭受灾祸时，可以从中吸取教训，就可以让灾祸成为过去，幸福就会降临；如果在幸福中骄奢淫逸，那么幸福就会离开，灾难就会降临。中国商朝末代君主纣王就是在幸福中骄奢淫逸，所以导致灾祸最终来临，被周武王讨伐亡国。

［读解心得］

这一章中，老子继续探讨上一章中谈到的问题，认为统治者与民众之间的作用是相互的：如果统治者为政清明，待人宽容，那么其治下的百姓就会保持淳朴的民风，不会违法乱纪；而如果政治黑暗，刑罚苛刻，那么百姓的内心就会充满狡诈，社会治安必定会受到负面影响。这就是本章开篇提到的“其政闷闷，其民淳淳；其政察察，其民缺缺”所反映出来的事实。

在这里，老子以天下万物平等为基础，从根本上解释了统治者与民众的关系，即为“和谐”——二者之间本来地位是同等的，但由于统治者没有意识到这一点，因而将自己的发展驾驭在对民众的压迫之上，必然会加剧两极分化，而这种两极分化，实际上就是矛盾的加剧。这样一来，两个阶级就会增强对对方的“仇视”程度，其结果只会使矛盾不可调和，最终使得二者之间爆发激烈的冲突。

陶渊明

陶渊明，东晋末南朝宋初诗人、辞赋家、散文家。他的《归去来兮辞》中有“实迷途其未远，觉今是而昨非”之句，意思是说实在是误入迷途还不算太远，已经觉悟到今天“是”而昨天“非”。

紧接着，老子又提出了“祸兮，福之所倚；福兮，祸之所伏”的辩证观点。这似乎与上一句话没有什么逻辑上的联系，主要宣扬了世界的不确定性。在诸侯争霸的春秋时代，各国之间你争我夺，战场之上形势复杂多变，在这样的背景下，老子不由得对动荡的现实进行了反思，渴望从中找到一种稳定的“常道”来指导人生。但毕竟世事难料，谁都不可能准确无误地预测未来，因此，老子所提出的这一哲学命题历来被人们所称道。

在老子看来，矛盾的产生源于对立双方彼此之间的争夺，一旦矛盾积累到一定程度，那么势必会引发二者之间的冲突；而为了避免矛盾的激化，人们就应当及时地对自己的行为进行反思，尽快消除潜在的危险。而对于“圣人”来说，他就应当时时刻刻保持住自身行为的和谐性。

由此我们可以看出，在老子眼中，“圣人”依“天道”而行，是可以把握并运用自然规律的；而常人（世俗之人）则由于受到现实的影响而不能认识到“物极必反”的道理，这样就决定了他终将走向失败。

陶渊明有过“觉今是而昨非”的感慨，洪秀全也有过盛极而衰的悔恨，人们陷于现实世界的名缰利锁之中，往往不能自拔，感官因此而被蒙蔽，只有摆脱这种束缚，才能清楚地反观自身的行为。然而，真正能够做到的又有几人？老子之所以能够清楚地认识到这一点，跟他所守持的“无为”之道大有关系，或许我们从老子身上，可以找到认识世界的方法。

[经典事例]

塞翁失马，焉知非福

《淮南子·人间训》中有一则“塞翁失马，焉知非福”的寓言。

相传在古时候，在靠近北部边城的地方，住着一个名叫塞翁的老人。塞翁的家里养了许多马。有一天，其中的一匹马走失了。塞翁的邻居们听说之后，都过来加以劝慰，劝他不要过于着急，应该以身体为重。塞翁见邻居们都来劝慰，笑了笑，说道：“我虽然丢失了一匹马，但是损失并不算大，说不定会带来什么福气呢。”

邻居们听了他的话，都暗自觉得很好笑：自家的马走失了，明明是件坏事，可塞翁却认为这也许是件好事，这不过是自我安慰而已。没想到，过了几天，走失的那匹马不但自动返回家，而且还带回了一匹匈奴的骏马。

邻居听说了此事，对塞翁的预见十分佩服，于是一齐来向塞翁贺喜道：“您果然有远见，您的马不仅没有丢失，还带回了另一匹好马，真是有福气！”

塞翁听了邻居们的祝贺，一点高兴的神色都没有。他忧虑地说：“白白得到一匹好马，并不一定是什么福气，这或许会惹出什么麻烦来。”

大家都以为他是在故作姿态，认为这纯属老年人的狡猾，心里明明欢喜，却有意不说出来。

塞翁有一个独子，平时非常喜欢骑马。他发现自家的马带回来的那匹匈奴马嘶鸣嘹亮，长得彪悍神骏，一看就知道是匹非比寻常的宝马良驹。从此以后，他每天都骑这匹马出游，洋洋自得。

不料有一天，他高兴得有点过头，一不小心，从马背上跌了下来，摔断了一条腿。邻居们听说之后，纷纷前来慰问。

塞翁却说：“这其实没什么，我的儿子虽然摔断了一条腿，却能保住性命，也许是福气呢。”邻居们听了都以为他由于悲伤过度而胡言乱语。

不久之后，匈奴大举入侵，青年人都应征入伍，而塞翁的儿子由于摔断了腿，不能从军。战争结束后，入伍的青年大都战死了，只有塞翁的儿子得以保全了性命。邻居们也彻底被塞翁高明的预见所折服。

“塞翁失马，焉知非福”的寓言可以说是妇孺皆知，其中所包含的哲学内涵和老子所说的“祸兮福之所倚，福兮祸之所伏”有着共同的本质。塞翁的“智慧”包含着对于世界不确定性的理解。他凭借直觉来判断“福”与“祸”的变化关系，但并不知道其中所蕴含的必然联系，因此，这可以作为一种处世策略，但并不是科学的方法。老子在这一点上同样感到困惑，因而产生了“孰知其极？其无正也”的迷茫。老子力求探索出一条使人们明白通达的大道，以解决纷繁复杂的社会问题。但在这个问题上，他始终没有给出人们确定的答案。于是，老子再次把“无为”之道展示出来，提出了“方而不割，廉而不刿，直而不肆，光而不耀”的圣人之道。

第五十九章

题解

本章提出了"啬"的治国养生方法。在一般人看来，"啬"可不是什么值得炫耀的性格特点，但是在老子看来，"啬"则是非常好的养生的方法。

这里的"啬"实际上不完全是我们通常意义上所理解的"吝啬"，它不仅仅是对自身拥有的物品的爱惜怜惜，更多地是指精神上、心理上的积蓄。在这里，老子认为精神上的积蓄就是"德"的积蓄。作为统治者，"德"的积蓄可以使国家长治久安；作为具体的个人，"德"的积蓄可以使自己长生不老。也就是说，无论是统治者还是普通人，既有"德"又合"道"，这样做才能长久。

老子的《道德经》中在养生方面提出很多建设性的意见，这一点在道家的另一经典《庄子》中得到了更大的发挥。《庄子》中单列一篇叫"养生主"，里面对如何养生，如何更大地发挥自身的价值论述得更加详尽，这就是后人所谓的道家的处世哲学。

［原文］

治人事天，莫若啬。河上公《河上公章句》：谓人君欲治理人民。事，用也。当用天道，顺四时。啬，爱惜也。治国者当爱〔惜〕民财，不为奢泰。治身者当爱〔惜〕精气，不为放逸。**夫唯啬，是谓早服；**河上公《河上公章句》：早，先也。服，得也。夫独爱〔惜〕民财，爱〔惜〕精气，则能先得天道也。**早服，谓之重积德；**王弼《道德真经注》：唯重积德不欲锐速，然后乃能使早服其常，故曰"早服谓之重积德"也。**重积德，则无不克，**唐玄宗《御注道德真经》：圣人积德，四海归仁，则无有不能制服者矣。克，能也。**无不克，则莫知其极；**宋徽宗《御解道德真经》：德至于无所不胜，则泛应而不穷，孰知其极也？**莫知其极，可以有国；**河上公《河上公章句》：莫知己德者有极，则可以有社稷，为民致福。**有国之母，**韩非子《解老》：所谓"有国之母"，母者，道也，道也者，生于所以有国之术；所以有国之术，故谓之"有国之母。"**可以长久；**韩非子《解老》：夫道以与世周旋者，其建生也长，持禄也久。**是谓深根固柢[dǐ]，长生久视之道。**河上公《河

上公章句》：人能以气为根，以精为蒂，如树根不深则拔，〔果〕蒂不坚则落。言当深藏其气，固守其精，使无漏泄。深根固蒂者，乃长生久视之道。

［译文］

治理百姓，敬事天地，最好的方法是要爱惜自己的精力。只有爱惜自己的精力，才能做到尽早做准备服从天道。早做准备，就可以积累深厚的德。德深厚就能无往不胜，无往不胜则其力量不可限量。力量不可限量则足以治理国家。依据“道”来治理国家，国家就可以长久延续下去。这就叫作根柢牢固，这就是长久存在的道理。

［读解心得］

“治人事天，莫若啬”就是说不管做什么，能用简单的方法就不要用复杂的方法。这么做可以节省大量的精力。这样，再去做别的事的时候，就会有更多的时间去做准备。如果每次都这么去做，就意味着不断向“道”的要求趋近，越是趋近于“道”，自身能力就会越强，就像神仙一样神通广大，法力无边，不可限量。让这样的人担当国家大任，维护国家利益，这就是国家长治久安的根本大道。

本章论述了处事的两个关键点：

一是方法。这会使人想起由14世纪英国著名唯名主义哲学家威廉提出的一个哲学思想。当时欧洲大陆笼罩在神学迷雾当中，出生在英国奥卡姆的威廉对当时无休无止的关于“共相”“本质”之类的争吵感到厌倦，勇敢地冲破教皇枷锁，主张唯名论，只承认确实存在的东西，认为那些空洞无物的普遍性概念都是无用的累赘，应当被无情地“剃除”。他主张“如无必要，勿增实体”。这就是常说的“奥卡姆剃刀定律”。就是这把剃刀剔去了繁琐的经院哲学，解放了思想，迎来了现代科学技术的发展。

奥卡姆剃刀与老子何其相似，尽量剔除繁杂的琐事，坚定目标，集中精力去做一件自己钟情的事业。优秀的花匠们在花蕾开放前会剪掉多余的花朵，仅留下唯一的一朵。难道，他不知道其他的蓓蕾也会绽放吗？因为花匠知道，剪掉复杂的枝条，唯一的花朵才能吸取全部的养分和精华。历史上大凡成功的人士，都是善于使用奥卡姆剃刀的花匠。著名科学家牛顿从不把宝贵的时间花费在众多的物理公式中，他敢于剔除毫无必要的原理定律，而专心于一只苹果的启示，从而发现了万有引力定律。“比尔·盖茨的成功之处，不在于他做了什么，而在于他没有做什么。”经济学大师巴菲特这样评价道。

另一个是精力。一个担当国家大任的人没有超人的体魄，充沛的精力是不行的。毛泽东主席在湖南第一师范读书的时候，一方面文明其精神，博览群书，追寻救国之道；另一方面强健其体魄，坚持锻炼身体。正是由于少年时代练就的超人体魄，使他坚持走完二万五千里长征，最终领导中国革命走向成功。

可见，行事“无为”而修身“有为”，这才是长生久视之道。

［经典事例］

赤壁之战

三国初期，在孙权刚刚在江东站稳脚跟，刘备还没夺下益州的时候，曹操看准时机，准备趁孙、刘的力量还比较弱的时候，一举将他们歼灭。

周瑜赤壁纵火

曹操中了周瑜的离间计，斩杀了善于水战的指挥蔡瑁和张允，窘迫之际，将大船、小船或三十为一排，或五十为一排，首尾用铁锁连在一起，这样任凭大江之上风大浪大，战船不再颠簸，曹操自以为得计。周瑜得知消息，决心用火攻打曹军。诸葛亮能察天文地理，“借”了一场东风，火借风势，霎时间，江面上一片火海，曹操的水军士兵大部分被烧死、溺死在江中。

曹操亲自率领百万大军，杀向东吴，一举攻下了襄阳、江陵。一时间，东吴朝野震惊。

面对强大的曹操，孙权与刘备联盟，打算共抗曹操。但即使这样，双方依然实力相差甚远。只是由于曹操手下的将士都是北方人，不擅长南方的水战，并且不服水土，因此，双方一时处于僵持状态。

曹操知道，只有训练出善于水战的军队，才能够取胜，于是他就利用荆州的降将蔡瑁、张允来训练曹军参加水战。

吴军的都督周瑜手中只有三万人马，他得知曹操正在训练水战的消息后，十分忧愁。正在这时，曹操派手下的蒋干以同学身份来游说周瑜。周瑜请蒋干饮酒，自己则装醉，与蒋干同床而卧。周瑜暗中巧施反间计，利用蒋干传递假情报，使曹操误把蔡瑁、张允当成奸细，一怒之下，将他们两个斩首。

曹操刚杀完二人，就立即明白自己中了周瑜的计策，但是悔之晚矣。曹操杀了蔡瑁、张允之后，缺少了训练水军的人才，这就耽误了曹军的进攻。

紧接着，黄盖又施苦肉计，假装被周瑜毒打，要投降曹操。结果骗取了曹操的信任，双方约定了投降的日期。

经过训练，曹军的水战技能已经颇为熟练。再加上曹操治军有方，使得曹军水寨井然有序。

这时，周瑜、诸葛亮等人定下了火攻曹营的妙计。与诸葛亮齐名的庞统又设法经蒋干推荐给曹操，假意帮助曹军。

曹操向来求贤若渴，一听说庞统来辅佐自己，马上亲自迎接。在酒席上，庞统声称周瑜恃才罔众,很不得人心,因此他才来投奔曹操。曹操对此坚信不疑。庞统向曹操建议，用铁链将战船锁在一起，上面铺上木板，这样战船在水中就不怕风吹浪颠了。士兵在船上，如同平地，就不会头晕呕吐了。

曹操马上采纳了庞统的建议，还说胜利以后要封他为三公，庞统却推辞说：“我献计并不是为了富贵，而是为解救万民。我只希望丞相打下江东后不要滥杀无辜。”

曹操听了以后，更加深信不疑了。

几天以后，周瑜派黄盖为先锋，驾着装满燃料的船驶向曹军的水寨。曹操本以为是黄盖前来投降，没想到船到了近前竟然着起了火，两边的船一相遇，曹军水寨立刻燃起了大火。由于曹军战船被锁在一起，一时散不开，结果曹军将士死伤无数。曹操所率领的数百万大军就这样惨败在东吴数万大军手中。

周瑜在这场战役当中反复多次运用计谋，最终以少胜多，正符合老子“治人事天，莫若啬”的思想。既然自己实力有限，就应当以不费精力的方式将对方消灭，这成为历史上以少胜多的经典战例的共同点。

第六十章

题解

本章继续讲述老子的政治主张。“治大国，若烹小鲜”也是一句流传很广，非常能代表老子治国思想的话。这句话的意思是说，治理很大的国家跟烹调小鱼的道理是一致的。小鱼很鲜嫩，用刀乱切或在锅里频频搅动，肉就碎了，就不好吃了。统治者治理国家，要像煎小鱼那样，不要常常翻弄。唐玄宗在《御注道德真经》中对这句话加以评述说道：“烹小鲜者不可挠，治大国者不可烦。烦则人劳，挠则鱼烂矣。”我们可以看到，历代很多帝王将相信奉这个道理，并且实践了这个道理，但是有的成功了，有的失败了，所以关键还是在于是否能够把这个道理运用得恰到好处。

本章后边叙述“鬼”和“神”并不能完全说明老子是“有神论”者，这里只是借鬼神的问题来说明“道”的作用。在老子看来，若是能够以“道”来治理天下，各种妖异的存在（鬼）就不再显得变化莫测（神）了。我们可以看到，在老子看来，关键问题不是有没有鬼神，而是能否遵守“大道”。

［原文］

治大国，若烹小鲜。河上公《河上公章句》：鲜，鱼〔也〕。烹小鱼不去肠、不去鳞、不敢挠，恐其糜也。治国烦则下乱，治身烦则精散。**以道莅天下，其鬼不神；**唐玄宗《御注道德真经》：以道临莅天下，不求有妄之福，故鬼无以见其神明。**非其鬼不神，其神不伤人；**河上公《河上公章句》：其鬼非无精神也，邪不入正，不能伤自然之人。**非其神不伤人，圣人亦不伤人。**王弼《道德真经注》：道洽则神不伤人，神不伤人则不知神之为神。道洽则圣人亦不伤人，圣人不伤人，则亦不知圣人之为圣也。犹云，非独不知神之为神，亦不知圣之为圣也。夫恃威网以使物者，治之衰也。使不知神圣之为神圣，道之极也。**夫两不相伤，**韩非子《解老》：上不与民相害，而人不与鬼相伤，故曰：“两不相伤。”**故德交归焉。**河上公《河上公章句》：夫两不相伤，则人得治于阳，鬼神得治于阴，人得全其性命，鬼得保其精神，故德交归焉。

［译文］

治理大国的方法与烹调小鱼的方法是相通的。以“道”治理天下，各种妖异的存在就不再显得神秘莫测了。不是它们不再显得神秘莫测，而是即使它们神秘莫测也难以伤人。不但它们的神秘莫测难以伤人，有道的圣人也不会去伤人。圣人和鬼神都不伤人，所以“德”就归于天下的人了，天下的人就能够和谐相处了。

［读解心得］

老子在这里用烹小鲜比喻治大国之道，即遵从社会自然秩序，不能朝令夕改、随意变动、胡乱折腾，要学会无为而治，不要扰民，否则国家就会出乱。意思是治理大国家，就好像在烹煎小鱼一样，不能常常去翻动它，不要常常去变动政策，否则就会将一条鱼煎得破碎不堪，人民会因政策变来变去而难以适应，以至于备受煎熬。

云中君

《云中君》是屈原《九歌》中的一首，是祭祀云神的歌舞辞。云中之神为一男性，号“云中君”，在神话中云神名叫丰隆，又名屏翳。此篇无论人的唱词、神的唱词，都从不同角度表现出人对云神的期盼、思念，与神对人礼敬的报答。一往情深，溢于言表。

治理大国，要像煎烹小鱼一样。这是老子“无为”思想的一个具体的阐述。大国由于地大、人多、事情复杂，在执政过程中会有很多困难。地大就有可能政令行不通，国家行政力量达不到；人多可能就会思想复杂、意见不一、素质不齐；事杂可能就会经济、政治、社会问题层出不穷，国事、家事、天下事牵扯不断。在这样的情况下，如果朝令夕改，政出多门，忽东忽西，民不知所从，就会导致民怨沸腾，社会动荡，进而灾祸滋生，国无宁日。

老子倡导以“道”治国，什么是“道”？“道”代表了事物的性质和发展的规律，运用到治理国家上就是包括了对待百姓的态度，即老百姓喜欢什么，不喜欢什么；什么对老百姓有利，什么对老百姓有害；怎么做老百姓会拥护，怎么做老百姓会反对。很显然在剥削阶级和被剥削阶级对立的社会里，“无为”的统治方法对老百姓造成的伤害是最小的，同时阶级矛盾也最为缓和，一个政权能够维持统治的时间也可能长一些，这或许就是当时社会最先进的政治思想。

老子的这些思想对后世影响很大。纵观历史，历朝历代开国之初都会采取这样一些同类的政策。

“鬼”按照现代观点是指一些不确定性因素，例如旱灾、饥荒、洪水、地震等等，属于不可抗力。我们知道大多数朝代的灭亡大致分为这样几种：外族入侵，如两宋；权臣篡位，如曹魏；农民起义，如明朝等。而农民起义常常伴随旱灾饥荒。那么一个王朝的灭亡是不是由旱灾饥荒导致的呢？很显然是不成立的，一个王朝从建立到灭亡不知要经历多少旱灾饥荒，照这个逻辑这个王朝早就灭亡多少次了。所以“非其鬼不神，其神不伤人”就是说不是天灾不起作用，而是造成的危害还动摇不了民心，为什么呢？因为有“道”。这样统治者如果实行“无为而治”，即使发生天灾也动摇不了民心，阶级统治就能得到维护。

相反，如果统治阶级妄为，过分压迫老百姓，就会失去民心。到了那个时候，原本不会造成伤害的天灾就会造成伤害，成为导致王朝灭亡的导火索。例如秦朝刑法严峻，赋税徭役沉重，惹得民怨沸腾，结果大泽乡的一场雨就使九国联军都打不败的秦国灭亡了。再如成吉思汗的子孙纵横亚欧大陆，所向无敌，可是蒙古人对被统治民族实行歧视政策，于是一句“莫道石人一只眼，扰动黄河天下反”的谣言就揭开了这个空前绝后的大帝国覆灭的序幕。

[经典事例]

西门豹治邺

战国时期魏文侯在位时，曾派西门豹就任邺县令。

西门豹到了邺县，召集当地年纪较大的人，向他们询问当地百姓的疾苦。人们都说：“当地百姓只是苦于给河伯娶妻，由于这个缘故，导致本地民穷财尽。”西门豹追问这到底是怎么回事，人们回答说：“邺县的三老、廷掾每年都要向百姓征收赋税，收取的钱财有几百万，而他们只用其中的二三十万为河伯娶妻，剩余的钱都被他们和女巫一同瓜分。到了为河伯娶妻的时候，女巫挨家挨户查看，当她看到小户人家有漂亮的女子，就说‘这个女子适合送给河伯作为妻子’。于是马上下聘礼迎娶。给她缝制新衣，在河边上为她盖房子让她独自居住并且沐浴斋戒。这样十几天以后，大家一起装饰好那个像嫁女儿一样的床铺，然后让这个女子坐在上面，并把它浮到河中。起初，它还在水面上漂浮，漂了几里以后就沉没了。本地有漂亮女子的人家，因为担心女巫祝替河伯迎娶她们，因此多数都带着自己的女儿远走他乡了。就是因为这个缘故，城里变得空荡无人，以至于越来越贫困。”

西门豹就问众人为什么要给河伯娶妻。人们回答道：“这种情况已经存在很久了。老百姓中间流传着一种说法：假如不给河伯娶妻，就会洪水泛滥，把本地的老百姓全都淹死。所以女巫每年都要为河伯娶妻。”

西门豹说：“今天有幸请你们来告诉我这件事。到了给河伯娶妻的日子，希望三老、女巫和各位父老都到河边去，我也要去送送新娘。”

到了为河伯娶妻的日子，西门豹亲自到河边与长老们相会。三老、官员、女巫和地方上的父老也都会聚于此，前看热闹来的百姓多达两三千人。那个女巫是个七十多岁的老太婆，跟着她前来的女弟子有十来个，她们都穿着丝绸的单衣，站在女巫的身后。西门豹说：“叫河伯的新娘过来，我要看她长得是否漂亮。”有人扶着新娘走出帷帐，来到西门豹面前。西门豹看了一眼这个女子，回头对三老、女巫和父老们说：“这个女子长得不漂亮，麻烦巫婆替我到河里去禀告河伯，我们需要重新找一个漂亮的女子，几天以后送她去。”说着就叫差役们一齐抬起女巫，把她抛到了河中。过了一会儿，西门豹说：“巫婆怎么去了这么久？叫她的弟子下去催催她！”于是又下令把她的一个弟子抛到了河中。又过了一会儿，西门豹说：“这个弟子怎么也这么磨蹭？再派一个人下去催催她们！”又下令把一个弟子抛到河中。就这样，他总共抛了三个弟子。这时，西门豹说：“巫婆和她的弟子都是女人，不能把事情讲清楚。还是请三老替我下去说明情况吧。”他就又把三老抛入河中。西门豹恭恭敬敬地面对着河站了很久。当地的长老、廷掾在旁边看着都感到害怕。西门豹说：“巫婆、三老都没回来，这可怎么办？”他想再派一个廷掾到河里去催他们。这些人吓得一齐跪在地上磕头，额头上的血淌了一地，脸如死灰。西门豹说：“好吧，你们暂且留下来再等他们一会儿。”又过了一会儿，西门豹说：“你们起来吧，看来今天河伯留客要留很久了，你们都回家去吧。”邺县的官吏和百姓都非常惊恐。从此以后，再没有人敢提为河伯娶妻的事了。

西门豹

战国时期魏国人。魏文侯（公元前446年－公元前396年）时任邺令。著名的政治家、军事家、水利家，曾立下赫赫战功。同时，他是一位无神论者。西门豹在邺县治理有方，深受人民爱戴。

接着，西门豹动员百姓挖了十二条渠道，把河水引过来灌溉农田。后来邺县得到了水的便利，老百姓也因此生活富裕，邺县逐渐恢复了繁荣。

西门豹作为战国时期的无神论者，以实际行动揭穿了“河伯娶妻”的骗局，并使“河伯”为当地百姓的生产生活服务，正好说明了“以道莅天下，其鬼不神”“夫两不相伤，故德交归焉”的道理。

第六十一章

题解

世间诸事往往是大而欺小，强而凌弱，老子却提出遵循“道”就应该以大海一样的胸襟谦卑地容纳。在诸侯争霸的春秋时代，国家强大就喜欢穷兵黩武，兼并弱小的国家，造成冲突不断，两方都会因战争而遭受重创。于是老子主张大国与小国之间应当以谦卑处下的态度进行交往，这样才能保持一种和谐的状态。

［原文］

大邦者下流，王弼《道德真经注》：江海居大而处下，则百川流之，大国居大而处下，则天下流之，故曰“大国下流”也。天下所归会也。**天下之牝（pìn），**河上公《河上公章句》：牝者，阴类也。柔谦和而不唱也。**天下之交也。牝常以静胜牡，以静为下。**河上公《河上公章句》：女所以能屈男，阴胜阳，以〔其〕安静不先求之也。阴道以安静为谦下。**故大邦以下小邦，则取小邦；小邦以下大邦，则取大邦。故或下以取，或下而取。**王弼《道德真经注》：大国以下，犹云以大国下小国。小国则附之。大国纳之也。言唯修卑下，然后乃各得其所。**大邦不过欲兼畜人，小邦不过欲入事人。**唐玄宗《御注道德真经》：大国执谦而下小国者，不过欲兼畜小国为臣妾。小国贽贡赋以下大国者，不过欲入事大国为援助也。**夫两者各得其所欲，大者宜为下。**王夫之《老子衍》：人能为阴阳之归，其处下尤甚。静其欲，静其动，江海之所以为百谷王也。

［译文］

强大的国家如果行事谦卑、甘居下位，处于天下柔慈的位置上，就能得到天下的归附。雌性之所以常常胜于雄性，就在于能够安静温和，处身谦下。故而大国如果能对小国谦卑，便能得到小国的归附；小国如果能对大国谦卑，便能得到大国的信任。故而一方会因谦卑而令其归附，另一方也会因谦卑而被信任。大国不应贪图兼并小国，小国也不应苟且逢迎大国。 这样两者都会得到满足，大国更应该具有谦下的态度。

［读解心得］

我们在参与社会生活的过程中，有时会遇到品德或才能强于自己的人，有时会遇到不如自己的人。在与形形色色的人的交往中，有些人会很好地处理各种纷繁复杂的关系，有些人则会在茫茫人海中迷失方向，丢掉自我。老子的“清静无为”既是一种治国理念，又是一种处理人际关系的行为准则，是一种处世方式，是一种道德观。《尚书·大禹谟》上说：“满招损，谦受益，时乃天道。”儒家认为谦和是上天赋予的人的本性，是每个人与生俱来的。道家强调人性顺其自然，反对矫揉造作，主张“无为”，所以认为谦逊是人们符合天道的一种品格，也承认它是人们与生俱来的本性，这是儒道相通之处的一个具体体现。中华传统文化正是如此，各种思想学说在相互借鉴、相互促进中不断发展完善。

在社会生活中，老子主张“处下”，也就是使自己处在卑弱的位置，因为这符合“道”。老子教导人们遵循“道”而行动，所以“处下”是与人交往的最佳选择。“处下”是对所有人的要求，地位尊贵的人也不例外。在我国的历史上，能够居高位而不盛气凌人，掌大权仍能礼贤下士的人，往往能够得到更多人的拥护。战国后期的四公子都以善于“养士”而闻名天下，他们的门客常常在危难关头以献出自己生命为代价报答主人的知遇之恩。魏公子信陵君得知一个年老的城门守卫侯嬴很有才能，于是亲自去请他为自己效力。侯嬴通过一系列试探了解到信陵君的诚意，后来为信陵君出谋划策盗取兵符，最后以死来答谢信陵君对自己的礼遇。所以，“处下”的品质还包括感恩，因为在每一个人成功的道路上，都有很多人在为之付出，所以要从内心感谢每一个帮助过自己的人。

当然，光有“处下”的理念是不够的，还应该有实际行动，老子正是要求人们将这种理念运用到治理国家与个人奋斗的实际行动中去。老子的“处下”并不是真正的“示弱”，因为他主张“知其雄，守其雌”，在此基础上通过“清静无为”实现“牝常以静胜牡”和“柔弱胜刚强”。施行“无为”之道的另一种方法就是“不争”，就好像向下流的水。万物争相处上，水却甘于处下。因为有水的谦让和无争，才有花的芳香和参天大树的直入云天。水的“处下”和“不争”，正是我们所应该推崇的精神。

［经典事例］

三顾茅庐

东汉末年，黄巾起义，天下大乱，各路诸侯争相起兵。汉室宗亲豫州牧刘

三顾茅庐

汉末黄巾起义，天下大乱，曹操坐据朝廷，孙权拥兵东吴。豫州牧刘备听徐庶和司马徽说诸葛亮很有学识，又有才能，就和关羽、张飞带着礼物到隆中卧龙岗去请诸葛亮出山辅佐他，三次前往，终于请到了诸葛亮。

备听谋士徐庶和司马徽说诸葛亮这个人很有学识，就和结拜弟兄关羽、张飞带着厚礼到隆中卧龙岗去请诸葛亮出来辅佐他。

三个人来到诸葛亮的住处，没想到诸葛亮这天外出不在家，刘备只好失望地回去。不久，刘备又带着关羽、张飞冒着风雪第二次去请诸葛亮。不料诸葛亮又出外云游去了。

性情暴烈的张飞本就不愿意再来，此时见诸葛亮不在家，就催着刘备回去。刘备只得写了一封信留下，表达自己对诸葛亮的钦佩和想请他出山帮助自己挽救汉室江山危险局面的想法。

又过了一段时间，刘备斋戒了三天，准备再去隆中请诸葛亮。关羽说诸葛亮也许只是徒有虚名，不一定有什么真才实学，劝刘备不用去了。张飞则要求由他一个人去，如果诸葛亮不来，就用绳索把他捆来。刘备闻听此言，把张飞狠狠地责备了一顿，又带着他俩第三次拜访诸葛亮。

这天，诸葛亮正在房中睡午觉。刘备不敢惊动他，一直站在旁边静静地等着。过了很久，只见诸葛亮翻了个身，刘备以为他醒了，没想到诸葛亮面朝里又睡去了。刘备只好继续等，又过了很长时间，诸葛亮才醒来，他发现刘备站在一边，被他的诚意所打动，于是请刘备坐下谈话。

诸葛亮见刘备有志为国家做事，而且为人又很谦恭，就决定出来全力辅佐刘备建立蜀汉王朝。

后人把这个故事称为“三顾茅庐”，刘备也因此成了礼贤下士的典范。

在三国时期，刘备的实力最弱，但他依然能够在诸侯争霸的年代建立帝业，很大程度上得益于他谦卑恭敬、知人善任的品行。“大邦者下流，天下之交”，刘备就是因为具备了这种品行，才使众多人才聚集在他的身边，使他一步步获得成功。

第六十二章

题解

在老子眼中，世间一切礼仪、道德、习俗的根本都是“道”，“道”远比浩荡的各种仪式和万人之上的荣宠更为重要。“道”令人有求可得，有罪得免。老子的这一思想已经超越了“道”单纯作为自然规律的限定，道破了“道”与人之间有着密不可分的牵连。正因如此，“道”才被天下人所尊崇。“道”能赦免有罪之人，那么任何人都没有理由被抛弃了，这也正说明了“道”的博大。

[原文]

道者，万物之奥。 河上公《河上公章句》：奥，藏也。道为万物之藏，无所不容也。**善人之宝，不善人之所保。** 王弼《道德真经注》：宝以为用也。保以全也。**美言可以市尊，美行可以加人。** 宋徽宗《御解道德真经》：言，风波也。行，实丧也。皆非道之所贵。言美而可悦，行尊而可尚，犹可以市，且加于人，而人服从，况体道之奥，遍覆包含，而无所殊乎？**人之不善，何弃之有？** 河上公《河上公章句》：人虽不善，当以道化之。盖三皇之前，无有弃民，德化淳也。**故立天子，置三公，虽有拱璧以先驷（sì）马，不如坐进此道。** 明太祖《御注道德真经》：古者立天子，爵三公，位已正矣，官已职矣，又以驷马拱璧以招贤，比若是不如垂衣裳而坐行

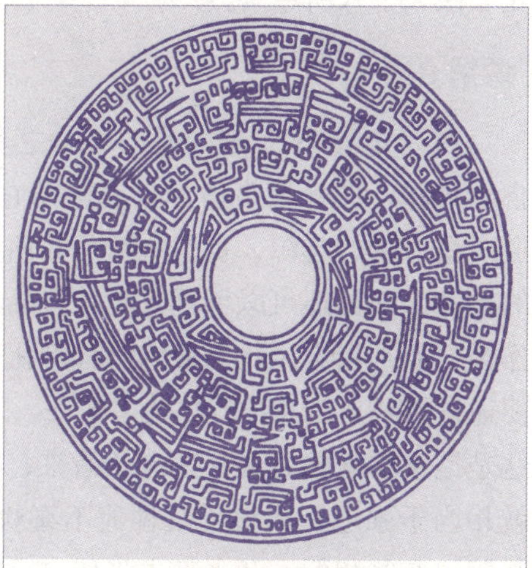

璧

璧分大璧、谷璧、蒲璧。大璧径长一尺二寸，天子礼天之器。诸侯享天子者亦用之。礼天须用苍色，盖璧形圆，像天苍，像天之色。谷璧子（爵）所执，饰谷纹，取养人之义。蒲璧男（爵）所执，瑑饰为蒲形，蒲为席，取安人之义。三者统称为“拱璧”，因皆须两手拱执。另有一种系璧，形较小，为佩于绅带之物。

斯道，彼君臣不务大道，却乃要名以招贤，及其贤至，贤何所为？**古之所以贵此道者何？不曰，求以得，有罪以免邪？故为天下贵。**河上公《河上公章句》：古之所以贵此道者，不日日远行求索，近得之于身。有罪谓遭乱世，暗君妄行形诛，修道则可以解死厄，免于众耶。道德洞远，无不覆济，全身治国，恬然无为，故可为天下贵也。

[译文]

“道”是深藏天下万物玄机的所在。善于遵循“道”的人懂得去珍视它，而不善遵循的人则因为它而有所依靠。合乎“道”的言语可以得到他人的尊崇，合乎“道”的行为可以令其有别于世俗之人。就算人不懂得如何遵循“道”，又怎么会被抛弃呢？因此，天子即位，三公就职，即使举行先奉拱璧，后奉车马的礼仪，我看都不如奉上“道”来作为献礼。古时之所以特别尊崇“道”的原因是什么呢？难道不是说，寻求就会得到，得罪也可以豁免吗？故而“道”才会被天下人所尊崇。

[读解心得]

在老子看来，“道”是“万物之奥”，也是“众妙之门”，就像我们所说的自然规律，做任何事情都只能遵循它，而不能违背它。在老子的哲学思想中，道既是万物的起源，也是判断是非曲直的最高标准，它不但可以区分自然万物的良莠，而且还可以评判人类社会的善恶。自然之道在于无为，无为并非无所作为，而是指春风化雨般的潜移默化。儒道都重视教化的作用。儒家的教化主要通过自我克制和推行仁德来实现。老子也说：“侯王若能守之，万物将自化”，这是道家的教化方式。在老子看来，推行仁德实在算不上什么高明的做法，那就相当于强迫别人接受某种他不喜欢的东西。“克己”倒是与老子所说的“守其雌”有些相似，两者都主张使自己保持比较低调的状态，通过退让的处世方式实现自己的政治理想，这一点也是中国传统文化中“和”文化的一个方面。

大“道”是所有人的行为规范和价值标准，世间之人无论善恶贵贱，没有不需要它的。儒家讲究向他人学习，“见贤思齐”，强调榜样的作用。老子从另一个角度说，“美言可以市尊，美行可以加人”，美好的言论和行为都可以使自己赢得别人的尊重，从而成为别人学习的榜样。孟子在很小的时候就失去了父亲，由母亲把他抚养成人。一开始，孟子一家住在墓地附近，他总跟小伙伴学大人办丧事时的样子，母亲觉得这里不适合孩子成长，就把家搬到了另一个地方。这个住处离集市很近，孟子又跟这里的小伙伴学大人做买卖的样子，于是母亲再次决定搬家。最后他们搬到了一所学校的附近，这里的孩子都知书达礼，为孟子成为儒家的一代宗师奠定了基础。“孟母三迁”的故事就反映了环境对一个人成长有着巨大的影响。

道的可贵远非“拱璧”和“驷马”能比，规律的价值岂能用金钱来衡量？

[经典事例]

活到老学到老

晋平公作为大国的国君，政绩卓著，学问也极佳。在他七十岁的时候，他还希望能够多读些书，多增长些知识，总觉得自己知道的知识实在太有限了。可是，七十岁的老人再去学习，是有很多困难的。晋平公对自己的打算还是很不自信，于是就去询问他手下的一位著名的乐师师旷。

德行忠信

图中描绘了春秋时期，晋平公向盲人乐师师旷请教为君之道的故事。师旷是春秋时期晋国乐师，精通音律，能演奏各种乐器，被后人尊为“乐圣”。传说《阳春》《白雪》等均是他的杰作。

那时，师旷已是一位双目失明的老人。他博学多才，虽双眼看不见，但心里还很明白。晋平公对师旷说：“你看，我现在已经七十岁了，年事已高，可我还很想多读些书，多长些学问。可是又总是没有信心，总觉得自己学习已经太晚了。”

师旷反问道：“您说太晚了，那为何不把蜡烛点燃呢？”

晋平公没有听明白师旷的意思，就说：“我是在跟你说正经事，哪有臣子随便戏弄国君的道理呢？”

师旷一听，知道晋平公误会了，连忙说：“大王误会了，我怎么敢随便戏弄您呢？我是在跟您谈学习的事呢。”

晋平公问：“这话怎么讲？”

师旷回答说：“我听说，人在少年时期学习，就好像获得了早晨温暖和煦的阳光一样，太阳越升越高，越照越亮，时间也长久；

人在壮年时学习，就好像获得了正午明亮的阳光一样，虽然这时的太阳已经走了一半了，可它的力量依然很强，时间也还有很多；人到了老年的时候学习，虽然太阳已经落山，没有了阳光，可是还可以借助蜡烛。蜡烛的光亮虽然不是很明亮，可是只要有了这点烛光，尽管非常有限，也总比在黑暗之中苦苦摸索要好许多吧。”

晋平公听完恍然大悟，高兴地对师旷说：“你说得实在太好了！”从此以后，晋平公信心百倍地开始了晚年的学习。

正如老子所说：“立天子，置三公，虽有拱璧以先驷马，不如坐进此道。”“君子”对于学问的探求是没有止境的，这已成为中国古人普遍奉行的法则。

孟母三迁

孟子很小的时候，父亲就去世了，他的母亲守节而没有改嫁。最初，母子俩住在墓地附近。孟子就经常和邻居家的小孩子一起学大人跪拜、痛哭，玩起办丧事的游戏。孟母看到了这种情景，就皱起了眉头，说：“我不能让我的孩子在这个地方住了！”于是，孟母就带着孟子搬到集市旁边去住。到了集市，孟子又和邻居家的小孩子学起了商人做生意。孟母知道了以后，又皱起了眉头说道：“看来这里也不适合我的孩子居住！”于是，他们再一次搬家。这次，他们来到了学校附近。孟子就学着学校里的规矩开始做些拱让食物的礼仪的游戏。这时，孟母才满意地说：“这里才是我安顿儿子的地方！”从此以后，孟子就在那里住了下来，后来终于学有所成，成为儒家的宗师。

“孟母三迁”的故事流传甚广，它所蕴涵的深刻含义就在于：环境能够影响人的发展。正因为这样，老子提出“美言可以市尊，美行可以加人”，指出了“得道”之人对于社会的积极影响。

第六十三章

题解

在老子看来，越明显的道理越容易被人忽视，世人求强好胜的心态往往会使其在行为处世之间因忽略了细节而导致全局的失败。《荀子·劝学》有言：“骐骥一跃，不能十步；驽马十驾，功在不舍。”可见成就大事必从细小处着手，这与本章“天下难事必作于易，天下大事必作于细”之言相通。老子的这一主张说明了量变与质变之间的关系，在一定程度上，也是“无为”思想的一种体现。

［原文］

为无为，事无事，味无味。王弼《道德真经注》：以无为为居，以不言为教，以恬淡为味，治之极也。**大小多少，**河上公《河上公章句》：陈其戒令也，欲大反小，欲多反少，自然之道也。修道行善，绝祸于未生也。**图难于其易，为大于其细；**河上公《河上公章句》：欲图难事，当于易时，未及成也。欲为大事，必作于小，祸乱从小来也。**天下难事，必作于易；天下大事必作于细。**宋徽宗《御解道德真经》：天下之事，常起于甚微，而及其末，则不可胜图，故圣人早从事焉。**是以圣人终不为大，故能成其大。**唐玄宗《御注道德真经》：因云大事必作于细，将明圣人所以能成其大者，以不为其难事大事，故能成其尊大耳。**夫轻诺必寡信，多易必多难。**明太祖《御注道德真经》：又言人有求我者，我擅轻许之，及其将应，违之，谓吾有物，不绝俭而易用弃，将不久而又自难。**是以圣人犹难之，故终无难矣。**王弼《道德真经注》：以圣人之才犹尚难于细易，况非圣人之才而欲忽于此乎，故曰“犹难之”也。

［译文］

将无为当作唯一的作为，将无事当作唯一的事，将无味当作唯一的味。以小为大，以少为多，从简单容易处入手克服困难，从细小微末处着手做大事，一切的难事必定都从简易发展而来，一切的大事必定都从细小处积蓄而成。因

此圣人从来不自诩伟大，故而才成其伟大。轻易许下的承诺必然很少能兑现，把事情看得太容易必然会遭遇很多困难。因此圣人总是把事情看得更加困难些，故而最后就不存在困难了。

［读解心得］

“道”的最根本规律就是自然，做事情也应该按其原本的规律任其自然而然地发展。“为无为，事无事，味无味”所阐发的也就是“无为而无不为”的道理。老子认为要想有所作为，就必须采取顺应自然的态度，必须以平静的思想和行为对待生活。

“以德报怨”是老子的人生观，也是老子的一种处世哲学，同时这也是他顺应自然思想的体现。《论语·宪问》“或曰：‘以德报怨，何如？’子曰：‘何以报德？以直抱怨，以德报德。’”从中我们可以看出，老子与孔子在处理“德”与“怨”的关系时有所差别。老子以德行响应怨恨，孔子则以公平正直之道来面对怨恨，不做相应的报复，但也不应曲意隐忍。

“泰山不拒细壤，故能成其高；江海不择细流，故能就其深。”所以，大礼不辞小让，细节对事情的成败起着至关重要的作用。老子的“天下难事必作于易，天下大事必作于细”恰恰反映了这样的观点。中国有成语叫“千里之堤，溃于蚁穴”。细节往往就是这样在人们的忽视中影响到全局的。要想成就一番事业必须从那些细枝末节开始，所以有“道”的圣人始终认为自己是在做一些微不足道的事情。

老子对许下诺言是非常慎重的，他认为不根据现实情况轻易作出承诺，必定会有很多失信的行为，因为许诺的人可能会把某些事情看得过于简单而无法实现他的承诺。所以圣人们总会把诺言看得像“九鼎大吕”一般重，他们也会把事情看得很困难，以至于最后毫无困难。

老子认为，做任何事情都是从小到大，由少到多，由易到难的，这是事物发展的普遍规律，也是人们日常生活的行为准则。持“无为”的态度，顺应自然的发展规律，即使遇到了值得抱怨的事，用美好的德行来感化它，不轻易给予承诺，在一开始就尽量把事情想得困难……这样往往能换得一个完满的结局。而圣人之所以为圣，就是因为他们把这些问题看得透彻，把自己看得甚是渺小，把世界看得异常伟大，就这样，他们通常并不把自己当作圣人，从而达到了“无为而无不为”的境界。

［经典事例］

终身不遇

从前有一个人总想当官，可他一辈子都没有遇到机遇。几十年的时光转瞬即逝，这个人眼看着自己老了，不由得黯然神伤。有一天，他走在路上，忍不住放声痛哭起来。

有人看到他这个样子，觉得很奇怪，于是走上前去询问缘由。

这个老人答道："我年轻时习文，当我学有所成，出来求官之时，正好遇上国君偏喜欢任用经验丰富的老年人。我就等了很多年，一直等到那个国君去世，我又出来求官，没想到新君却是个好武的人，我再一次怀才不遇。于是，我弃文学武。等到我学武有所成就时，那个重视武艺的国君也死了。现在继位的是一位年轻的国君，他喜欢任用年轻人做官，而我如今已经老了。我这一辈子生不逢时，没有遇到过一次为官的机会，这不是很可悲吗？"说完，他又哭起来了。

故事中的这个人由于一遇到挫折就改变自己的志向，所以到头来一事无成。老子主张"图难于其易，为大于其细"，只有认准目标，脚踏实地去行动，才能成就大事。老子在两千多年前提出的这一观点，对于今人来说，依然有着深刻的教育意义。

愚公移山

《列子·汤问》中有一则愚公移山的寓言。

从前，太行、王屋两座大山位于冀州南部、黄河北边，两座大山方圆七百里，高达万仞。

北山脚下有个人叫愚公，快九十岁了，他家世世代代面对着山居住。由于大山的阻隔，北山居民进进出出都要绕很远的路，极为不便。

一天，愚公把全家人召集到一起商量说："我打算和大家用尽全力铲平这两座大山，使道路一直通到豫州的南部，到达汉水的南岸，你们看怎么样？"大家都对他的建议表示赞同。可愚公的妻子却提出了疑问："凭借您的力量，恐怕连魁父这样的小土山都铲不平，又能把太行、王屋这两座大山怎么样呢？再说，那些土石又放到哪里去呢？"大家纷纷提议："可以把土石运到渤海边上，或是隐土北面。"

于是，愚公带着三个身强力壮的子孙，凿山石，挖泥土，然后把土石用筐装起来运到渤海边上。邻居寡妇家有个孩子，才七八岁，就蹦蹦跳跳地去帮助他们。

有个叫智叟的人讥笑愚公说："你实在太不聪明了。你这么大年纪了，就凭你剩下的这点力气，连山上的一根草都毁不掉，又能把整座大山怎么样呢？"愚公听了长叹一声说："你的思想竟然如此顽固，顽固到无法改变的地步，还不如寡妇家的小孩子。即便我死了，还有我的儿子在；儿子又会生孙子，孙子还会生儿子，这样看来，子子孙孙是不会穷尽的，可是这山不会再增加高度，何愁挖不平？"智叟听了无言以对。

山神知道了这件事，怕愚公不停地挖下去，就向天帝作了报告。天帝被愚公的诚心所感动，便命令大力神夸娥氏的两个儿子背走了这两座山。一座安置在朔方东部，一座安置在雍州南面。从此以后，冀州的南部和汉水的南面，就再也没有高山阻隔了。

愚公移山的故事说明：做事必须要有恒心，从一点一滴做起，最终必然能够实现质的飞跃。"天下大事必作于细"的意义正在于此。

第六十四章

题解

本章可看作是前一章的继续，老子首先强调了防微杜渐的重要性，提出“为之于未有，治之于未乱”的观点。接着列举了常见的事物，如“合抱之木”，“九层之台”，“千里之行”，并分析了它们各自发生质变的关键就在于积少成多，一点一滴的量变，将会引起惊人的质变。“毫末”“累土”“足下”虽然看起来微不足道，然而，一旦积累到一定量，必将释放出巨大的能量。

老子此言的目的，主要还是为了告诫当权者，一切事物的本质就是“道”。世人刻意想要取得的东西总是会失去，只有遵循“道”的原则，凡事从一点一滴做起，不急不躁，才不至于“常于几成而败之”。老子一直崇尚“无为”，在这一章中也不例外，但是，从字里行间，我们更能领会到“无为之道”的现实意义。

[原文]

其安易持，其未兆易谋。河上公《河上公章句》：治身治国安静者，易守持也。情欲祸患未有形兆时，易谋止也。**其脆易泮，其微易散。**唐玄宗《御注道德真经》：欲心初染，尚自危脆，能绝之者，脆则易破。祸患初起，形兆尚微，将欲防之，微则易散耳。**为之于未有，治之于未乱。**明太祖《御注道德真经》：老子又比云：若如此者，虽脆虽微，其物事早有形矣，莫若治之于未有之先。**合抱之木，生于毫末；九层之台，起于累土；千里之行，始于足下。**宋徽宗《御解道德真经》：有形之类，大必滋于小，高必基于下，远必自于近。其作始也简，其将毕也必巨。圣人见端而思末，睹指而知归，故不为福先，不为祸始，踌躇以兴事，每以成功。**民之从事，常于几成而败之。**唐玄宗《御注道德真经》：民之始从事于善者，当于近成而自败之。**慎终如始，则无败事。**河上公《河上公章句》：终当如始，不当懈怠。

[译文]

局势稳定时容易把持，情势尚未有征兆时容易谋划。事物脆弱时容易瓦解，

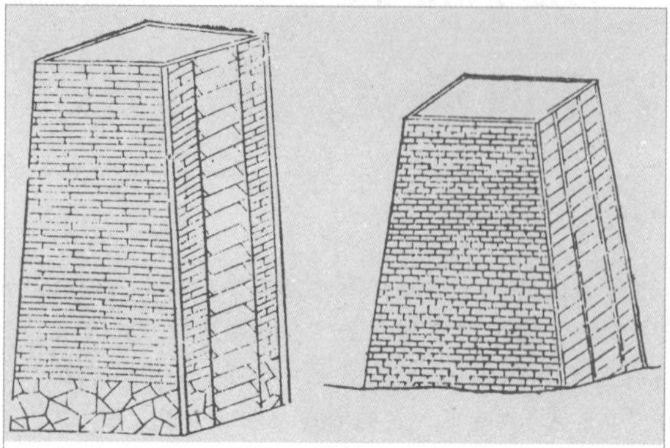

高台

古代园林中的供游人游览观景之用的建筑。一般由土石筑成。九层的高台就是从一筐一筐的泥土，一块一块的砖石逐渐垒起来的，即“九层之台，起于累土”。

微小时容易消散。在尚未露出端倪时就要做好准备，在祸乱尚未滋生时就做好预防。合抱的大树，是由细小的萌芽长成的；多层的高台，是由一筐一筐的土堆垒而成的；遥远的路途，是从脚下开始的。平常人做事，往往在即将成功的时候失败。从始至终毫不懈怠，就不会有衰败之事。

[读解心得]

事物的发展历程是从无到有，难以解决的问题往往由常被人忽视的小的隐患生成，这就是量的积累，是质的飞跃的基本道理。有太多的人在“明日复明日”的道路上徘徊不前，最终荒废了青春年华。“其安易持，其未兆易谋。其脆易泮，其微易散”说的其实就是防微杜渐的道理。战国初年，名医扁鹊发现蔡桓公得了小病，但蔡桓公讳疾忌医，拒绝治病，最终“病入骨髓”，不治而亡。如果能够在矛盾暴露之前尽早发现，未雨绸缪，就能将一切可能发生的危机扼杀在萌芽状态之下。兵家强调“伤其十指，不如断其一指”，就是主张集中优势兵力攻击对方的其中一部分，打开缺口；如果兵力过于分散，则无法使对方大伤元气，反而使自己处于不利的境地。老子强调事物具有两面性，但这两个方面是有主次之分的，在战略上，“伤其十指”就不如“断其一指”重要。荀子说：“不积跬步，无以至千里；不积小流，无以成江海。骐骥一跃，不能十步；驽马十驾，功在不舍。”这句话与老子所说的“合抱之木，生于毫末；九层之台，起于累土；千里之行，始于足下”不谋而合，通过不同的比喻阐述同样的量与质的关系，反映出中华文化的源远流长。

孔子的弟子曾参说：“慎终追远，民德归厚矣。”其中的“慎终追远”和老子所说的“慎终如始”在本质上是一致的。“慎终如始”反映了老子对事物整个发展过程的严谨态度，无论是始还是终。前人的经验，未必放之四海而皆准。前人留下的路标，也未必就是正确的前进方向。所以，“圣人”“欲”他人所不欲，“学”他人所不学，主张通过探索，去开辟一条属于自己的新路。

[经典事例]

扁鹊见蔡桓公

扁鹊是春秋时期的名医。有一次，他觐见蔡桓公，站着观察了一会儿，对桓公说道："我发现您的皮肤纹理间有点小毛病，不及时医治恐怕要加重。"桓公自信地说："我没有病。"扁鹊走后，桓公对左右的人说："医生总喜欢给没病的人治病，以此来炫耀自己的功劳。"

过了十天，扁鹊再次觐见，他对桓公说："您的病已到达了肌肉里，如果再不医治，会更加严重的。"桓公没有理睬，扁鹊只好离开，桓公很不高兴。又过了十天，扁鹊又进见，他对桓公说："您的病现在已到了肠胃，再不医治，就来不及了。"桓公还是不理睬。扁鹊无奈，只好走了，桓公这次很生气。

这样又过了十天，扁鹊在觐见时远远看了桓公一眼，转身就跑。桓公不明白为什么，于是特意派人去问他，扁鹊说："皮肤纹理间的病，用药热敷，就可以治好；肌肉里的病，用针灸可以治好；肠胃的病，用火剂可以治好；而骨髓里的病，那就是司命神的事情了，医生是无能为力了。桓公的病现在已经深入到了骨髓，所以我不再过问了。"过了五天，桓公浑身剧痛，派人再去寻找扁鹊，可扁鹊已逃到秦国去了。于是，不久桓公死了。

蔡桓公的死，本来可以避免，他的疾病正像老子说的那样，"其脆易泮，其微易散"，在刚刚出现苗头的时候很容易医治，可如果不加以及时防范，就会导致严重的后果。如果上升到政治层面，这个故事可看成是"为之于未有，治之于未乱"的一个典型反例。

居安思危

春秋时期，有一次，宋、晋、齐、卫等十二国联合攻打郑国。郑国知道自己力量不足，就连忙派人向晋国求和，因为晋国是十二国中实力最强的国家。晋国国君晋悼公表示同意讲和，其余的十一国因为不愿得罪晋国，就都决定退兵，郑国因此才逃过一劫。

郑国为了表达谢意，特意送给晋国很多兵车、乐师、乐器、歌女以及大量贵重的珠宝作为谢礼。晋悼公收到礼物后非常高兴，就将这些礼物拿出一半送给他的功臣魏绛。但魏绛婉言谢绝了，他劝谏晋悼公说："现在您能够统率各国，这是您的功德所在，也是大家同心协力的结果，我自己并没有立过什么功劳，怎么能无功受禄呢？再说，晋国现在虽然很强大，但是绝对不能因此而麻痹大意。人在安乐的时候，一定要预想到将来可能发生的危险，这样才能及早做好防范，以免日后发生灾祸。这些礼物您还是独自享用吧，我更愿意想一下以后可能发生的事。”

晋悼公听完这番话之后，知道魏绛时刻都在牵挂着国家的安危，从此以后，对他更加敬重了。

这个故事深刻地反映了居安思危的道理。老子认为，“民之从事，常于几成而败之”，只有“慎终如始”，才能“无败事”。历史上的很多帝王，都是在成功之后放松了警惕而遭到失败的，因此，老子的观点在任何历史时期，都有其现实意义。

第六十五章

题解

本章与第十九章中“绝圣弃智，民利百倍”的观点相近，又一次阐述了“无为而治”的政治思想。世人总是以为聪明胜过愚蠢，强悍胜过柔弱，精明胜过憨厚，而老子却认为事实恰恰相反，天下之所以混乱，正是因为世人运用了智慧，因而巧诈百出。

老子所生活的时代烽烟四起，计谋诡诈百出，危机四伏，无处苟安。而世人以诡诈求生的同时又给社会带来更多的不安，这反过来又促使人们寻求更为诡诈的计谋来求得生存。趋利避害是世人的本性，然而如此求生只会更为远离“道”。因此，老子主张天下回归淳朴，只有顺应大“道”才是天下的福祉所在。

[原文]

古之善为道者，非以明民，将以愚之。河上公《河上公章句》：说古之善以道治身及治国者，不以道教民明智巧诈也，将以道德教民，使质朴不诈伪。**民之难治，以其智多。**唐玄宗《御注道德真经》：君将明道以临下，人必役智以应上，智多则诈兴，是以难治。**故以智治国，国之贼；**河上公《河上公章句》：使智慧之人治国之政事，必远道德，妄作威福，为国之贼也。**不以智治国，国之福。**河上公《河上公章句》：不使智慧之人治国之政事，则民守正直，不为邪饰，上下相亲，君臣同力，故为国之福也。**知此两者，亦稽式。**唐玄宗《御注道德真经》：役智诈则害于人，任淳德则福于国，人君能知此两者，委任淳德之臣，是以为君楷模法式。**常知稽式，是谓“玄德”。**王弼《道德真经注》：古今之所同则而不可费，能知稽式，是谓玄德。**“玄德”深矣，远矣，**河上公《河上公章句》：玄德之人深不可测，远不可及也。**与物反矣，然后乃至大顺。**宋徽宗《御解道德真经》：独立于万物之上，物无得而耦之者，故曰与物反矣。顺者天之理，乃至大顺者，去智与故，循天之理而已。

周文王

相传周文王治国宽松，刑律宽缓，在地上画圈，令罪人立圈中以示惩罚，如后代的牢狱。文王不以智巧心机治国，而是对人民宽厚仁慈，民风反而淳朴。

［译文］

古时善于遵循“道”的人，并非教给民众知识而导致其智巧伪诈，而是教导他们淳厚自然。民众之所以难以治理，是因为他们经常使用智巧心机。所以用智巧心机统治国家，就必然会使国家遭受祸害；不依靠智巧心机统治国家，才是国家的福祉。了解这两种不同的治国方式之后就会明白一个法则。能够顺应这个法则，就叫作“玄德”。“玄德”深不可测，远不可及，和天下万物一齐返璞归真，然后才能极大地顺应自然。

［读解心得］

老子曾经从很多个层面剖析过“善为道者”的含义，“善救人”“抱一为天下式”“知其雄，守其雌”，都是有道之人的处世原则。老子推崇的智慧是一种超智慧，“知人”“善言”“善结”已经属于很难得的智慧了，其实恬淡无味的大“道”才是真正的智慧，散发着一种看似暗昧的光辉。因为“道”是深邃而幽暗的，所以它所体现出的智慧并不像常人所说的聪明那么简单，通常表现为“大智若愚”。

老子提倡“无为而治”，无论高低贵贱，人人都要遵循“道”的精神来做事，所以主张“绝圣弃智”。在这一理论的指导下，既然广大民众要“弃智”，那么统治者当然不能例外了，而且要成为人民的表率。老子认为片面强调所谓的“仁、义、礼”是不合顺其自然之道的。春秋末年，晋国权臣赵简子为了显示自己爱惜生灵，就命令邯郸百姓每年定期抓一些鸟献上来，由他来放生。有个门客就说：“如果您根本就不抓这些鸟，那才是真正的爱惜生灵呢。”这个小故事很有现实意义，今天也有很多人为表示自己的善良而买一些鸽子、鱼、龟之类的动物来放生，殊不知这样做给那些小生命带来的是灾难。这种放生其实是对乱捕野生动物者的鼓励，另一方面，随意的放生对生态平衡也造成了或多或少的破坏，从根本上来讲，这种行为割裂了人与自然和谐共生的关系。所谓放生就如同老子所批判的“仁、义、礼”，是“大道废”之后的产物，正如鲁迅所言，满纸的仁义道德，其字里行间却都写着“吃人”二字。“我无为而民自化”是老子对自己政治思想的精辟解释，因而他所说的“愚”，并非指是非不明、正邪不分的愚蠢和蒙昧，其实说的是在无欲无求状态下所呈现出的淳朴与自然，“弃智”也并非真正的抛弃智慧，而是去除一切做作与浮夸。

［经典事例］

献鸠放生

古时人们很注重“行善积德”。每当遇到灾荒年景，富裕的人家为了救助那些饥寒交迫的灾民，常常会捐米赈灾。而在太平年月，人们常将鱼、龟等放回到江河水池，将鸟放回山林，这叫作“放生”，以表明人们积善的美德。

春秋时期，晋国的大臣赵简子，就喜欢在过年的时候让百姓替他捉斑鸠鸟送到他的府上，供他放生。

大年初一这天一大早，都城邯郸的老百姓就纷纷拥进赵简子的府宅。他们都是向赵简子进献斑鸠，以便让赵简子放生的。赵简子十分高兴，对他们每个人都给予很优厚的赏赐。初一这天从早到晚，前来进献斑鸠的人络绎不绝。

赵简子手下的一位门客在一旁站了很久，问他为何要这样做。赵简子回答道：“我在大年初一放生斑鸠，表示我对天下生灵的爱护，表示我有仁慈之心！”门客说：“您对天下的生灵有如此仁慈之心，是很难得的。可是，不知您想过没有：如果全国的百姓都知道您要拿斑鸠去放生，从而争先恐后地对斑鸠你追我捕，那么被打死打伤的斑鸠一定很多啊！您如果真的想放生，想救斑鸠一命，不如下令禁止捕捉斑鸠。而现在，您鼓励百姓捕捉这么多的斑鸠送给您，您再放生，那么大人表面上对斑鸠的仁慈实际上还不能抵偿您对它们人为地造成的伤害啊！”

赵简子听了门客的这番话，背着手在府门里走来走去，仔细地思考了很长时间，然后点了点头说：“你说得很对。”于是他就停止了“放生”的举动，并下令不许捕捉斑鸠。

赵简子“献鸠放生”的做法只讲形式，而忽视了效果，可以说是沽名钓誉，假仁假义的行为，并不符合“大道”，这与唐太宗的做法形成了鲜明的对比。

唐太宗不欺人

唐太宗执政时期，曾有人上书给他，请求清除朝中善于谄媚的小人。

唐太宗就问：“可谁是善于谄媚的臣子呢？”上书的人献策说：“我住在乡野，远离朝廷，所以不清楚谁是这样的人。但您可以考验他们，在与大臣谈话时，

您假装生气来试探他们，那些坚持主见而不屈服于您的权威的人，就是正直的大臣；而那些一看到您生气，就惧怕您的威严，从而依顺您的旨意的，就是善于谄媚的大臣。”太宗听完，说：“国君就好比水源，大臣好比水流。要是水源本身就浑浊，而要水流清澈，那是根本不可能的。国君自己都作假，怎么能要求他手下的大臣们正直呢？我相信，用至诚之心足可以治理天下，所以我不愿意用这些诡诈的手段来对待臣下。您的办法虽然很好，可惜我不能采用。”

诚信主要就在于不假不欺，要做到内不欺己，外不欺人。在唐太宗看来，讲诚信的人，就应当言行一致，毫不文饰，光明磊落，心胸坦荡。而一旦用欺诈的手段待人，即使是出于善意的目的，也会使别人进行效仿，从而带来负面影响。“民之难治，以其智多”，正说明了这个道理。

第六十六章

题解

老子在第六十一章中，指出大国与小国之间应当谦卑处下。而本章则将这种“谦卑处下”引入到统治者的为政之道当中。历史上绝大部分统治者都用严刑峻法来管理百姓，而老子却提出作为一个王者应该谦卑下位，像海纳百川一样宽宏地接纳一切。世人习惯向往高处，居于下流为世人所不齿。而老子却甘做百川之下流，谦和地包容，不作任何争辩。由于不用任何方式与人争强，故而没有人可与之一争高下，这也正是“道”之精妙所在。

［原文］

江海所以能为百谷王者，以其善下之，故能为百谷王。唐玄宗《御注道德真经》：江海所以能令百川委输归往者，以其善能卑下之，故百川朝宗矣。**是以圣人欲上民，**河上公《河上公章句》：欲在民之上也。**必以言下之。**宋徽宗《御解道德真经》：《易》于屯之初曰，以贵下贱，大得民也。得其民者，得其心也。**欲先民，必以身后之。**河上公《河上公章句》：欲在民之前也。先人而后己也。**是以圣人处上而民不重，处前而民不害。**宋徽宗《御解道德真经》：处上而人不重，则从之也轻。处前而人不害，则利之者众。**是以天下乐推而不厌，**河上公《河上公章句》：圣人恩深爱厚，视民如赤子，故天下乐推进以为主，无有厌也。**以其不争，故天下莫能与之争。**唐玄宗《御注道德真经》：圣人谦退，不与物争，天下共推，谁与争者？

［译文］

江海之所以能成为天下河流汇注之地，就是因为它善于自居低下之位，所以能成为百川的主宰。因此，想要得到民众的拥戴，必先在言行上对民众表示谦下。要引导民众，必先把自己的利益放在他们的后面。因此虽然圣人地位居于民众之上，但民众却从未感到沉重的负担，虽然走在民众的前面，但民众却

从未将其视为灾祸，因此才会得到普天之下永不厌弃的拥戴。因为他不与人相争，故而普天之下没有谁能和他相争。

［读解心得］

老子观井

老子对水有很深的感悟，他认为水性柔顺，明能照物，滋养万物而不与万物相争，有功于万物而又甘心屈尊于万物之下。正因为这样，有道德的人，效法水的柔性，温良谦让，广泛施恩却不奢望报答。

本章探讨的仍然是老子“无为而治”的政治思想。“不尚贤，使民不争”是“无为”思想中的重要内容。老子认为，春秋时期礼崩乐坏、社会道德沦丧，完全起于人的争权夺利之心。如果所有人都能够遵循大“道”的精神，做到无知、无欲、无求，那么世间将不复有争斗。统治者如果做到无知、无欲、无求，那么“万物将自宾”“万民将自化”。这一点与孔子的“克己复礼”比较相似。不过，儒家所提倡的“礼”恰恰是老子所不屑的，被他认为是争斗的根源之一。其实，孔子与老子一样反对争斗，这种“和为贵”的观念根植于中华民族的灵魂深处，因此人们常说：“忍一时风平浪静，退一步海阔天空。”

战国时期，赵惠文王得到了价值连城的和氏璧，秦昭王听说后，想以城池土地为诱饵骗取和氏璧，赵王处于两难境地。这时，蔺相如临危受命，终于完璧归赵，后来又在渑池为赵王挽回颜面，因此被授为上卿。名将廉颇不服蔺相如，扬言要当众让他难堪。蔺相如从国家大计考虑，从此回避廉颇，不与之发生正面冲突。后来廉颇知道蔺相如并不是怕他，因此亲自登门，负荆请罪，将相从此言和。蔺相如就十分恰当地运用了“不争”的指导思想来处理廉颇咄咄相逼的问题，然而他的做法一开始并不为人们所认同，门客都以为他畏惧廉颇。但蔺相如始终如一，正如“道”始终效法自然，甘愿“为天下式”“为天下溪”“为天下谷”。不“处下”，何以居上？因此，江海成为百川之王就得益于其虚怀若谷的平常心。

老子说：“天之道，损有余而补不足”无名朴素的大“道”始终默默无闻，却又无时不在关注着世间百态和天地万物。“道”常常居于低调的位置，所以四方宾服，百川归流。其实，在现实生活中竞争是无处不在的，然而如何才能在竞争中永远立于不败之地，才是一个彰显大智慧的命题。这是一个竞争激烈的时代，人们无时无刻不在经历与他人在形貌美丑、财产贫富、知识博寡、地位高低等方面的比较，这都是竞争。在各种竞争之中，有胜利者也有失败者，有得而复失者也有失而复得者。老子并不反对竞争，就像他不反对战争一样，他不在意一时一地的成败，“道”的深邃也在于如何处理眼前成与败的关系，这就好像一门艺术，非有大智大慧而不能把握。“不争”一词在《道德经》中出现九次，出现频率仅次于“无为”，可见老子对于“不争”这门艺术的重视非同小可。“天下莫能与之争”这句话在全书中也出现了两次，前有“夫唯不争，故天下莫能与之争”，这里是“以其不争，故天下莫能与之争”。前者从自我修养的角度出发，阐述以“道”作为处世指导，从而完善自身修为，以至无人能及。后者是从他人角度立论，同样强调“道”在社会生活中的巨大作用。

老子始终认为争强好胜者不能长久。战国时，秦武王以力大闻名于诸侯，并常与他人比试力气。有一次，秦国进攻韩国后，军队进入周都洛阳，秦武王想见识一下周朝的传国之宝九鼎。当他见到九鼎时就忍不住想找人比力气，结果举鼎时不小心被砸断了腿，因失血过多而死，这就是老子所说的“自矜者不长”。整部《道德经》都十分重视“不争”，因为它是“清静无为”的重要环节，是老子所认为的维护社会秩序的关键，与孔子提出的“复礼”用意相同。

[经典事例]

田单解裘处

公元前 279 年，田单用“火牛阵”一举打败了燕国及诸国军队，收复了齐国失地。

由于田单复国有功，新君齐襄王即位后，便封田单为齐国相国，并把安平城赐予他，所以田单也被称为安平君。这引起了那些贵族大夫们强烈的不满和嫉妒，他们认为田单原先只不过是一个名不见经传的小吏，如今竟然官居他们之上，心里非常不痛快，总想找机会把田单扳倒。

田单虽然当上了相国，自己有了封邑，但依然和从前一样，体恤百姓，访贫问苦，所以很受百姓的尊敬和拥护。

那时，由于连年战争的破坏，平民百姓的生活非常艰难。然而，那些齐国的贵族大夫们，为了自己的享受，不管百姓死活，仍然横征暴敛，修宅造府，肆意挥霍。田单为了百姓着想，向齐襄王说明利害，齐襄王立即下令限制贵族大夫们的行为。这下惹怒了那些贵族大夫，他们勾结起来，千方百计地诬陷田单。

田单为人坦荡，对这些人说的坏话并不理会。齐襄王原本对田单非常信任，

火牛攻敌

燕将乐毅率兵攻下齐国七十多座城池，田单率领齐军坚守即墨。燕惠王即位后，田单利用燕惠王不太信任乐毅这一情况，施反间计和火牛计击溃燕军，收复失地。此后，齐襄王任命他为相国，封为平安君。

但时间一久，坏话听得多了，渐渐地对田单产生了怀疑。

一个严冬的傍晚，田单理完政事，乘车要回安平城，这时天上下着鹅毛大雪。田单的马车出了临淄城门，到了淄河岸边。他忽然看到前面不远处的雪地里，躺着一个人。田单连忙命车夫停下车子，下车走过去一看，原来是一个老者蜷缩在雪地上。田单俯下身子，伸手在老人身上摸了摸，他的四肢已经发凉，只有胸口还有一点余温，鼻中还有微微的气息。田单明白，老人已危在旦夕。他来不及多想，马上解开上衣，又把老人的外衣解开，抱起老人，胸对胸紧紧把老人搂在怀里。田单抱着老人上了马车，让车夫火速赶往安平城。

田单到家时，老人身上已经有了些暖气，脸上也现出一丝红晕。田单连忙令家人细心照料，老人终于得救了。

田单雪地解衣救老人的事迹，很快传遍了整个齐国，人们都称赞他爱民如子，对他更加尊敬了。

这件事自然而然传到了那些贵族大夫的耳中，他们先是骂田单收买人心，后来，他们串通一气，到齐襄王面前进谗言。

有的说："田单雪地救人其实是在收买人心。"有的说："田单正在安平城秘密扩充军队，正在加紧操练，看来图谋不轨。"

齐襄王开始不作声，心中半信半疑，但架不住那些贵族大夫们人多，他也就信以为真了，不由得怒火中烧，发誓一定要惩治田单。

那些贵族大夫们见目的已经达到，心里暗自高兴，于是辞别齐襄王，各自回府等待消息。

贵族大夫们走后，齐襄王怕他们刚才的谈话被别人听去，走漏风声，于是警惕地往周围一看，只见窗外站着一位宦官，神色有些诧异。齐襄王不放心，就把那个宦官叫到跟前，厉声问道："你在这站了有多久了？"

宦官坦率地说："众大夫们来的时候我就站在这里了。"齐襄王又问："这么说刚才我们谈话的内容你都听到了？"宦官答道："是的，我全听到了。"齐襄王又问："那么刚才他们说的田单图谋不轨的话你过去都知道吗？"宦官坦率地答道："我全都听过。"

齐襄王大怒，认为宦官知情不报，要对他治罪。这时宦官说："我请求大王允许我把话说完，就是把我处死，也心甘情愿。"

齐襄王见他言辞恳切，并没有恶意，怒气消了许多，就让他开口讲话。

宦官对齐襄王说："相国现在虽然身居高位，但并不因为官大自居，时时刻刻替百姓着想。他看到战争过后，百姓的生活非常艰难，所以他就跟普通人一样，过着节俭的生活，时常出钱救济贫民。不久以前，他看见一个老人即将冻死在雪地里，就解开衣服，用自己的体温把那个老人救活了。正因为他如此爱护百姓，所以百姓才对他交口称赞。"齐襄王听着，不由得点了点头。宦官接着说："相国当初率军打败了诸国的军队，收复了齐国土地，我们虽然取得了胜利，但军队也受到了损伤。那些贵族大夫，只顾自己享乐，大肆搜刮民财，弄得民不聊生，完全不顾及国家危亡，一旦敌军再次进犯，那后果真是不堪设想！有些城邑的百姓，因为不堪忍受那些贵族大夫们的盘剥，纷纷逃往安平城。相国不仅千方百计安排他们生活，还把他们当中的青壮年编入军队，进行操练，防备外来的侵略。他这么做，完全是为国为民着想啊！倒是那些贵族大夫，因为相国屡次限制他们对百姓的暴行，所以他们怀恨在心，想陷害相国。我的话说完了，大王处置我吧！"

齐襄王听了恍然大悟，连声感谢这名宦官，承认了自己的错误。

第二天上朝，那些贵族大夫们洋洋得意地等齐襄王下令处置田单，没想到齐襄王却以诬陷罪惩治了那些陷害田单的贵族大夫。齐襄王重重封赏了田单，并把全国的兵权都交给他掌管。

从此以后，田单的声名越传越远。后来，人们为了记住田单当年解衣救人的故事，把临淄城东淄河岸边称为"田单解裘处"。

田单的所作所为，很有"百谷王"的气概，他把百姓的利益看得最重，而自己从不居功自傲。即使有人诬陷他，但最后也只能自取其辱，这正所谓"以其不争，故天下莫能与之争"。

第六十七章

题解

本章中，老子将“道”的作用引入到政治和军事当中。他提出了三条处世的准则（三宝）：“慈”“俭”“不敢为天下先”。其中“慈”是处于第一位的，柔慈处世，“以战则胜，以守则固”，几乎无往而不胜。柔慈以宽容为上，因为能包容一切，就能奋不顾身，孔子也说：“仁者必有勇。”（《论语·宪问》）这是符合“道”的；老子的第二宝是“俭”，因为俭约，所以约束了欲望的蔓延，万物效用的发挥才可以没有极限；第三宝是“不敢为天下先”，不慈、不俭所以世上争端并起，不遵循谦卑退让之法而争取领先，结果就只会被别人领先而导致自己的失败。总而言之，老子认为世上一切争端皆因违背了这三条原则，世人只有努力克服自己思想上的局限，谦和无争地对待一切，才会更加透彻地理解这个世界，自身才会拥有无穷的生命力。

[原文]

我有三宝，持而保之。河上公《河上公章句》：老子言，我有三宝，抱持而保倚。**一曰慈，二曰俭，三曰不敢为天下先。**唐玄宗《御注道德真经》：能常保倚执持，可以理身理国也。慈则广救，俭则足用，不敢为天下先，故乐推而不厌也。**慈，故能勇；**王弼《道德真经注》：夫慈，以陈则胜，以守则固，故能勇也。**俭，故能广；**王弼《道德真经注》：节俭爱费，天下不匮，故能广也。**不敢为天下先，**宋徽宗《御解道德真经》：不争而善胜者，天之道。**故能成器长。**宋徽宗《御解道德真经》：道之尊，故为器之长。**今舍慈且勇，舍俭且广，舍后且先，死矣！**河上公《河上公章句》：今世人舍其慈仁，但为勇武。舍其俭约，但为奢泰。舍其后己，但为人先。所行如此，动入死地。**夫慈，以战则胜，以守则固。**唐玄宗《御注道德真经》：用慈以战，利在全众，用慈以守，利在安人，各保安全，故能胜固耳。**天将救之，以慈卫之。**河上公《河上公章句》：天将救助善人，必与慈仁之性，使能自营助也。

［译文］

我有三条基本的行为准则，掌握了它就可以保证大“道”可以贯彻执行。第一是柔慈；第二是俭约；第三是不与世人争名夺利。保持柔慈，就会全力以赴；保持俭约，天下万物就都能广泛地为我所用；不与世人争名夺利，就能成为他们的首领。如果舍弃柔慈而妄逞勇武，舍弃俭约而大肆挥霍，舍弃谦让而争先，那就必死无疑！慈，用以征战就会获胜，用以坚守就会牢固。上天要救助谁，就会用慈来佑护谁。

［读解心得］

“大道无名”“大象无形”“大音希声”“大智若愚”，老子追求的智慧绝不只是些小聪明，也不仅限于解决具体事物。大“道”是包罗万象的，天地万物皆源于此，正因为这样，大“道”才“不肖”任何具体事物，也不屑于“肖”那些具体事物。所以，老子的智慧是一种超智慧，就像“道”一样，并不会轻易得到人们的认同，但却又使人们受用不尽。

老子认为“道”赋予了人类三种与生俱来的天性，即“慈”“俭”和“不敢为天下先”，如果具备了“慈”就会变得“勇”，如果具备了“俭”就会变得“广”，做到“不敢为天下先”则会成为“器长”。莎士比亚把人类称为“宇宙的精华，万物的灵长”，老子在本章提出的“三宝”理论同样散发着人性的光辉，虽然老子认为人类成为“万物的灵长”是有前提条件的。但在两千五百年前的春秋时代，他提出这样的思想已属可贵，并为后来战国时代出现的百家争鸣的局面开辟了道路。孟子认为人性本善，“人之性善如水之就下”，就是说人具有良知就像水具有向低处流的性质一样，是自然天性所致，人之不善才是后天造成的，所以学习就是找回失去的良知的自我完善过程。老子几乎没有直接探讨过人性善恶的问题，但是其“法自然”的主张已经表明了他遵从人的天性就是顺其自然的观点。在人性的问题上，儒家强调仁义道德是人的天性，而老子常说“天地不仁”“圣人不仁”，所以道家似乎认为人性无所谓善恶，其实老子并非反对仁、义、礼，他反对的是披着文明外衣的虚伪的道德，反对的是“舍慈且勇”“舍俭且广”和“舍后且先”。“慈”“俭”和“不敢为天下先”是“道”的本性，当然也应该是人要具备的本性。本章老子提到的“三宝”中，“慈”处于最显著的位置，“慈”能够“以战则胜，以守则固”，是顺其自然的天性，所以“天将救之，以慈卫之”。为什么“天将救之”？因为大“道”是“善人之宝，不善人之所保。”因此，老子以“慈”为主的人性观，与儒家以“仁”为主的人

性观还是有比较明显的区别的。

由此可见,“慈”“俭”和“不敢为天下先”三者是密切联系和相辅相成的,“慈”是其中最基本的一个准则，是“道”的直接表现，其他两个原则均可由其推演出来。

[经典事例]

宋襄公争霸

一代霸主齐桓公死后，竖刁、易牙、开方三人废掉太子公子昭，而让公子无亏当了国君。

公子昭看到自己不但君位被夺去，而且还有被杀的危险，于是就逃到宋国去，请宋襄公帮助他。

宋襄公这个人视仁义超过自己的生命，当时宋国的实力并不强大，但是，宋襄公一直想成为霸主。公子昭前来投奔他，他认为这是个难得的机会，于是就收留了公子昭。

公元前642年，各国诸侯得到宋襄公的通知，要护送公子昭回到齐国复位，希望各国诸侯派兵相助，以壮大声势。大部分的诸侯看到是没什么实力的宋襄公出面号召，没有谁理会，只有曹、卫、邾等几个比宋国还弱小的国家派了一些人马。宋襄公率领四国的联军杀奔齐国，齐国的臣子对公子昭心怀同情，再加上不了解联军的实力，就把无亏杀了，在临淄迎接公子昭回国复位。公子昭回国之后当上了国君，就是齐孝公。

宋襄公认为自己对齐孝公复位起到了巨大作用，自认为这是件轰动天下的大事，已经到了树立威信称霸诸侯的时候了，他就想会盟诸侯，确定自己盟主的地位。于是，宋襄公派使者分别出使楚国和齐国，想把会盟的事先和两国国君商量一下，以取得这两个大国的支持。最初，楚成王接到通知以后，轻蔑地讥笑世上竟然有宋襄公这样不自量力的人。他的一位大臣说：“宋君好名无实，我们可以利用这个机会进军中原，争夺盟主之位。”楚成王觉得有道理，于是将计就计，答应参加会盟。

公元前639年春天，宋、齐、楚三国的国君在齐国的鹿地相聚。宋襄公刚一开始就以盟主自居，认为自己的霸位比楚、齐两国国君高，盟主非他莫属。他事先没有征求齐、楚两国的意见，自作主张地拟定了一份秋季在宋国会盟诸侯，共同扶持周天子王室的通告。楚成王和齐孝公对宋襄公的做法很是不满。但是碍于情面，最后还是签了字。

到了约定开会的日子，楚、陈、曹、许、蔡、郑等六国的国君都来了，只有齐、鲁两国国君没到。开会时，宋襄公首先发言：“各国诸侯都来了，我们今天会盟于此，是效仿当年齐桓公的做法，签订盟约，共同辅佐王室，以使天下太平，各位诸侯认为如何？”楚成王发问道：“您说得不错，但不知道盟主由谁来担任？”宋襄公说：“这好办，谁的爵位高就让谁做吧。”话音未落，楚成王就说：“我们楚国早就称王了，宋国虽然是公爵，但是跟王比起来还低一等。所以盟主自然应该由我来坐。”说罢毫不谦让，一下子就坐到了盟主的位置上。

宋襄公看到自己的如意算盘落空，不禁怒火中烧。他指着楚成王骂道：“我的公爵是天子亲自封的，天下没人不承认；而你那个王是自封的，你有什么资格做这个盟主？”楚成王说：“既然你说我这个王是假的，那你请我来干什么？”宋襄公说：“你们楚国本来是子爵，现在居然假王压真公！”

这时，只见楚成王身边的大臣脱去长袍，露出里面的铠甲，手中举起一面小红旗，只轻轻一挥，那些随着楚成王前来、打扮成侍者的人纷纷脱掉外衣，原来他们个个都是内穿铠甲手持兵刃的军士。他们冲到台上，吓得诸侯四散奔逃，楚成王命人把宋襄王拘押起来，然后率领五百乘大军浩浩荡荡地杀向宋国。多亏宋国的大臣早有防备，他们团结民众，坚守城池，使楚成王灭宋的阴谋没有得逞。于是楚成王就把宋襄公放到楚国的车上，把他带回楚国了。后来，过了好几个月，在齐国和鲁国国君的调解之下，楚成王觉得自己抓了宋襄公也没什么用处，这才把宋襄公放回国。

宋襄公被擒，就是因为没有守住老子所谓的“三宝”之一的“不敢为天下先”。宋国本来很小，可他却自不量力地想要争夺霸主的地位，后来宋襄公失败被擒，实为势所必然。

第六十八章

题解

有人说《道德经》也可看作是一部兵书，因为其中蕴藏着对战争的深刻见解。本章中，老子明确地阐述了他的战争观。老子反对武力，在他看来，通过动用武力来取得胜利的并不是一个好的统帅，“善为士者，不武”。孙武说过：“不战而屈人之兵，善之善者也。”真正的胜利是兵不血刃，是和平地解决纷争，这已成为中国古代仁人志士的共识，更何况纷争本身就是不符合“道”的。《道德经》全书一以贯之的核心即为“道”，在老子心中，最高理想的统帅应该甘居人下，海纳百川，是能够以广博的心胸包容一切事物的圣人，而并非穷兵黩武的霸主。

[原文]

善为士者，不武；河上公《河上公章句》：言贵道德，不好武力也。**善战者，不怒；**河上公《河上公章句》：善以道战者，禁邪于胸心，绝祸于未萌，无所诛怒也。**善胜敌者，不与；**唐玄宗《御注道德真经》：师克在和，和则善胜，全胜之善，故不交争。**善用人者，为之下；**唐玄宗《御注道德真经》：悦以使人，令尽其力，必先下之，是为善用。**是谓不争之德，是谓用人之力，是谓配天，古之极也。**宋徽宗《御解道德真经》：德荡乎名，知出乎争，才全而德不形者，未尝闻其唱也，常和人而已。聪明者，竭其视听；智力者，尽其谋能，而位之者无知也。无为为之之谓天，不争而用人，故可以配天，可以配天则至矣，不可以有加矣，故曰古之极。极，至也。木之至者，屋极是也。

[译文]

善于做将帅的人，绝不逞其勇武；善于作战的人，不会轻易被激怒。善于克敌制胜的人，不会和对手正面交锋；善于用人的人，对其所用之人会表示谦下。这是不与人争的“德”，这是善用他人的能力，这是完全符合自然准则的最高行为。

[读解心得]

本章重新诠释了第二十二章、第二十七章的“不争”和“袭明”。老子说：“善闭，无关楗而不可开；善结，无绳约而不可解。”“清静无为”是为人处世乃至治理国家的重要方略，为士不武，战者不怒，礼贤下士都是“大道无为”在社会政治生活中的具体体现。曹操为了把效力于刘备麾下的徐庶拉拢到自己帐下，派人模仿徐母笔迹将其骗来，结果徐庶进了曹营却一言不发。项羽为了逼迫刘邦投降而把刘父抓起来以此要挟，最终还是败于刘邦之手。由此不难看出，曹操和项羽在处理这两件事情的时候都没有遵循“道”的原则，强人所难、咄咄逼人都不合乎“无为”的精神。《孙子兵法》云：“主不可以怒而兴师，将不可以愠而致战。”又云：“将不胜其忿而蚁附之，杀士卒三分之一，而城不拔者，此攻之灾也。”君主和将帅如果带着怒气兴师动众，一来可能会错误地估计形势，二来是不爱惜士兵的生命，所以这对战局是极为不利的。这一军事思想与本章“善为士者，不武；善战者，不怒”一句的主旨很接近。另外，“善胜敌者，不与”的思想不主张与敌人发生正面的冲突，与《孙子兵法》中“不战而屈人之兵，善之善者也”的思想有异曲同工之妙。

吮卒病疽

吴起做将军时，善于笼络军心，常和最下层的士卒同衣同食。士卒中有人生疮，吴起就用嘴为他吸脓。这个士卒的母亲知道这事后大哭起来。别人说：“你儿子是个士卒，而将军亲自为他吸取疮上的脓，你为什么还要哭呢？”母亲说：“不是这样。往年吴公为他父亲吸过疮上的脓，他父亲作战时就一往无前地拚命，所以就战死了。现在吴公又为我儿子吸疮上的脓，我不知他又将死到哪里了，所以我哭。”

老子在很多章节都谈到了他对战争的看法，因此有些学者认为《道德经》是一部兵书。其实老子所生活的春秋时代战乱频繁，在阐述政治思想时回避战争问题则是不太现实的。老子深知战争是解决政治问题的重要方式之一，所以他并不反对战争，只是不支持罢了。老子反对的是主动挑起的战争、以杀人为乐的战争、以掠夺为目的的战争等非正义的战争，所以应该“胜而不美”，这才是“不争之德”。“不争之德”是老子“德”学说中的一个重要概念，也是由“道”演化来的。具有超越天地万物的能力而不倚势凌人，是“德”之最高境界，

而这一切皆源于“道”。

《左传》记载，宣公十二年（前597年），晋楚两国交战，楚庄王打败晋国，大臣潘党建议将晋军尸首堆积成小山状，名为“京观”，以炫耀武力。楚庄王则指出，战争的目的不是炫耀武力，因为“武”字由“止”“戈”组成，打仗其实是为了以后不再发生战争。春秋时，楚国因文明程度低于中原而被认为是蛮夷之国,但楚庄王的这一番话从道德上超越了以“礼仪之邦”自居的中原各国。由此看来，“不争”是一种高于仁义道德的“袭明”。

［经典事例］

止戈为武

公元前597年的春天，楚庄王亲自率大军围攻郑国，打下了郑国都城。后来，晋军元帅荀林父率兵援救郑国，但是，晋军的将领对是和是战议论不决。后来，由于晋军上下没能协调一致，被楚军抓住了机会。楚军攻下邲地而获得大胜。楚庄王的霸主地位也由此建立起来。

经过这一战，地处“蛮荒”的楚国战败了中原的强敌晋国，楚军将士们欣喜若狂。大夫潘党也万分高兴，他向楚庄王提议：“这一仗，我们楚军大获全胜，杀得晋军尸横遍野，威震中原各国诸侯。大王何不趁此机会，把晋军的尸体堆积起来，然后在尸体上筑起高台，用以宣扬楚国的武力，扬我国威？”楚庄王听完，笑着对他说：“大夫所说的不太合适，这样做不妥啊！”说着，他拔出宝剑，在地上写了个“武”字，然后对潘党说：“你看，这个‘武’字不就是‘止’和‘戈’两个字合起来的吗！周武王当年推翻了商王朝，建立起周王朝之后，曾经写过一篇《武》文和一首《颂》诗，昭示全国说：讨伐的目的只是为了实现天下太平。我如今动用武力，初衷就是为了惩罚强暴，平息战争，安抚百姓，我如果堆尸筑台，那就是炫耀强暴，不得人心啊！”

潘党听了楚庄王的话之后，连连称赞：“大王真是仁德之君，果然高明，为臣深表敬佩！”于是，楚庄王率领楚军到黄河边上祭祀了河神，然后就班师回国了。

“止戈为武”并非完全放弃战争的“和平主义”。 楚庄王获胜之后并不一味地自恃勇武，而是将“武力”的最高境界看成是通过正义的战争平息战乱，求得和平，这正是“善为士者”的崇高品格，“止戈为武”的战略思想也一直被历代军事家和政治家成功地运用。

围魏救赵

战国前期，魏国在众多诸侯国中率先进行了政治军事改革，国家日渐强盛，并且先后吞并了一些实力较弱的诸侯国。当时与魏国实力相当的国家，只有东部的齐国、西部的秦国。而与魏国相邻的赵国、卫国则不足以与其抗衡。

后来，赵国在齐国的支持下，发兵攻打了魏国的属国卫国。魏惠王派手下的大将庞涓率领十万大军围攻赵国的都城邯郸。双方对峙了很久，赵国无奈之下只好向齐国求救。

当时，齐国的群臣对于是否出兵救赵看法不一。邹忌主张不出兵，认为这样会消耗齐国的国力；而段干纶则认为，如果魏国战败赵国，就会使魏国的实力更加强大，进而会形成对齐国的威胁，因此主张救赵。

齐威王考虑再三，最后采纳了段干纶的建议，命田忌为大将、孙膑为军师，率领八万军队前去救赵。

大军出发之后，田忌就准备直奔邯郸。而孙膑经过对形势的准确分析之后，认为魏军十分强大，如果与他们正面交锋会给齐军造成很大的损失。因此，孙膑建议应该避实就虚，利用魏国的精锐部队围攻邯郸，魏都大梁兵力空虚的机会，发兵攻打魏国国都，这样就可以迫使魏军回国解救大梁，赵国的危险自然就会解除。

田忌采纳了孙膑的建议，于是统率精锐部队改道直奔魏国国都大梁。庞涓得到这个消息，来不及休整，立刻率兵从前线撤回，长途跋涉营救国都。队伍到了桂陵的时候，又陷入孙膑设下的包围圈中。此时魏军兵困马乏，结果被齐军打得大败。

十多年以后，庞涓又率兵攻打韩国，韩国也向齐国求救。孙膑依然采用避实就虚的战术，围攻大梁。庞涓率兵追击齐军，最终在马陵道遭到齐军伏击，魏军惨败，主将庞涓也被乱箭射死。

孙膑创造的中国军事史上非常著名的“围魏救赵”战法，正是运用了“善胜敌者，不与”的智慧。避实就虚，以逸待劳，以最小的代价换取最大的成功，这正是老子思想在军事领域的具体体现。

第六十九章

题解

本章承接上一章，主要阐述了老子的战略思想。常言道："春秋无义战。"老子生活在这样的社会环境之中，清醒地认识到：在无休止的争斗中，永远不会有赢家，斗争双方的势力从来都是两败俱伤，而整个人类社会也在这四伏的危机中愈发惴惴不安。

面对这种情况，老子提出了"吾不敢为主，而为客；不敢进寸，而退尺"的观点，从而达到"行无行，攘无臂，扔无敌，执无兵"的状态。倚靠一味地仇视和拼杀当然不会做到，只有具备水一样谦和卑下的品性才会领悟到这种境界。

老子由此提出了以退为进的斗争方式和处世哲学。不执著地面对纷争，故而视野不受局限，才可以随时根据局势调整策略。这一切都要以"慈"为前提，心怀慈悲、柔顺的处世者必然不会轻敌，只有如此才会化解纷争，取得胜利。这里老子再一次提起他的"宝"，而此处是专指"三宝"中的"慈"而言的。

[原文]

用兵有言："吾不敢为主，而为客；不敢进寸，而退尺。"王夫之《老子衍》：居道之宫，非"主"非"客"；乘道之机，亦"进"亦"退"。而"主"不知"客"，"客"能知"主"，繇其相知，因以测非"主"非"客"之用；"进"无"退"地，"退"有"进"地，因其余地，遂以袭亦"进"亦"退"之妙。"主客"之间有官焉，"进退"之外有用焉。**是谓行无行，攘无臂，扔无敌，执无兵。**王弼《道德真经注》：彼进遂不止。行，谓行陈也，言以谦退哀慈，不敢为物先，用战犹行无行，攘无臂，执无兵，扔无敌也，言无有与之抗也。**祸莫大于轻敌，轻敌几丧吾宝。**河上公《河上公章句》：夫祸乱之害，莫大于欺轻敌家，侵取不休，轻战贪财也。几，近也。宝，身也。欺轻敌家，近丧身也。**故抗兵相若，哀者胜矣。**宋徽宗《御解道德真经》：圣人之用兵，救民于水火之中，取其残而已。神武不杀，而以慈为宝，故仁眇天下而无不怀，义眇天下而无不畏，是谓常胜。

［译文］

领兵打仗有这样一句话："我不敢主动进犯，而愿意坚守，不敢前进一寸，而宁愿后退一尺。"这就叫作虽然有阵势，却无须排列；虽然有臂膀，却无须奋举；虽然面临敌人，却无须厮杀；虽然有兵器，却无须执握。祸患中没什么比轻敌更严重了，一旦低估敌人就往往丧失了我所谓的"慈"。因此，当对战双方实力相当的时候，心有悲哀的一方可以获得胜利。

［读解心得］

在本章中，老子再次阐述了他对战争的看法。其实老子谈战争并非旨在解决军事问题，他只是借战争来论证自己的"无为"和"不争"的哲学思想和政治思想。这些文字看上去好像是军事战略理论，其实蕴含着深奥的哲理，揭示了"柔弱胜刚强"的道理，并告诫人们不要拘泥于形式教条。

以退为进就是"不争"的一种体现。春秋时，晋国公子重耳因避国内之乱而流亡于各国十几年，楚成王曾盛情款待过他，所以他向楚成王许诺，如果自己以后成为晋国国君，一旦晋楚两国交战，晋国将退避三舍以谢楚国恩德。后来重耳果然成为晋国国君，是为晋文公，而且晋楚两国之间真的爆发了战争。晋文公为兑现诺言，下令晋军后撤三舍之地，同时以此作为诱敌深入之计。结果楚军大败，晋文公既没有食言，又没有使本国利益受到损害，最后成为春秋时期中原的一代霸主。老子所说的"不争"并不是妥协退让，而是"知其雄，守其雌"，从而实现以柔克刚的目的，是通过"无为"来达到"无不为"。"不争"以"柔弱"为前提，以表面的"示弱"来麻痹对方，给对方造成错觉，从而率先出招，过早地暴露出重心和弱点。于是，主动与被动在这一条件下就可以相互转化，局势将出现逆转。可见，老子所说的"为客"与"退尺"，其本质是为了掌握主动权，变被动为主动。

在论述"不争"的同时，老子还强调破除陈规，做事不拘泥于条条框框。孟子说："尽信书不如无书。"读书是很重要的获取知识的途径，但过于墨守成规也将使书本知识成为人们的思想负担。人人都懂得实践出真知的道理，但是有很多人被书本知识禁锢了思想，做事畏畏缩缩、裹足不前。"纸上谈兵"是一个关于书呆子的著名典故。战国时期，赵国名将赵奢之子赵括经常与父亲谈论兵法，但从未亲临实战。赵奢死后，秦军进攻赵国，并以离间计促使赵王撤换掉主将廉颇，而起用赵括，结果导致赵军在长平之战中全军覆没。老子说："行无行，攘无臂，扔无敌，执无兵。"这里说的是无招胜有招的道理，与孟子的"尽信书不如无书"如出一辙。

骄兵必败，哀兵必胜是人们普遍认同的说法。老子说："抗兵相若，哀者胜矣。"如果因为不得已而被卷入战争，则可以成为"哀者"之兵，老子觉得在这样的情况下可以一战。俗话说"狭路相逢勇者胜"，人们对"勇"的理解各不相同，老子认为"慈故能勇"，"慈"与"哀""同出而异名"，慈者因别无退路而被迫参战，于是成为哀者，进而成为勇者。老子反对以炫耀武力和掠夺土地财物为目的的战争，而肯定反侵略的正义战争，"哀者必胜"就是这个道理。

［经典事例］

纸上谈兵

人们常用"纸上谈兵"这个成语来形容那些善于讲理论、说大话，却没有一点儿实际本领的人。这个成语就来源于赵括。

赵将括母

公元前260年，秦国攻打赵国，赵王命令赵国大将赵奢之子赵括代替廉颇为大将出征，赵括的母亲不同意。赵王还是坚持派赵括领兵代替廉颇出征，并承诺即使战败也可免罪。出征才三十多天，赵军果然大败，赵括战死而赵军倾覆。

赵括的父亲赵奢是赵国著名的将领。赵奢一生领兵打仗，为赵国立下了赫赫战功。赵括在他父亲的影响之下，也非常喜爱军事，自幼就读了很多兵书。

父子俩在一起，经常谈论带兵打仗的策略。每当这时，赵括总是讲得滔滔不绝，天花乱坠。他还时常引经据典，说得有板有眼，因此，别人都佩服他的口才和谋略。赵括也因此沾沾自喜，常以"将门虎子"自居。

但是，赵奢却经常说赵括只是纸上谈兵，而不能真正带兵打仗。赵奢在临终前，留下遗言：千万不能让赵括领兵，如果赵王一定要让赵括当将军，那么产生的后果一概与赵家无关。

几年以后，赵国与秦国之间发生了一场战争。

公元前262年，秦昭王派秦将白起讨伐韩国。秦军占领了野王城，从而切断了上党郡与韩国国都的联系。韩国想割让上党郡向秦国求和，可是上党郡守冯亭不愿意降秦，于是请求赵国出兵取上党郡。

公元前260年，秦军夺取了上党郡，上党郡的百姓纷纷逃到了赵国。赵军驻扎在长平，以便安抚上党百姓。秦军多次向赵军进攻，赵王派老将廉颇率兵抵抗。经验丰富的廉颇根据当时敌强己弱，且初战失利的形势，下令坚守营垒。秦军多次前来挑战，赵国却始终不出兵。这令秦军一筹莫展。

这时，秦国丞相应侯范雎派人用重金向赵国的权臣行贿，使用离间计，在赵国散布流言说："秦军最怕的，是赵奢之子赵括；而廉颇最容易对付，他不敢出兵，就快要投降了。"赵王本来就对廉颇坚壁固守不肯出战的做法有些不满，这时听信了流言，就让赵括代替廉颇为将，率兵击秦。

白起

白起，又名公孙起，号称"人屠"，与李牧、廉颇、王翦合称为战国四将。战国时期秦国名将，中国历史上继孙武之后又一个杰出的军事家。

赵括被封为将军之后，洋洋得意，他向赵王夸口，说他击败秦军就如同秋风扫落叶一样。赵王听了非常高兴，赏赐了他许多钱财。赵括马上就把这些赏赐之物全部运回家中。

赵括的母亲知道以后，立即求见赵王，把赵奢临终时的遗言告诉了赵王。可赵王不以为然，坚持要让赵括当将军，但最后答应了赵母的请求：如果赵括战败，决不追究赵家的责任。

赵括带着一箱兵书来到前线，替下了老将廉颇。赵括上任以后，一改过去廉颇的部署，不仅更改了部队的制度，还大批撤换将领，使赵军的战斗力迅速下降。他还下达命令：如果秦军再来挑战，一定要主动出击，毫不手软。

秦军得知赵括当上了赵军的主将之后，暗地里把赵括最害怕的大将白起派到战场统率秦军，决定将赵军全部歼灭。

白起非常了解赵括的本领和性格，知道他鲁莽轻敌而又高傲自恃，于是决定采取先后退诱敌，然后再分割围歼的办法。他先观察好地形，将主力安排在纵深构筑的袋形阵地中。然后派出三千人马担任诱敌的任务，结果赵括果然上当，领兵出战。在赵军进攻的时候，秦军佯败后撤，赵括在不知虚实的情况下，

贸然追击秦军，结果进入了秦军的包围圈。这时白起命令两翼伏兵迅速出击，将赵军截成三段。这样赵军首尾分离，粮道被切断。秦军又派数千轻骑兵不断骚扰赵军，使赵军死伤无数，疲惫不堪。赵括见战势危急，只好筑营坚守，等待救兵。可是秦军早已阻断了赵国的援兵和粮草，倾全国兵力围困赵括的部队。

赵兵断粮长达四十六天，士兵们饥饿不堪，有的甚至自相杀食。赵括没有办法，只好重新集结部队，强行突围，但一直没有成功，赵括在混战中被秦军射杀。赵军主将阵亡，四十万士兵投降秦国。白起把投降的赵军全部坑杀，只留下二百四十个士卒回国报信。

历史上著名的长平之战就这样以赵军的惨败而告终。

老将廉颇能够守住长平，就因为他知己知彼，“不敢进寸而退尺”；而赵括的失败，就在于他骄傲轻敌，盲目冒进，这正好验证了“祸莫大于轻敌”的命题。老子用战争观来阐释他的哲学思想，反过来，又为后人指出了一条“无为”的战争之路。

第七十章

题解

《道德经》一书寥寥五千言，无论是语言还是内容都显得既质朴又深奥，它一经问世便注家蜂起，因为越是简单的道理，往往就越难阐述清楚。

历代学者不断对其加以各种阐释，然而却又莫衷一是。

有人认为老子所谓的“道”是将天道的自然法则化为处世之道，从而建立起自然界和人世都应当遵循的法则。然而即使一切法则均已完备，那又究竟有什么意义呢？老子已经感觉到，他的理论并没有真正得到天下人的重视和认可。老子认为，正是由于人们的无知，因此世人才不了解“我”。老子所倡导的是“虚静”“柔和”“慈俭”“不争”等处世、为政思想。这些思想都是来源于自然，符合大“道”的。这本来是最容易被人理解、最容易在社会上实行的，但是，由于人们的心智完全被现实生活中的各种名利、地位、权势、财货等所诱惑，原本纯洁质朴的本性逐渐被湮没，因而对老子提出的这些最为根本、最为浅显的道理反而难以理解，于是老子发出了“知我者希，则我者贵”的感叹。

即使是老子，也只能用有限的文字去模糊地描述无限的“道”，可见老子也存在其自身的局限性。人生有涯，而思想却无涯，老子的心灵视野非常广阔，他也正是依靠自己心灵的领悟看到了自身之外的辽阔。

［原文］

吾言甚易知，甚易行。河上公《河上公章句》：老子言，吾所言省而易知，约而易行。**天下莫能知，莫能行。**王弼《道德真经注》：惑于躁欲，故曰“莫之能知”也。迷于荣利，故曰“莫之能行”也。**言有宗，事有君。**唐玄宗《御注道德真经》：言者在理，理得而言忘，故言以无言为宗。事者在功，功成而不宰，故事以无事为君也。**夫唯无知，是以不我知。**宋徽宗《御解道德真经》：小夫之知，不离乎竿牍，虽曰有知而实无知也，夫岂足以知道？**知我者希，则我者贵。**河上公《河上公章句》：希，少也。惟达道者乃能知我，故为贵也。**是以圣人被褐怀玉。**明太祖《御注道德真经》：戏云圣人，被布袍怀抱美玉，以其外贱内贵也。

老子骑青牛

老子七十多岁的时候，无法面对动荡不安的时事，遂决定西出流沙。在函谷关，关令尹喜请求老子把平生所悟的天地自然法理著成书册，老子遂洋洋洒洒五千言，几天写出。尔后，尹喜送至关门，依依看着老子独自一人，骑着青牛，消失于茫茫原野。

[译文]

我说的道理很容易明白，也很容易实行。但是天下没人能明白，也没人能实行。说话有主旨，做事有根据。正是因为世人不明白这个道理，所以才不理解我。理解我的人太少，而能遵循我的道理的人就更为难得。因此得道的“圣人”就像外面穿着粗布衣服，怀里却揣着稀世美玉的人一样。

[读解心得]

老子已经将自我完全融入“道”的世界中，因为“道法自然”，而人们却失于自然，同时大“道”又是寂寥幽暗、无形无声的，所以很少有人能够真正看穿“道”的本质。这样看来，老子是孤独的，得不到众人的赞同与追捧，因此他说“知我者希，则我者贵”。可是他从未因此而抱怨，有大“道”相伴，老子不会感到痛苦。

庄子常与惠施辩论。惠施说他有一个大葫芦，壳薄而不能盛水，体积太大而不方便做瓢，因此大而无用。庄子说，某缫丝匠人有祖传的防治手脚裂口的药方，一个人花百金买走药方献给吴王。后来吴国打败越国，药方起了很大作用，那个人因而得到了吴王的封赏，所以葫芦看似无用，其实是没有找到使用它的方法。庄子建议惠施将葫芦做成小舟，漂流于江海。惠施说有一棵大椿树，枝节杂乱，树干也弯曲不堪，根本不成才。庄子说，毫无用处正是这棵树的可取之处，因为它可以免受被砍伐的命运，可以在旷野自由地生长，随时为路人提供树荫。在庄子看来，“无用之用”才是真正的“大用”。老子所说的“知人者”和“胜人者”的智慧和力量看似强大，实则微不足道，淡而无味的大“道”，看似无能，却无所不能。因此老子并未因孤独而感到痛苦，大“道”不为人所认同完全是因为它过于深奥和玄妙，因此为闻道而大笑之的精神暗昧者而痛苦是不值得的。

老子“知我者希，则我者贵”的感叹并非孤芳自赏式的无病呻吟。老子为人谦和睿智，学识广博，因此他不太可能自怨自艾。老子的本意在于启迪后人永远保持虚怀若谷的心态。孔子说：“人不知而不愠，不亦君子乎？”《易经》上说：“遁世无闷，独立无惧。”这也是老子内心世界的真实写照。“道”永远保持着“无名”的质朴状态，孕育滋养着万物，却从不谋求主宰万物。老子正是怀着这样的心态看待世人冷漠的态度。老子是人而不是神，更不是圣人，将老子神圣化才是对他的误解。

在这一章中，老子与“道”合为一体，这是顺其自然或天人合一的完美体现。老子认为，他的话是极易理解的，也极易付诸实践。然而，为什么没有多少人理解他的话，也没有多少人按他说的做呢？有些学者认为，老子代表保守的没落贵族阶级，也就是说他的怀才不遇是因为其思想过时了，被历史抛弃了。实际上并非如此，老子的思想的确有其保守的一面，可并不能说他被历史抛弃了。先秦时期，叔向、墨子、魏武侯、颜斶，都曾称引过他的话，庄子更是继承了他开创的道家思想，《庄子·天下》则颂扬他为“古之博大真人”，法家的韩非曾系统地对《道德经》进行研究，著有《解老》《喻老》等文章。西汉初年，黄老之学一度居于统治地位，东汉时期，老子甚至被神化为道教的始祖。

无论老子的思想过时与否，都不可否认他在我国哲学史上独一无二的地位。老子与“道”合一并非为了神化自己，因为“道法自然”，所以其用意自明——保持一颗平常心。老子鄙弃那些整日里以玩弄权术和投机取巧来标榜自己智慧的所谓圣王，他也否定掺入了太多虚伪成分的“智”，认为真正的智者是“大智若愚”，这样的圣人“独异于人”，拥有完美的道德和智慧，但是深藏不露，所以不易被只慕虚荣的庸俗之人所理解。“道”的“无知”不同于凡夫俗子的“无知”，“道”无欲无求，凡夫俗子则自以为智慧，因而无法领悟大“道”的真谛。最后老子发出感叹：“是以圣人被褐而怀玉。”

[经典事例]

和氏璧

相传在春秋时期，楚国有一个琢玉能手名叫卞和。一次，他在荆山找到了一块璞玉。

按照当时人们的价值观，只有把玉献给国君，才能证明自己的能力和忠诚。于是，他把玉献给了厉王。厉王找来玉匠鉴别，玉匠认为那是块普通的石头。厉王大怒，认为卞和犯了欺君之罪，于是砍掉了他的左脚，并将他赶出国

都。后来，厉王去世，武王即位，卞和为了表明自己的清白，又将玉献给了武王。武王也找来玉匠鉴别，结果，这块玉又被认为是石头，卞和又被判为欺君之罪而失去了右脚。又过了几年，武王死了，文王即位。卞和本想再次到国都申诉，可是他年老体弱，双脚已失，行动不便。他悲痛万分，抱着璞玉在荆山脚下终日痛哭，后来眼泪哭干，眼中滴出了血。

文王后来听说了这件事，就派人去问他："天下被砍掉脚的人那么多，可唯独你这么悲伤，究竟为什么呢？"卞和说："我并不是为失去双脚而伤心。这明明是块稀世美玉，却偏偏被认为是石头；我明明是个忠贞之士，却被判为欺君之罪。我是为这黑白颠倒的世道而哭泣啊！"文王听到这话，心里受到了震撼。他立即找来玉匠，命他剖开表层的石头，打开一看，里面果然是晶莹剔透的美玉。后来，为了纪念卞和，他所献的那块玉就被人们称为"和氏璧"。

老子说"吾言甚易知，甚易行"，但是，在"大道"已废的年代，世人的感官被各种杂念所干扰，因而"天下莫能知，莫能行"。卞和献玉而被砍掉双足，正说明了"大道"难行的悲哀。

第七十一章

题解

本章是从老子对于知与不知的态度上来说的，强调人要有自知之明。

知道就是知道，不知道就是不知道，这才是真正的智慧。但世人却往往拘泥于自己有限的知识而妄自尊大，如此一来，恰如坐井观天，便再也难以有所长进了。

老子指出，要破除狭小眼界的局限，使思维得到解放，才不至于因走进了认知的死胡同而丧失探求真理的动力。不少学识渊博的人很容易钻牛角尖，因为他们过于自信，认为自己已经穷尽所有。

但庄子却说："吾生也有涯，而知也无涯。"生命短暂，而世界却是无限的，将有生之年所见所闻与整个世界相比，永远都是无知的。所以老子提出要正视自己的无知，将其当作一种弊病，只有如此才会不断超越。所以，这里的"不知"，绝不是一种不思进取，而是具有了一种韬光养晦的含义。

[原文]

知不知，尚矣；不知知，病也。河上公《河上公章句》：知道言不知，是乃德之上。不知道言知，是乃德之病。**圣人不病，以其病病。**宋徽宗《御解道德真经》：知其愚者，非大愚也。知其惑者，非大惑也。大惑者，终身不解，大愚者，终身不灵。圣人素逝而耻通于事，立本而知通于神，有真知也。**夫唯病病，是以不病。**唐玄宗《御注道德真经》：唯圣人所以不病病者，以其病众生强知之病，是以不病。

杏坛礼乐

[译文]

知道自己还有所不知，很高明；不知道却自以为明白，这是缺点。明于大道的

圣人没有缺点，因为他能够把缺点当作缺点。正是因为他把缺点当作缺点来看，所以他才能改正缺点，从而没有缺点。

[读解心得]

与恍惚迷离的“道”相比，人的视野实在是太过狭窄了。《庄子·养生主》说：“吾生也有涯，而知也无涯，以有涯随无涯，殆已！”个人从来都不会比自然更伟大，在自然面前必须承认自己存在的渺小和认识的有限，盲目自大只会贻误终生。孔子也说：“知之为知之，不知为不知，是知也。”（《论语·为政》）无知是不可避免的，但这并不能作为犯错误的借口，必须懂得勇敢面对自己无知的重要性，才能避免因无知所造成的错误。

老子认为“知不知”才是真正的智慧，但他并非想要摒弃我们所谓的知识和智慧。以“不知”为智，乃是老子通过将人的“小智”与宇宙间的“大智”进行对比才得出的。任何事物只要与广阔的宇宙相比较，就统统显得太过渺小了，人类只有认识到这一点进而谦卑自处，才不会因盲目自大而做出蠢事。在老子看来，“病”不是错误，“病病”更不是被动的承受。不能因为错误是不可避免的就将错就错，而任由其恶化下去。任何事物都有它的两面性，有一弊，则必有一利。老子之所以将“病病”看成是一种符合“道”的正确行为，就是因为他清醒地认识到，承认错误是避免进一步犯错的必要前提。这也正符合于他“大成若缺”的观点，即一切皆无绝对的完美可言，追求完美是徒劳的，那么不如“抱残守缺”，建立起一套自我弥补的机制，来逐渐地趋于稳定，趋于“常”与“大”。

可笑的是，往往社会地位越高学识越广，“不知知”的毛病就越明显。这正如同在纸上画圈，什么都没画的时候会认为纸很大，画圈之后就认为圈内的东西多了，外面的世界小了，殊不知宇宙这张白纸是无限的。眼界越宽，就越要善于自我反省。春秋时期卫国大夫蘧伯玉就是一个谦虚谨慎，善于自我反省的人。有一天，蘧伯玉差人到鲁国去看望朋友孔子，孔子询问来人蘧伯玉的近况，来人回答说：“蘧伯玉正想减少自己的过错，可却苦于做不到。”此人走后，孔子对弟子说：“这个人很了解蘧伯玉啊。”据说蘧伯玉每一天都要反省前一天所犯下的错误，力求今日之后不会再犯。就这样，他每一年都会反省前一年的不足，到了五十岁的时候，依然在思考之前所犯下的错误。所以《淮南子》中说他“年五十而知四十九年非”。由此看来，一个人学识越丰厚，思想越深刻，他的态度就应该越谦卑。

老子说古时那些行为合乎“道”的贤者“豫兮若冬涉川，犹兮若畏四邻，俨兮其若客，涣兮其若凌释”。看起来行事卑微，毫不洒脱，但那正是因为他们对“道”深刻理解之后内心感受的真实写照。

［经典事例］

周处除三害

周处是西晋初年有名的清官。他做广汉太守的时候，当地原来的官吏腐败成风，积案如山，甚至有三十年没处理的。周处到任之后不久，就把积案全都认真地处理完了。后来他被调到京城做御史中丞，无论皇亲国戚，只要违反国法，他都敢大胆揭发。

周处原本是东吴义兴人。他年轻的时候，身材魁伟，力大过人。他小的时候，父亲就死了，因为从小缺乏管束，整天在外面游荡，不爱读书，而且他的脾气暴躁，经常出手伤人，甚至拔刀相向，义兴当地的百姓都害怕他。

当时，义兴邻近的南山上有一只白额猛虎，经常下山伤害百姓和家畜，连当地有名的猎户也制伏不了它；当地的长桥下面，有一条大蛟经常出没。当地人就把周处和南山白额虎、长桥大蛟并称为义兴“三害”。而在这“三害”当中，最使老百姓感到害怕的还是周处。

周处听说了本地的“三害”，就去询问邻居家的老人。老人告诉他，一害是南山上的白额猛虎，二害是长桥下面的蛟龙。该说第三害了，老人却闭口不语。周处性急，非让老人说出来不可。老人就说：“这第三害，就是欺压乡里的恶人。”周处没有想到这第三害指的是他自己，就说：“这‘三害’又算得了什么，我这就去除掉它们。”

第二天，周处果然背着利剑，带着弓箭，上山找虎去了。他到了丛林深处，只听见一声虎啸，从不远处蹿

周处

周处，字子隐。他年少时纵情肆欲，为祸乡里，为了改过自新去拜访名人陆机、陆云，后来改过自新，功业更胜其父，留下“周处除三害”的传说。

出了一只体格健壮的白额猛虎。周处往旁边一闪，躲到了大树后面，拈弓搭箭，向猛虎射去，正好射中猛虎前额，猛虎顿时气绝身亡。

周处下了山，把这件事告诉了乡里，有几个猎户到山上把死虎扛了下来。大家都高兴地向周处表示祝贺，周处说：“先别忙，等我去斩杀了长桥的蛟！”

周处换了身衣服，带着刀剑跳到水里去找蛟了。那条蛟藏在江水深处，发现有人跳下水，就浮上来咬。周处乘机在蛟身上猛刺一刀。那蛟受了伤，就向江的下游逃窜。

周处见蛟没有被杀死，就紧跟在后面，蛟向上浮，他也往水面游；蛟向下沉，他就往水里钻。这样一沉一浮，一直追了数十里。

过了整整三天三夜，周处还是没有回来。这时大家议论纷纷，以为周处和蛟一定是两败俱伤，都死在江底了。这下“三害”已除，大家都欢呼雀跃，互相庆贺。

没想到，到了第四天，周处竟然安然无恙地回来了。原来那条大蛟受伤之后，被周处一路紧追，后来流血过多，终于被周处斩杀。

周处回到家中，才知道，人们以为他已经死去，都非常高兴。直到这时，他才知道，原来他自己就是“三害”之首。

周处痛下决心，决定离开家乡前往吴郡找老师学习。当时吴郡有两个名人，一个叫陆机，另一个叫陆云。周处就去找他们，陆机有事出门去了，只有陆云在家。

周处见到陆云之后，就把自己的想法诚恳地向陆云坦白了。陆云觉得周处年纪还轻，及时改过，将来还可能成为栋梁之材，于是就收下了周处。

从此以后，周处一边跟随陆机、陆云学习，发愤读书；一边注意自己的道德修养。他勤奋好学的精神得到了人们的称赞，后来终于成为晋朝有名的大臣。

周处正是因为能够及时改过，才从一个横行乡里的恶少成长为一代贤臣。他年轻时犯下的过错不能说不多，但他及时认识到了自己的过错，并痛改前非，才成就了大事，这就是所谓的“夫唯病病，是以不病”。

第七十二章

题解

本章是对统治者提出的讽谏，颇有警世之意。老子所谓的“圣人”，应该含威不露，了解并爱惜自己，决不自抬身价。统治者只有具备“圣人”的智慧，才能够善待民众，不被民众所厌弃，这是一种具备足够的自知与知人之明的人。

统治者一旦失去了自知之明，妄自尊大，置人民于水火而不顾，欺压和剥削人民，则会失去民心，就会落得个众叛亲离、身首异处的可悲下场。世人多数沉迷在对于金钱、权势、名誉的欲求之中，但他们却又因此而迷失了自我，根本无法得知自己真正需要什么。人应该自尊、自爱，更要有自知之明，这样，人性才会完善。

［原文］

民不畏威，则大威至。河上公《河上公章句》：威，害也。人不畏小害则大害至。大害者，谓死亡也。畏之者当爱精养神，承天顺地也。**无狎（xiá）其所居，无厌其所生。**王弼《道德真经注》：无狎其所居，无厌其所生，言威力不可任也。**夫唯不厌，是以不厌。**宋徽宗《御解道德真经》：祸福无不自己求之者。**是以圣人自知不自见；**河上公《河上公章句》：自知己之得失，不自显见德美于外，藏之于内。**自爱不自贵。**唐玄宗《御注道德真经》：自爱其身，无厌神之咎，不自见其能以犯

坑儒焚书

秦始皇为了统一原六国人民的思想，销毁除法家以外的所有诸子百家的著作，坑杀四百六十余名儒士和方士，史称“焚书坑儒”。《史记》上载秦始皇“怀贪鄙之心，行自奋之智，不信功臣，不亲士民，废王道，立私权，禁文书而酷法”，因此秦朝便因民众反抗而亡国。

患，不自贵其身以聚怨也。**故去彼取此。**河上公《河上公章句》：去彼自见、自贵，取此自知、自爱。

［译文］

民众不再惧怕威压的时候，那么可怕的灾祸就降临了。不要搅扰民众不得安居，也不要破坏民众谋生的道路。只有不逼迫民众，才不会被民众所厌弃。因此，有道的圣人虽然了解自己但从不显露；爱惜自己却从不自我夸耀。所以要舍弃自见、自贵，而要保持自知、自爱。

［读解心得］

老子认为，任何事物都是由相反的两个方面共同构成的，所以“有无相生，难易相成，长短相形，高下相倾”。故而反对或摒弃二者之中的任何一方面，都会同时对另一方面造成伤害，这是明显不符合“道”的。

君与民同为一个国家的两个组成部分，本非对立的两个方面，而是不可分的一个整体，合则两益，分则两伤。所以老子明确地提出反对暴力，无论是统治者为巩固其权力而施行的高压暴政，还是民众不堪压迫而进行的反抗斗争，都会给本来和谐的社会造成极大的灾难。故而暴力明显是不合乎“道”的。所以老子在此针对统治者提出要“自知不自见，自爱不自贵”，真正高明的君主不要自诩高贵、自我张扬。因为“自见”和“自贵”往往要以搜刮压迫民众为代价。“夫唯不厌，是以不厌”，只有不压迫，才不会遭到反抗。这并非是一种妥协，而恰恰是一种通过被动赢取主动的圣人之“道”，只有“不弃”“不杀”，才能做到不被民众所厌弃，从而避免社会动荡的恶果。

不求“自见”“自贵”是一种节制的表现，是君王能够平治天下的前提，但能够真正保持这种清醒的节制态度的却少之又少。

西周末年，卿士荣夷公为迎合周厉王，开始施行专利政策，山川林泽的收益均归君王所有。国人因此怨声载道，于是厉王又命卫巫监察国人舆论，禁止谈论国事，违者处以极刑。当时国内民众本有参与讨论国家事宜的权利，也在国君的废立、贵族纷争的仲裁中持有一定的权利，同时还有纳军赋、服役的义务。但国人在厉王下令之后迫于高压政策，只能“道路以目”。召公见此便规谏厉王，但监谤反而更严。公元前 841 年，国人忍无可忍，不约而同地起来反叛，周厉王从此出逃十四年，再未归国。公元前 828 年，厉王死于彘地。太子姬静被拥立即位，为周宣王。宣王期间政治比较开明，得到了诸侯的支持。但此后周王室一蹶不振，就此衰微下去。

就如同老子曾经说过的“方而不割，廉而不刿，直而不肆，光而不耀”一般，“自知不自见，自爱不自贵”之中也体现出其风度的不卑不亢与思想的深邃优美。

［经典事例］

大泽乡起义

公元前209年，秦朝大规模征兵去戍守渔阳，陈胜被任命为带队的屯长。他与另外九百名穷苦的农民在两名秦吏的看押下，日夜兼程向渔阳进发。当队伍走到蕲县大泽乡时，不巧遇到了连日的大雨，道路完全被洪水阻断，人们无法通行。眼看着到达渔阳的期限将至，可队伍却迟迟不能前进，大家焦急万分，不知怎么办才好。因为按照当时秦朝的法律规定，凡是戍边的兵丁，如果不能准时到达指定地点，一律要处斩。

就在这生死存亡的关键时刻，陈胜决定谋划起义。当天夜里，陈胜找到了另一位屯长吴广。他对吴广说：“渔阳远在千里之外，我们无论如何也不能按期抵达了。现在，我们去也是死，逃走再被抓回来也是死，反正都是一死，还不如拼一把，干一番大事业。”

陈胜接着对当时天下局势进行了分析：“如今天下人忍受秦朝的暴虐统治已经很久了，百姓对朝廷的募役刑罚、苛捐赋税已经到了忍无可忍的程度。我听说，当今皇帝胡亥是秦始皇的小儿子，本来应该是贤能的长子扶苏继承皇位，可他却被二世杀害了；过去楚国的名将项燕，战功卓著，爱兵如子，很受人拥戴。而现在天下百姓并不清楚这两个人是生是死，我们不如以他们的名义号召天下人起义，来反抗秦朝的暴政。”吴广觉得陈胜的主意正符合当时的人心，因此完全支持他的决定。

由于当时盛行预测吉凶的占卜活动，陈胜和吴广经过周密的策划，专门找了一个占卜的人卜问吉凶。这位卜者知道了二人的用意，也很支持他们，于是就说他们将获得成功，并且建议他们再向鬼神卜问一下。

陈胜、吴广听了以后十分高兴，并且悟出了借助鬼神来“威众”的启示。于是，他们两人在一块绸帕上用朱砂写下了“陈胜王”三个大字，然后把绸帕塞到渔民捕获的鱼肚子里。有的戍卒买鱼回来吃，发现了鱼肚之中的绸帕，觉得十分惊奇。陈胜又让吴广潜伏在营地旁边的一座破庙里，在半夜点起篝火，并且模仿狐狸的声音，大声喊叫：“大楚兴，陈胜王！”戍卒们在睡梦中被惊醒，感到十分惊恐。第二天早上，戍卒们对陈胜指指点点，议论纷纷。陈胜对待下属本来就热情谦恭，现在“上天”又把大楚复兴的大任放在陈胜肩上，这样，他在戍卒心目当中的威望就更高了。

陈胜见时机已经成熟，就让吴广故意激怒押送他们戍边的将尉。这两名将尉果然中计，不断责骂、鞭打吴广，这引起了戍卒们的强烈不满。吴广在争斗中，夺下了一名将尉的佩剑并将其杀死，陈胜也趁势杀死了另一名将尉。

然后，陈胜把九百名戍卒召集到一起，高声说道："各位兄弟，我们现在遇上了大雨，已经不可能按期到达渔阳了。按照律法，耽误了时间大家都要被砍头，即便侥幸不被处死，去戍守边塞也还是要送命。"

他见戍卒们听得很认真，就继续说："大丈夫不死则已，要死就要成就一世英名。那些王侯将相，他们生来就是贵族种吗？"

陈胜的这番铿锵有力的宣言，说出了戍卒们的心声。大家对秦王朝的愤怒如同决堤的洪水般奔涌而出，于是齐声高呼："我们都愿意服从您的号令！"于是戍卒们在陈胜、吴广的带领之下，筑坛盟誓。陈胜、吴广按照事先的谋划，以公子扶苏、楚将项燕的名义，宣布起义。大泽乡起义就这样爆发了。

大泽乡起义的直接导火索就是那场连日的大雨，再加上秦朝的暴政酷法，使戍卒们被置于"只有死路一条"的艰难境地，无奈之中，戍卒们只能冒险一搏，或许还有一线生机，这正可谓"民不畏威，则大威至"。

第七十三章

题解

本章老子主张以自然之理来应对人世，为人处世应当顺天道而行之。

老子认为，“道”的智慧奥妙无穷，“道”本身就是柔弱的，只有顺应“道”，才能做到不动用武力而取得胜利，不用语言表述就能做出回应，不必呼吁召唤就会自动出现，内心坦荡不存智谋而做好安排和谋划。

为人处世也当如此，以柔弱胜刚强，只有以退为进、以柔克刚才是真正的生存之道。如果一味地逞一时之勇，只会带来无穷祸患。天道自然，只有顺应“道”的规则从容生存，生命之中才不会有什么遗漏。

[原文]

勇于敢则杀，唐玄宗《御注道德真经》：敢谓果敢，言人勇于果敢从事，则失于谦柔退让，必害于身，故云则杀。**勇于不敢则活。**唐玄宗《御注道德真经》：不敢者，则可以活身矣。**此两者，或利或害。**王弼《道德真经注》：俱勇而所施者异，利害不同，故曰“或利或害”也。**天之所恶，孰**王弼《道德真经注》：孰，谁也。**知其故？**河上公《河上公章句》：恶有为也。谁能知天意之故而不犯？**天之道，不争而善胜，不言而善应，不召而自来，繟然而善谋。**河上公《河上公章句》：天不与人争贵贱，而人自畏之。天不言，万物自动以应时。天不呼召，万物皆负阴而向阳。繟，宽也。天道虽宽博，善谋虑人事，修善行恶，各蒙其报也。**天网恢恢，疏而不失。**唐玄宗《御注道德真经》：天之网罗，虽恢恢疏远，刑淫赏善，毫分不失。

[译文]

行事鲁莽、无所顾忌就会招来杀身之祸，而勇于柔弱处世就可以自保。这两种方式，一种有益，一种有害。上天所厌恶的，有谁知道是什么缘故呢？自然的法则是，无需争夺却能够取胜，不用言语却能做好回应，无需召唤自然而来，安然散漫之间就能做好谋划。自然广阔无边，看似宽疏却绝无一丝漏失。

孔融

孔融生值汉室之乱，历经桓、灵、少、献四朝，一生“负其高气，志在靖难，而才疏意广，迄无成功”。终因书生气太足、锋芒太露而不见容于当权者。荀彧经常劝谏孔融说：“公刚直太过，乃取祸之道。”孔融依然故我，终被曹操所杀。

[读解心得]

在老子这里，“勇”和“敢”是两个截然不同的词汇。从他所说的“慈故能勇”来看，他对“勇”是抱有肯定态度的，但此处的“勇”绝非匹夫之勇，逞一时意气而不顾后果的行为绝不是“勇”,而是“敢”。他说“不敢为天下先”,“不敢为主而为客”，“辅万物之自然而不敢为”，可见其对于“敢”的否定。而这些观点的提出是与老子所尊崇的柔能克刚、弱能胜强的观点密切相关的。

汉初名将韩信本是没落贵族，因其性格落拓不羁，难以被世人理解，故而未被推选为官吏，但他又不懂得经商之道，所以无以谋生，只能钓鱼换钱维持生计，还常常依靠别人的接济勉强度日。因其境遇窘迫，很多人都看不起他。

市井中有个年轻人想侮辱韩信，就对他挑衅说：“你虽然长得高大，还佩戴着长剑，但也不过是个懦夫罢了。”又当着众人羞辱他说：“不怕死就拔剑杀了我，怕死的话就立刻从我胯下钻过去。”韩信思索一下，没有拔剑，竟然真的从那人胯下钻了过去。于是围观者大笑，以为他不过是个怯懦之人罢了。

对于这件事，韩信后来说：“我其时并非真的怕他，而是没有道理杀他，如果就因为计较些许小事而杀人，那我也不过就是个莽撞匹夫罢了，还哪里会有我的今天呢？”

故而，“勇”之所以为“勇”，在于其谨慎与顺应，故而才能够全力以赴，能够专注地做事。而将勇气建立在妄为蛮干的基础之上逞强使气，往往就会招致杀身之祸。所以，“勇”和“敢”之别在本质上其实就是柔与刚之别，也是自然法则预先就已经规定好了的。蕴藏于万事万物中的道本身就是难以捉摸的，所以想要做到遵循自然的法则就尤须谨慎了。

接下来，老子总结了几条自然法则的特点：“不争而善胜”“不言而善应”“不召而自来”“绰然而善谋”。从来不需要去争强，因为刚强总会招来灾祸，当真正地达到什么都不屑去争夺的境界之时，就没有人可与之相比了；从来都不需要用言语来表达，因为所要表达的往往都已经在行为之中自然流露出来了；不需要召唤和祈求，应该来的自然会准时悄然而至；自然的法则看似散漫而毫无头绪，但就在这散漫之中一切都已经安排妥当。善胜、善应、自来和善谋都是自然法则亦即“道”对世间万物所起的支配作用的不同表现。自然法则是在不知不觉之中发挥其作用的，至于世人惯常使用的“争”“言”“召”等一些外在的手段，它都从来不会用到。它只需要安排各种事物之间的内在关联，并加以调节，就可以得到相应的结果。自然法则看似散漫，其实不然，只是由于其太过博大，以常人的眼光根本就无法视其端倪罢了。

［经典事例］

割肉自啖

相传，在战国时代，齐国的一个小镇上住着两个勇士，他们自以为是天下最勇敢、最不怕死的人。一个住在城西，一个住在城东。

有一次，这两个勇士在街上偶然相遇。两人寒暄了一阵之后，相约一起到一家酒楼饮酒。

他们在靠窗的一张桌子旁坐下，伙计端上来一坛陈年好酒。两个勇士喝了一会儿，觉得没有肉食下酒实在是有些乏味。其中一个提议说：“我们这样光饮酒不吃肉也没什么意思，我出去去买几斤肉来，叫这厨师做好后供我们下酒，你看怎么样？”另一个答道：“用不着去买肉。你我的身上不是有的是肉吗？我听说人腿上的肉都是精肉，我们从自己身上割肉来下酒，又干净又新鲜，这不是很好吗？只要叫店里的伙计拿酱来蘸着吃就行了。”第一个勇士为了表现自己的“勇敢”，爽快地同意了对方的建议。

他们让伙计端来一盆酱。他们喝光了一大碗酒以后，就各自拔出佩刀，在自己的腿上割下一块肉来，带着鲜血放到酱盆里蘸一下，然后送进自己嘴里，大嚼着咽了下去。就这样，两个人每喝一碗酒，就用刀在各自的腿上割下一块肉来吃。在场的人见此情景，既惊讶，又害怕，但没人敢出面干预。

这两个勇士一边喝酒一边吃肉，他们都自称是天下最勇敢的人，谁也不肯向对方认输。就这样，肉一块一块地被他们割下来，鲜血也不断地从他们的身上流出来，不一会儿，这两个勇士都因失血过多而死去。

勇敢固然是非常可贵的品质，但一旦用错了地方，就会适得其反。“割肉自啖”的故事正反映了所谓的“勇士”“勇于敢则杀”的悲剧结局。

将相和

在战国后期，“七雄”当中，秦国实力最强，常常欺负赵国。但是，在两国的外交活动中，赵国的大臣蔺相如凭借他的机智和勇敢多次维护了赵国的利益。赵王十分欣赏蔺相如的才能，就封他为“大夫”，后来又封为上卿。

赵王如此重用蔺相如，使得赵国的大将军廉颇感到不满。他心里想：蔺相如仅凭着一张嘴，地位居然比我还高！他时常对人说：“要是让我遇见蔺相如，我一定要他下不来台，看他能把我怎样！”

这些话不久就传到了蔺相如耳中。蔺相如马上嘱咐自己的手下人，让他们以后如果遇到廉颇的手下人，一定要谦让，千万不要与他们争吵。从此以后，他每次坐车出门，只要听说廉颇从前面过来了，就命车夫把车子赶到旁边躲避，等廉颇过去了再继续走。

蔺相如

战国时赵国上卿。在强秦意图兼并六国、斗争逐渐尖锐的时候，不仅凭借着自己的智慧和勇气，屡屡挫败秦国的阴谋，更难得的是，他有容人之量，以大局为重，“先国家而后私仇”，是一位胸怀广阔的政治家。

蔺相如手下的人觉得很不平，就对蔺相如说：“您的地位要比廉颇将军高，他侮辱您，您反而处处让着他，他越来越不把您放在眼里了！这样下去，我们可受不了了。”

蔺相如没有生气，而是反问他们：“廉颇将军如果跟秦王相比，谁更厉害呢？”大家都说：“当然是秦王更厉害。”蔺相如说：“说得不错，我连秦王都不怕，难道还会怕廉将军吗？秦国现在之所以不敢来攻打赵国，就是因为赵国文有我蔺相如，武有廉将军，秦国贸然出兵不会有什么好结果。可是如果我跟廉将军发生争斗，就等于给秦国创造了进攻赵国的机会。你们想一想，是国家的安危要紧，还是私人的脸面要紧？”

大家听了这番话，非常受感动，以后再遇到廉颇手下的人，都小心谨慎地让着他们。

后来，蔺相如的话传到了廉颇耳朵里。廉颇羞愧万分，他露着肩膀，背着一根荆条，来到蔺相如家。蔺相如赶忙出门迎接廉颇。廉颇在蔺相如面前跪了下来，双手高举荆条，请求蔺相如鞭打自己。蔺相如把荆条扔到地上，双手扶起廉颇，为他穿上衣服，拉着他的手把他领进了屋中。

从此以后，蔺相如和廉颇成了关系密切的好朋友。两人同心协力为赵国做事，秦国也因此不敢随便欺侮赵国了。

蔺相如主动避免与廉颇发生冲突，并不是胆怯，而是为了大局着想，而最终以他的至诚打动了廉颇，正说明了“勇于不敢则活”的道理。

第七十四章

题解

本章表达了老子对当时统治者施行严刑酷法、置人民的生死于不顾的谴责和不满。

人的生死，是由天道来决定的，是“道”对世界最美的馈赠。生命因“道”而生，自然也就应该顺应“道”的规则走到尽头。

老子所处的年代，统治者为了满足一己之私欲，或是发动战争，或是施行严刑，视人民的生死于不顾，全国上下尸横遍野、民不聊生。那些统治者在任意夺取别人生命的时候，却忽视了对生命最本真的认识。这就如同不熟悉木工的人必然会砍伤自己一样，任何人都不能代替“道”来索取别人的生命。可见，老子对此是深有感触的。

[原文]

民不畏死，河上公《河上公章句》：治国者刑罚酷深，民不聊生，故不畏死也。**奈何以死惧之？**明太祖《御注道德真经》：民不怕死，乃以极刑以禁之，是为不可。**若使民常畏死，而为奇者，吾得执而杀之，孰敢？**唐玄宗《御注道德真经》：若使世人皆从清静之化，不敢溺情纵欲，常畏于死，而独为奇诈者，假令吾势得执杀此奇诈之人，孰敢即杀？故下文云。**常有司杀者**河上公《河上公章句》：司杀者，谓天居高临下，司察人过。天网恢恢，疏而不失也。**杀，夫代司杀者杀，是谓代大匠斲，**唐玄宗《御注道德真经》：人君好自执杀，必不得天理，是犹拙夫代大匠斲木。**夫代大匠斲者，希有不伤其手矣。**河上公《河上公章句》：代天杀者，失其纪纲，不得其纪纲，还受其殃也。

[译文]

民众连死都不怕的时候，还怎么拿死来威胁他们？如果民众真的怕死，那么对于那些僭越出格的人，抓来杀掉就可以了，有谁还敢明目张胆、无所顾忌？总有专管行刑的人负责杀人，而那些代替行刑的天道杀人的人，就像代替高明的木匠砍木头。那些代替高明的木匠砍木头的人，很少有不砍伤自己手的。

[读解心得]

所谓的“民不畏死”“犯上作乱”大都是因为民众对沉重的压迫忍无可忍，也可以把动乱的大部分罪责都归于统治者，也就是所谓的“乱自上作”。

老子在这一章里告诫统治者不要用残暴的方式管理国家，一旦民众不堪其苦，那就一定会揭竿而起，对于一群死都不怕的人，用死来威胁他们还有什么用？而如果能够让民众安居乐业，那么他们自然会珍惜生命畏惧死亡。到那个时候对那些为非作歹之人，只要稍微动用一点刑罚，还有谁会做坏事呢？故而老子以为，应同时从主、客观两方面将情况考虑周全，再改换谦和卑下的态度采取宽容的政策。本章里“杀”字出现频繁，但此中的“杀”并非杀戮之意。有生即有杀，万物都是由“生”开始，以“杀”结束的。草木的凋零枯萎是杀，动物的自然衰老死亡也是杀。真正掌握着生杀大权的就是自然界，就是“道”。《庄子·逍遥游》说：“庖人虽不治庖，尸祝不越樽俎而代之矣。”任何通过暴力权势草菅人命者都已越过了自己的权限，因而违背了“道”，如此一来只会给自己招致灾祸。

秦始皇统一六国自称“始皇帝”的时候，本想秦朝的天下千秋万代永远延续下去，可谁能想到仅十五年后，传到第二任皇帝就灭亡了。尽管他采用各种手段想要巩固统治，但他的横征暴敛、独裁专制，早已为国家的败亡埋下了祸根。连续大兴土木、频繁的战争、庞大的官僚机构，动摇了秦王朝的统治基础。终于，公元前 209 年陈胜、吴广起义爆发，不久，秦朝即被推翻。

[经典事例]

国人暴动

在周成王、周康王执政的时代，西周的社会还比较安定。可是后来，由于宗室贵族加重了对人民的剥削，再加上战争不断，百姓的不满情绪也逐渐增长。统治者为了加重奴役人民，制定了极其严酷的刑罚。到了周厉王在位的时候，他对人民的压迫更加严重了。

周厉王十分宠信手下的大臣荣夷公，并按照他的建议，实行“专利”，即霸占一切河流、湖泊，不许百姓使用这些天然资源赖以为生；他们还横征暴敛，虐待百姓。当时，住在野外的农民被称为“野人”，而住在都城的平民被称为“国人”。周朝都城镐京的国人对厉王的暴虐措施十分不满，怨声载道。

厉王手下的老臣召公虎听到国人的怨言越来越多，就进宫劝谏厉王说：“现在百姓已经忍受不了朝廷的暴政了，大王如果不尽快改变做法，后果将不堪设

想！”厉王听了不以为然，他满不在乎地说：“你不必着急，我自有对付他们的办法。”于是，厉王下了一道禁令，不准国人议论朝政。他还特意从卫国请来一个巫师，派他专门监督议论朝政的人，告诉他说：“你如果发现有人背地里诽谤我，就立即向我报告。”

卫巫为了向厉王讨好，派出一大批人到处探听。那些人还常常敲诈勒索，谁不服从他们，他们就诬陷谁。厉王接到卫巫的汇报之后，不辨真伪，因此有不少无辜的国人被杀。在这种压力之下，国人确实不敢在公开场合谈论国事了。人们走在街上遇到熟人，甚至不敢打招呼，只是交换一个眼色，就匆匆走开了。厉王见报告批评朝政的人越来越少，心里非常满意，认为自己的政策有了成效。召公叹了一口气，对厉王说：“堵住百姓的嘴，不让他们说话，这比堵住江河还要危险啊！当初大禹治水的时候，通过疏通河道，让洪水流到大海中去；治理国家也是同样的道理，必须让百姓说实话。以强硬的方式堵住河流，必然要决口；以强硬的政令堵住百姓的嘴，就要闯下大祸了！”可厉王根本听不进去。于是周朝的朝政更加腐败，国势也更加衰落。 到了公元前 841 年，忍无可忍的国人聚众起义，围住了王宫，想要杀掉厉王，历史上把这件事称为“国人暴动”。厉王无奈只好出逃，愤怒的国人冲进了王宫，没有找到厉王。有人得知太子静逃到召公虎的家中躲了起来，于是又围住召公虎的住所，要他交出太子。召公虎没有办法，只好将自己的儿子冒充太子交了出去，国人杀了召公虎的儿子，这才把太子保护了下来。厉王出逃以后，朝中没有国君，群龙无首。大臣们经过商议，决定让德高望重的召公虎和另一位大臣周公暂时代替天子行使职权，史称“共和行政”。“共和”一词也由此而来。这一年被称为“共和元年”，即公元前 841 年，从这一年起，中国的历史开始有了确切纪年。

“共和行政”一直维持了十四年，后来周厉王死在外面。大臣们立太子静即位，就是周宣王。宣王即位后，在政治上较为开明，得到诸侯们的支持。经过了这一场国人暴动，周朝的政治又重新恢复了民主。

可以说，国人暴动是一个典型的“官逼民反”的例子。国人由于无法忍受周厉王的暴政，才起来反抗，这时的国人正可谓“民不畏死”。“夫代大匠斲者，希有不伤其手矣”，周厉王被迫出逃，后来死在外面，正是他为自己的越轨行为所付出的沉重代价。

第七十五章

题解

本章中，老子对统治者的苛政表示不满，并提出自己的警告。

世人总想成为强者，因为强者可以高高在上，可以为所欲为，但灾祸往往在其为所欲为的时候悄然而至。人民的反抗和难以治理，从来都是因为统治者贪婪无度所造成的。老子在这里警告统治者，只有重视别人的生命，才能保全自己，平治天下。因为没有谁不吝惜自己的生命，一旦命悬一线，民众就会铤而走险，揭竿而起。

祸乱的根源在于统治者的“有为”和无度，只有不刻意求生，杜绝奢靡无度的享受，才能真正做到无所不为。

［原文］

民之饥，以其上食税之多，是以饥。河上公《河上公章句》：人民所以饥寒者，以其君上税食下太多，是以民皆化上为贪，叛道违德，故饥。**民之难治，以其上之有为，是以难治。**王弼《道德真经注》：言民之所以僻，治之所以乱，皆由上不由其下也，民从上也。**民之轻死，以其求生之厚，是以轻死。**明太祖《御注道德真经》：人皆轻死，所以轻死者，违法冒险以取食用，何故？舍死之甚，以其别无生路也。**夫唯无以生为者，是贤于贵生。**唐玄宗《御注道德真经》：自然之分定则生全，若养过其分，分过则生亡矣。故夫唯无以厚其生为者，是贤于矜贵其生。

古时犁牛耕地的场面

［译文］

民众陷于饥饿，是因为统治者的赋税太多，所以才会发生饥荒。民众难以被治理的原因，是由于统治者为所欲为，所以才难以统治。民众不爱惜生命的原因，是由于统治者贪图享受、搜刮过甚，所以才冒死反抗。只有恬淡自然，不以养生保命为重的人，才比那些刻意在乎生命的人更高明。

[读解心得]

老子在这里指出了民众和统治者之间的生存矛盾。最初之所以会有赋税，是因为君主忙于治理国家而无暇顾及自己的生计，所以民众才捐出物资，以便其能安心治国。这本是一种维系君与民之间和谐关系的妥善方式，但由于后来的君主们贪图养生享乐，使其成为国家动荡的导火索。

夏、商、周三代平民需要交纳的赋税大约是收入的十分之一。及至春秋战国时期，民众负担进一步加重，赋税要比从前高出三倍还多。而秦国建立之后，所征收的赋税几乎是西周的二十倍，百姓食不果腹，所以秦朝之亡毫不意外。

老子已经明确地指出：繁重的赋税与严酷的法令是国家动乱的最主要根源。如果不能从根本上解决这一问题，君与民之间的矛盾只会越来越多，而且演变得更为激烈，甚至可以导致亡国。所以老子在篇末对统治者发出了警告：刻意地追求养生不一定就会长寿，贪恋享受、聚敛钱财只会造成时局的动荡，只有恬淡自然，不刻意去求生、不以养生保命为重的人，才比那些刻意在乎生命的人更高明，也只有这样的君王才会使国家长治久安。

[经典事例]

晋灵公不君

春秋时期，晋灵公暴虐成性，滥杀无辜，所作所为根本不符合国君的身份。他经常从高台上用弹弓射人，以观看台下的人们躲避弹丸来取乐。

一次，他手下的厨子做的熊掌没有炖熟，灵公就下令杀死了他，并把他的尸体装在筐里，命宫女用车装着尸体扔掉。

大臣赵盾和士季偶然经过，发现了厨子的一只手，于是便追问厨子被杀的缘由，当他们得知事情的原委后非常忧虑。赵盾准备去进谏，士季阻止道："如果您去进谏，一旦国君不接受，那就没有别人能接着进谏了。还是让我先去吧，如果没有采纳，您还可以继续劝说。"

士季来到殿前，向前走了三次，并伏在地上行礼三次，晋灵公假装没有看见。士季到了屋檐下，晋灵公才看了他一眼，说道："我已经知道自己犯的错误了，正准备改正。"

晋灵公虽然嘴上认错，实际上根本听不进去。后来赵盾多次进谏，晋灵公竟派人暗杀赵盾，可是，由于刺客仰慕赵盾，同时也对晋灵公不满，因此刺客没有下手，而是自杀。后来，晋灵公以宴请为名，设伏兵谋杀赵盾。事败之后，赵盾逃走。后来，穷凶极恶的晋灵公被赵穿杀死，举国上下无不为之欢呼。

晋灵公之死，完全是咎由自取。“民之难治，以其上之有为”，晋灵公的“有为”体现在他残暴的性格上，这样，他就不是仅仅面对“民之难治”的困境，而必然会招来杀身之祸。

苛政猛于虎

春秋时期，各诸侯国政令严酷，苛捐杂税极为繁重，百姓的生活也极其贫困。很多人不堪忍受苛政，只好举家逃到到深山老林、荒野沼泽去居住，那里虽然条件艰苦，可是脱离了官府的管制，也许还有活下来的可能。

有一户人家，逃到了泰山脚下。一家人祖孙三代，早出晚归，四处奔波劳碌，才算勉强活下来。

泰山周围时常有猛兽出没。有一次，这家的祖父上山打柴时遇到了猛虎，就再也没回来。这家人悲痛万分，但是又无可奈何。一年以后，这家的父亲到山上采药，也命丧虎口。这家人只剩下儿子和母亲两人相依为命。母子俩时常想搬到别处，可是左思右想，实在是无路可走：没有老虎的地方却有官府的苛政，照样没有活路。这里虽然有老虎，但毕竟不会天天遇上，只要多加小心，还可能侥幸存活下来。所以母子俩仍然在这里艰难度日。

这样又过了一年，儿子在一次进山打猎的时候又被老虎吃掉，只剩下母亲整天坐在坟墓边痛哭。

这一天，孔子带领他的弟子路过泰山脚下，他们看到正在坟墓旁边痛哭不止的这个母亲，哭声非常凄惨。孔子便让学生子路过去打听，他自己则在一旁仔细倾听。

子路问：“您哭得这么悲伤，想必您有特别伤心的事，能告诉我们吗？”

泰山问政

孔子到齐国去，路过泰山，听到一个妇女哭得很伤心。派子路去问，妇人说：“以前我公爹被老虎吃了，现在丈夫和儿子也被老虎吃了。”子路问为什么不搬走呢？妇女说：“此地没有苛捐杂税。”子路告诉了孔子，孔子说：“苛捐杂税比老虎还凶猛呀。”

这个母亲一边痛哭一边回答说："我们是从别的地方逃到这儿的，在这里住了很多年了。两年前，我的公公被山中的老虎吃了；去年，我的丈夫也葬身虎口；现在，我的儿子也被老虎吃了，只剩下我一个人，所以我才在这里哭。"说完又大声哭起来。

孔子站在一旁听得清清楚楚，禁不住问道："那你们当初为什么不离开这里呢？"

这个母亲止住了哭声，回答说:"我们实在无路可走了。这里虽然有猛虎，可是没有官府那些残暴的政令。这里的很多人家都是和我们一样，为了躲避暴政才来的。"

孔子听完之后，感慨万千。他对众弟子说："你们一定要记住：残暴的政令要比吃人的猛虎还要凶猛百倍！"

统治者的残酷剥削使穷苦百姓走投无路，因此，他们宁可冒着被老虎吃掉的危险生活在山林中，也不愿在苛政的奴役下生活。这也正是产生"民之饥""民之难治""民之轻死"等社会现象的原因所在。

第七十六章

题解

在这一章中，老子用具体的事物形象地阐释了生与死的原因，一开始就提出了“人之生也柔弱，其死也坚强”的观点，认为“坚强者死之徒，柔弱者生之徒”，柔弱才是真正的生存之道。

很多情况下，真相往往与表象相反，而人们又往往会执著于事物的表象。世俗之人崇拜力量、追求权势，通过刚强来克制柔弱，但这些绝不会长久。老子所看见的，是柔弱所蕴含的无尽的生命力和刚强所招致的无穷的灾祸。“道”虽然主宰着一切，但从不以强硬的形式显露出来，相反却是蒙昧混沌，不为人所知，故而虽然作为天地的主宰，却绝无毁誉。“道”正是以这种柔弱的品性默默昭示着其永恒的存在。

[原文]

人之生也柔弱，其死也坚强。草木之生也柔脆，其死也枯槁。河上公《河上公章句》：人生含和气，抱精神。故柔弱也。人死和气竭，精神亡，故坚强也。和气存也。和气去也。**故坚强者死之徒，柔弱者生之徒。**河上公《河上公章句》：以上二事观之，知坚强者死，柔弱者生也。**是以兵强则灭，木强则折。**王弼《道德真经注》：强兵以暴于天下者，物之所恶也，故必不得胜。物所加也。**强大处下，柔弱处上。**宋徽宗《御解道德真经》：柔之胜刚，弱之胜强，老氏之道术有在于是。《庄子》曰：以濡弱谦下为表。

[译文]

人在活着的时候身体是柔软的，死了以后就变得僵硬。草木活着的时候是柔软脆弱的，死了以后就变得干枯坚硬了。所以僵硬是死亡的特点，柔弱则是生存的特点。因此，依靠武力逞强不会胜利，树木高大茂盛就会遭到砍伐和摧折。处于下位的表现为强大，处于上位的表现为柔弱。

[读解心得]

“道”在老子的哲学体系中的地位是至高无上的，之所以如此，是因为“道”

鸿门闯宴

项羽是一位英雄，天生神力。在楚汉相争之际项羽处于强势而刘邦处于弱势，然而项羽刚愎自用，于鸿门宴上放走了罗网中的刘邦，最终“无颜见江东父老”，自刎身亡。而处于劣势的刘邦却最终取得天下。

的本性最为柔弱。而老子之所以推崇柔弱，是因为“柔弱胜刚强”。

在老子看来，锋芒外露者必将招致损毁，而善于韬养者必得保全。他以人的身体为例：人活着的时候，肌体柔软；人死之后，身体就会慢慢变得僵硬。又举草木为例：草木生长的时候，枝叶柔顺；凋零之后，就变得枯槁坚硬。通过这些，于是做出总结：坚硬刚强是死亡所表现出来的特点，而柔弱之中才蕴藏着无限的生机。后来的庄子也说：山中的树木长高成材，就会被砍伐掉；油膏可以用来照明，所以就被燃尽；桂树上结了果实，枝条就会被人折断；漆树能够产漆，所以才会遍体鳞伤。人们只知争强好胜自我夸耀，却不知道这样做的恶果；不屑于柔弱低下，却不知道这样做的益处。

然而老子又叹息说，这种柔弱胜过刚强的道理，普天之下没有人不知道，但却又没有谁能够遵循。世人往往与之背道而驰，于是老子不得不加以告诫：“强梁者不得其死。”

秦朝末年，在大泽乡起义后不久，项羽崛起于江东，举兵反秦。三年之间，纵横九州，一统天下。又率领各路诸侯攻入关中，推翻秦政，于此威震四海，分疆裂土，册封十八诸侯，大权独握，自号为“霸王”，位同皇帝。但由于其刚愎自用、独断专行，难于听取旁人意见，以至于韩信、陈平、英布等人纷纷舍之而去。又加之其优柔寡断，错失良机，于鸿门宴上放走刘邦，又与其以鸿沟为界划地而治，给刘邦以喘息之机，以至于兵败乌江，只落得一个身败名裂的下场。

由此可以看出，真正的强大并非是表面上强硬，而是遵循看似柔弱而无所作为的“道”。世人习惯了追求强大与刚强，只知道用刚强的力量可以制服、压倒别人，却不知道刚强与柔弱本来是对立而又统一的矛盾体，如果只看到了它们的对立，而忽视了其本质上的统一，那么就永远也做不到真正意义上的强大。

[经典事例]

二桃杀三士

春秋时期，齐景公的身边有三名勇士：公孙接、田开疆和古冶子。他们三个异常勇武，为国家立下不少战功，齐景公因此非常宠爱他们。但是，他们却恃勇自傲，无视君臣之礼，在朝中横行霸道。

有一天，相国晏子从他们三个人身边经过时，用小步快走来表示敬意，但他们三个却坐着不起来，对晏子很是无礼。晏子因此非常生气，他就去觐见齐景公，对他说："为臣听说，贤德又有才能的君主蓄养的勇士，对内能够防止暴乱，对外能够威慑敌人；国君赞扬他们的功绩，臣民佩服他们的果敢，因此他们有着尊贵的地位和丰厚的俸禄。而现在君主所蓄养的这三个勇士，对上不遵守君臣之礼，对下也不顾及长幼之礼。如此看来，他们对内不能防止暴乱，对外也不能威慑住敌人。他们都是祸国殃民的罪人，不如尽快铲除他们。"景公说："这三个人力大无比，勇猛过人，如果跟他们硬拼，怕是拼不过他们；暗中行刺，也怕刺不中。"晏子说："他们虽然勇武好斗，不畏强敌，但是他们却不讲究长幼之礼。"于是晏子就乘机献计，请景公赏赐给他们两个桃子。

二桃杀三士

《晏子春秋·谏下》中记载春秋时齐景公将两个桃子赐给公孙接、田开疆、古冶子论功而食，三人弃桃自杀。

景公派人对他们说："你们三个人都是寡人最看重的勇士，寡人很想重重赏你们，可是今天后花园里只摘下两个桃子，寡人想把桃子赏给你们当中功劳最大的两个人。你们现在比一比功劳，就按功劳的大小分这两个桃子吧！"

公孙接听完仰天长叹说："晏子果然是个聪明人。他让国君叫我们按功劳的大小来分桃子。我们不争桃子，就意味着不勇敢；可如果去争桃子，又人多桃少，这样就只有两个人来分吃桃子。我曾经击败了野猪，后来又打败了猛虎。像我这样的功劳，足可以自己单吃一个桃子。"说着，他伸手便拿起其中的一个桃子。

田开疆说：“我曾经一个人手持兵器，连续几次击退敌军。按照我的功劳，我也完全可以自己单吃一个，用不着跟别人共分一个。”说完，他也拿起了一个桃子。

这时古冶子说：“我当初曾经陪同国君横渡黄河。当时，一只大鳖咬住了拉车的马，把它拖到了河中央。那时，我潜到了水中，逆流而上，潜行数百步，然后又顺着水流，潜行了数里，最后抓住那只大鳖，将它斩杀了。我左手抓着马尾，右手拎着大鳖的头，从水中一跃而出。旁观的人都惊讶万分，以为是河神出来了，仔细一看，才知道原来是大鳖的头。凭我立下的功劳，也应当自己单独吃一个桃子。可你们为什么不把桃子拿出来！”说完，就拔出宝剑站了起来。

公孙接和田开疆听了之后，自叹不如，说道：“我们两个人的勇敢和功劳都赶不上您，可是拿桃子的时候却不谦让，这就是我们的贪婪。然而如果我们还活着不死，那还谈得上什么勇敢？”说罢，两人都交出了自己的桃子，拔剑自杀了。

古冶子看到眼前的情形，感到很羞惭，说道：“我的两个朋友都死了，只有我自己还活着，这是不仁；用言辞来羞辱别人，抬高自己，这是不义；对自己的言行有所悔恨，却不敢去死，这就是不勇。”说罢，他放下了手中的桃子，也自刎了。

景公派去的使者回复说：“他们三个都自杀了。”景公便命人给他们换好衣服，按照勇士的葬礼厚葬了他们。

公孙接、田开疆和古冶子的死，是由于他们过于崇尚勇武，先是为了争夺名誉而互不相让，在“深明大义”之后，又过于固执地认为自己为了保持“勇敢”而非死不可。正是这种极端强硬的态度，使他们最终死在两个桃子上。这就是“兵强则灭，木强则折”的道理所在。

第七十七章

题解

老子在本章中将“天之道”和“人之道”同时列出，进行了具体的比较。

“天之道”是真正的“道”，是柔顺而公平的自然法则；而“人之道”却完全违背了本应效法的“天之道”，充斥着争斗和不公。可见，所谓的“人之道”并不是真正的“道”，而恰恰与之背道而驰。所以到了庄子生活的战国时期，“人之道”变得更为不公，以至于“窃钩者诛，窃国者为诸侯”（《庄子·胠箧》）。这种与天道相悖的观念充斥于各个时代。故而老子推崇均衡自谦的天道思想，认为只有顺应“道”，天下才会同乐。老子再次阐述了他的民本思想。

［原文］

天之道，其犹张弓与？唐玄宗《御注道德真经》：天道玄远，非喻不明，故举张弓以彰其用耳。**高者抑之，下者举之；有余者损之，不足者补之。**河上公《河上公章句》：言张弓和调之，如是乃可用耳，夫抑高举下，损强益弱，天之道也。**天之道，损有余而补不足。**河上公《河上公章句》：天道损有余而益谦，常以中和为上。**人之道则不然，损不足以奉有余。**河上公《河上公章句》：人道则与天道反，世俗之人损贫以奉富，夺弱以益强也。**孰能有余以奉天下，唯有道者。**明太祖《御注道德真经》：诚能以有余给民之不足者，则天下平，王道昭明焉。**是以圣人为而不恃（shì），**宋徽宗《御解道德真经》：不恃其为，故无自伐之心。**功成而不处，**宋徽宗《御解道德真经》：不居其功，故无自满之志。**其不欲见贤。**宋徽宗《御解道德真经》：人皆饰智，己独若愚，人皆求胜，己独曲全，惟不欲见贤也，故常无损，得天之道。

［译文］

自然的规律，难道不是像拉弓射箭一样吗？抬得过高就把它压低一些，压得过低就再把它抬高一些，弦拉得过满就放松一些，用力不足就再加力拉满一

些。自然法则，是减少过剩的用以补给不足的。但人世的情况却并非如此，是减少本已不足的来奉给已然有余的人。谁能减少有余的用以补给天下的不足呢？只有明于大道的人。因此，有道的圣人虽然有所作为但却不占有，有所成就但不居功，他不想显示自己的才能。

［读解心得］

贪婪是人类独有的，自然界的其他动物取食仅仅是为了求生和繁衍，人则不同，往往只是单纯地满足这一原始而野蛮的欲望来大肆搜敛。所以，如果说自然界的法则是妥善地调节万物之间的生存关系，使之和谐共生的话，那么人世的法则正与之背道而驰。由于人性的贪婪，一旦占有就自然会想要占有更多，故而富者愈富，这样一来贫者也只能愈贫了，这一现象就是老子所指出的“损不足以奉有余”。但世间一切都在“道”的安排之中，所谓“天网恢恢，疏而不失”。因为“损不足以奉有余”与“天之道”相悖，所以发展到一定程度的时候，“天之道”就会发挥它“损有余而补不足”的作用。那些因“不足”而失去生存机会的民众必然会为争取生存权利而奋起反抗。一旦反抗，就会给整个社会造成极大的损害。可见“人道”是不能背离“天道”的，故而老子指出“孰能有余以奉天下？唯有道者。”统治者只有遵照自然法则行事，做到“损有余而补不足”，天下才会太平，社会才能长治久安。

西汉文帝就是因为能做到戒奢以俭，克制一己私欲，让百姓得到了休养生息，才使汉代出现了广为后世所称道的“文景之治”。

这就正如老子所说，只有将多余的拿出来调节天下的不平，才是符合“道”的。也只有能够这样做的人，才是真正的贤者，才接近于完美的圣人。

［经典事例］

汉文帝罢修露台

在中国古代的帝王当中，多数人都过着奢侈的生活，但汉文帝却是一个例外，他身为一国之主，却能以身作则，厉行节约，这在中国历史上是少见的。

汉文帝的生活非常俭朴。他登基以后，身上穿的一件长袍补了又补，一直穿了二十多年，也没换过一件新的。他自己经常穿着粗布衣服，日常用品大都是前辈皇帝留下的，他自己很少添加新的器物。在他的影响下，他的夫人也很少穿华丽的衣裳。

汉文帝还非常关心百姓的疾苦，他不仅经常亲自耕种，还让皇后去采桑养

露台惜费

《史记·孝文本纪》中记载了这个故事。在中国历代帝王中，汉文帝是一生都注重简朴并为世人称道的皇帝。

蚕。他登基不久就曾下令：凡是八十岁以上的老人都由国家供养，每月都要发给他们粮食、酒肉；对于九十岁以上的老人，国家还要定期发给绸缎、麻布、丝棉等物。

最能反映汉文帝勤俭节约的一件事，是他罢休露台。

有一次，汉文帝打算建造一个露台，用来欣赏山水风景。他找来了工匠，让他们算算要用多少钱。工匠们仔细地计算之后，对他说："不算太多，有一百两金子就足够了。"

汉文帝听了，大吃一惊，连忙问道："这一百两金子大约相当于多少户中等人家的收入？"

工匠们大略地估算了一下，说："大约十户。"

汉文帝一听，连忙摆手，说："快不要建露台了，现在国库空虚，老百姓的生活又非常困难，还是把这些钱省下吧。"

后来，露台一直没有造起来，但文帝厉行节约的美名却传遍了全国。

由罢修露台的故事可以看出，汉文帝确实是一位"能有余以奉天下"的"有道"之君。

齐威王求救兵

齐威王执政的时候，有一次，楚国大举进犯齐国。当时齐国的兵力远不如楚国，在这种危急时刻，齐威王只好派人出使赵国请求援救。

齐威王以黄金一百两，车马十辆作为礼物交给大臣淳于髡，命他带着这些礼物出使赵国以换取救兵。

淳于髡看到这一百两黄金和十辆车马，突然放声大笑起来。

齐威王当时感到莫名其妙，就问淳于髡："你为什么这样狂笑？是不是觉得我的礼物太轻了呢？"淳于髡止住笑声，回答道："我怎么敢嫌礼物少呢！"齐威王追问："那你刚才为什么大笑不止呢？"淳于髡答道："我刚才突然想起了今天早上看见的一件事，觉得十分好笑。”齐威王就问：“是什么事？”

淳于髡说：“今天早上，我在路上看见一个农民正跪在路边祭田。在他的面前焚着三炷香，还摆着一个小酒盅；他一手抓起一只小猪爪，一手打着揖，祈祷说：‘土地神啊，请您保佑我走好运，让我五谷丰登，肥猪满圈，长生不老，儿孙满堂，让我的子孙世世代代生活富裕。’我看到他的祭品寒酸，而奢望却这么高，因此越想越觉得好笑。”

齐威王听了这番话，顿时感到非常惭愧。于是，他立即命人准备好黄金一千镒，白璧十双，车马一百乘，交给淳于髡前往赵国求救兵。

淳于髡把这些礼物交给赵王，赵国立刻派出精兵十万，战车千辆，来援助齐国。楚国得到赵国出兵相救的消息，连夜撤兵回国，齐国因此避免了一次灾祸。

这个故事说明，要想有所获得，必须要有相应的付出，只有二者相平衡，才会实现交换。同样的道理，“天之道，损有余而补不足”，人世间的“正道”就是“有余者损之，不足者补之”，即实现万物平等，这也是圣人的治世之道。

第七十八章

题解

老子认为，水的品性是完全合乎“道”的，天下没有什么比水更柔弱，但正是因为它的柔弱，才胜过了一切的坚强之物，恒定而永不更改。一般来说，统治者都是高高在上，不可企及的。但老子却认为，真正的君王，应该能够承受天下的屈辱和灾祸。这就如同他所提及的“百谷王”，甘居百川下流，以其柔弱的品性谦和地容纳一切，做到扰之而不浑，澄之而不清。这一说法打破了一切常规，不能用已有的观念去揣度，然而这也正是“道”的所在。

[原文]

天下莫柔弱于水，而攻坚强者莫之能胜，以其无以易之。唐玄宗《御注道德真经》：以坚攻坚，必两坚俱损，柔制强者，则强损而柔全。故用攻坚强者，无以易于水者矣。**弱之胜强，柔之胜刚，**河上公《河上公章句》：水能灭火，阴能消阳。舌柔齿刚，齿先舌亡。知柔弱者久长，刚强者折伤。**天下莫不知，莫能行。**明太祖《御注道德真经》：此天地大道之气，万物无不禀受之，在乎养与不养，行与不行耳。**是以圣人云：“受国之垢，是谓社稷主；**河上公《河上公章句》：人君能受国之垢浊者，若江海不逆小流，则能长保其社稷，为一国之君主也。**受国不祥，是为天下王。”**河上公《河上公章句》：人君能引过自与，代民受不祥之殃，则可以王天下。**正言若反。**宋徽宗《御解道德真经》：言岂一端而已，反于物而合于道，是谓天下之至正。

[译文]

天下没有什么比水更为柔弱，但攻坚克强的力量没有什么能胜过水的，因为它是独一无二的。柔弱胜过刚强的道理，天下没有人不知道但也没人能做到。所以圣人说：“能够承受国家的屈辱，才算得上是国家的主宰。能够承担国家的灾祸，才能当天下的主宰。”正确的话听起来往往像是错话。

[读解心得]

坎卦

坎，八卦之一，代表水。水的性情虽然是天下最柔弱的，但攻击坚强的东西，没有什么能比得过它。

唐代诗人李白曾经说："抽刀断水水更流。"这一句本来是用来形容诗人的苦闷，却无意间道破了水的强大。世间恐怕没有什么能改变水的品性，水是老子所推崇的一个近乎完全符合于"道"的行为典范。对于水来说，似乎一切都可以轻易地对其产生影响，但是却又没有什么可以真正地影响其本性，故而一切祸患都不可能加诸其身。水之所以为水，正是以其善于变化的特质保证了其品性的永恒。老子说"上善若水"，孔子也说"智者乐水"。它流动的时候，忽高忽低遵循着一个原则随势而行；声势浩荡，永不停息，永不枯竭，广阔含蓄就像"道"；流向万丈深谷时，不以低微为耻，从容落下；在平川时意态安详，含而不露；盛满了，就自动溢出流走，不去争夺高下之分；该到的地方都流到了，无所不至；随意流转，无法阻挡，善于净化万物。

[经典事例]

触龙说赵太后

公元前266年，赵惠文王去世，他的儿子即位，就是孝成王。但由于孝成王年纪轻，所以由赵太后辅政。赵太后就是历史上赫赫有名的赵威后。

当时的赵国，虽然有廉颇、蔺相如等重臣辅佐，但是国力已经不如以前。此时秦国见赵国政局正处于新旧交替之际，国内局势动荡不安，而新君又年少无知，于是便认为有机可乘。秦国对赵国发动突然袭击，一举攻下了三座城池。在这万分危急的关键时刻，赵太后决定请求齐国出兵增援。齐王虽然答应帮助，但是提出一个条件：必须把太后的幼子长安君送到齐国当人质。

赵太后不愿答应这个条件，朝中群臣极力劝谏。赵太后就公开对群臣说："以后谁要是再敢说让长安君去齐国当人质，我一定朝他的脸上吐唾沫！"

其他大臣都不敢再去劝谏，唯独左师触龙提出要去求见太后。太后得知他要来，怒气冲冲地等着他。触龙进了宫殿以后，迈着小步做出快速前行的姿态，但是脚步挪动得却很慢。

他来到太后面前，就谢罪说：“老臣腿脚不好，不能快跑，因此很久没来看望您了。我虽然私自原谅自己，但总是担心太后的身体有什么不适，所以今天前来看望您。”太后说：“我现在全靠着坐车行动。”触龙问：“您每天的饮食没有减少吧？”太后答道：“我不过吃一点稀粥罢了。”触龙又说：“我最近很不想吃东西，只能勉强行走，每天只要走上三四里路，就能稍微增加一点食欲，身上也感觉比较舒服了。”太后说：“我可做不到。”她脸上的怒色稍微消解了一些。

触龙说：“我最小的儿子舒祺，很不成才；我现在已经老了，私下里非常疼爱他，希望他能够递补上卫士的数目，来保卫宫廷。我因此冒着死罪向太后禀告。”太后回答道:“这当然可以。你的儿子年龄有多大了？”触龙答道:“十五岁了。他虽然年纪还小，但希望我死之前就把他托付给您。”太后听了觉得很有意思,就问:“你们男人对小儿子也非常疼爱吗？”触龙答道:“比女人还厉害。”太后笑着说：“可是妇女特别厉害。”

触龙听了之后，顿了一下说道：“不过我私自认为，您对燕后的疼爱就超过了长安君。”太后说：“您说错了！我对燕后的疼爱并不像对长安君那样厉害。”触龙说：“父母疼爱自己的子女，就应该为他们的长远考虑。您当初送燕后出嫁的时候，抓住她的脚跟痛哭不止，为她远嫁他乡而伤心。她出嫁之后，您时时刻刻都很想念她,可是您在祭祀时,总是为她祷告说‘千万不要回来啊’，这难道不是为她的长远考虑，希望她能够生育子孙，世代做国君吗？”太后听了认为很有道理，说道：“确实是这样。”

触龙问道：“从现在往上推回到三代以前，一直到我们赵国刚刚建立的时候，被赵王封侯的子孙的后人还有在的吗？”赵太后答道：“没有了。”触龙说：“不仅是我们赵国，其他的诸侯国君被封侯的子孙，他们的继承人现在还有在的吗？”赵太后说：“我从来没有听说过。”触龙说：“在他们当中，如果祸患来得早，就降临到他们自己的头上；而如果祸患来得晚，就降临到他们子孙的头上。难道国君的后人就一定要遭到祸患吗？这是因为他们的地位高贵但却没有功勋，俸禄丰厚却没有业绩，而他们占有的财富却太多了啊！现在，您把长安君的地位提得非常高，又封给他大片肥沃的土地，而不趁着眼前这个机会让他为国家立功，一旦您离开了人世，长安君又能凭借什么在赵国立住脚呢？我觉得，您为长安君所做的打算太不长远了。所以我认为，您疼爱长安君不如疼爱燕后。”

赵太后听完之后，恍然大悟，于是说道：“好，我就听你的话，指派他去齐国。”于是就为长安君准备了一百辆马车，把他送到齐国去做人质。齐国的救兵也就立即出动了。

从触龙的言论中可以看出这样一个道理：能为国家和人民的利益做出贡献的人，才能受到人们的拥戴。长安君在赵国危难之际舍身到齐国充当人质，正可谓“受国之垢”“受国不祥”。

第七十九章

题解

本章字数不多，但含义深刻。

老子看到当时天下的纷争态势，悟出了国与国、君与民之间矛盾的根源。在大“道”已废的春秋时代，人与人之间所谓的信义只不过是一种符号而已。人们之间的仇怨难以消解，却很容易结成。任何矛盾，哪怕是一丁点，都足以祸及自身。所以与其争强结怨，不如防患于未然，虚心处世，谦和待人。

宽容是一种美德，任何人都需要被宽容，也应该宽容别人。老子在此处阐释，无论接物待人，均应以“德”为本，顺应自然，不应侵扰责难他人，否则违背了“道”，就一定会受到惩罚。

［原文］

和大怨，河上公《河上公章句》：杀人者死，伤人者刑，以相和报。**必有余怨，报怨以德安可以为善？**唐玄宗《御注道德真经》：立教化人，不能无迹，斯迹之弊，还与为怨，故曰必有余怨。既有余怨，则不可以为善。**是以圣人执左契，而不责于人。**河上公《河上公章句》：古者圣人执左契，合符信也。无文书法律，刻契合符以为信也。但刻契为信，不责人以他事也。**有德司契，无德司彻。**唐玄宗《御注道德真经》：司，主也。彻，通也。言有德之君主司心契，则人自化。无德之主，则将立法以通于人，为法之弊，故未为善。**天道无亲，常与善人。**河上公《河上公章句》：天道无有亲疏，唯与善人，则与司契同也。

［译文］

深重的怨恨虽然会和解，但一定会残留些许余怨，以德报怨，怎么能说这是好办法呢？所以有道的圣人从不与人结怨，就像保留借债的存根却并不责令其归还一样。有“德”之人就像持有借据的圣人一样宽容，无“德”之人就像掌管税收的人一样苛刻计较。自然法则不偏爱任何人，但会永远帮助有德者。

［读解心得］

早在先秦的时候，人们订立契约后都将契约内容记载到竹简或木牍上，然后分成两半，左边的一半由债权人保留。所以老子在这里所说的“执左契”也就是指持有证据，在纷争中占有主动权的一方。而所谓“不责于人”也就是指保持谦和卑下的态度，宽宏大度，不与人争执。在老子看来，只有做到“不责于人”，才能真正地远离灾祸。老子说过“天道无亲”，自然法则对世间万物皆无厚薄亲疏之分，而善者之所以会得到佑护，是因为他顺应自然，遵循着“道”。此处也是在教统治者化解民怨的方法，真正高明的君主，会懂得无为之道，也会从中受益的。

战国时齐国孟尝君招贤纳士，号称门客三千。有一人名为冯谖，此人在孟尝君门下数年，从来未建功绩。后来孟尝君任齐相，封地在薛（今山东滕州南），食邑万户，人称“薛公”。他在薛邑放贷。由于薛邑连岁收成不佳，债款不能及时收回，孟尝君便遣冯谖追讨。冯谖邀集债务人前来，并加以详细调查。他当众宣布：薛公决定富者须定期还债，贫者可将债务一笔勾销。在场众人无不感激涕零。孟尝君得知此事后十分恼怒，立即斥责冯谖。不久孟尝君因谗言而失宠于齐王，被免去相位。三千门客多作鸟兽散，幸余冯谖等人跟随，回到薛地。薛地百姓竭诚拥戴，孟尝君始有一方立足之地。至此，他对冯谖钦敬有加，感激之情溢于言表。

可见，宽容顺应了自然的法则，符合了“道”的安排，是避免君民之间矛盾结成的最佳手段，也是为自己争取“道”的佑护的最好方法。

［经典事例］

冯谖烧券

战国时代，齐国有个人名叫冯谖，他生活极其贫困，听说当时齐国的相国孟尝君广招门客，就托人转告孟尝君，表示愿意到孟尝君门下当食客。

孟尝君问他有哪些爱好，具备什么能力，冯谖回答说都没有，但孟尝君还是收留了他。由于他是下等门客，所以只给他吃很一般的饭菜。过了几天，冯谖靠在柱子上，用手指弹着他的佩剑高声唱道：“长铗啊，咱们还是回去吧，这里没有鱼吃啊！”有人把这件事告诉了孟尝君。孟尝君说：“就按照一般食客的待遇给他吃吧。”又过了没多久，冯谖又靠在柱子上，弹着佩剑唱道：“长铗啊，咱们回去吧，这里出门没车坐！”左右的人把这话也告诉了孟尝君。孟尝君说："那就照上等门客那样给他置办车辆吧。"于是冯谖坐着车子，四处去拜访他的好友，跟他的朋友说："孟尝君真是把我当成客人一样对待！"

孟尝君在做齐国的相国时，曾在薛地被封万户食邑。由于他的门下养着三千多食客，因此收入不足以奉养食客，于是他就在众多食客当中挑选冯谖去薛地收取息钱。冯谖在临行前问孟尝君收债之后买些什么东西回来，孟尝君答道："你看我缺什么就买什么吧。"冯谖辞别孟尝君，乘车到了薛地，派当地官吏把应该还债的人召集到一起，偿付息钱。结果得到息钱十万，但还有多数的债户交纳不出。冯谖便用所收取的息钱置酒买肉，召集有能力偿还息钱的和无力偿还息钱的人都来验对债券。债户们到齐之后，冯谖一边劝大家饮酒，在旁边观察债户贫富的情况；一边让大家拿出债券像前一次一样验对，凡是有能力偿还的，当场订立偿还期限；对于无力偿还的，冯谖收回债券。并假传孟尝君的命令，为无力还钱的百姓免去了债务，将所有债券付之一炬。当地百姓都对孟尝君感恩戴德。

孟尝君

姓田名文，战国四公子之一，齐国宗室大臣。袭其父田婴的封爵，封于薛（今山东滕州南），称薛公。号孟尝君。被齐王任为相，门下有食客数千。曾联合韩、魏先后打败楚、秦、燕三国。一度入秦为相，不久逃离。后任魏相，主张联秦伐齐，后来与燕、赵等国合纵攻齐。

冯谖回来后，孟尝君问他给自己买了些什么，冯谖说："您身边的财宝、马匹、美女应有尽有，我只为您买了'仁义'回来。"当孟尝君得知冯谖以他的名义免除了薛地债务之后，又气又恼，但是已经无法挽回，十分无奈。

后来，孟尝君被齐王废除了相位，只好退居到薛地生活。薛地的百姓听说孟尝君到来的消息，扶老携幼走出几十里路去夹道欢迎。此时孟尝君才恍然大悟，明白了冯谖为他买的"仁义"的价值所在，于是连连感谢冯谖。

冯谖焚烧债券的故事，与"圣人执左契，而不责于人"的大义相合。冯谖之举塑造了孟尝君在百姓心目中"有德"的形象，才使孟尝君反过来得到百姓的拥戴。老子在这里又一次阐释了他的民本思想。

画地为牢

《封神演义》中有一个“画地为牢”的故事。

以打柴为生的武吉是一个孝子。一天，他到西岐城卖柴。在南门，正赶上周文王的车驾经过。由于市井道路狭窄，武吉翻转扁担时不小心在守门的军士王相的头上打了一下，结果当即就把人打死了，于是武吉被捉住来见文王。文王说:“武吉既然打死了王相,理当抵命。”于是命他在南门地上画了个圈做牢房，在旁边立了根木头做狱吏，将武吉“关押”了起来。

三天以后，大夫散宜生经过南门，见武吉痛哭不止，就问他：“杀人偿命，理所当然。你又为什么要哭呢？”武吉说：“小人的母亲已经七十多岁了，她只有我这么一个儿子，母亲孤身一人，怕是要被饿死了！”散宜生听罢立即入城来见文王，说：“不如先把武吉放回家，等他处理完赡养母亲的后事，再来抵命，不知怎样？”文王听完觉得有道理，就同意让武吉回家去了。

由于画地为牢的故事发生的背景是在商周时代，当时的民风淳朴，周文王又是圣贤之君，因此，人们能够在没有“执左契”限制的情况下依然遵照“道”来行事。“画地为牢”在今天看来,正是我们所追求的“和谐”社会的一个缩影。

第八十章

题解

这一章中，老子描绘了他的“理想国”：“小国寡民”“使有什伯之器而不用，使民重死而不远徙”“使民复结绳而用之。甘其食，美其服，安其居，乐其俗”。

在春秋时代，广大民众都厌倦战争，自然而然地梦想着返璞归真。

春秋时代的各个诸侯国无不努力开拓自己的边境、增加自己的人口，天下的争端因此而起，战事由此而生。老子厌倦了战争，于是他追根溯源，指出消除战争的根本方法——停止开拓边境和增加人口，回复到最初“小国寡民”的社会，国家与国家之间也没有交流，这自然也就不会引起争端。虽然老子的这种设想只是抵触战争情绪的流露与对社会剧烈变革的失落，但从某种程度上来看，还是有其自身的合理性的，这与原始共产主义有着很多相似之处。当然，在那个年代，人们还不会用我们今天的术语来表述这一概念，所以只能通过原始的方式来描述自己心中的社会图景。

[原文]

小国寡民。河上公《河上公章句》：圣人虽治大国，犹以为小，俭约不奢泰。民虽众，犹若寡少，不敢劳之也。**使有什伯之器而不用，**王弼《道德真经注》：言使民虽有什伯之器而无所用，何患不足也。**使民重死而不远徙。**唐玄宗《御注道德真经》：少思寡欲，不轻用其生，敦本无求，不远迁徙。**虽有舟舆，无所乘之，**河上公《河上公章句》：清静无为，不作烦华，不好出入游娱也。**虽有甲兵，无所陈之。**河上公《河上公章句》：无怨恶于天下。**使民复结绳而用之。**宋徽宗《御解道德真经》：纪要而已，不假书契。**甘其食，美其服，安其居，乐其俗。**河上公《河上公章句》：甘其蔬食，不渔食百姓也。美其恶衣，不贵五色。安其茅茨，不好文饰之屋。乐其质朴之俗，不转移也。**邻国相望，鸡犬之声相闻，民至老死，不相往来。**宋徽宗《御解道德真经》：居相比也，声相闻也，而不相与往来，当是时也，无欲无求，莫之为而常自然，此之谓至德。

［译文］

国家很小，人民也很少。即使有很多工具也不必使用；让民众珍视生命，不冒险向远处迁移。虽有船只车辆等交通工具，却都根本无须乘坐；虽然有盔甲和兵器，却都根本没必要使用。使民众回归到结绳记事的远古生活之中。人们认为自己的饮食甜美、衣服漂亮、居所安适，满足于宁静而平凡的生活。虽然国与国之间相互都望得见，各国的鸡鸣犬吠之声也能相互听见，但人民由生到死从不相互往来。

［读解心得］

“小国寡民”是《道德经》政治思想的核心所在，是老子对心目中理想的国家、社会和人群组织形式的具体描述。一些人望文生义，据此简单地批评其为保守、复古与倒退等，这样的结论，未免有些“二十一世纪古代世界观”的味道。

“小国寡民，使有什伯之器而不用，使民重死而不远徙。虽有舟舆，无所乘之，虽有甲兵，无所陈之”真的只是一种“乌托邦”式的理想化的状态吗？当然不是。即便按照“二十一世纪古代世界观”的要求，在当今社会中也不难找到鲜活的例证。

以公认的发达国家瑞士为例，在那里，手工制作钟表的技艺以家庭为单位世代相传，各个小作坊用最擅长制作的零部件互相配套、协作，多数人习惯于家乡传统的宁静生活，不喜欢“什伯之器”之类的奢侈品；也不会轻易乘舟舆“远徙”；至于“甲兵”，更是与他们无缘。许多北欧小国的情形都与瑞士相似，他们并没有丢掉传统，而是“甘其食，美其服，安其居，乐其俗”，却仍得以享受安静、和平、舒适的生活。无论是国内生产总值，还是人均收入水平，这些小国始终居世界最前列。由于国小民寡，军队对于他们从来都不是政治延续的必要工具，所以不必热衷于对付“大规模杀伤性武器”，也不必去到处掠夺资源、输出文化与宗教，这恐怕就是“不争”和“道法自然”的被动实践吧。

类似的例子还有很多，比如马尔代夫和一些中东国家等，虽然苛刻的学者们仍可以找出很多他们“小国寡民”以外的幸福原因，但放眼全局，当我们今天回过头去审视“小国寡民”思想的时候，不难发现其中的合理性。

还应注意的是，老子所说的“国”与今天“国家”的概念有很大区别，是建立在分封制上的邦国，相当于现在的地方自治，这也是当今世界政治发展中的一个明显的趋势。如美、俄等大国的联邦制，各个州都保有相当大的独立性。

接下来，“使民复结绳而用之”大概是老子试图使“历史倒退”最有力的证据了，这样的说法让人难以接受。虽然老子的言论不可避免存在局限性，但毕竟他是举世公认的圣贤和天才。结绳记事的确原始，但这种方法却有着语言和文字无法比拟的优势：它有事说事，无事休息，绝不传播虚假信息；也绝不会故弄玄虚。老子看到了充斥于人世间的谎言、夸大、恐吓和欺骗，希望找到一种真实可靠的信息传播方式，所以他选择结绳记事绝非是希望复古或倒退，深层动因在于：他希望人人都能讲真话，互相用最纯真、自然的方式来沟通。在今天互联网时代，信息爆炸的速度越快，真话所占的比例就越小，对于返朴归真的“道”，现代人似乎正在渐行渐远。

老子的另一个论点是“老死不相往来”。如果直接翻译这句话，老子的意思就是让人们从生到死互不来往。连小孩子都知道：亲戚朋友总要串个门子，至少娶媳妇、嫁闺女生育后代总要见个面，既然《道德经》讲的是“道”，我们不妨本着“道”的精神去思考。如果人与人之间互相需要、互相合作，又互不干涉，何须彼此走来走去？所谓“老死不相往来”，就是人类个体与群体高度自由，又高度统一的理想状态，近乎共产主义高度发达与文明的社会。现代人倒是很乐于“互相往来到老死”的，但抛开利益圈和关系网的编织，往来之中的真实与自然又所剩几何呢？

［经典事例］

游水之道

有一次，孔子带领着他的学生来到吕梁。他们看到吕梁的瀑布从高处飞流而下，飞溅起来的水珠落在数里以外。瀑布流下来形成一条水流湍急的河，就连鱼、鳖之类的动物都不敢在这里出没。然而，孔子却发现有一个男子跳到水中畅游。孔子看罢大惊失色，以为这个男子要寻短见。于是，他派自己的学生顺着水流前去营救那个人。

没想到，那个男子在几百步开外的地方露出了水面，跳到岸上。他一边唱着歌一边悠然地走在堤岸边。

孔子连忙赶过去，诚恳地向他问道：“我开始还以为你是个鬼，可仔细一看，你却实实在在是个人！请告诉我，你有什么游水秘诀吗？”

那个男子回答说：“其实我并没有游水的秘诀。我开始时是出于本性，在成长的过程中又遵循天生的习性，最终能达到这种境地是因为我所做的一切都顺应自然。现在，我能够顺着漩涡潜到水底，又能够随着翻流而浮出水面，这完全是顺着水流的方向而不是以自己的生死来影响自己的行为，这就是我的游水之道。”

孔子听了还有些不解，就问道：“什么叫作开始时出于本性，在成长过程中遵循天生的习性，而有了现在的成就是因为顺应自然呢？”

那个男子回答说：“如果我生长在丘陵地区，我就会去主动适应丘陵的环境，这就叫出自本性；如果我生长在水边，就会去主动适应水边的环境，这就叫成长顺应天生的习性；我并不是刻意地去这样做但是却自然而然地做到了，这就是所谓的顺应自然。”

孔子听了男子的这番话，若有所悟，于是点着头离去了。

游水男子说的话，与老子哲学思想有着很多共同点。老子认为“道”主宰着世间的一切，而万物的生长都要遵循这个“道”，人也不例外。只有这样，才能实现长久发展。老子进而认为，人应当顺应自然，而不应当以自己的立场去违背它。正是基于这一点，老子才构建了他“无为”的理想国，以达到“甘其食，美其服，安其居，乐其俗”的境界。

老人抱瓮

有一次，孔子的学生子贡因事到楚国。他在返回晋国时经过汉水南岸，看见一位老人正在给自家菜园里种植的蔬菜浇水。那个老人挖了一条水渠，一直通到水井边上。老人双手抱着一个大瓮，从井里打水。井水沿着水渠一直流到菜园里。老人不停地用瓮打水，累得气喘吁吁。虽然他花费了很大力气，但是效率却依然很低。

子贡看到这里，就走过去对这位老人说：“老人家，现在有一种器械，如果用它来灌溉菜地，一天能灌溉一百畦，就用不着费这么大的力气了。”

浇水的老人听罢抬起头，看了看子贡，然后问道：“你刚才说的是一个什么东西？”

子贡非常认真地对老人说：“对木头进行砍凿加工，把它做成一种机械，让它的前面轻，后面重，用它来汲水，水就会从井里连续不断地被吸出来，水流得非常快。这种机械的名字就叫作槔。”

端木赐

字子贡，孔门七十二贤之一，他是孔子的得意门生。且列言语科之优异者。孔子曾称其为“瑚琏之器”。他利口巧辞，善于雄辩，且有干济才，办事通达。曾任鲁、卫两国之相。他还善于经商之道，是孔子弟子中最富有的。

这位老人听完子贡的话以后，突然变了脸色。他不以为然地讥笑子贡："过去我曾听师傅讲过，世上如果有取巧的器物，就必然会出现投机取巧的事情；如果有了投机取巧的事情，就必然会有投机取巧的思想。如果一个人有了这种思想，就必然会丧失纯洁的美德；如果丧失了原本纯洁的美德，人的性情就会反常；而如果一个人性情反常，他就会成为一个与天地、自然不相容的人。你刚才说的那种机械我并不是不了解，只是因为我觉得一旦使用了它，就等于在做投机取巧的事，而做了投机取巧的事是非常可耻的。"

子贡听了老人的这番话，感觉自己像是做了错事一样，半晌无语。

抱瓮老人所说的话，固然含有抱残守缺的消极思想，但如果把它与人的本性联系起来，我们就会发现其中严密的逻辑性。"机巧"自有它的好处，但把握不当就会产生负面影响。老子正是看到了这一点，才构建了一个"使有什伯之器而不用"的"小国寡民"的理想社会形态。

第八十一章

题解

《道德经》的最后一章历来被看成是全书的总结，在这里老子做出了对信与美、善与辩、知与博的评判，对于这三组的辨析，实际上是对真与假的辨析，是对人道德标准的评判。但仅从伦理学角度来理解老子，就未免显得狭隘，老子之“道”已经远远超出这一范畴，而与大千世界紧密联系，“道”是宇宙间的原则和真理，远非人所能限定。人的道德常常与信念相互关联，而人一旦固执于自己的信念，就不免自大，脱离了谦卑之道就无路可循了。

《道德经》成不了儒家一类的主流文化，因为其胸襟宽广，极其谦卑。但也正因为此，老子的思想成了世人遭遇磨难时必不可少的精神良药。他不自诩光明，也不把他人贬为黑暗，因为黑与白本来相互依存，世界也正因此才孕育生命。他所要展现的，正是世界的和谐与完美。

[原文]

信河上公《河上公章句》：信者，如其实也。**言不美，**河上公《河上公章句》：不美者，朴且质也。**美言不信。**宋徽宗《御解道德真经》：貌言华也，从事华辞，以支为旨，故不足于信。**善者不辩，**唐玄宗《御注道德真经》：善者在行，无辩说。**辩者不善。**唐玄宗《御注道德真经》：空滞辩说，故不善。**知者不博，博者不知。**宋徽宗《御解道德真经》：知道之微旨，反要而已。闻见之多，不如其约也。《庄子》曰：博之不必知，辩之不必慧。**圣人不积，既以为人，己愈有；既以与人，己愈多。**河上公《河上公章句》：圣人积德不积财，有德以教愚，有财以与贫也。既以为人施舍德化，己愈有德。既以财贿布施与人，而财益多，如日月之光，无有尽时。**天之道，利而不害；**宋徽宗《御解道德真经》：干始能以美利利天下，不言所利，而物实利之，未始有害。**圣人之道，为而不争。**宋徽宗《御解道德真经》：顺而不逆，其动若水，应而不藏，其静若鉴，和而不唱，其应若响，虽为也，而为出于无为。体天而已，何争之有？兹德也，而同乎道，故德经终焉。

［译文］

可靠的话说得不一定漂亮，说得漂亮的话不一定可靠。高明的人不屑于巧辩，口若悬河的人不见得高明。合乎大道的人不见得学识广博，学识广博的人不见得合乎大道。圣人不为自己积蓄什么，他为别人做得越多，自己得到的就越多。自然大道对万物有益而绝不残害，圣人的法则是有所为却不争强好胜。

［读解心得］

将“美”“真”“善”联系在一起的，老子应当是中国历史上第一人。其中，“美”是表象，“真”是本质，“善”是动机。与“真、善、美”相对应的，是“假、恶、丑”。同影视作品中的好人与坏人的泾渭分明相反，生活的丑恶经常是隐藏在美好的表现形式之中，因此老子反对过分注重形式上的美，即所谓“信言不美，美言不信”。

唐玄宗的宠臣李林甫，诗文、字画都很出色，堪称才艺过人。但他做官却不是本着良心和原则办事，而是一味迁就和迎合玄宗的旨意。因此，他在朝为官青云直上，最后被封为宰相。

李林甫和人打交道时，总是表现出十分恭敬、谦和的样子，非常合作，嘴里说的也尽是些友好和善意的话。但实际上，与表面态度完全相反，在其内心深处，李林甫十分狡诈、阴险。对待同僚，他常常是表面上笑脸相待，却在背地里暗箭伤人。

一次，唐玄宗看到侍郎卢绚的风度很好，随口赞赏几句。李林甫得知这件事，第二天就把卢绚降职为华州刺史。后来又诬陷他，说他身体不好，再次降职。

后来日子久了，人家终于还是发现他的伪善，于是大家便说李林甫是“口有蜜、腹有剑”。

在生活中，像李林甫那样的人并不鲜见。这些人表里不一、首鼠两端，稍不留心，便要上当受害。我们如何去分辨？老子也给出了答案：“知者不博，博者不知。”透过华丽的包装，去发现事物的动机和本源，需要的不是用不完的智商和知识，而是追求本质以求“道”的态度。古语云“有心为善，虽善不赏；无心为恶，虽恶不罚”，就是这种态度的具体体现。为善的具体做法也很简单，即“圣人不积，既以为人己愈有，既以与人己愈多”。这句话并不是让人们抛弃自我，专门利人，而是强调人与人之间高度的协作。如果大家都在“人人为我，我为人人”，那么，个体的一切需求都将自然地融入国家、社会的整体之中。只有达成了这种高度和谐的人际关系，才能实现“为而不争”的“人之道”。如果还可以进一步实现人与地球上万物生灵和自然环境互相依存“利而不害”的生态圈，那么我们人类就真正得到了“天之道”。

当我们在末篇纵观全书时不难发现，一部《道德经》洋洋洒洒五千言，究其核心不外什么是“道”和如何去追求“道”。“道”，不仅是“道家”与“道教”的思想本源，也是中国古代思想、文化和哲学最重要的源头之一，甚至有观点认为，“道”的概念就是整个中华文化的本质与核心。在历经了两千多年的发展和完善后，“道”的意义已经不仅仅局限于某个领域，其丰富的思想内涵，早已经根植于每个中国人的心中。

［经典事例］

邹忌讽齐王纳谏

邹忌是齐威王时代的相国，他相貌俊美，身材魁梧，非常漂亮。当时城北的徐公也是齐国非常有名的美男子。

有一天早上，邹忌洗漱完毕，穿戴好衣帽，走到镜子前仔细端详自己的模样。他觉得自己的相貌的确与众不同，于是随口问他的妻子：“你看，我跟住在城北的徐公相比，哪一个更漂亮？”

他的妻子一边为他整理衣襟，一边回答：“您长得这么漂亮，徐公怎么能比得上您呢？”

邹忌听了不大相信，因为徐公是齐国人公认的美男子，自己恐怕不如他，于是他又问他的妾：“我和徐公比起来，谁更漂亮？”

他的妾连忙回答：“您比徐公漂亮多了，他怎么能和您比呢？”

到了第二天，有位客人来拜访邹忌。邹忌与客人闲谈之时，想起了昨天的事，于是就问客人说：“您看我和城北的徐公，谁更漂亮？”客人立即回答：“您比徐公漂亮多了。”

又过了一天，城北的徐公前来拜访邹忌。两人谈话的时候，邹忌不停地打量徐公。他顿时觉得自己不如徐公漂亮。为了证实自己的观点，他偷偷地从镜子里打量自己，然后再回过头看看徐公，更觉得自己长得比不上徐公。

晚上，邹忌躺在床上一直在考虑这件事，后来终于想清楚了：“妻子夸赞我，是因为他对我偏爱；妾夸赞我，是因为她惧怕我；而客人夸赞我，是因为他有事求我。”

第二天，邹忌求见齐威王，对他讲述了自己的经历，然后说：“我知道自己没有徐公漂亮。可是，我的妻子对我偏爱，我的妾对我惧怕，而我的客人有事求我，他们都说我比徐公更漂亮。如今，齐国的土地方圆一千多里，城池有一百多座。王后、王妃没有不偏爱大王的，朝上的大臣没有不惧怕大王的，全国的臣民没有不想得到大王恩惠的。如此看来，大王受到的蒙蔽已经很深了。”

齐威王听完觉得很有道理，于是下令："各级官员和百姓有当面指出我的过错的，就可以得到头等奖赏；以书面形式规劝我的，可以得到二等奖赏；公开评论我的过错并让我听到的，得三等奖赏。"命令刚一下达，很多大臣都争相进言规劝，宫内宫外像闹市一般；几个月以后，偶尔才有人前来进言；过了一年，即使有人想规劝，也再没有什么可说的了。

燕国和三晋听说了这件事，一齐到齐国来朝拜。这被称为"在朝廷上征服了别国"。

由此可见，作为统治者，应当时时刻刻保持头脑的清醒，好听的不一定就是真话，难听的也不一定就是坏话。老子所说的"信言不美，美言不信"，可以说是给为政者开的一剂治世良方。

滥竽充数

战国时代的齐宣王非常喜好音乐，尤其喜欢听人吹竽，他手下有三百个擅长吹竽的乐师。齐宣王好热闹，讲排场，所以每当听吹竽的时候，他总是让这三百个乐师一起吹奏给他听。

有位南郭先生听说了他的这个爱好，觉得有机可乘，就觐见齐宣王，吹嘘自己的本领："大王，我是个非常优秀的乐师，别人听我吹竽没有不被感动的，就连鸟兽听了也会翩翩起舞，我甘愿把我的这身绝技献给大王。"齐宣王听了非常高兴，也不加考察，就把他编进了那支三百人的吹竽队伍中。

其实，南郭先生根本就不会吹竽。每当演奏的时候，他就捧着竽混在乐师队伍之中，别人摇晃身体他也跟着摇晃身体，别人摆头他也随着摆头，脸上还故意装出一副陶醉的样子，看上去和别的乐师吹奏得一样投入。就这样，南郭先生靠着蒙骗混过了一天又一天，不劳而获地白白拿到高额的酬劳。

可惜好景不长，几年之后，齐宣王死了，他的儿子齐湣王即位，执掌大权。齐湣王也喜欢听吹竽，可是和他的父亲不同，他更喜欢独奏。于是齐湣王下了一道命令，让这三百个乐师好好练习，他要让他们轮流吹竽给他欣赏。其他乐师接到命令后都积极地练习，都想在新君面前一展身手，只有滥竽充数的南郭先生急得焦头烂额，惶惶不可终日。他思来想去，觉得这下再也混不过去了，只好收拾起行李连夜逃走了。

没有真才实学的人，只能骗得了一时，但骗不了一世。一切虚假，最终都必定会在实践中被揭穿伪装。老子所推崇的"圣人"，就是摒弃了一切虚伪粉饰和私欲杂念的完人，只有这样的人，才能经得住任何考验，在"为而不争"中达到合乎"天道"的境界。

图书在版编目(CIP)数据

图解名家批注道德经 / 老子著,唐玄宗等注疏,崇贤书院释译. —合肥:黄山书社,2015.11

(经典传家系列丛书)

ISBN 978-7-5461-5298-1

Ⅰ.①图… Ⅱ.①老… ②唐… ③崇… Ⅲ.①道家 ②《道德经》-通俗读物 Ⅳ.①B223.1-49

中国版本图书馆 CIP 数据核字(2015)第 286615 号

总 策 划 李 克
选题策划 汤吟菲 白剑峰
编辑统筹 刘 春
责任编辑 程 景
装帧设计 未 氓
责任印制 戚 帅
出版发行 时代出版传媒股份有限公司(http://www.press-mart.com)
黄山书社(http://www.hspress.cn)
地址邮编 合肥市政务文化新区翡翠路 1118 号出版传媒广场 7 层 230071
印 刷 安徽联众印刷有限公司
版 次 2016 年 3 月第 1 版
印 次 2018 年 4 月第 3 次印刷
开 本 700mm×1000mm 1/16
字 数 380 千
印 张 22.5
书 号 ISBN 978-7-5461-5298-1
定 价 29.80 元

服务热线 0551-63533706

销售热线 0551-63533761

官方直营书店(http://hsssbook.taobao.com)